Thomas Noetzel

Geschichte Irlands

Vom Erstarken der englischen Herrschaft bis heute

Thomas Noetzel

Geschichte Irlands

Vom Erstarken der englischen Herrschaft
bis heute

PRIMUS
VERLAG

Für anregende Diskussionen und kritische Manuskriptlektüre
danke ich Madeleine Kinsella,
die mir die irische Geschichte näher brachte.

Dieser Band erscheint im Rahmen
der von Michael Fröhlich
herausgegebenen Reihe „Grundzüge"

Die Deutsche Bibliothek verzeichnet diese Publikation
in der Deutschen Nationalbibliografie;
detaillierte bibliografische Daten sind im Internet über
http://dnb.ddb.de abrufbar.

© 2003 by Wissenschaftliche Buchgesellschaft, Darmstadt
Einbandgestaltung: Jutta Schneider, Frankfurt
Einbandabbildung: Bective Abbey
Foto: Wolfgang Metternich
Gedruckt auf säurefreiem und alterungsbeständigem Papier
Printed in Germany

www.primusverlag.de

ISBN 3-89678-461-7

Inhalt

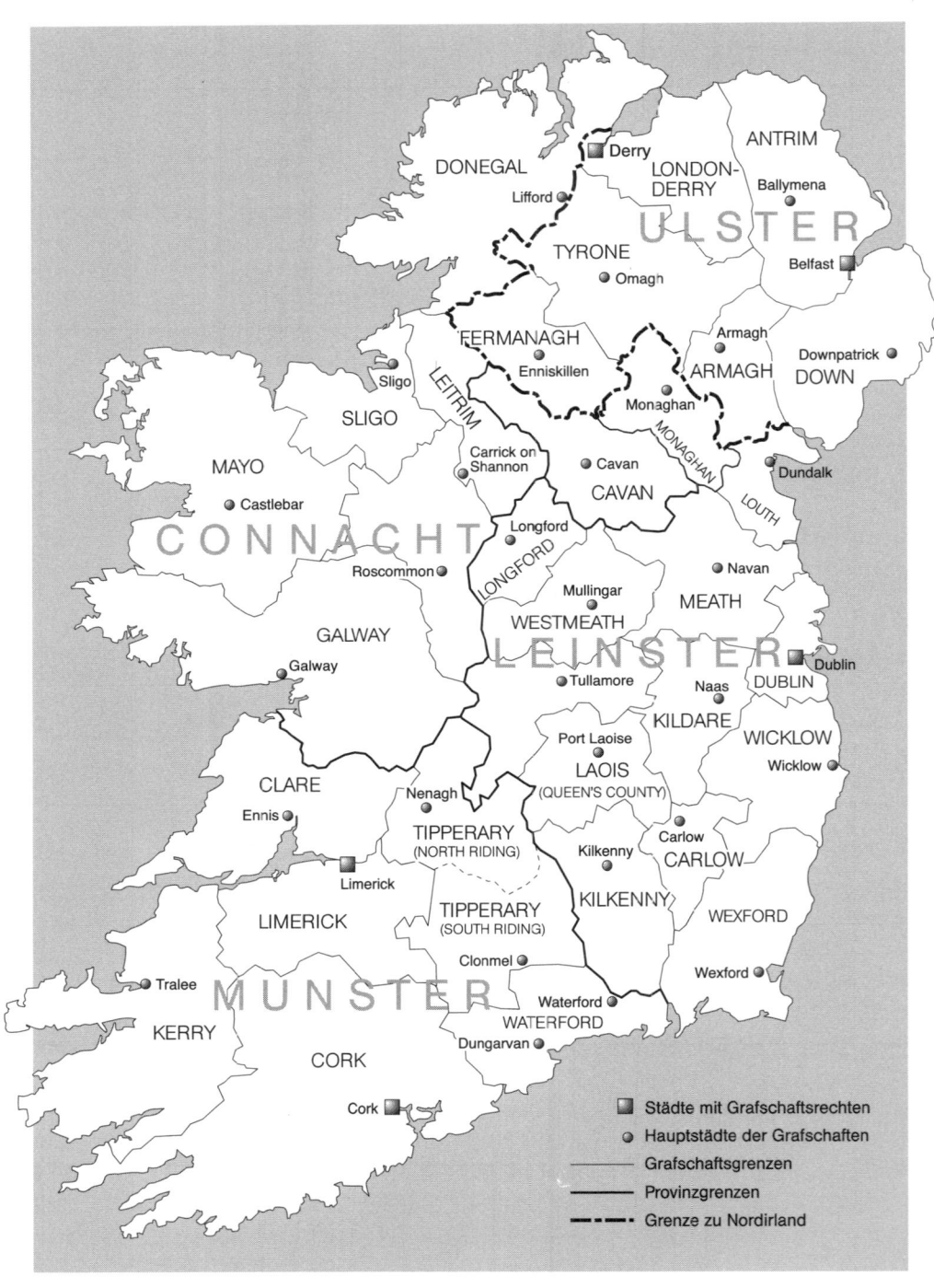

Irland – Provinzen und Grafschaften.

1. Zwei Nationen?
(1595–1695)

1595	Beginn der gälischen Rebellion unter Hugh O'Neill, Earl of Tyrone
1601	Schlacht von Kinsale, Niederlage O'Neills
1603	Frieden von Mellifont
1607	Flucht O'Neills und anderer Adliger nach Frankreich (Flucht der Grafen)
1609	Veröffentlichung der Pläne zur Plantation of Ulster
1641	Ausbruch der katholischen Rebellion, Massaker an Siedlern in Ulster
1642	Confederate Catholics at Kilkenny
1649–1650	Niederschlagung der Rebellion durch Oliver Cromwell
1652	Beginn der Landenteignungen von Katholiken (Cromwellian Settlements)
1689–1691	Krieg der zwei Könige
1695	Beginn der Penal Laws

Machtverhältnisse

Die Geschichte Irlands vor der Invasion englischer Truppen im 12. Jahrhundert zeigt ein janusköpfiges Gesicht. Großen kulturellen Leistungen, wie der hoch entwickelten klösterlichen Schriftkunst (Book of Kells, ca. 800) und dem europaweit bedeutsamen Wirken irischer Missionare, stand ein äußerst zersplittertes politisches System einander befehdender regionaler Königtümer gegenüber, die keine zentrale irische Oberhoheit zuließen und sich deshalb immer wieder gut organisierten, äußeren Angreifern geschlagen geben mussten (Herrschaft der Wikinger in Irland, 9./10. Jahrhundert, 841 Gründung der Wikinger-Siedlung Dublin). Das zeigte sich auch wieder Mitte des 12. Jahrhunderts, als sich irische Adelige im Rahmen einer Stammesfehde mit der Bitte um militärischen Beistand und dem Angebot umfangreicher Gebietsabtretungen an anglonormannische Herzöge in England wandten. Dies rief wiederum den englischen König Heinrich II. auf den Plan, der verhindern musste, dass seine englischen Vasallen in Irland eine möglicherweise gegen ihn gerichtete Machtbasis schufen. Zu diesem machtpolitischen Kalkül der Einmischung in irische Verhältnisse kam eine päpstliche Aufforderung an den englischen König zur Übernahme der weltlichen Macht und der Erneuerung der katholischen Kirche in Irland hinzu (Bulle Laudabiliter).

Obwohl Irland seit der Intervention Heinrichs II. im Jahr 1171 zum englischen Einflussgebiet gehörte und der englische König ab 1541 in Personalunion auch König von Irland war, kann von einer ökonomischen, sozialen oder politischen Übermacht Englands zu Beginn der frühen europäischen Neuzeit nicht gesprochen werden, blieb doch die

Herrschaft der englischen Krone auf das so genannte „Pale" begrenzt, ein Gebiet, das zu
Beginn des 17. Jahrhunderts einen zwischen 30 und 60 km schmalen Streifen an der irischen Ostküste zwischen Dundalk und Dublin, damit die Counties Dublin, Meath, Louth
und Kildare, umfasste.[1] Darüber hinaus gelang es nur in den größeren Städten wie Waterford, Cork, Limerick, Galway und in Garnisonen wie Carrickfergus, die Macht der englischen Krone zu behaupten. Und selbst dort war die Dominanz englischer Sprache, Kultur,
sozialer und gouvernementaler Strukturen sowie englischer Rechtsprechung deutlich eingeschränkt. Über diese bedrohten Nischen des Englischseins hinaus war Irland durch die
überkommenen gälischen Muster gesellschaftlicher und politischer Verfasstheit bestimmt.
Seit der Verwicklung normannischer und schottischer Söldner in die Clankriege des
12. Jahrhunderts bildete sich neben dieser keltirischen Kultur eine später als Anglonor-
mannen oder Altengländer bezeichnete Siedlergemeinschaft. Zu Beginn des 17. Jahrhunderts verteilte sich die ideologische (kulturelle Sinnstiftungen, Erzählungen, Legitima-
tionsansprüche), ökonomische, militärische und politische Macht in Irland damit auf
vier Gruppen, wobei allerdings die Vorstellung fest gefügter gesellschaftlich-politischer
Blöcke das historische Bild verzerrt, dominierten doch in allen Lagern jeweilige persönliche oder familiäre Interessen. Der Krone, die sich neben ihrem eigenen aus England nach
Dublin entsandten Verwaltungsapparat nur auf mühsam rekrutierte und oft eigene Interessen verfolgende Angehörige aus der Gruppe der Altengländer verlassen konnte, standen
Keltiren und Altengländer gegenüber, und auch die katholische Kirche verfolgte ihre spezifischen antireformatorischen Interessen, wobei ihre Machtbasis im Zuge der englischen
Reformation schmaler geworden war. Gleichwohl stellte sie aufgrund ihrer internationalen Orientierung einen wichtigen Faktor in den inneririschen Auseinandersetzungen dar,
wie sich besonders verhängnisvoll Mitte des 17. Jahrhunderts zeigen sollte. Doch davon
später mehr.

Schaut man nun genauer auf das Verhältnis dieser vier Machtnetze, so lässt sich feststellen, dass es zwischen Keltiren und Altengländern viele der typischen Konflikte eingesessener Bevölkerung mit Neusiedlern gab, aus denen heraus sich aber kein strikter Anta-
gonismus entwickelte. Ganz im Gegenteil kam es zu einer ambivalenten aber anhaltenden Gälisierung der Altengländer. Zwischen bedeutenden keltirischen Familien wie den
O'Neills, O'Donnells, O'Connors, O'Briens, Mac Carthys, Mac Murrough Kavanaghs und
den altenglischen Desmonds, Butlers, Flemings, Burkes, Darcys und Plunkets existierten
vielfältige familiäre Bindungen. Schließlich einte die katholische Religion Gälen und
Angloiren, deren Gemeinsamkeit allerdings prekär blieb, denn in ihrem Politik- und
Rechtsverständnis und ihren kulturellen Sitten stand die Middle Nation der Altengländer
in einem besonderen Gefolgschaftsverhältnis zur englischen Krone. Jener ambivalenten
Assimilation wurde politischer Widerstand von Monarchie und größeren Teilen der Siedlergemeinschaft selbst entgegengesetzt, denn auch unter den Altengländern gab es unterschiedliche Bewertungen einer Nähe zu den Keltiren. Klagen über die Übernahme gälischer Sitten und Moden waren häufig. Das Statut von Kilkenny (1385) ist der wohl be-
kannteste Ausdruck dieser Betonung einer ethnischen Differenz zwischen den von
Söldnern zu Kolonisatoren gewordenen Engländern und den Keltiren, in dem der anglo-

normannische Hochadel den englischen König zur Verstärkung seines Engagements in Irland aufforderte, gleichzeitig aber ein eigenes politisches Mitwirkungsrecht betonte und
vehemente kulturelle Abgrenzungen gegenüber den Iren festschrieb. Insbesondere sollten
alle privaten Streitigkeiten durch königliche Gerichte entschieden werden und nicht
durch individuelle Selbstjustiz, wie sie in den gälischen Gebieten nicht unüblich war. Bewohner des Pale, die sich der Gälifizierung nicht entziehen konnten, wurden bestraft. Alle
Restriktionsversuche blieben allerdings bis ins 17. Jahrhundert hinein mehr oder weniger
erfolglos.

Beide irischen Parteien sahen sich bei allen Gegensätzlichkeiten aber latent mit einem
gemeinsamen Gegner konfrontiert, der englischen Krone. Für die Angloiren war dieser
Konflikt vor allem durch die für den Feudalismus typischen Auseinandersetzungen zwischen Lehnsherren und Vasallen gekennzeichnet, die durch das Festhalten der Altengländer am Katholizismus besondere Brisanz gewann. Die relative Autonomie regionaler
Herrscher und die über das gesamte Mittelalter bestehende relative Schwäche der englischen Zentralgewalt luden immer wieder Keltiren und Altengländer ein, die jeweils eigene
Machtposition auch zulasten der Krone zu verstärken. Die große, die Herrschaft Heinrichs VIII. über das Pale bedrohende Rebellion des einer anglonormannischen Linie an-
gehörenden Gerald Fitzgerald (Gearóid Óg) Earl of Kildare führte nach ihrer Niederschlagung 1535 jedoch zu einer Neuausrichtung der englischen Politik gegenüber Irland,
die weit reichende Folgen für die irische Geschichte haben sollte. Seitdem wurde die
„Insel hinter der Insel" direkt durch einen königlichen Statthalter in Dublin regiert, der
eine eigenständige zentrale Verwaltung der Insel durchzusetzen versuchte. Militärisch ge-
stützt durch ein stehendes Heer unter englischer Kontrolle bildete diese Straffung der
Herrschaftsverhältnisse den ersten Schritt zu einer umfassenden Modernisierung der gälischen und altenglischen Gesellschaft. Ganz im Gegensatz zur traditionellen Politik der
Begnadigung der Aufrührer und der Wiedereinsetzung in ihre feudalen Rechte reagierte
Heinrich VIII. auf den Aufstand Kildares mit Exekutionen und der Enteignung von
Grund und Boden. Hier wurde der Grundstein für den Anspruch der englischen Krone
gelegt, Irland über das Pale hinaus zu anglifizieren. In diesem Zusammenhang standen
auch erste Bemühungen, neue englische Siedler nach Irland zu bringen und das Land zu
kolonisieren.

Ein wichtiger Transformationsriemen der Irlandpolitik der Tudors war die Durchsetzung englischen Rechts.[2] Seit der anglonormannischen Invasion des 12. Jahrhunderts
existierten zwei Rechtssysteme in Irland. Dem englischen Common Law, mit seiner zen-
tralisierten Gerichtsbarkeit und einem relativ autonomen Rechtswesen, stand in den übrigen Inselteilen altes gälisches Recht gegenüber (Brehon Laws). Dieses sah eine gerichtliche
Regelung vor allem als Schiedsverfahren von privaten Streitigkeiten vor, die auf dem
Kompromissweg beigelegt werden sollten. Darüber hinaus waren private Rechtsverlet-
zungen von den Betroffenen selbst zu verfolgen. Eine öffentliche Justiz gab es nur in Fällen, in denen der jeweilige lokale, für die Einsetzung der Richter verantwortliche Ober-
herr seine Interessen verletzt sah. Eine Folge dieser Rechtspraxis waren gewalttätig ausge-
tragene Konflikte zwischen Individuen und Clans. Die – von englischen Beobachtern als

typisch irisch geschilderte – Praxis, sich gegenseitig große Rinderherden wegzunehmen, gehörte in dieses System der unmittelbaren Befriedigung vermeintlichen erlittenen Unrechts durch Bestrafung des Übeltäters und für gerecht gehaltener Kompensation.

Politisch war dieser Unterschied im Rechtsbegriff von hoher legitimatorischer Bedeutung. So sah das englische Recht eine strikte Primogeniturordnung vor; Besitz und Titel, damit auch politische Herrschaftsansprüche fielen dem ältesten Nachgeborenen zu. Demgegenüber war die Herrschaftsstruktur der Keltiren zersplittert. Eigentliche politische Organisationseinheit war der Clan (Tuatha), der allerdings über verwandtschaftliche Beziehungen hinausging und Bewohner ganzer Landstriche umfasste (größtenteils nicht mehr als 700–1000 km² groß). An der Spitze des Clans stand ein Adliger (Tuísech). Mehrere solcher Landstriche wurden von einem aus bestimmten alten Familienlinien (Fine) stammenden zu wählenden König (Rí) gewählt. Anfang des 17. Jahrhunderts lag die Zahl der politisch bedeutenden keltirischen Tuatha unter zehn, die aber wiederum in zahlreiche Unterkönigtümer unterteilt waren.

Gerade in der Frage der politischen Legitimationsstruktur waren Konflikte mit der englischen Regierung unvermeidlich, bestand die Legitimitätskonstruktion feudalistischer Herrschaft doch in der Verleihung des dem Oberherren zugeschriebenen Eigentums an allem Grund und Boden an ihm loyale Vasallen. Seit der Invasion Heinrichs II. war der englische König aber zugleich auch Lord von Irland. In der Praxis bestand die Wahrung dieser Eigentumsfiktion in einem Treueid, den die altenglischen und keltirischen Grundherren auf den englischen König leisteten, der sie dafür mit dem von ihnen ohnehin schon beherrschten Territorium belehnte. Fragen der Erbfolge, der Primogenitur, der politischen Herrschaft wurden damit Angelegenheiten englischen Rechts; das Mittelalter kannte unzählige Konflikte zwischen nach englischem Recht begründeten Herrschaftsansprüchen und alter gälischer Clan- und Wahltradition.

Das Aufeinanderprallen unterschiedlicher Rechtssysteme wurde von vielen englischen Beobachtern als Kampf zwischen englischer Zivilisierung und irischer Barbarei beschrieben. Edmund Spenser hat in seinem „View of the Present State of Ireland" (1596) diese Wahrnehmung idealtypisch formuliert. Bei der Durchsetzung englischen Rechts ging es danach um die Notwendigkeit „… die sture Nation der Iren zu erziehen und zu besänftigen und ihre Lust an liederlicher Barbarei in Liebe zu Güte und Höflichkeit zu verwandeln"[3]. Spenser hielt den Einsatz von Gewalt für unumgänglich, da den irischen Barbaren anders nicht beizukommen sei. Aus dem Zivilisationsauftrag erwuchs so die Rechtfertigung massiver Kriegführung, die dem Gegner eine bedingungslose Kapitulation abverlangte.

Dass die englische Krone sich gegen Ende des 16. und zu Beginn des 17. Jahrhunderts einer großen Rebellion gälischer und gälifizierter altenglischer Lords gegenübersah, ging auf solche Streitigkeiten um Herrschaftsansprüche zurück. Und es ist auch kein Zufall, dass dieser Konflikt in Ulster ausgetragen wurde, das lange Zeit als die am wenigsten entwickelte Provinz Irlands und Bastion widerständigen Gälentums galt. Die gewalttätig angemeldeten Ansprüche Shane O'Neills, eines dieser gälischen Ulsteraristokraten, mit denen letztlich das am Beginn des 17. Jahrhunderts stehende Ende keltirischer politischer Gegenmacht eingeläutet werden sollte, auf das Herzogtum Tyrone resultierten aus einer

Mischung von persönlichen Ambitionen und gälischem Brauch. Shane war von seinen
Peers mit dem alten gälischen Königstitel des O'Neill ausgestattet worden, während nach
englischem Recht sein Neffe Brian als rechtmäßiger Earl of Tyrone eingesetzt wurde. Nun
wäre auch der Aufstand Shane O'Neills nur ein weiteres historisches Beispiel für die Auswirkungen der englischen Neuordnungspolitik seit 1535, wenn er nicht dem französischen König Charles IX. angeboten hätte, mithilfe eines französischen Expeditionsheeres
alle Engländer aus Irland zu vertreiben und selbst zu Charles' Vasallen zu werden. Zwar
beendete Shanes Ermordung durch einen anderen Ulsterclan alle weiteren Pläne, aber mit
seinem Vorstoß war die europäische Dimension der irischen Frage allen Akteuren klar vor
Augen gestellt worden. Für die englische Regierung ging es um mehr als nur um die
Durchsetzung ihrer Herrschaftsansprüche; Irland wurde zum Gegenstand jenes latenten
zwischen England, Spanien und Frankreich als den Hauptakteuren geführten atlantischen
Krieges, der die nächsten zwei Jahrhunderte prägte.

Die Gälische Rebellion unter Hugh O'Neill

Diese europäische Dimension sollte sich auch Hugh O'Neill, ein Nachfahre Shanes zu
Nutze machen, dessen 1595 begonnene Rebellion die Grundfesten der elisabethanischen
Ordnung in Irland erschütterte.[4] Hugh O'Neill galt bis dahin als getreuer Gefolgsmann
der englischen Königin, die ihn bei Hofe empfing und mit ihm korrespondierte. Als Dank
für die Wahrnehmung monarchischer Interessen in Ulster war es ihm gestattet worden,
den Titel des Earl of Tyrone zu tragen. Auf Pläne der englischen Regierung, in Fermanagh, dem Einflussgebiet O'Neills, Grund und Boden neu aufzuteilen, reagierte er jedoch mit der Rekrutierung eines für die Zeit großen Heeres von ca. 5000 Soldaten, denen
es gelang, die königlichen Streitkräfte fast vollständig aus Ulster zu verdrängen. Wucht erhielt dieser lokale Aufstand nicht nur durch O'Neills Geschick, den bedeutenden nord-
irisch-schottischen Clan der O'Donnells auf seine Seite zu ziehen, sondern darüber hinaus
durch seine Bemühungen, seinen Kampf um Ulster zu einem Krieg um das Gälentum
schlechthin zu verklären und damit in die drei anderen Provinzen (Munster, Leinster,
Connacht) zu tragen. Demonstrativ und als Ausdruck früher symbolischer Politik ließ er
sich nach gälischem Brauch zum Oberkönig, zum O'Neill wählen. Einigendes Band für
den Aufstand lieferte „Christ's Catholic Religion", deren Wiederherstellung der Earl of Tyrone zum eigentlich Sinn seines Befreiungskampfes erklärte. Hier entstanden ideologische
Vorformen einer irischen nationalen Identität, die die Gemeinsamkeiten von Kelten und
Angloiren betonte, um die Wende vom 16. zum 17. Jahrhundert aber noch erfolglos
blieb. Zwar gelangen den aufständischen Truppen Vorstöße in die Midlands und nach
Munster, aber die erhoffte Erhebung der Altengländer blieb letztlich aus. Doch der
O'Neill setzte nicht nur auf die mythologische Figur des alle gälischen Stämme einigen-
den Oberkönigs, sondern forderte im Mai 1596 Philipp II. von Spanien zum Eingreifen
auf, um die katholische Freiheit zu sichern und Irland von der Geißel der protestantischen Tyrannei zu befreien. Er bat den spanischen König „… für Christus eine unendliche

Zahl von Seelen zu gewinnen und aus den Fängen der Hölle zu retten"[5]. Philipp II. und
Papst Klemens VIII. folgten diesem Aufruf, aber zwei Invasionsheere scheiterten schon
während der Überfahrt an widrigen Wetterverhältnissen. Dass O'Neill und O'Donnell
keinen Erfolg hatten, lag aber nicht nur an solchen Zufällen. Die englischen Truppen entwickelten mit der Zeit gegen die guerillaartige Taktik der Keltiren, die zwar gefährlich
weite Vorstöße in englische Siedlungsräume unternahmen, aber offene Feldschlachten
weitgehend vermieden, eine Strategie der großen Landverwüstungen in den Kernländern
der Aufständischen, welche die Nahrungsmittelressourcen und Rückzugsräume des gälischen Heeres vernichten sollten. Diese Politik der verbrannten Erde bestimmte das Bild
der Kriegführung in Irland im 17. Jahrhundert und fand in Oliver Cromwell ihren eigentlichen Vollstrecker. Daneben begriff der königliche Stellvertreter und Oberkommandie-
rende Lord Mountjoy den neuen legitimatorischen Bezug Hugh O'Neills, der sich ja ganz
gezielt in die Tradition eines gälischen Oberkönigtums gestellt hatte. Mit viel propagan-
distischer Begleitung ließ Mountjoy 1602 den Familiensitz der O'Neills vollständig zerstören und den mythologisch bedeutsamen urzeitlichen Krönungsstein der O'Neills zer-
trümmern. Deutlich wurde das Vorgehen gegen die Lords von Ulster als der Kehraus
einer alten Ordnung inszeniert. Dass O'Neill jedoch endgültig scheiterte, hatte aber wohl
mehr mit dem 1601 unternommenen, erfolgreichen Versuch zu tun, doch noch ein spani-
sches Heer nach Irland zu bringen. Beim Versuch, diese zahlenmäßig geringe Unterstützung vor den Angriffen der militärisch hoch überlegenen Engländer zu retten, gab O'Neill
seine sichere Defensivstellung in Ulster auf und wurde schließlich bei Kinsale vernichtend
geschlagen. Wie schon zu Beginn des 12. Jahrhunderts, als die nach Irland gekommenen
Vorfahren der irischen altenglischen Bevölkerung als Söldner von gälischen Adligen ins
Land geholt wurden, zeigt sich beim Scheitern O'Neills zum zweiten Mal jene Ironie, dass
ausländische Hilfe zur Belastung für die eigene Sache wird, die immer wieder in der
irischen Geschichte zu beobachten ist.

Die Niederlage O'Neills hatte neben ihrer unmittelbaren militärischen und politischen
Bedeutung einen hohen symbolischen Wert. Zwar beließ im 1603 unterzeichneten Frie-
densvertrag von Mellifont der englische König Jakob I. (James I.) O'Neill Landbesitz und
seinen englischen Titel des Earl of Tyrone, dafür aber unterwarf dieser sich der englischen
Oberhoheit und verzichtete auf gälisch begründete politische Herrschaftsansprüche.
Diese Kapitulation erhielt ihren deutlichsten Ausdruck in der 1607 erfolgenden Flucht
O'Neills und anderer Ulster-Iren ins kontinentaleuropäische Exil, wo „The Prince of Ulster" 1616 in Rom starb. Die Flucht der Grafen, die durch O'Neills Furcht ausgelöst worden war, nach dem Eintritt seines ihm in Obhut gegebenen Mitstreiters O'Donnell in spa-
nische Militärdienste für diesen Verrat belangt zu werden, markierte das Ende der politischen keltirischen Ordnung und die Etablierung englischer Macht. Die englische
Regierung hatte, wenn auch unter Anspannung aller militärischen und finanziellen
Ressourcen, ihre Fähigkeit bewiesen, regionalen Widerstand zu brechen und im lange für
unbezwingbar gehaltenen Ulster neue Garnisonen zu gründen.

Neben dieser militärischen Stärkung schritt aber auch die politische Durchdringung
ganz Irlands voran. So wurde Ulster in neue Verwaltungsbezirke aufgeteilt, um die Reich-

weite englischer Entscheidungsgewalt zu erhöhen. Gegen diese sich langsam systematisie-
rende englische Überlegenheit, die allerdings bis Ende des 17. Jahrhunderts militärisch
bedroht blieb, konnten die Kelten zunächst nicht viel mehr mobilisieren als die ideologische Macht der Sinngebung ihrer verlorenen Suprematie. Die Konstruktion einer irischen, antienglischen Identität begann im 17. Jahrhundert auch als Reaktion auf die
Niederlage O'Neills, der zum Helden eines embryonalen irischen Nationalbewusstseins
aufstieg, nicht zufällig im 19. Jahrhundert als historische Bezugsfigur wieder entdeckt
wurde und seitdem aus Selbstbeschreibungen des Irischseins nicht wegzudenken ist.[6]
Dabei bietet O'Neills Fähigkeit, mit unterlegenen militärischen und ökonomischen Kräften den Engländern neun Jahre lang einen erbittert geführten Krieg zu liefern, genauso
viele Anknüpfungspunkte für den irischen Nationalismus des 19. und 20. Jahrhunderts
wie sein glorreiches Scheitern, das leicht mit dem Pathos der moralischen Überlegenheit
verknüpft werden konnte. Schließlich warf sein Schicksal ein Schlaglicht auf Trauma und
Chance irischer Emigration. Seit der durch den Tudorabsolutismus forcierten Reformation sahen sich immer mehr keltirische und katholische angloirische Familien gezwungen, die Erziehung ihrer Kinder im Ausland zu organisieren. Seit dem späten 16. Jahrhundert wurden vor allem in Spanien und Frankreich irische Kollegien und Priesterseminare
gegründet, von denen Salamanca (1592), Lissabon (1593) und Douai (1594), wo sogar
Gälisch Teil des Curriculums war, bald europäische Geltung beanspruchen konnten. Die
Zahl solcher kontinentaler Colleges für den irischen Adel und den irischen Katholizismus
stieg im 17. Jahrhundert auf 20 an. Mit der „Flucht der Grafen" gelangten dann viele
irische Adlige an kontinentaleuropäische Fürstenhöfe, wo sie mitunter als irische Lobby
Politik machten, wie sich dann während des großen Aufstands von 1641 zeigen sollte.

Plantations

Schon im 16. Jahrhundert war die Enteignung des Besitzes von irischen Feinden oder anglonormannischen Rebellen eine übliche Vergeltungsmaßnahme der Krone gewesen. Die
Ansiedlung von königstreuen Engländern, mit deren Hilfe der Herrschaftsbereich über
das Pale hinaus ausgedehnt und langfristig gesichert werden sollte, war eine Folge dieser
Enteignungspolitik. So lagerten sich die ersten Mitte des 16. Jahrhunderts vorgenommenen „Plantations" in Offaly und Leix unmittelbar an das Pale an und verwandelten die
„Marshlands", jene Zone zwischen den gälisch und altenglisch beherrschten Gebieten
Irlands und dem Pale, in einen Cordon sanitaire für das englische Herrschaftsgebiet. In
den Achtzigerjahren des 16. Jahrhunderts übertrug die englische Krone dieses Kolonisie-
rungsmuster auf die Provinz Munster, wo sich schließlich eine Schicht von Siedlern bildete, die als Neuengländer bezeichnet wurden, eigenständige Interessen in das Netzwerk der
Macht einflochten und sich als Minorität nicht nur mit vielen rechtlichen Einsprüchen
der Enteigneten konfrontiert sahen, sondern auch mit immer wieder auftretender gewalttätiger Bedrohung. Im Zuge des neunjährigen Krieges Hugh O'Neills wurden 1598 innerhalb von zwei Wochen die Neuengländer aus Munster vertrieben.

Mit der Flucht der Grafen begannen auch in Ulster Landvermessungen und Planungen
für eine großflächige Plantation, die ungefähr 250 000 ha enteignetes Land zur Neuverteilung freigab und mit der Umsiedlung der gälischen Bevölkerung verbunden werden sollte. Ländereien im Umfang zwischen 1200 und 400 ha wurden zur Kolonisierung angeboten und zu günstigen Konditionen verkauft. Diese Parzellen wurden an so genannte Undertakers vergeben, die sich gegenüber der englischen Regierung verpflichteten, eine
bestimmte Zahl von englischen und schottischen Familien anzusiedeln. Noch größere
Gebiete fielen an die City of London, die Coleraine übernahm und die Stadt Derry (Londonderry) befestigte, den Stellvertreter des Königs in Irland, Lord Deputy Arthur Chichester, der die Baronie Inishowen, die gesamte Nordspitze Ulsters, erhielt, und das Trinity College in Dublin, welches 4000 ha kolonisierte. Allerdings scheiterten alle Versuche,
die eingesessene Bevölkerung drastisch zu reduzieren und die Verbliebenen zu segregieren, waren doch die Undertaker daran interessiert, aus ihrem Eigentum möglichst schnell
Profit zu ziehen, und die ehemaligen irischen Eigentümer befanden sich als landwirtschaftlich tätige Pächter ja schon vor Ort. Gleichwohl zog die Öffnung alten keltirischen
Grundbesitzes aber auch eine erhebliche Zahl von Siedlern nach Irland. Insbesondere
Schotten nutzten die geografische Nähe zum irischen Norden und veränderten die kulturelle Signatur Ulsters nachhaltig. Als „Scottish nation in the north of Ireland", wie sie sich
selbst bezeichneten, wurden sie zu einer besonderen Kolonistengesellschaft, die gerade
aufgrund ihrer presbyterianischen Religion und eigenständigen nationalen Identität die
politische Landschaft Irlands entscheidend veränderte. Zählt man die anderen Plantations
dieser Zeit in Wexford, Longford, Leitrim, Ely O'Carroll, King's County, Queen's County
und Westmeath mit, so siedelten sich bis 1641 ca. 100 000–150 000 Engländer und Schotten neu in Irland an. Bei einer Gesamtbevölkerung von ca. einer Million machte das
immerhin 15% der Bevölkerung aus. Dieser Anteil stieg bis Mitte des 18. Jahrhunderts auf
27% an. Selbst in Ulster blieben die Neusiedler allerdings von der gälischen Bevölkerung
umgeben, sodass die Pläne der englischen Regierung, durch Bevölkerungssegregation die
Kolonistengesellschaft langfristig zu schützen und zu stabilisieren, letztlich scheiterten.
Auch der Versuch, durch Gründung von Städten die militärische und politische Macht
der Krone zu vergrößern, kam nur langsam voran, da Irland zu wenig Siedler anzog.

Trotz des Verbleibs vieler keltirischer Eigentümer als Pächter oder Landarbeiter war die
Kolonisierung Irlands mit einer für Europa bis dahin einzigartigen Umverteilung von
Grund und Boden verbunden. Besaßen noch 1610 ca. 2000 Familien der katholischen
Keltiren und Altengländer den größten Teil Irlands und hielten sie vor der Rebellion von
1641 noch 59% des Territoriums, so ging der Landbesitz von Katholiken bis 1660 auf
22% zurück und erreichte 1703 einen Tiefststand von 14%.[7] Damit einher ging ein erheblicher politischer Machtverlust. Im 1640 einberufenen irischen Parlament in Dublin standen 89 neuenglische Protestanten 68 Altengländern und sechs Keltiren gegenüber. Seit
dem vorhergegangenen Parlament von 1634 hatte sich die Zahl der protestantischen Abgeordneten verdreifacht und die der katholischen Altengländer um ein Drittel reduziert.

Innerhalb eines Jahrhunderts war damit die Schicht politisch relevanter katholischer
Großgrundbesitzer verschwunden. Zwar muss man dabei berücksichtigen, dass einige Fa-

milien der alten Landaristokratie zum Anglikanismus konvertierten und so die Eigentumstitel bewahrten, aber trotzdem kommt der politische Machtverlust der alten gälischen und anglonormannischen Oberschicht dem Ergebnis einer Revolution gleich. Verstärkt wurde dieser Umbruch noch durch die Zunahme der Emigration von Katholiken im 17. Jahrhundert. Zu den klassischen Aufnahmeländern Spanien, Frankreich und den Niederlanden kamen Dänemark und Schweden hinzu. Langsam begann ein Exodus in die neuen amerikanischen und karibischen Territorien Britanniens. Der englischen Regierung kam diese Auswanderung nicht nur gelegen, sondern sie förderte sie nachhaltig oder zwang Angehörige des katholischen Klerus ins Exil.

Die Plantations veränderten nicht so sehr die Ökonomie Irlands, sondern vor allem die Kontrolle der Ökonomie.[8] Die keltirischen Besitzverhältnisse mit einem hohen Anteil an nicht eingezäunten, von mehreren Eigentümern genutzten Flächen, bedeutender Allmende, clan- und nicht individuell orientierten Erbschaftsregeln wurden durch englisches Recht in einem langsamen Prozess völlig verdrängt, aber der Modus der wirtschaftlichen Produktion änderte sich durch die neuen Besitzverhältnisse nicht. Irland blieb auch in der frühbürgerlichen Epoche ein agrarisch geprägtes Land, das vor allem für den regionalen Eigenbedarf produzierte. Durch die auch im europäischen Vergleich der damaligen Zeit sehr dünne Besiedlung[9] und die starke tribalistische Gemeinschaftsbildung, die keinen Anlass bot, größere Entfernungen zu überwinden, kam es nicht zur Herausbildung von großen Marktplätzen; die vorherrschende Viehwirtschaft zwang die irische Bevölkerung zudem zu einer hohen Mobilität, die dem jahreszeitlichen Trieb der Viehbestände geschuldet war. Dominierte im Norden und Nordwesten Viehwirtschaft, so entstand insbesondere im Pale und angrenzenden Gebieten eine Ackerbauwirtschaft, die jedoch auch eher regional ausgerichtet blieb. Blickt man auf die außenwirtschaftlichen Beziehungen, dann fällt auf, dass sich im ersten Drittel des 17. Jahrhunderts der Export von Lebendvieh nach England und zunehmend auch nach Virginia steigerte. Hinzu kamen Tierprodukte wie gesalzenes Fleisch, Fette, Häute, aber auch Wolle aus der sich stetig entwickelnden Schafhaltung. Eingeführt wurden vor allem Fertigwaren aller Art, aber auch Kohle, Stahl und Genuss- und Konservierungsmittel wie Salz und Wein. Insgesamt verzeichneten die Jahre zwischen 1600 und 1640 eine wirtschaftliche Aufwärtsentwicklung, die sich auch an dem beachtlichen Bevölkerungsanstieg von 1 bis 1,4 Millionen 1600 auf 2,1 Millionen 1640 bemerkbar machte.[10] Der Export von Vieh und Tierprodukten war zuweilen so erfolgreich, dass England und Schottland Ende der Dreißigerjahre Einfuhrbeschränkungen erließen.

Neben der landwirtschaftlichen Erzeugung entwickelten sich in Irland auch Ansätze industrieller Produktion. So gab es bis zur fast vollständigen Abholzung der irischen Wälder gegen Ende des 17. Jahrhunderts eine bedeutende Holzwirtschaft, in deren Gefolge es zum Aufbau einer kleinen Eisenverhüttung kam. Versuche, eine größere Textilverarbeitung aufzubauen, scheiterten jedoch. Die irische Wirtschaft blieb damit im ganzen 17. Jahrhundert – ungeachtet aller vor allem der politischen Entwicklung geschuldeten kurzfristigen Krisen und Aufschwünge – bestimmt durch die typische Struktur des Exports von Nahrungsmitteln (insbesondere Schlachtvieh) und des Imports von Rohstoffen und Fertigwaren. Grundsätzlich muss ohnehin davon ausgegangen werden, dass die politische Dominanz Englands und damit auch englischer und schottischer Wirtschaftsinteressen Irlands Ökonomie prägte. Bis weit ins 20. Jahrhundert hinein bestand ein Aspekt des irischen Strebens nach nationaler Unabhängigkeit auch immer in der Suche nach anderen Märkten und einer Reduzierung der Abhängigkeit von Großbritannien. Dazu gab es erste Ansätze schon im 17. Jahrhundert, aber sie blieben marginal.

Die Rebellion von 1641

Obwohl die Zeit bis 1641 Irland eine Phase der politischen Stabilität und ökonomischen Prosperität brachte, bedrohten innenpolitische und exogene Entwicklungen den Aufbau einer pazifizierten nachgälischen Gesellschaft. Die Plantations hatten zwar nicht zu einer Integration von Keltiren, Altengländern und Neuengländern geführt, aber auch keine Segregation gebracht. Die mit der Kolonisierung und allgemeinen Verbesserung der Lebensumstände verbundene drastische Bevölkerungsvermehrung von fast 50% löste in Zeiten schrumpfenden landwirtschaftlichen Ertrags vermehrte Verteilungskämpfe zwischen eingesessener Bevölkerung und Siedlern aus. Einige der enteigneten Keltiren hatten sich darüber hinaus ihrer Degradierung zu Pächtern und Tagelöhnern entzogen und bildeten Räubergemeinschaften, die bis in die Dreißigerjahre hinein hauptsächlich die neuen Siedler bedrohten. Dieser bewaffnete Sozialprotest grundierte auch die politische Opposition eines Teils der gälifizierten, altenglischen Führungselite. Die Old English sahen sich in ihren politischen Loyalitäten der englischen Krone verpflichtet und distanzierten sich darin von den Keltiren. Gleichzeitig aber waren sie wie diese Katholiken und wurden dadurch Opfer der forcierten Anglikanisierung Irlands seit Heinrich VIII.

Jene Mittelposition erhielt wenigstens kurzzeitig Auftrieb durch den Machtantritt der Stuart-Monarchie nach 1603, deren Repräsentanten vom englischen Unterhaus verdächtigt wurden, eine Rekatholisierung Englands zu betreiben. Einerseits vergrößerte diese Nähe zur Krone die Handlungschancen der gälischen Iren und Altengländer, andererseits verfügten die englischen Könige Jakob I. und Karl I. aber nicht über genügend Macht, um ohne Rücksicht auf das protestantisch dominierte englische Parlament regieren zu können. Die irischen Katholiken wurden dabei zu einem der wichtigsten Faktoren in der englischen Innenpolitik. Allerdings war die Position der Krone ihnen gegenüber hoch ambivalent. Einerseits schätzten die Stuarts sie als mögliche Bündnispartner im Konflikt mit dem Londoner Parlament, andererseits korrespondierten Vorstellungen absolutistischer Herrschaftslegitimation mit der vom englischen König befehligten anglikanischen Staatsreligion, die weder protestantische noch katholische Dissenter duldete. Aber dem Anglikanismus setzten fast alle keltirischen Adligen und ein großer Teil der Altengländer Widerstand entgegen. Gleichwohl vergrößerte sich zunächst der Handlungsraum dieser Gruppen. So erfolgte zu Beginn der Vierzigerjahre des 17. Jahrhunderts die Rekrutierung von gälischen und keltirischen Truppen mit Wissen und Unterstützung Karls I. und seines irischen Statthalters Thomas Wentworth, Earl of Strafford.

Schließlich explodierte dieses Gemisch aus Hoffnungen vor allem der katholischen Ulster-Iren auf Restitution durch Karl I., Enttäuschung durch dessen schwankende Haltung und Furcht vor der zunehmenden innenpolitischen Macht des Parlaments und schottischer Intervention in Nordirland in der vor allem in Ulster vom übrig gebliebenen gälischen Landadel vorbereiteten Rebellion von 1641. Dort kam es zu einem Aufstand der katholischen Landbevölkerung, der sich gegen die englischen und schottischen Siedler richtete und in den ersten Tagen die Form eines Massakers annahm. Die Opferzahlen schwankten von Grafschaft zu Grafschaft, aber insgesamt muss wohl von der Ermordung von 4000 Siedlern ausgegangen werden. 8000 weitere starben im Verlauf großflächiger Vertreibungen und durch Aushungern. Die Führung der politischen Rebellion um Phelim O'Neill, deren Motto „pro deo, pro rege, pro patria Hibernia unanimis" die Loyalität zur Krone betonte, wurde von dieser gewalttätigen Dynamik mitgerissen. Die neuenglisch dominierte Regierung in Dublin nutzte diesen lokal begrenzten Aufstand zu einem Hilfsappell an das englische Unterhaus und machte Front gegen die führenden Altengländer, die sich nun, in die Defensive gedrängt, dazu entschlossen, den Aufstand zu unterstützen. In Kilkenny kam es im Sommer 1642 zur Bildung einer Versammlung von „Lords and gentry of the confederate Catholics", die für wenige Jahre als eine Art katholische Gegenregierung fungierte und den inselweiten militärischen Vormarsch koordinierte. Hier waren altenglische Adlige tonangebend, aber auch keltirische Stimmen vertreten. Der in sich gespaltene Katholizismus Irlands fand damit einen ersten politisch-institutionellen Ausdruck.

Insbesondere der Aufstand in Ulster hatte aber auch für die protestantische Siedlergemeinschaft tief gehende Bedeutung. In der zeitgenössischen vom Londoner Parlament betriebenen Propaganda wurde das Vorgehen der gälisch-katholischen Unterschichten zur Gefahr der vollständigen Auslöschung englisch-protestantischer Bevölkerung Irlands dramatisiert. Lange Zeit hielten sich Schätzungen, die die Zahl der ermordeten Siedler auf 150 000 bezifferten, was quasi der Exekution aller New English entsprochen hätte. Unter den Siedlern setzte sich eine stereotype Selbstwahrnehmung permanenter Bedrohung durch, die nicht nur ein militantes Vorgehen gegen die katholischen gälischen und altenglischen Bevölkerungsteile rechtfertigte, sondern darüber hinaus die eigene Stellung allein in der langfristigen vollständigen politischen Entmachtung und gesellschaftlichen Exklusion des Katholizismus gesichert sah. Diese Wagenburgmentalität der Siedlergemeinschaft wurde durch den Einfluss Schottlands verstärkt, war es doch die schottische Armee unter General Munro, die den Aufständischen wirksamen Widerstand entgegensetzte und einen großen Teil Ulsters unter ihre Kontrolle brachte. Das presbyterianische Dissentertum Irlands erhielt hier eine wichtige politische und militärische Kraftquelle. Allerdings gelang keiner Seite ein entscheidender militärischer Durchbruch, zumal der Krieg zwischen der schottischen Armee, königstreuen englischen Truppen und den Einheiten des Unterhauses in England selbst viele Kräfte band. Die irischen Kampagnen schleppten sich neun Jahre dahin und erhielten erst durch die Exekution Karls I. und Cromwells Einmarsch in Irland 1649 ihre entscheidende Wendung.

Aus der triadischen Konfiguration irische Rebellen – englischer König – englisches Par-

Abb. 1: Oliver Cromwells Kolonisierung Ulsters prägt die irische Geschichte
bis ins 21. Jahrhundert.

lament gingen die gälischen und altenglischen Kräfte als Verlierer hervor. Cromwells rücksichtslose Kriegsführung, seine Politik der Landverwüstungen und Massaker brach 1649/1650 den letzten Widerstand der katholischen Konföderierten, die auch aufgrund äußerer Einflüsse es nicht verstanden, ihre irischen Sonderinteressen in ein stabiles anti-parlamentarisches Bündnis mit Karl I. einzubringen. Mit der Hinrichtung des englischen Königs und der Machtergreifung des puritanischen Cromwell war auch das Schicksal der Iren entschieden. Wieder spielte das irische Dilemma der Angewiesenheit auf fremde Unterstützung und die damit einhergehende Rücksichtnahme auf eben diese eine wichtige Rolle. Die sich seit Beginn der Rebellion hinziehenden Verhandlungen zwischen der Krone und den irischen Aufständischen wurden durch den Einfluss äußerer Mächte behindert. Herausragende Bedeutung kam in diesem Zusammenhang dem Vatikan zu, der die katholische Konföderation finanzierte und an einem Kompromissfrieden mit dem englischen König nicht interessiert war. Neben dem starken finanziellen Engagement des Papstes verfügte er mit seinem Exkommunikationsrecht über ein entscheidendes Herrschaftsmittel, von dem der päpstliche Gesandte bei der Regierung in Kilkenny, Rinuccini, regen politischen Gebrauch machte. Schließlich stieg er zum eigentlichen Führer der katholischen Konföderierten auf.

Allerdings konnte der Vatikan seine Rolle so nur spielen, weil das Lager der irischen Katholiken brüchig war, wobei die ethnische Konfliktlinie zwischen Keltiren und Altengländern mit spezifischen Unterschieden in der Interpretation des Katholizismus und entsprechenden politischen Legitimitätsvorstellungen korrespondierte. Ein großer Teil der keltirischen militärischen Führer, denen es gelang, die gälische Bevölkerung zu mobilisieren, kamen aus der Emigration zurück. Sie, die nach 1607 enteignet worden waren, verbanden den Aufstand mit der Forderung nach Aufhebung aller Landenteignungen seit Mitte des 16. Jahrhunderts. Damit griffen sie den Anspruch des Vatikan auf, der durch die Reformation Heinrichs VIII. allen Grundbesitz in Irland verloren hatte. Demgegenüber gehörten die katholischen Altengländer und ein kleinerer Teil der gälischen Iren durchaus zu den Profiteuren des Anglikanismus der Tudors, hatten sie doch viele der aufgelassenen römisch-katholischen Besitzungen erhalten. Die Altengländer konnten sich immerhin bis Mitte des 17. Jahrhunderts eine zwar politisch relativ entmachtete, aber sozial privilegierte Marginalexistenz in Irland sichern. An einer fundamentalen Neuverteilung von Grund und Boden waren sie nicht interessiert. Folgerichtig gehörten sie zu denen, die sich im Bürgerkrieg zwischen englischem Parlament und Krone auf die Seite Karls schlagen wollten, um dafür in Irland politische Macht zu erhalten. Im Gegensatz zum Vatikan akzeptierten sie die politische Oberhoheit des weltlichen Souveräns.[11] Sie verbanden ihren Katholizismus mit der Anerkennung absolutistischer Herrschaftsansprüche und nahmen so eine Position ein, die vom französischen König unterstützt wurde, der ohnehin zu dieser Zeit über gute Beziehungen zum englischen Hof verfügte. Die Altengländer sahen daher eher in Louis XIII. und Louis XIV. ihre Ansprechpartner, während die Keltiren auf die vatikanische Karte setzten. Als Angehörige einer auf universaler Gefolgschaft fußenden Kirche standen jedoch beide Gruppen in einem strengen Gehorsamsverhältnis zum Vatikan, auf den Mitte des 17. Jahrhunderts der französische König seinen Einfluss zugunsten

Spaniens weitgehend verloren hatte. Diese internationalen Machtkonstellationen verhinderten letztlich einen Kompromiss in Irland; allerdings mussten die Iren den Preis allein zahlen. Kardinal Rinuccini verließ im Februar 1649 Kilkenny und gab damit die Sache des irischen Katholizismus verloren. Wenige Wochen zuvor hatte Cromwell seinen Rachefeldzug für die Massaker von 1641 begonnen. Von den unter seinem Befehl operierenden puritanischen Truppen wurden binnen weniger Tage allein in Drogheda und Wexford 5000 Angehörige der jeweiligen Garnison und der Zivilbevölkerung umgebracht. Im April 1653 kapitulierten schließlich die letzten versprengten Einheiten der katholischen Konföderierten. Wieder einmal mussten die irischen Führer der Rebellion feststellen, dass ihre Interessen im internationalen Machtkampf eine untergeordnete Rolle spielten, wenn sie sich nicht für übergeordnete Ziele der jeweiligen staatlichen Akteure instrumentalisieren ließen. Irland war für die Gegner Englands immer dann interessant, wenn der keltirische und altenglische Protest in die internationale Konfliktlage passte. Ansonsten blieb der Einsatz fremder Mächte gering. Dadurch waren die Handlungsmöglichkeiten der antienglischen irischen Eliten aber eng begrenzt.

Im Aufstand von 1641 und seinen Folgen stößt man auf das zentrale Muster der neueren Geschichte Irlands: Jede Rebellion verschlechtert die soziale und politische Lage der keltirischen und altenglischen Bevölkerung. Wie schon nach der Niederlage O'Neills zu Beginn des 17. Jahrhunderts erfolgten in den Fünfzigerjahren große Landenteignungen, die quasi jedes keltirische Landeigentum und den größten Teil des altenglischen Grundbesitzes östlich des Shannon beseitigte. „To hell, or to Connaught" war die Devise umfassender Zwangsumsiedlungen landbesitzender Katholiken in den unwirtlichen Westen der Insel, der bis ins 20. Jahrhundert seinen Status als strukturschwächste Region, als irisches Armenhaus nicht ablegen kann. Neben dem Ziel der politischen Entmachtung katholischer Grundbesitzer gehörte diese Politik – wie schon nach 1607 – zur Finanzierung des irischen Feldzugs der englischen Armee. Die Kriegsanleihen der Londoner Regierung waren durch das Versprechen großzügiger Landzuteilung in Irland gesichert worden. Neben diesen Kriegsfinanziers (so genannte Adventurers) hatten 35 000 Soldaten aus Cromwells Heer Ansprüche auf Landzuteilungen als Soldersatzleistungen. Ungefähr 50% des irischen Territoriums wurden schließlich neu verteilt, wobei allerdings – wiederum analog zur Entwicklung nach 1607 – der Plan, eine neue Einwanderungswelle auszulösen, nicht gelang. Vielmehr wurden die Besitztitel zu einem Handelsobjekt und etwa von den Soldaten zügig an andere Landbesitzer weiterverkauft, die so ihr Eigentum merklich vergrößern konnten. Die Notwendigkeit, diese großen Areale zu bewirtschaften, führte schließlich zu einer Rückkehr vieler vertriebener Katholiken als Pächter ihres ehemaligen Eigentums. War ihr Anteil unmittelbar nach Beginn der Einziehungen auf 6% allen Grundbesitzes gefallen, so stieg dieser Prozentsatz bis Ende der Achtzigerjahre auf 20% an.

In Ulster, Munster und Leinster gab es überhaupt keinen nennenswerten katholischen Grundbesitz mehr. Übrig blieben allein einige wenige Altengländer, die sich der neuen protestantischen Herrschaft anpassen konnten. Die Protestanten machten aber auch nach Cromwells Neuordnung nicht mehr als ein Viertel der irischen Bevölkerung aus. Von den drei Trägern ideologischer, ökonomischer, militärischer und politischer Macht, die bis Mitte des 17. Jahrhunderts um die Vorherrschaft in Irland rangen, blieben damit allein die Neuengländer als politische Elite übrig. Doch auch diese veränderten durch die puritanische Revolution ihr Gesicht. Im 1661 vom neuen englischem König Karl II. einberufenen irischen Parlament stellten von insgesamt 254 Abgeordneten die Neueigentümer von 1652, die Soldaten der englischen Armee, über 60 Repräsentanten. Erst die politische Emanzipation der Katholiken und vor allem die Landreformen des frühen bzw. späten 19. Jahrhunderts sollten diese Besitzstruktur und politische Machtverteilung grundsätzlich ändern.

Krieg der zwei Könige

Im Parlament von 1661 gab es nur einen katholischen Abgeordneten und dieses Missverhältnis war typisch für die politische Entmachtung des Katholizismus. Die Wahl eines Katholiken zeigt immerhin, dass von einer kontinuierlichen Unterdrückungsgeschichte des Katholizismus in Irland zu dieser Zeit nicht geredet werden kann, waren doch Katholiken in England seit den Zeiten Elisabeths I. von allen politischen Mandaten und Ämtern ausgeschlossen. Die Lage in Irland stellte sich aber zwischen der 1660 erfolgten Restauration der Stuart-Monarchie unter Karl II. und der Niederlage seines Bruders Jakob II. (James II.) 1691 anders dar. Wieder nutzten Keltiren, aber vor allem die Altengländer die Chance, aus Differenzen zwischen dem englischen Parlament und der Krone Kapital zu schlagen. Unter Karl II. kam es zu einer Überprüfung der Cromwellian Settlements und in den Achtzigerjahren rückte mit James Talbot, Earl of Tyrconnell, sogar ein Katholik als Stellvertreter des Königs an die Spitze der irischen Regierung. Die zweite Hälfte des 17. Jahrhunderts brachte mit der gesellschaftlichen Befriedigung, dem relativen sozialen und politischen Aufstieg der Katholiken, die als Bauern, Handwerker und in vielen akademischen Berufen Erfolge hatten, eine Phase der wirtschaftlichen Prosperität mit sich. Waren die Jahre nach 1641 durch Bürgerkrieg, Pest und Hungersnöte gekennzeichnet, so stabilisierten sich gegen Ende der Fünfzigerjahre mit den politischen auch die ökonomischen Verhältnisse. Selbst der durch Cromwells Enteignungspolitik ausgelöste drastische Verfall des Bodenpreises und die damit einhergehende Reduzierung agrarischer Produktion wurde ausgeglichen. Die Einwohnerzahl Irlands überstieg nach einem Rückgang auf eine Million Mitte der Fünfzigerjahre 1687 mit 2,2 Millionen den Stand von 1641. Zu Beginn der Achtzigerjahre erreichte der wirtschaftliche Wohlstand einen Höhepunkt. Doch abermals kam zwischen irischen Katholiken und englischem Thron nur eine Koalition der Verlierer zustande. Ging das englische Unterhaus gegenüber den Rekatholisierungsbemühungen des englischen Königs Jakob II. früh auf Distanz, so mobilisierten die irischen Protestanten Widerstand gegen jede Zurücknahme der Cromwell'schen Umverteilungen von 1652. Die englische „glorreiche Revolution" von 1688 besiegelte schließlich die Vorherrschaft des Unterhauses, das Jakob II. für abgesetzt erklärte und Wilhelm von Oranien zum neuen englischen König bestimmte. Dass die Entscheidung im folgenden Krieg der zwei Könige in Irland fiel, bestätigte die Erfahrung von 1649, als Irland ebenfalls zum

Schlachthaus der englischen Revolution gegen Karl I. geworden war. Die größte militärische Auseinandersetzung in der irischen Geschichte, die „Battle at the Boyne" von 1690
symbolisiert nicht nur die Niederlage der jakobitischen Truppen, obwohl militärisch
nicht entscheidend, sondern wurde zum Sinnbild protestantischer Selbstvergewisserung
und Dominanz schlechthin. Hundert Jahre nach diesem Sieg, in einer Situation der erneuten starken Bedrohungswahrnehmung protestantischer Herrschaft in Irland, begann
die bis heute in Nordirland andauernde Praxis der Paraden und Feiern der „Battle at the
Boyne" und anderer Triumphe der neuenglischen Siedler jener Zeit, wobei insbesondere
die Verteidigung Londonderrys zwischen April und Juli 1689 Anknüpfungspunkte für
protestantische Widerstandsmythologien lieferte. So ist der damalige Bürgermeister
Lundy, der die Stadt den katholischen Truppen übergeben wollte, zur Personifizierung
des Verräters in den eigenen Reihen und damit zum Trauma protestantischer Minderheitsherrschaft geworden.

Beweist sich für das protestantische Selbstverständnis in den Kämpfen der Jahre 1689
bis 1691 die Überlegenheit ihrer kulturellen Identität, so markiert dieses Datum in der
katholischen Geschichte Irlands eine weitere schwere militärische Niederlage, politischen
Betrug und den Beginn tief greifender gesellschaftlicher Diskriminierung. Zunächst erhielten die jakobitischen Truppen im Vertrag von Limerick noch relativ günstige Kapitu-
lationsbedingungen zugestanden. Es wurde 13 000 Soldaten gestattet ins Exil zu gehen.
Emigrationsunwillige erhielten weit reichende Zusicherungen, weder politisch noch ökonomisch diskriminiert zu werden. Doch das irische Parlament in Dublin weigerte sich
nicht nur bis 1697 diesen Friedensvertrag zu ratifizieren, sondern strich alle Klauseln, die
die freie Religionsausübung zugesichert hatten, und verabschiedete darüber hinaus zwischen 1695 und 1728 eine Reihe von Gesetzen (Penal Laws), die den katholischen Klerus
und Laien diskriminierten. So wurde es Katholiken verboten Waffen zu tragen, ausländische Schulen und Universitäten zu besuchen, als Lehrer in Irland zu arbeiten, Land zu
kaufen oder von Protestanten zu erben, über dreißig Jahre hinausgehende Pachtverträge
abzuschließen, als Anwälte tätig zu werden, öffentliche Ämter zu bekleiden, Mitglieder
eines Geschworenengerichts zu werden, Parlamentsmitglied zu sein, zu wählen. Obwohl
auch die Penal Laws nicht systematisch angewandt wurden und sich etwa die katholische
Kirche in diesen Jahren behaupten konnte, katholischer Schulunterricht möglich war, im
18. Jahrhundert eine Schicht wohlhabender katholischer Kaufleute und Frühindustrieller
entstand und sich sogar katholische Landbesitzer und Farmer etablieren konnten, markierten die nachjakobitischen Gesetze den ersten Versuch einer grundsätzlichen Ausschließung der katholischen Bevölkerung von jeder sozialen und politischen Macht-
ressource. Gegen Ende des 17. Jahrhunderts standen sich damit in Irland zwei Nationen
gegenüber, die ihre jeweilige Identität aus einer Mischung von ethnischer Zugehörigkeit
und religiöser Orientierung gewinnen. „Katholizismus" und „Protestantismus" wurden
dabei zu umfassenden kulturellen, ethnischen und politischen Identifizierungsangeboten,
die die politischen Konfliktlagen bis in die Gegenwart hinein mitbestimmen. Die Penal
Laws gebaren das moderne Irland, gar nicht so sehr durch ihren materiellen Gehalt, sondern vielmehr in ihrer Symbolik der Ausschließung.[12]

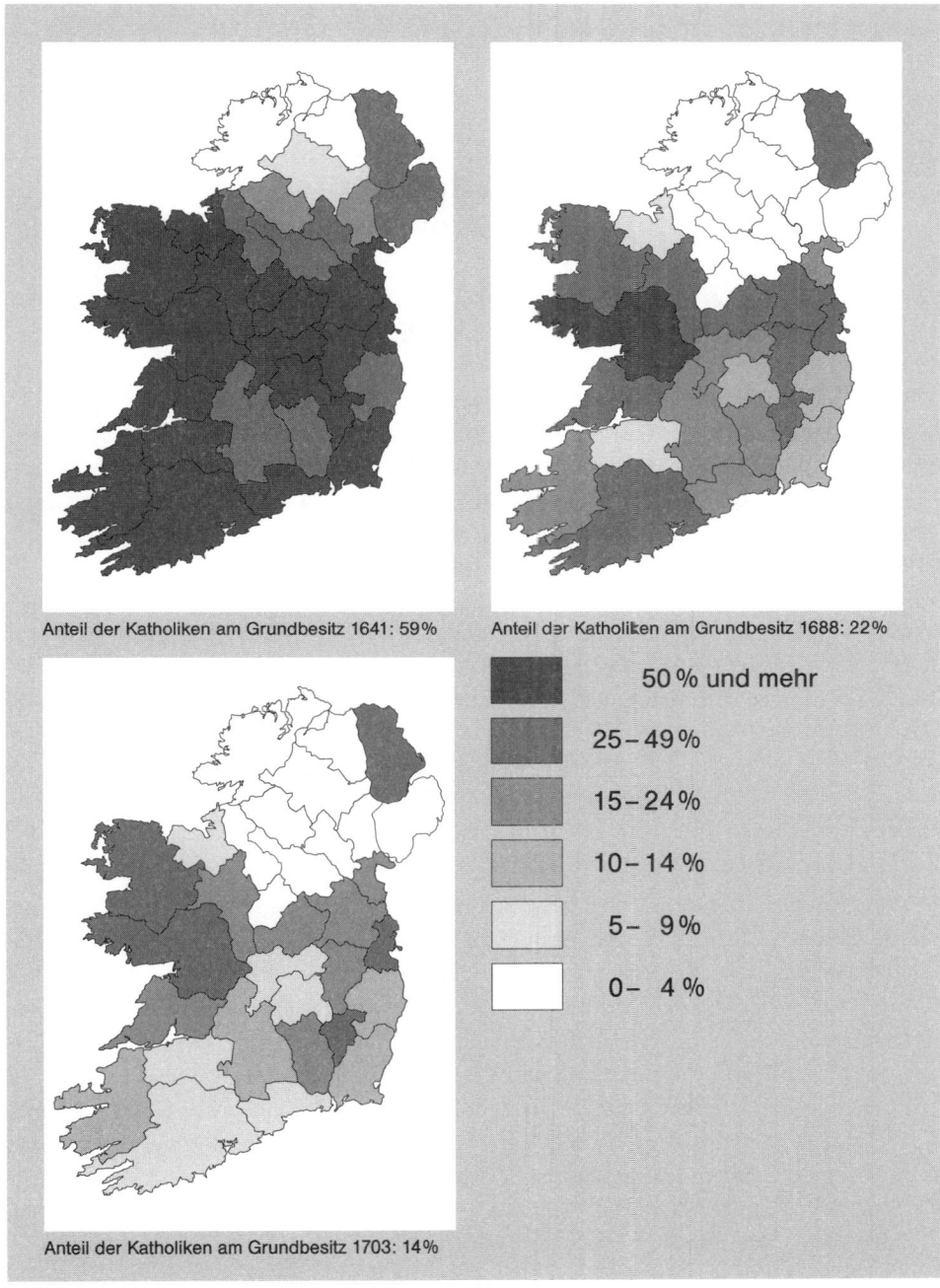

Anteil der Katholiken am Grundbesitz 1641: 59%

Anteil der Katholiken am Grundbesitz 1688: 22%

50% und mehr

25–49%

15–24%

10–14%

5– 9%

0– 4%

Anteil der Katholiken am Grundbesitz 1703: 14%

Enteignung katholischen Grundbesitzes (16./17. Jh.).

2. Anglikanische Dominanz und gescheiterte Integration (1696–1801)

Die nachjakobitische Ordnung

Das nachjakobitische politische System Irlands konstituierte sich ohne Katholiken und protestantische Dissenter – wobei die religiösen Bindungen vor allem als kulturelle Markierungen und politische Freund-Feind-Scheidungen ihre eigentliche Bedeutung erhielten. Den beiden über die Religionszugehörigkeit definierten Gruppen der katholischen Keltiren und Altengländer und der schottischen presbyterianischen Siedler vor allem in Ulster stand der siegreiche englische Anglikanismus gegenüber. Dessen Dominanzanspruch manifestierte sich schon in der offiziellen Bezeichnung dieser Kirche als „Church of Ireland", obwohl nur ein geringer Teil der Iren ihr angehörte. Sowohl Katholiken als auch protestantische Dissenter waren seit dem frühen 17. Jahrhundert immer wieder gezwungen worden, Loyalitätseide auf den englischen Monarchen abzulegen und ihre Gefolgschaft gegenüber dem Papst oder der schottischen presbyterianischen Gemeinschaft aufzukündigen, wenn sie bestimmte Berufe oder öffentliche Ämter ausüben wollten.

Gerade die Diskriminierung protestantischer Abweichung zeigt, dass das Vorgehen der britischen Regierung in Irland mit den Kategorien kolonialistischer Unterdrückung eingesessener Bevölkerung nur unzureichend beschrieben werden kann, waren die Presbyterianer doch selbst Kolonisten, die in einem Konfliktverhältnis zur katholischen Bevölkerung standen. Vielmehr ging es um die Durchsetzung der Herrschaftsansprüche zentraler Macht gegenüber allen gesellschaftlichen Gruppen.[1] Dieser politische Gefolgschaftsimperativ war in Britannien schon im 16. Jahrhundert mit der Bildung der anglikanischen Staatskirche auch auf das Gebiet der religiösen Orientierungen ausgeweitet worden. Religionsfreiheit galt als potenzielle Gefahr für die politische Einheit und konnte aus Gründen der Staatsräson nicht eingeräumt werden. Kein Geringerer als Thomas Hobbes hat in seinem „Leviathan" schließlich, auch mit Blick auf die Polyzentrität der Macht in Irland seit Ausbruch der großen Rebellion von 1641, diesen Führungsanspruch des Staates in Glaubensfragen kontraktualistisch neu begründet und damit der frühen bürgerlichen Neuzeit eine moderne Legitimationsfiktion geliefert, die sich sowohl die englischen Stuart-Könige als auch das Unterhaus zu Eigen machen konnten. Von diesem Standpunkt eines monarchischen oder parlamentarischen Absolutismus aus betrachtet, stellten sowohl Katholiken als auch protestantische Dissenter illegitime Quellen ideologischer und politischer Macht dar. Das tradierte englische Überlegenheitsgefühl gegenüber den irischen „Barbaren", das etwa Spenser zum Ausdruck gebracht hatte, erhielt mit dem neuen Herrschaftsanspruch eine Dynamik, die über ethnische Dichotomisierungen weit hinausging. Katholiken und Dissenter waren danach Staatsfeinde, und der sich konstituierende moderne Staat verfolgte nicht nur in Britannien religiöse Abweichungen. Diese enge Kopplung von religiösem Bekenntnis und politischer Ordnung bestimmte weitgehend die europäische Staatenwelt des 17. Jahrhunderts. Das besondere irische Problem bestand darin, dass sich gegenüber Katholizismus und dem Presbyterianismus Ulsters eine anglikanische Minderheit als Herrschaftsinstanz durchsetzen konnte, während in anderen europäischen Staaten, wie Frankreich oder Spanien, die Bevölkerungsmehrheit die religiösen Minderheiten gleichzuschalten oder gar zu vernichten suchte.

Trotzdem muss die Lage dieser marginalisierten irischen Bevölkerung differenziert eingeschätzt werden. Presbyterianer waren seit 1704 durch einen obligatorischen Eid auf die religiösen Glaubenssätze des Anglikanismus von öffentlichen Ämtern und kommunalpolitischer Beteiligung ausgeschlossen, was ihre Machtressourcen in Ulster deutlich beschnitt. Allerdings behielten sie ihr aktives und passives Wahlrecht zum irischen Parlament, aber nur wenige Dissenter erfüllten die Eigentumsbestimmungen des irischen Wahlrechts und nur eine sehr geringe Zahl von ihnen zog im 18. Jahrhundert ins irische Unterhaus ein. Demgegenüber konnten Katholiken seit 1692 nicht mehr Parlamentsabgeordnete werden, und ab 1704 mussten alle Wähler einen „Oath of Abjuration" ablegen, in dem sie die Suprematie des englischen Monarchen anerkannten und gleichzeitig den Universalitätsanspruch des Papstes zurückwiesen, aber erst 1728 verloren Katholiken und mit ihnen verheiratete Protestanten generell das aktive Wahlrecht. Dieser relativ späte Entzug aller politischer Mitwirkungsrechte durch das Dubliner Parlament überrascht, weil sich gerade in den postjakobitischen Parlamenten die auf weitgehende Unterdrückung der katholischen Opposition drängenden Interessen der neuenglischen Siedler – ungeachtet ihrer anglikanisch-presbyterianischen Differenzen – ungehindert durchsetzen konnten. Das hatte sich bei der Kritik an den für zu nachgiebig gehaltenen Klauseln des Vertrags von Limerick und der Verabschiedung der Penal Laws gezeigt.

Zwar gab es im ersten Drittel des 18. Jahrhunderts Versuche, Katholiken jede politische Teilnahme zu verbieten, aber bis Ende der Zwanzigerjahre erhielten die Befürworter eines Wahlverbots keine Mehrheit.

Die Argumentation der Gegner eines vollständigen politischen Ausschlusses drückte nun nicht besondere Liberalität im Umgang mit der besiegten katholischen Bevölkerungsmehrheit oder den Presbyterianern aus, sondern manifestierte einen Eigensinn des irischen Parlamentarismus, der sich gegenüber englischen Herrschaftsansprüchen zu behaupten versuchte. Wieder stößt man auf die triadische Konfiguration im Verhältnis zwischen irischen Protestanten, irischen Katholiken und der englischen Regierung. Die protestantischen, d. h. anglikanischen Neuengländer benötigten zur Etablierung ihrer Herrschaft in Irland die Machtressourcen des englischen Staates und standen gleichzeitig mit ihren spezifischen Interessen als Kolonistengesellschaft in relativer Opposition zum Mutterland.

Als im Dubliner Unterhaus 1709 über den Wahlausschluss von Katholiken debattiert wurde, brachten die Kritiker eines solchen Vorgehens diese Ambivalenz der protestantischen Iren zum Ausdruck: „Es muss betont werden, dass es unvernünftig ist, einen so großen Bevölkerungsteil durch Gesetze zu binden, die nicht durch ihre Repräsentanten beschlossen worden sind. Aus dem gleichen Grund sieht diese [irische] Nation es als besondere Belastung an, dass sie durch Gesetze des englischen Parlaments eingeengt worden ist. Sie ist der Meinung, dass alle Bürger an einer Regierung teilhaben sollen, wenn sie sie unterstützen und nicht bedrohen, dass Religionsfragen in diesem Zusammenhang keine Rolle spielen sollen, denn sie gefährden die Stabilität des Staates, und dass deshalb alle, die den Abschwörungseid ablegen als Wähler geeignet sind."[2] Dass den Katholiken seit 1704 überhaupt der „Oath of Abjuration" abgefordert wurde, verstieß zwar gegen den Vertrag von Limerick, aber ihre Einbindung in die Legitimationsstruktur der nachjakobitischen Ordnung wurde von den protestantischen Kritikern ihrer vollständigen politischen Entmachtung durchaus gewünscht, denn im modernen Legitimationsdenken setzte politische Gefolgschaft politische Beteiligung voraus. Irische Abgeordnete, die so argumentierten, wendeten damit die klassische sozialvertragstheoretische Rechtfertigung des englischen Unterhauses bei der Absetzung Jakobs II. nun gegen dieses selbst an. Irland band seine Gefolgschaft zur englischen Krone an die Erfüllung dieser Forderung nach Partizipation in irischen Angelegenheiten. Die Logik dieser Begründung resultierte also aus den Wünschen des irischen Parlaments nach weitgehender Souveränität.

Das Pochen des irischen Parlaments auf politische Selbstbestimmung zeigte sich bereits deutlich gegen Ende der Neunzigerjahre des 17. Jahrhunderts bei der verzögerten Ratifizierung des von Generalen Wilhelm von Oraniens ausgehandelten Friedensvertrages von Limerick, der unter den Dubliner Abgeordneten nicht nur als zu weich gegenüber den Katholiken galt, sondern darüber hinaus als Beweis für die Eigenmächtigkeit englischer Administration irischer Angelegenheiten. Aber nicht nur dieses Abkommen sorgte für Unruhe. 1697 forderte das englische Unterhaus vom irischen Parlament ein Exportverbot für irische Wolle, und als die Dubliner Abgeordneten darauf nicht wie gewünscht reagierten, untersagte es mit einem eigenen Gesetz 1699 jede irische Wollausfuhr, um die englischen Absatzmärkte in Europa und den nordamerikanischen Kolonien nicht zu verlieren. Ein solcher Interessenpartikularismus konnte sich durchsetzen, ohne dass nennenswerte irische Stimmen zu Wort gekommen wären. In letzter Instanz wurden alle irischen Fragen in England entschieden, und die Exekutive in Dublin mit einem englischen Vizekönig bzw. einem „Lord Deputy" an der Spitze war nicht dem irischen Parlament verantwortlich, sondern der britischen Regierung. Die politische Abhängigkeit hatte auch erhebliche ökonomische Konsequenzen, und nicht zufällig kam es immer wieder zu Protesten gegen englische Entscheidungen, die die Wirtschaft Irlands betrafen.[3] Gerade zu Beginn des 18. Jahrhunderts musste das irische Parlament durch den 1720 vom Unterhaus in London verabschiedeten „Declaratory Act" einen weiteren politischen Bedeutungsverlust hinnehmen. Danach besaß das irische Oberhaus im Gegensatz zum englischen House of Lords nicht das Recht, als höchste juristische Appellationsinstanz zu fungieren. Des weiteren wurde festlegt, dass das britische Parlament das Recht hatte, für Irland bindende Gesetze zu verabschieden.

In dieser seit Ende des 17. Jahrhunderts vehement geführten Debatte über die englische Suprematie entwickelte William Molyneux, Sekretär der Dublin Philosophical Society und für die Universität Dublin Abgeordneter des irischen Unterhauses, mit seinem Plädoyer für die irische Selbstverwaltung eine Semantik irischer Autonomie, die weit ins 18. Jahrhundert hineinwirken sollte.[4] Molyneux war mit John Locke befreundet, dessen „Two Treatises of Government" die Rechtfertigung der englischen Revolution gegen Jakob II. entwarfen. Locke band die Legitimation politischer Herrschaft an die sozialvertragliche Selbstbindung der Untertanen, die diese aber nur eingingen, wenn ihnen im politischen System ihre natürlichen Freiheitsrechte nicht genommen würden. Er verfügte mit dieser Konstruktion über eine Kategorie zur Unterscheidung rechtmäßiger von unrechtmäßiger Herrschaft. Institution der politischen Selbstbestimmung war das Parlament, das alle legislativen Kompetenzen besitze und eben nicht von der exekutiven Macht dominiert sei. Molyneux übertrug Lockes Denken auf die irischen Verhältnisse. Sein „Case of Ireland" beschrieb die Geschichte und den historischen Status eines unabhängigen irischen Parlamentes und verteidigte die Forderung nach einer repräsentativen Verfassung nicht nur historisch, sondern als Ausdruck allgemeiner, menschenrechtlicher Vernunft. Danach war Irland nicht von Heinrich II. und seinen Nachfolgern unterworfen worden, sondern als Ergebnis eines Vertrages zwischen englischen und irischen Herrschern aus freier Entscheidung in ein Gefolgschaftsverhältnis zu England getreten. Der Vernunft freiwilliger Unterwerfung ist aber die völlige Entrechtung fremd, denn sollten im Zustand der Bindung an England Rechte verletzt werden, die die Iren vor den vertraglichen Bindungen an England besaßen, dann wäre diese Bindung irrational. Folgerichtig stellte Molyneux fest, dass „Irland durch Gesetze des englischen Parlamentes gebunden sein soll, ist gegen alle Vernunft und die der ganzen Menschheit zukommenden Rechte"[5]. Im Konflikt zwischen der englischen Machtzentrale und der irischen Peripherie standen sich damit zwei Legitimationstheorien gegenüber. Für die meisten englischen Akteure war Irland ein von der Krone besetztes Territorium, das sich in einem vorzivilisatorischen Zustand befand und deshalb entschiedener Administration und Kolonisation bedurfte.

Demgegenüber behaupteten die auf relative Autonomie pochenden Iren, dass Irland ein unabhängiges Königtum mit einem eigenen Parlament sei.[6]

Der irische Parlamentarismus

Die Geschichte einer beratenden Versammlung irischer Repräsentanten aus Grafschaften und Städten reicht bis zum Ende des 13. Jahrhunderts zurück und folgt der in England üblichen Praxis, auf Forderung des Monarchen Vertreter in eine Versammlung zu entsenden, in der die königlichen Direktiven diskutiert werden sollten. Im Laufe der Zeit entwickelten sich – in England wie in Irland – zwei Beratungsgremien, ein Oberhaus für den Hochadel (House of Lords) und ein Unterhaus für den niederen Adel und das Bürgertum (House of Commons). Für das Unterhaus wurde es darüber hinaus üblich, die Delegierten solcher Ladungen zu wählen, wobei bis ins 19. Jahrhundert hinein die Wählbarkeit in den Grafschaften an Grundbesitz bestimmter Größe und in den Städten an Hauseigentum bestimmten Werts, die Zugehörigkeit zu bestimmten Berufsgruppen oder den Besitz königlicher Privilegien gebunden war. Zwischen 1691 und 1800 bestand das irische House of Commons aus bis zu 300 Abgeordneten, wobei in den 32 Grafschaften (Counties) und „städtischen" Wahlkreisen (Boroughs) jeweils zwei Abgeordnete gewählt wurden.[7] Zwei Delegierte entsandte das Trinity College in Dublin. Zwar manifestierte sich schon seit dem Mittelalter immer wieder der Wunsch nach größerer irischer Selbstverwaltung, aber das 1494 vom damaligen Lord Deputy Edward Poynings erlassene und nach ihm benannte Gesetz (Poynings' Law) band jedes Zusammentreten und das Gesetzgebungsverfahren eines irischen Parlamentes an die vorherige Zustimmung des englischen Monarchen und seines persönlichen Beratungsgremiums, des Privy Council. Damit lag auch das Recht der Gesetzesinitiative bis zu der 1782 erfolgenden Lockerung dieser Bestimmungen beim englischen Souverän.[8] Die Arbeit des irischen Parlaments wurde darüber hinaus durch den Umstand behindert, dass es bis Ende des 17. Jahrhunderts keine festen Legislaturperioden gab. Das Parlament versammelte sich auf königliche Ladung, und die königliche Prärogative sah ein jederzeitiges Auflösungsrecht vor. Entsprechend selten und kurz waren die Sitzungsperioden. Mit dem u. a. durch eine expansive Außenpolitik verursachten gesteigerten Finanzbedarf der Krone nahm die Häufigkeit von Parlamentssitzungen ab dem 17. Jahrhundert zwar zu, weil insbesondere die Steuererhebung und die Intensivierung der politischen Verwaltung Irlands erhöhter sozialer und politischer Gefolgschaft bedurfte, aber allgemeine Parlamentswahlen fanden allein beim Tod des englischen Staatsoberhauptes statt. So dauerte in der Regierungszeit Georgs II. (1727–1760) die Legislaturperiode des irischen Parlamentes 33 Jahre, wobei nur alle zwei Jahre Sitzungen stattfanden. Feste achtjährige Wahlperioden wurden schließlich 1768 eingeführt, trotzdem änderte sich an der Vormacht der Exekutive wenig, denn erst im Zuge einer umfassenden Parlamentsreform fanden ab 1785 jährliche Sitzungsperioden statt.

Allerdings wäre der Eindruck einer allein außerparlamentarisch begründeten Vorherrschaft der britischen Exekutive falsch. In der politischen Legitimationstheorie der Zeit war unbestritten, dass der irischen Abgeordnetenkammer durchaus ein Mitwirkungsrecht zustand. Die Dubliner Exekutive setzte nun konsequent ihre administrativen Machtmittel bei der Mehrheitsbeschaffung unter den irischen Abgeordneten ein. So manipulierte der Vizekönig das irische Unter- und Oberhaus durch ein System der byzantinischen Ämterversorgung und des Nepotismus. Etwa 40% der irischen Oberhausmitglieder waren im königlichen Haushalt beschäftigt, in der Exekutive, dem Außenministerium, dem Kolonialdienst oder der Armee. Die Statthalter der englischen Regierung sorgten durch vielfältige Patronage für eine relative Akzeptanz ihrer Entscheidungen im irischen Parlament. Zunächst griffen sie dabei auf die Dienste so genannter „Undertakers" zurück, Abgeordneter, die vor allem mithilfe des Stimmenkaufs entsprechende Mehrheiten organisierten. Dieses System der Korruption wurde durch die Exklusivität der politischen Klasse des anglikanischen Irland begünstigt. Landbesitzer und ihre Familienangehörigen, Rechtsanwälte, Bankiers und Kaufleute dominierten das irische House of Commons und operierten vor allem als Vertreter ihrer persönlichen Interessen oder enger informeller Gruppenzugehörigkeiten. Die Konfliktlinien des Londoner Unterhauses zwischen den parteiähnlichen Formationen der Tories und Whigs, aus denen sich die bis zu Beginn des 20. Jahrhunderts gültige Struktur des britischen Zweiparteiensystems entwickelte, waren in Irland allenfalls in sehr abgeschwächter Form zu beobachten, verlief doch die politische Trennungslinie eher zwischen den nicht in das Netz der Korruption einbezogenen Abgeordneten und dem vizeköniglichen Regime. Da aber der Posten des Vizekönigs durch die englische Regierung besetzt wurde und dementsprechend ganz unterschiedlichen Parteigängern offen stand, spielten übergeordnete ideologische Gegensätze keine große Rolle. Ganz ungeachtet aller Parteizugehörigkeiten brachten die irischen Parlamentarier ihre Vorwürfe gegen unfähige und korrupte Beamte vor. Typisch für die Kritiker der englischen Dominanz war die beißende Ironie Jonathan Swifts, der einmal feststellte, dass die Londoner Regierung nur gute und heilige Engländer für irische Positionen aussuche, aber die Entsandten würden alle in der Nähe von Chester von Banditen ermordet, die dann mit den gestohlenen Ernennungsurkunden nach Irland kämen und dort als Lumpen ihr Unwesen trieben.

Bemerkenswert an solcher Kritik und dem Wunsch nach irischer Selbstbestimmung ist ihre Fundierung im anglikanischen Herrschaftsmilieu. Die Emanzipation des Parlaments galt Molyneux und seinen Nachfolgern durchaus als nationale Angelegenheit, aber der Begriff der irischen Nation fiel im 18. Jahrhundert mit dem Begriff der protestantischen Nation zusammen. Die „Englishmen of Ireland" verbanden diese nationale irische Orientierung mit der Abgrenzung von den gälischen und altenglischen Iren, betrieben aber in ihrem Selbstverständnis irische Interessenspolitik und bezogen sich in ihren historischen Sinnstiftungen auf die irische Geschichte und Mythologien. Die Selbstbeschreibungen der Angehörigen der Protestant Ascendancy wandelten sich von „Protestants of Ireland" oder „English of this Kingdom" im 17. zum „Irish Gentlemen" im 18. Jahrhundert. Die Herausbildung eines irischen Nationalismus erfolgte immer vor dem Hintergrund der Integration oder Ausschließung der irischen Nationen, der katholischen, keltirischen, altenglischen bzw. der protestantisch-anglikanischen neuenglischen, wobei die protestantischen Dissenter, vor allem die Presbyterianer in Ulster eine Sonderentwicklung bewirkten, auf die in folgenden Abschnitten noch genauer eingegangen wird. Schon an dieser Stelle kann festgehalten werden, dass die Nationenbildung in Irland bis ins 20. Jahrhundert hinein als Dominanzprojekt angelegt worden ist und – von Strömungen des durch die Französische Revolution inspirierten Republikanismus der United Irishmen abgesehen – nie als Integrationsprojekt der Kulturen. Entscheidend war nur, welche der beiden Gemeinschaften jene hegemoniale Position der Bestimmung der nationalen Leitkultur erobern konnte. Lag diese Definitionsmacht seit dem ausgehenden 17. Jahrhundert eindeutig bei der Protestant Ascendancy, so sollte sich diese Dominanz im Lauf des 19. Jahrhunderts umkehren. Schließlich sollte die Gründung eines unabhängigen irischen Staates zur Konstruktion eines ausschließlich gälisch-katholischen Irischseins geraten.

Der Kampf um parlamentarische Repräsentation wurde von der Gruppe der irischen Unterhausmitglieder, die sich als Fraktion der Patrioten konstituierten und gegen die Hofpartei des Vizekönigs opponierten, als Geburt einer irischen Nation verstanden. Henry Grattan, mit dessen Name die Reform des irischen Parlamentarismus zu Beginn der Achtzigerjahre des 18. Jahrhunderts verbunden ist und der seit 1775 als Sprecher der „Patrioten" zur Formulierung einer aus dem anglikanischen Siedlererbe geschaffenen irischen Identität beitrug wie William Molyneux, Jonathan Swift oder Edmund Burke, betonte kurz vor der Erfüllung seiner Forderungen nach legislativer Unabhängigkeit von der britischen Regierung im Sommer 1782 die Kontinuität anglikanisch-irischer Forderungen nach nationaler Autonomie: „Der Geist Swifts, der Geist Molyneux' haben triumphiert. Irland ist endlich eine Nation. Als solche lasse ich sie hochleben und bei ihrer Geburt sage ich ihr ewigen Bestand voraus."[9]

Eine solche Unabhängigkeitsrhetorik war lange Jahre ohne praktische Relevanz geblieben, hatte sich das irisch-britische Verhältnis nach den Auseinandersetzungen zu Beginn des 18. Jahrhunderts doch so weit beruhigt, dass der Vizekönig sichere Mehrheiten zu organisieren verstand, das englische Unterhaus relative Zurückhaltung in irischen Angelegenheiten praktizierte, einige Missstände behob und den irischen Parlamentariern Freiräume ließ. Die Beruhigung der Lage zwischen den Zwanziger- und Siebzigerjahren lässt sich an der veränderten politischen Semantik ablesen. Die Verbindung von Legitimation und Repräsentation trat in den Hintergrund; was sich u. a. in dem Entzug des aktiven Wahlrechts für Katholiken zeigte, der 1728 ohne größere Debatten vom irischen Unterhaus beschlossen worden war. Doch diese Periode stabiler irisch-britischer Beziehungen und quasi selbstverständlicher Entfaltung der Protestant Ascendancy, die in der Herrschaftsarchitektur der großen Dubliner Repräsentationsbauten wie Trinity College, Parlament (welches sehr viel größer gebaut wurde als das englische Gegenstück in Westminster) oder Oberster Gerichtshof bis heute ablesbar ist, überdauerte die Achtzigerjahre nur knapp. Gerade die Rebellion der nordamerikanischen Kolonien verstärkte in Irland wieder die Stimmen der Autonomisten. Bezeichnenderweise wurde in den Jahren nach 1776 William Molyneux' „Case of Ireland" erneut zu einem publizistischen Massenerfolg.

Abschwächung der englischen Dominanz

Dass das englische House of Commons aber schließlich 1780 alle Restriktionen des irischen Handels beendete und zwei Jahre später Poynings' Law abschwächte, den Declaratory Act von 1720 aufhob, das irische Oberhaus zur höchsten irischen Appellationsinstanz machte, eine eigenständige irische Justiz schuf und damit wichtige Forderungen des irischen Parlamentes erfüllte, lag nicht nur an den Initiativen Grattans und seiner „Patrioten". Vielmehr hatte sich seit Mitte des 18. Jahrhunderts die internationale Konstellation so geändert, dass Irland als geostrategischer und politischer Faktor für Großbritannien enorm an Bedeutung gewann. Schon die Anfang der Sechzigerjahre im Zuge des Siebenjährigen Krieges (1756–1763) entstehenden Konflikte mit Frankreich führten zu einer Abmilderung der britischen Suprematie in Irland, galt es doch jetzt, die Gefolgschaft der Iren durch integrierende Maßnahmen zu gewinnen. Diese neue Offenheit der britischen Regierung verstärkte sich mit der Unabhängigkeitserklärung der USA und dem 1778 geschlossenen Bündnis der Vereinigten Staaten mit Frankreich und Spanien. Die Hinwendung zu einer Politik der weitgehenden irischen Selbstverwaltung zeigte sich 1783 auch in der Schaffung einer eigenständigen irischen Post und einer eigenen irischen Nationalbank. Im Vergleich zu den Bedrohtheitswahrnehmungen und -reaktionen der britischen Regierung in vorhergegangenen Krisen zeichnete sich mit diesen und ähnlichen Schritten eine andere Strategie ab. Neben intensive Kontrolle und Unterdrückung irischer Akteure trat jetzt ihre Einbindung ins britische Herrschaftssystem.

Diese neue Integrationspolitik wiederum resultierte aus einer veränderten Einstellung der irischen Interessengruppen. Insbesondere die katholische Bevölkerung nutzte die Gunst der Stunde, um ihre Loyalität gegenüber der britischen Regierung zu betonen. So unterstützten die irischen Katholiken im Gegensatz zu ihren Glaubensbrüdern in England und Schottland keine der dortigen jakobitischen Verschwörungen von 1715 und 1745, in denen die Stuarts nochmals versuchten, auf den schottischen bzw. englischen Thron zurückzukehren und den Ausgang des Bürgerkriegs von 1690/91 zu revidieren. Als während des Siebenjährigen Krieges französische Truppen 1760 kurzzeitig Carrickfergus besetzten, verweigerten sie jede Unterstützung. Katholische Bischöfe befahlen ihren Gemeindemitgliedern Gebete für den Sieg des englischen Königs im Krieg gegen Frankreich und Spanien. Darüber hinaus boten katholische Geschäftsleute 1762 an, ein Freiwilligenregiment zur Unterstützung britischer Truppen aufzustellen. Zwar wurde das Rekrutierungsangebot abgelehnt, aber die Loyalitätsbeweise blieben nicht ohne Wirkung. Ab 1772 wurden – auf mehr oder weniger starken Druck der Londoner Regierung – nach und nach alle Diskriminierungen der Penal Laws zurückgenommen, wobei vor allem den Catholic Relief Acts von 1778 (Erlaubnis des Pachtens und Vererbens größeren Grundbesitzes) und 1793 große Bedeutung zukam. Mit dem letztgenannten Gesetz, das Katholiken das aktive Wahlrecht zusprach, kehrte – unter den Bedingungen des geltenden, vor allem an Grundeigentum gebundenen Zensuswahlrechts – die wahlberechtigte katholische Bevölkerung auf die politische Bühne Irlands zurück, wo sie auch sofort Erfolge erzielen konnte. Allerdings stellten diese Emanzipationsgesetze noch keine vollständige Integration der Katholiken in das gesellschaftliche und politische System dar, denn höhere Staats- und Richterämter blieben ihnen bis 1829 genauso verwehrt wie das passive Wahlrecht.

Wenn auch der Vorschlag zur Aufstellung eines irisch-katholischen Regiments Anfang der Sechzigerjahre abgelehnt worden war, kam doch einer irischen Freiwilligenbewegung, dem 1778 ins Leben gerufenen „Volunteer Movement", im Kampf um eine stärkere irische Selbstverwaltung ein hoher Stellenwert zu. Im Gegensatz zum geplanten katholisch-irischen Regiment entstammten die meisten der Volunteers dem niederen protestantischen Landadel und dem städtischen Bürgertum. Als Vertreter der Protestant Ascendancy boten sie die Gewähr für die Erfüllung ihres Auftrages, die wegen des Krieges gegen die amerikanischen Kolonien schwachen verbliebenen britischen Truppen in Irland zu verstärken und einen französischen Angriff abzuwehren. Die Miliz wurde ein großer Erfolg, schwoll doch ihre Mitgliedszahl bis 1792 auf 100 000 Mann an, denen gerade 5000 britische Soldaten gegenüberstanden. Und diese Massenwirksamkeit machte sie zu einem innenpolitischen Machtfaktor im Kampf für politische Autonomie Irlands.

Wichtiger als die quantitative Stärke war jedoch, dass sich mit den Volunteers ein eigenständiges politisches Selbstbewusstsein der protestantischen irischen Nation erstmals als eine Art irischen Gegenparlamentarismus institutionalisierte. Die Freiwilligenverbände bildeten eine spezifische politische Öffentlichkeit aus und trugen so neben den Debattierklubs der Zeit, einer kritischen Presse wie dem berühmten „Freeman's Journal" und Pamphletisten wie Henry Flood oder vordem Jonathan Swift erheblich zur Entstehung einer irischen bürgerlichen Gesellschaft bei. Aber ähnlich wie das Dubliner Parlament waren auch die Volunteers durch die triadische Figuration irischer Politik bestimmt. Ihre Loyalität zu Britannien bildete die Rahmenbedingungen für die Unterdrückung von Katholiken und Dissentern, gleichzeitig aber gab es strukturelle Spannungen mit der britischen Regierung.

Innere Entwicklung

Neben der Abwehr einer französischen Invasion erfüllten die Volunteers eine wichtige Ordnungsfunktion nach innen. Seit den frühen Sechzigerjahren war es insbesondere in abgelegenen ländlichen Regionen immer wieder zu Unruhen gekommen. Das irische Landleben wurde von zahlreichen Geheimgesellschaften geprägt, in denen die aus dem Machtkartell der Protestant Ascendancy ausgeschlossenen sozialen Schichten ihren Protest gegen die ungerechte Besteuerung des Kartoffelanbaus, das Einhegen von Gemeindeland, überhöhte Pachtraten, Abgaben an die anglikanische Kirche und andere Beschwernisse anmeldeten. Regional operierenden Gruppen der „Oakboys" im Norden, der „Whiteboys" im Süden, der „Steelboys" im südlichen Antrim oder der „Rightboys" folgten nicht zwangsläufig der kulturellen Trennung von Protestanten und Katholiken. Zwar waren in den bedeutsamen Bewegungen der „Oakboys" und „Whiteboys" viele ärmere Katholiken aktiv, aber es fanden sich auch unter ihnen Dissenter und selbst anglikanische Kleinlandwirte und Handwerker. Die in Ulster agitierenden „Steelboys" wiederum betonten ihren

Presbyterianismus und gingen gewalttätig gegen „Papisten" vor. Das Entstehen und Vergehen dieser Gruppen korrespondierte mit Krisen in der Agrarökonomie wie Missernten, Preisverfall für agrarische Erzeugnisse, hohen Lebensmittelpreisen oder auch langen Trockenheitsperioden. 1728/29, 1740/41, 1744/45 und 1756/57 kam es zu ernsten Hungersnöten; die größte von 1740/41 forderte mit 300 000 Toten prozentual mehr Opfer als die Hungerjahre Mitte des 19. Jahrhunderts. Die Unwägbarkeit der landwirtschaftlichen Erzeugung war mit einem erheblichen Bevölkerungswachstum konfrontiert. Die irische Bevölkerung verdoppelte sich im 18. Jahrhundert und lag 1800 bei ca. 5 Millionen (s. Tab. 1).

Als Muster ergibt sich eine deutliche Korrelation zwischen dem Bevölkerungswachstum und dem ost-westlichen Reichtumsgefälle sowie dem Anteil der katholischen Bevölkerung. In Connacht lag die Zuwachsrate am höchsten, in Ulster, das sich gegen Ende des 18. Jahrhunderts rapide industrialisierte, am niedrigsten, wobei dort wiederum die ärmeren Regionen im wenig entwickelten Westen die größte Zunahme aufwiesen. Zum Bevölkerungswachstum trug neben einer vor allem durch frühe Heiraten erhöhten Geburtenrate das Vorhandensein zahlreicher kleiner, billig zu pachtender Grundstücke zur landwirtschaftlichen Selbstversorgung und eine bessere Grundernährung durch den all-

Tab. 1: Geschätzte Bevölkerungszahl Irlands, 1500–1800	
Jahr	Millionen
1500	1,0
1600	1,4
1641	2,1
1672	1,7
1687	2,2
1712	2,8
1800	5,0

Quelle: A New History of Ireland, Vol. 3, S. 389.

umfassenden Kartoffelanbau bei. Ab 1780 wurde die Kartoffel zum Hauptnahrungsmittel, das auch im Winter zur Verfügung stand und in großen Mengen verzehrt wurde. Die durchschnittliche Aufnahmemenge pro Tag lag zu dieser Zeit bei ca. 3,7 kg/Person. Die Schweinezucht verdrängte die Großviehhaltung und erlaubte auch unteren Schichten die Versorgung mit tierischem Eiweiß.

Die irische Wirtschaft blieb im 18. Jahrhundert landwirtschaftlich bestimmt, wobei Fluktuationen von Angebot und Nachfrage neben natürlichen Faktoren vor allem vom englischen Markt einschließlich der amerikanischen Kolonien und den internationalen Konstellationen abhingen, war Irland doch schon seit langem in seinen Agrarausfuhren immer auch kontinentaleuropäisch orientiert. Die Möglichkeiten, mit Spanien oder Frankreich zu handeln, waren wiederum entscheidend durch die britische Außenpolitik bestimmt. So gingen während des Siebenjährigen Krieges und des nordamerikanischen Unabhängigkeitskrieges diese europäischen Märkte weitgehend verloren, was durchaus den Wünschen der britischen Regierung entsprach. Seit 1776 durfte Irland nur noch nach Großbritannien und in die englisch beherrschten Kolonien exportieren. Diese künstliche Nachfrageverknappung begrenzte die möglichen Gewinne der irischen Produzenten erheblich und sorgte für politische Spannungen. Gleichwohl entwickelte sich die irische

Tab. 2:
Exporte und Importe Irlands, 1700–1816

Jahr	Exporte (£)	Importe (£)
1700	814 746	792 473
1710	712 497	554 248
1720	1 038 382	891 678
1730	992 832	929 896
1740	1 259 853	849 678
1750	1 862 834	1 531 654
1760	2 139 388	1 647 592
1770	3 159 587	2 566 845
1780	3 012 179	2 127 579
1790	4 855 319	3 829 914
1801	3 714 779	5 584 599
1811	6 099 337	6 564 578
1816	7 076 123	6 106 878

Quelle: Cullen, Economic History of Ireland, S. 54.

Ökonomie im 18. Jahrhundert dynamisch. Die in Ulster entstehende Textilindustrie wurde zum wichtigen Wirtschaftsfaktor. Ein Blick auf die Ausweitung des irischen Außenhandels verdeutlicht den wirtschaftlichen Aufschwung, der allerdings gefährdet blieb (s. Tab. 2).

In den letzten Jahren des 18. Jahrhunderts kann geradezu von einem Boom in der Agrarproduktion gesprochen werden. Zwischen 1770 und 1800 verdoppelte sich der Butter-, vervierfachte sich der Rindfleisch- und verachtfachte sich der Schweinefleischexport nach Großbritannien. Mit dieser Prosperität ging die Entwicklung der irischen Infrastruktur einher, was sich an den vielen Straßen- und Kanalbauprojekten beobachten lässt. Eine starke Verstädterung insbesondere im Norden verwandelte ehemalige Kleinstädte wie Belfast, Derry oder Newry in neue politische und wirtschaftliche Zentren.

Katholische Bewegung

Diesem erkennbaren, aber instabilen wirtschaftlichen Aufschwung entsprach eine Veränderung der politischen Landschaft. Neben den schon genannten Agrarprotesten sah sich das anglikanische System seit Mitte des Jahrhunderts mit verstärkten Ansprüchen von Katholiken und Dissentern nach politischer Beteiligung konfrontiert. Auch während der Geltung der Penal Laws war es der katholischen Bevölkerung gelungen, ihre kulturelle und religiöse Identität zu bewahren. Das Verbot der Religionsausübung und der religiösen Erziehung wurde weitgehend missachtet, und eine offizielle Zählung aller katholischen Priester im Jahr 1704 ergab eine Zahl von 1089. Da sich ein erheblicher Teil des Klerus dieser Registrierung entzogen hatte, weil ihre Konsequenzen unabsehbar waren und eine umfassende Vertreibung der Priesterschaft befürchtet wurde, muss die tatsächliche Zahl katholischer Geistlicher noch erheblich höher gelegen haben.[10] Sozialökonomisch gehörte der größte Teil der katholischen Bevölkerung zu den ärmeren Schichten abhängiger Pächter kleiner Parzellen, Tagelöhner oder Handwerker, aber die Penal Laws erlaubten Katholiken durchaus ökonomisch erfolgreiche Laufbahnen als Händler, Geldverleiher oder Mediziner. In diesen Bereichen konnte sich schließlich ein katholisches Bürgertum etablieren, das vom Auftrieb der irischen Ökonomie des 18. Jahrhunderts profitierte. Mit der Verschiebung der politischen Macht von Landbesitz zu Kapitalbesitz im Zuge der industriellen Entwicklung kehrten Katholiken wieder in das politische System Irlands zurück. Sie gehörten zu den Gewinnern der Durchsetzung der postfeudalen bürgerlichen Gesellschaft, wenn sie auch vom Großgrundbesitz weiter ausgeschlossen blieben.

Das politische Interesse dieser katholischen Bourgeoisie, welche sich seit 1760 im Catholic Committee Öffentlichkeit verschaffte, war auf die vollständige Beseitigung aller Diskriminierungen der nachjakobitischen Ordnung gerichtet. Ihre Führer setzten auf eine parlamentarische Selbstbestimmung Irlands, denn nur in der Autonomie einer die Katholiken einschließenden irischen Nation schien eine Möglichkeit zu bestehen, die anglikanische Minderheitsherrschaft in Irland überwinden zu können. Damit stellten sie sich an die Seite Grattans und seiner Patrioten. Auch unter den Volunteers gab es Forderungen nach Emanzipation der Katholiken, die immerhin ca. 30% der Unteroffiziere und Mannschaften stellten.[11] Doch die innere Zerrissenheit selbst der reformorientierten Anglikaner ließ eine stabile Koalition nicht zu. Dass im anglikanischen Lager die Frage der Gleichstellung der katholischen Bevölkerung zur Spaltung führte, zeigt die Ungenauigkeit des in der Geschichtsschreibung dieser Epoche häufig auftretenden Begriffs des „Kolonialnationalismus" zur Kennzeichnung der politischen Identität dieser Gruppe. Grattan, der sich für die Gleichstellung der katholischen Bevölkerung einsetzte, erhielt dafür zwar in seinem Lager keine Mehrheit, aber seine Position ist auch nicht „kolonialistisch" zu nennen im Sinne einer Rechtfertigung der Unterdrückung der eingesessenen Bevölkerung. Gerade die Entwicklung der Unabhängigkeitsbewegung und die Rebellion von 1798 zeigten die Chancen und Grenzen einer irischen Nationenbildung jenseits religiös-kultureller oder kolonialistischer Trennungslinien.

Der katholischen Bewegung gelangen Anfang der Neunzigerjahre erhebliche Erfolge. Die politische Bedeutung des Catholic Relief Act von 1793 ist schon erwähnt worden. Neben der Wiederverleihung des aktiven Wahlrechts und kommunaler Mitwirkung erlaubte dieses Gesetz konfessionelle Mischehen, die Beteiligung von Katholiken an Schöffengerichten, ihr Studium am Trinity College in Dublin, das Tragen von Waffen und öffnete ihnen alle juristischen Berufe sowie untere und mittlere Laufbahnen in der öffentlichen Verwaltung. In der Provinz Ulster erzielten die presbyterianischen Dissenter ähnliche Fortschritte im Ringen um ihre soziale und politische Integration in das anglikanische Herrschaftssystem. Dort stellte sich die politische Geografie insoweit anders als in den übrigen drei Provinzen dar, befand sich die katholische Bevölkerung doch in einer relativen Minderheitenposition. Gab es 1732 in Leinster 77%, in Munster 89% und in Connacht 91% Katholiken, so waren es in Ulster 38%. Cromwells Vertreibungen hatten das Gesicht des irischen Nordosten tief greifend verändert. In Ulster kam es danach zu einer deutlichen Dreiteilung der Gesellschaft, wobei die Anglikaner vor allem Gentry und akademische Berufe dominierten und die überwiegend schottischen Presbyterianer Frühindustrie und Handel bestimmten, während Katholiken vor allem die Schicht der Landarbeiter und kleinen Pächter bildeten. Anglikaner und Dissenter dominierten die kommerziellen Zentren; Katholiken stellten in der agrarischen Peripherie den Hauptteil der Bevölkerung. Die in der Textilindustrie ökonomisch erfolgreichen protestantischen Dissenter waren in ihrer Gruppenidentität jedoch nicht nur durch ihre Religion geprägt. Dazu trat die starke ethnische Komponente der Zugehörigkeit zur schottischen Nation. Zeitgenössische Beobachter sprachen mit Blick auf diese vor allem presbyterianische Bevölkerung von „Scotus hibernus", einer eigenständigen schottisch-irischen Nation und der Dialekt des „Ulster Scot" ist bis heute – ähnlich wie das Irisch-Gälische – die sprachliche Form dieser Gruppenidentität.

Dass diese schottisch-irische Bevölkerung durchaus in einem Spannungsverhältnis zur anglikanischen Dominanz lebte, zeigte sich nicht nur an den immer wieder auftretenden gewalttätigen Protesten gegen die obligatorische Abführung des Kirchenzehnten an die irische Staatskirche, sondern auch an der massiven Auswanderung. Von den ca. 450 000 bis 1790 nach Amerika ausgewanderten Iren kamen zwei Drittel aus Ulster. Darunter befand sich eine erhebliche Zahl Dissenter. In Ulster wurde unverblümt Sympathie mit dem Aufstand der amerikanischen Kolonien demonstriert, und es war nicht zufällig, dass Autonomie-Bewegung und Volunteers dort breite Unterstützung fanden. Auch wenn die Dissenter in Ulster früher als die Katholiken in das politische System anglikanischer Dominanz integriert wurden und man mit Blick auf den Verlauf des 18. Jahrhunderts immer stärker von der Herausbildung einer protestantischen, Anglikaner und Presbyterianer umfassenden Herrschaftsstruktur sprechen kann, so blieb ihre kollektive Identität auch immer durch die Wahrnehmung einer Zweifrontenlage zwischen katholischen Gleichheitsansprüchen und englischen Herrschaftsansprüchen geprägt. Ihr ethnisch-religiöses Bewusstsein, eine Sonderstellung zwischen den Lagern einzunehmen, verlieh ihrem politischen Wollen sektiererische Hermetik, die insbesondere in den Unterschichten militante Züge annahm, wie sie sich etwa in den Gewalttaten der „Steelboys" äußerten.

Zunahme der Gewalt

Die Verfassung von 1782 hatte Irland eine eingeschränkte politische Selbstbestimmung gebracht. Allerdings benötigten alle im Dubliner Parlament verabschiedeten Gesetze – dasselbe gilt bis heute für das britische House of Commons – königliche Zustimmung, um rechtswirksam werden zu können. Hinzu kam, dass der Vizekönig nach wie vor von der britischen Regierung ernannt wurde. Das Ziel der vollständigen Autonomie wurde nicht erreicht. Neben den konstitutionell operierenden Patrioten um Grattan entwickelte sich eine außerparlamentarische Unabhängigkeitsbewegung, die einen Teil der politisierten Volunteers, auf Gleichstellung drängende Katholiken und radikale Ulster-Presbyterianer vereinte. Wortführer dieser Gruppe wurde der protestantische Rechtsanwalt Theobald Wolf Tone, der in der von Samuel Neilson und William Drennan im September 1791 gegründeten Belfast Society of United Irishmen von sich reden machte und mit seiner Schrift „An Argument on the Behalf of Catholics"[12] zum Kanon des irischen Nationalpamphletismus beitrug wie Swift. Angetrieben von den Losungen der Französischen Revolution entwarf er die Vision einer irischen Nation jenseits konfessioneller und ethnischer Spaltungslinien. Neben dem Bruch aller Verbindungen zu England ging es ihm „um die Vereinigung des ganzen irischen Volkes, der Abschaffung aller vergangener Spaltungen und darum, an die Stelle der Konfessionen von Protestanten, Katholiken und Dissentern den allen gemeinsamen Namen des Iren zu setzen."[13] Der säkularisierte, aufgeklärte Staat der bürgerlichen Gesellschaft sollte an die Stelle atavistischer religiöser Gemeinschaftsbildung treten: „der emanzipierte und befreite Ire wird, wie der emanzipierte und befreite Franzose, vielleicht zur Messe gehen, seinen Rosenkranz beten, oder seine Geliebte mit Weihwasser sprenkeln, aber keiner von beiden wird den eingerosteten und überlebten Donnerpredigten des Vatikan folgen."[14]

Schnell stiegen die United Irishmen zu einer landesweiten Organisation auf. Die Ideen von 1798 waren populär. Von Thomas Paines berühmter Menschenrechtsdeklaration „The Rights of Man" wurden in Irland 40 000 Exemplare verkauft (in England und Schottland zusammen 17 000), und die United Irishmen brachten sogar eine irisch-gälische Übersetzung heraus.[15] Vor dem Hintergrund ihrer Vision eines irischen Nationalismus jenseits religiöser Separierungen war es konsequent, dass der Protestant Tone 1792 zum Geschäftsführer des Catholic Committee gewählt wurde, welches nun verstärkt massenwirksame Auftritte organisierte. Auf einen Ende 1792 eröffneten, großen katholischen Emanzipationskonvent, der sich mit einer Petition an den englischen König wandte und in London ministerielles Gehör fand, reagierte die immer noch durch die konservative Mehrheit der anglikanischen irischen Elite bestimmte Dubliner Administration mit dem Aufbau einer neuen, die Volunteers ersetzenden und aus öffentlichen Mitteln finanzierten Miliz zur Verteidigung des gesellschaftlichen und politischen Status quo. Obwohl auch bei dieser Bürgerwehr Katholiken Mitglieder wurden, errangen sie dort keinen größeren Einfluss. In Irland entstand mit dieser Miliz aber neben den Resten der Volunteerbewegung und dem britischen Militär sowie zahlreichen lokal organisierten Bünden eine weitere bewaffnete Kraft. Kontakte der französischen Regierung mit Tone wirkten schließlich in dieser Situation wie ein Katalysator des drohenden Bürgerkriegs.

Seit den frühen Neunzigerjahren deuteten alle Zeichen auf eine gewalttätige Konfrontation, die aber nicht vollständig den tradierten religiös-ethnischen Frontverläufen entsprach. Insbesondere in Ulster reagierten Teile der Anglikaner und Dissenter auf die Radikalisierung der United Irishmen mit der Gründung von Geheimgesellschaften, die ihre Kontinuität zum antijakobitischen Kampf Wilhelm von Oraniens betonten und als „Loyal Orange Order" bis heute zu den entschiedensten Gegnern einer politischen Beteiligung der Katholiken am politischen System Nordirlands gehören. Diese Loyalisten banden und binden ihre Treue gegenüber dem englischen König aber an dessen Unterstützung ihrer Vorherrschaft. Im ursprünglichen Mitgliedschaftseid mussten sich die neu Hinzugekommenen verpflichten, dem König und seinen Nachfahren so lange zu folgen, solange „er oder sie die protestantische Vorherrschaft unterstützen"[16]. Die Loyalität der Ulster-Protestanten war schon immer an Bedingungen geknüpft und fußt nicht auf einem allgemeinen englischen Zusammengehörigkeitsgefühl, sondern auf mehr oder minder genau definierten Eigeninteressen.

Auf katholischer Seite entstanden Gruppen so genannter Defenders, die – reziprok zur Gewalt der protestantischen Bünde – gegen missliebige, vornehmlich protestantische

Abb. 2: Karikatur der United Irishmen mit dem Text:
„United Irishmen bei ihren täglichen Übungen."

Grundbesitzer, Pächter und Geistliche vorgingen. 1795 kam es schließlich nach einem
größeren Scharmützel in Ulster, das auf katholischer Seite 30 Tote forderte und die Unter-
legenheit der katholischen Bewegung zeigte, zur Fusion von Defenders und United Irishmen. Gleichzeitig intensivierte Tone seine Bemühungen, französische Militärhilfe zu erhalten. Auf einen ersten, erfolglosen Landungsversuch französischer Hilfstruppen im Juni
1776 reagierte die Regierung in Dublin mit einem Gesetz zur Unterdrückung aufrühreri-
scher Bestrebungen (Insurrection Act), das u.a. den Habeas Corpus Act[17] suspendierte,
großräumige Ausgangssperren vorsah, jeden privaten Waffenbesitz verbot und sich mit
der Aufhebung von Bürgerrechten gegen die katholische Bevölkerung richtete. Zusätzlich
wurde mit den „Yeomanry" eine weitere Miliz ins Leben gerufen, die vor allem unter der
protestantischen Landbevölkerung Mitglieder rekrutierte. Die Durchsetzung des Waffen-
verbots führte zu umfangreichen Durchsuchungsaktionen des erheblich verstärkten britischen Militärs, willkürlichen Verhaftungen und zahlreichen Ausschreitungen der Soldaten
gegenüber der Bevölkerung.

Anfang 1798 entwickelten sich aus Protesten gegen diese Maßnahmen vor allem in den
Counties Dublin, Kildare, Meath, im östlichen Ulster, im County Wexford und Connacht
unkoordinierte lokale Aufstände der United Irishmen und Defenders gegen das Vorgehen

United Irishmen upon Duty.

Abb. 3: Karikatur der United Irishmen mit dem Text:
„United Irishmen erfüllen ihre Pflicht."

der Regierung. In einigen Regionen gelang den Aufständischen kurzzeitig sogar eine Vertreibung der dort stationierten Truppen. Doch die erhoffte ausländische Hilfe blieb weitgehend aus. Französisch-niederländische Invasionsversuche unter General Hoche und Wolfe Tone waren Ende 1797 gescheitert. Eine kleinere Truppe unter General Humbert konnte im August 1798 in Killala landen, musste aber nach anfänglichen Erfolgen und der Proklamation einer provisorischen irischen Regierung in Connacht unter John Moore innerhalb kurzer Zeit kapitulieren. Beim Versuch, im November ein weiteres Kontingent französischer Soldaten nach Irland zu bringen, wurde Tone am Lough Swilly gefangen genommen. Er entzog sich der öffentlichen Erhängung durch Selbstmord. Sein Tod am 19. November 1798 zog den Schlussstrich unter die Rebellion der United Irishmen.

Bis heute ist Wolfe Tone das Symbol für Kraft und Scheitern eines gewaltbereiten irischen Republikanismus. Doch schon vorher geriet der Aufstand zur Manifestation sektiererischer religiöser Ausgrenzung, als Mitglieder der Defenders im Juni 1798 200 Protestanten in eine Scheune bei Scullabogue zusammentrieben und diese anzündeten. Weitere Massaker – wie die Ermordung von 93 protestantischen Bewohnern der Stadt Wexford – erinnerten die protestantische Bevölkerung an die Vorkommnisse von 1641, und die Gegengewalt der regierungsloyalen Milizen fiel ähnlich brutal aus wie anderthalb Jahrhunderte zuvor. 1500 Aufständische wurden nach Ende der Unruhen hingerichtet, öffentlich ausgepeitscht oder deportiert. Insgesamt verloren 30 000 Menschen ihr Leben.[18] Das waren mehr als während der Französischen Revolution getötet worden waren.

Union

Die Londoner Regierung zog aus den Unruhen den Schluss, dass nur eine staatsrechtliche Union zwischen Irland und Großbritannien zukünftige Gewaltausbrüche würde verhindern können. Die Idee einer Union, wie sie seit 1707 zwischen England und Schottland bestand, war seit Mitte des 17. Jahrhunderts immer wieder in London und Dublin diskutiert, aber nur von einem kleinen Teil der anglikanischen Elite wirklich angestrebt worden, denn der Eigensinn der Protestanten favorisierte durchaus eine weitgehende irische Selbstbestimmung. Am Ende des 18. Jahrhunderts waren die Stimmen einer irischen Autonomie allerdings größtenteils verstummt, und es fiel der englischen Regierung leicht, sich im Dubliner Parlament – gegen den erbitterten Widerstand Henry Grattans und seiner Patrioten – die notwendige Stimmenmehrheit zu sichern. Mit der Schaffung des „United Kingdom of Great Britain and Ireland" war die fünfhundertjährige Existenz eines irischen Parlamentes beendet. Zukünftig wurden irische Interessen im Londoner Unterhaus vertreten, wofür 100 neue irische Wahlkreise geschaffen wurden. Ins britische Oberhaus zogen 32 irische Peers ein. Damit wurden irische Angelegenheiten endgültig Bestandteil britischer Innenpolitik. Recht schnell konnten sich irische Abgeordnete in Westminster dieses zunutze machen und sich als Machtfaktor im Unterhaus etablieren. Geografische Lage, infrastrukturelle Schwächen, wirtschaftliche Unstetigkeit, Bevölkerungsgröße und vor allem der religiös-kulturelle Konflikt verwiesen Irland jedoch in eine Sonderstellung innerhalb des Vereinigten Königreiches, die sich politisch vor allem in der Weiterexistenz einer Dubliner Exekutive unter einem Lord Lieutenant und seinem Chief Secretary ausdrückte. Insgesamt blieben Staatsinterventionismus und zentrale Kontrolle viel stärker ausgeprägt als in England oder Schottland.

Der auf Emanzipation innerhalb des britischen politischen Systems setzende Teil der katholischen Bevölkerung begrüßte die Union, nachdem sich die Hoffnungen auf einen Erfolg der Autonomiepolitik Grattans zerschlagen hatten. Im Vereinigten Königreich schien die Vorherrschaft des irischen Protestantismus besser kontrollierbar zu sein als in Irland allein. Der Aufstand der United Irishmen war von diesem konstitutionellen Flügel der katholischen Bewegung, zu dem insbesondere der höhere Klerus zählte, scharf verurteilt worden. Es zeigt sich aber recht bald, dass auch in der Union der Weg zur Gleichstellung mühsam und lang war, verband sich der Emanzipationskampf der Katholiken nun doch entscheidend mit den britischen Machtverhältnissen im von Tories und Whigs dominierten politischen System. In Zeiten konservativer Regierungen waren weitere Fortschritte gering, während die liberale Partei den Forderungen der irischen Katholiken aufgeschlossen gegenüberstand. Schon bald nach Bildung des United Kingdom kam es dann auch zu einem lockeren und immer gefährdeten, aber zuweilen durchaus funktionierenden parlamentarischen Bündnis zwischen irischen Katholiken und den Whigs. Gleichwohl wandte sich Mitte des 19. Jahrhunderts der größte Teil der irischen Katholiken von der Union ab und forderte ihre Aufhebung. Die Sache des irischen Katholizismus und des irischen Nationalismus wurden eins. Doch darüber mehr im folgenden Kapitel.

Zusammenfassung

Das Jahrhundert der protestantischen Vorherrschaft zementierte zwei unterschiedliche Geschichtserzählungen, die erhebliche politische Folgewirkungen für das 19. und 20. Jahrhundert haben sollten. War für die einen die georgianische Epoche Irlands „nichts als eine heimtückische Gutmütigkeit, eine aufgesetzte Tapferkeit, herausforderndes Benehmen und Pferdeverrücktheit",[19] so verbanden die anderen damit ein Andenken an Frivolität, Korruption und Unterdrückung, die sich als englischer Zivilisationsauftrag maskierte. Diese Dichotomie der Erinnerungen gab der Erfindung des irischen Nationalismus mit seiner Gespaltenheit in konstitutionelle und gewaltbereite Republikaner und der Ausschließung der protestantischen Loyalisten im 19. Jahrhundert ihre Besonderheit. Ins Zentrum dieses Irischseins rückte eine rigide Anglophobie, für die Wolf Tone in seinen Lebenserinnerungen die Topologie vorgab. All sein Sehnen, so schrieb er zwei Jahre vor seinem Tod, habe sich darauf gerichtet, „die Tyrannei unserer verabscheuungswürdigen Regierung zu stürzen, alle Beziehungen zu England abzubrechen, dieser nie versiegenden Quelle aller unser politischen Übel, und meinem Vaterland die Unabhängigkeit zu sichern"[20]. Der äußere Feind wurde hier zur Ursache aller irischen Missstände erklärt, und alle innergesellschaftlichen religiösen und kulturellen Brüche konnten als Ergebnis fremdländischer Machinationen gedeutet werden. In dieser Konstruktion nationaler Homogenität schlummerte nicht nur am Ende des 18. Jahrhunderts die Gewalt des Bürgerkriegs.

3. Die Erfindung der irischen Nation (1802–1850)

Aufstandsversuch unter Robert Emmet

Mit der Einführung der Union veränderten sich die politischen Grundkonstellationen in Irland einerseits tief greifend, weil die Teilautonomie des politischen Systems, die immerhin seit 1782 bestanden hatte, beendet war und die Perspektive einer irischen Unabhängigkeit in weite Ferne rückte. Andererseits aber ließ die Vereinigung die protestantische Vorherrschaft in Irland unberührt. Damit sahen sich 75–80% der irischen Bevölkerung

von weitgehender politischer Teilhabe ausgeschlossen. Die Emanzipation des katholischen Bevölkerungsteils wurde nicht weiter vorangetrieben. Entsprechende, vom britischen Premierminister Pitt entwickelte Pläne zur politischen Gleichstellung scheiterten
am Einspruch König Georgs III.[1] Insbesondere der protestantischen Dissentern und Katholiken abgeforderte Eid, der sie vor Annahme eines Parlamentsmandats oder der Übernahme öffentlicher Ämter zwang, sich von jeweiligen zentralen Dogmen zu distanzieren
und am Abendmahl der anglikanischen Kirche teilzunehmen, blieb bestehen. Aber nicht
nur politisch, auch gesellschaftlich veränderte die Union wenig an der Diskriminierung.
Trotz der Emanzipationsgesetze von 1778 und 1793 gelang es im frühen 19. Jahrhundert
Katholiken kaum, ihre Teilhabemöglichkeiten zu nutzen. So waren noch 1828 von 1314
Stellen im Justizwesen nur 39 mit Katholiken besetzt. Unter 3033 Beamten fanden sich
gerade 134 Katholiken.[2]

Die Fortdauer der protestantischen Dominanz bildete nicht die einzige Brücke zur Zeit
vor der Union. Nach wie vor existierten ländliche antianglikanische Geheimgesellschaften, die vor allem gegen den an die anglikanische Kirche abzuführenden Zehnten gewalttätig protestierten. Banden wie die „Whiteboys" oder die „Ribbonmen" betätigten sich bis
weit in das dritte Jahrzehnt des 19. Jahrhunderts hinein und machten das Leben auf dem
Lande unsicher. Allein in den relativ friedlichen Jahren 1826–1830 kamen bei Zusammen-
stößen zwischen solchen Gruppen und der von den jeweiligen lokalen Magistraten eingesetzten Polizei, die den Kirchenzehnten eintrieb, 84 Menschen ums Leben; 112 wurden
schwerer verletzt. Besonderen Unmut unter der katholischen Bevölkerung löste dabei die
Parteilichkeit der Polizei aus. Viele ihrer Angehörigen gehörten selbst protestantischen
Bünden an, die – wie in extremer Form der Oranierorden – jeden Protest gegen die Protestant Ascendancy unterdrückten. Gleichwohl eskalierten die lokalen Konflikte nicht in
einer inselweiten Aufstandsbewegung wie noch 1798. Das hatte schon Robert Emmet, der
jüngere Bruder von Thomas Addis Emmet, einem der Helden der United Irishmen, erfahren müssen, dessen dilettantisch vorbereiteter Umsturzversuch 1803 zwar den obersten
Richter Irlands, Lord Kilwarden, das Leben kostete, ansonsten aber kläglich scheiterte und
mit der Hinrichtung Emmets und 25 Mitverschwörer endete.[3] Die Rahmenbedingungen
für eine antibritische Revolution hatten sich innenpolitisch und international grundlegend geändert. Frankreich war an einer Intervention in Irland nicht interessiert, sondern sondierte Möglichkeiten eines direkten Angriffs auf das englische Kernland. Im
Innern Irlands verurteilten selbst katholische Gegner der Union Emmets Gewaltphantas-
ma.[4] Das protestantische Lager verstärkte nach dessen Coup allerdings die antikatholische
Propaganda[5] und verschaffte entsprechenden Milizen erheblichen Zulauf. Eine weitere
Folge war die Intensivierung religiöser Konversionsversuche durch protestantische evan-
gelikale Bibelgesellschaften, die im ersten Jahrzehnt des 19. Jahrhunderts 4,5 Millionen
Traktate unter das Volk brachten, mit denen sie zwar keine größeren Erfolge erzielen
konnten, aber die sektiererische Spaltung der Gesellschaft verstärkten.

Bemühungen um eine katholische Emanzipation

Dass die katholische Priesterschaft und das katholische Bürgertum gegen gewalttätige Veränderungen votierten, war Ausdruck der Hoffnung, dass in der Union der zwischen 1770 und 1795 erfolgreich beschrittene Weg zur vollständigen politischen Emanzipation weiter verfolgt würde. Im späten 18. Jahrhundert war eine ökonomisch erfolgreiche katholische Mittelklasse entstanden, die sich vor allem aus dem städtischen Bürgertum rekrutierte, aber auch auf dem Land von erheblicher Bedeutung war. Dort gehörte eine wachsende Zahl von Katholiken zur Gruppe von Bauern, die über meist lebenslange Pachtverträge verfügten und deren Grundstücke einen steuerlichen Wert von mindestens 40 Shilling besaßen. Solchen 40-Shilling-Freeholdern kam auch als Katholiken das aktive Wahlrecht zu und bis zu Beginn der Zwanzigerjahre wuchs diese Gruppe auf ca. 200 000 Wahlberechtigte an. Erstmals verfügte die katholische Bevölkerung damit über eine Chance auf relevanten politischen Einfluss, bedurfte jedoch noch einer einheitlichen Organisation. Ein neues politisches Selbstbewusstsein hatte sich schon 1805 gezeigt, als sich erstmals seit 1792 wieder Katholiken dazu entschlossen, die Forderung nach Beseitigung der noch bestehenden Diskriminierungen an das Parlament zu stellen. Zwar wurde die entsprechende Abstimmung im Oberhaus mit 178 zu 49 und im Unterhaus mit 336 zu 124 Stimmen verloren, aber das Thema der politischen und rechtlichen Gleichstellung stand danach wieder oben auf der politischen Agenda; unermüdlich wurden in den folgenden Jahren weitere Petitionen ins britische Parlament eingebracht.[6] Auf den 1811 unternommenen Versuch, in Irland Wahlen zu einem „National Convent of Catholics" durchzuführen, reagierte die britische Regierung mit Verbot und gerichtlicher Verfolgung, aber die katholische Bevölkerung hatte schon im ersten Jahrzehnt des Bestehens des Vereinigten Königreichs ihre Mobilisierungsfähigkeit bewiesen und sie fand in diesen Jahren mit Daniel O'Connell ihren überragenden Führer.[7]

Schon in seiner Abstammung aus der Sippe der O'Connells of Derrynane verbanden sich die Traditionen des katholischen Landadels mit gälischen Wurzeln. Zeitgenössische Abbildungen zeigen O'Connell mit den Insignien des Irischseins: von Wolfshunden umgeben, vor Rundtürmen, Kleeblätter pflückend. Beispielhaft hatte er die relativen Freiheiten der Catholic Relief Acts des späten 18. Jahrhunderts nutzen können, war zu einem der reichsten Anwälte Irlands geworden und hatte sowohl gegen die Union als auch gegen alle Versuche, diese gewaltsamen zu beenden, Stellung bezogen. In seiner Jugend war er in Frankreich Augenzeuge der revolutionären Terrorphase gewesen, was seinen Widerstand gegen Tones Rebellion 1798 speiste, aber nicht mit einem prinzipiellem Pazifismus verwechselt werden darf. Seine Rhetorik war oft militant und es gehörte zu seiner ganz persönlichen Symbolik, dass er seinen Sohn Morgan nach Venezuela schickte, um dort an der Seite Bolívars gegen die Spanier zu kämpfen. O'Connells Ruf als Vertreter eines liberalen Katholizismus, der die Eigenständigkeit der irischen Kirche auch gegenüber dem Vatikan betonte, ging schon früh über Irland hinaus.[8] Er machte sich einen Namen als Verfechter der jüdischen Emanzipation und Kritiker des Sklavenhandels und wurde so Teil eines europäischen Netzwerkes aufgeklärter Intellektueller. Auf dem Wiener Kongress verhinderte er ein Konkordat zwischen dem Vatikan und der britischen Regierung, das dem Papst ein Veto bei der Einsetzung irischer Bischöfe zubilligte. Als Gegner Metternichs genoss er in nationalrevolutionären Kreisen Frankreichs und Italiens große Popularität. O'Connells politische Ideen fanden ihr Fundament in einer eigentümlichen Mischung aus aufgeklärtem Humanismus und Katholizismus. Dass er dabei immer in der Gefahr stand, von Widersprüchen zerrieben zu werden, überrascht bei dem Spagat zwischen Liberalität und nationalkirchlichem Dogmatismus nicht – zumal sich O'Connell auch immer darum bemühte, die protestantischen Gegner der Union in den Kampf für die katholische Emanzipation miteinzubeziehen.

Gegen den immer wieder unternommenen Versuch der Londoner Regierung, durch eine Verständigung mit dem Vatikan dem Aufbegehren der irischen Katholiken den Boden zu entziehen, hatte Daniel O'Connell mit dem Hinweis auf die Eigenständigkeit der irischen Volkskirche protestiert. Auf ein 1820 ins Unterhaus eingebrachtes Gesetz, das die Ernennung von katholischen Bischöfen von der Zustimmung der Regierung abhängig machte, dafür aber im Gegenzug katholische Priester durch den Staat bezahlen lassen wollte, reagierte der Papst zustimmend. Dagegen mobilisierte O'Connell katholische Laien: „Ich bin wahrhaftig ein Katholik, aber kein Papist. … Sollte der derzeitige Klerus die abscheulichen Sklaven der Regierung bestätigen, so müssen sie sich ihren Herren zuwenden, um Unterstützung zu finden, denn das Volk wird sie zu sehr verachten, um sie zu stützen."[9]

An dieser Stelle wird eine weitere Spannung in der Formierung einer politischen katholischen Identität sichtbar. Es gehörte zur ambivalenten Modernität O'Connells, dass er sich als politischer Vertreter des irischen Volkes beschrieb und gleichzeitig nationale Identität an religiöse Zugehörigkeit band. Damit blieb er aber von der kirchlichen Hierarchie abhängig, die über diese Zugehörigkeit wachte und sie verwaltete. Da 75–80% der irischen Bevölkerung katholisch waren, blieb ihm kaum ein anderer Weg. Denn auch der Protestantismus war ein integraler Bestandteil des britischen Nationalverständnisses seit dem 17. Jahrhundert und vor allem in der postrevolutionären, postnapoleonischen Zeit. Damit war aber fast die gesamte irische Bevölkerung von einer politischen Teilhabe bis zur Säkularisierung des britischen politischen Systems ausgeschlossen. Diese setzte erst Ende des 19. Jahrhunderts ein. In der Arbeit der von O'Connell 1823 gegründeten Catholic Association, einer im Europa dieser Zeit einzigartigen politischen Massenorganisation, drückte sich das geglückte Zusammenspiel von Basisorientierung und kirchlicher Hierarchie aus. Zur Association gehörten katholische Priester ex officio und diese übernahmen (zumeist am Ende des sonntäglichen Gottesdienstes) auch das Kassieren des Mitgliedsbeitrages von nur einem Penny pro Monat. Dieser äußerst geringe Betrag und die straffe Anbindung an die lokale Priesterschaft verschafften der Vereinigung erheblichen Zulauf. Priester und Bischöfe waren Repräsentanten einer Kirche und wurden dadurch zu Führern einer politischen Partei. Kurze Zeit nach ihrer Gründung zahlten ungefähr 500 000 Iren den als „katholische Steuer" bezeichneten Penny und gestatteten es O'Connell, neben vielen ehrenamtlichen Helfern hauptamtliche Funktionäre zu beschäftigen, die aus der Catholic Association schnell eine landesweit verbreitete, gut organisierte und handlungsfähige Kraft machten. Dass unter den Mitgliedern viele ehemalige Soldaten waren, verstärkte das Misstrauen der englischen Regierung, zumal sich in den Zwanzigerjahren die agrarischen Unruhen wieder verstärkten.

Mit dem Ende des antinapoleonischen Krieges hatte sich seit 1815 die ökonomische Lage in Irland verschlechtert. Die Bauern litten unter fallenden Preisen für Getreide und Vieh; es kam zu einer Rezession. Aber die Association verstand sich eben nicht als Kern einer militärischen Aufstandsbewegung, sondern als politisches Kampfinstrument. In den Parlamentswahlen von 1826 gelang es schließlich, das Stimmrecht der 40-Shilling-Freeholder zugunsten liberaler, der katholischen Sache zugeneigten Protestanten und gegen die quasi im Familienbesitz befindlichen Mandatsansprüche konservativer, anglikanischer Grundherren zu mobilisieren. Die Ängste der wahlberechtigten katholischen Bauern, bei nicht genehmer – zu dieser Zeit noch öffentlichen – Stimmabgabe von den Landlords Pachtverträge nicht verlängert zu bekommen oder gar von ihrem Boden vertrieben zu werden, hatten bisher dieses Stimmpotenzial unausgeschöpft gelassen. Sie konnten nun durch Zahlungen aus einem Fonds der Catholic Association, die vertriebenen Bauern sogar alternative Ländereien anbot, entscheidend gemildert werden.

Dieser politische Partizipationsanspruch erhielt mit der Kandidatur O'Connells bei einer 1828 notwendig gewordenen Nachwahl in Clare eine neue Qualität. Zwar waren Katholiken bei Parlamentswahlen unwählbar, aber sie durften durchaus kandidieren. Konnte O'Connell also gar nicht ins Unterhaus einziehen, so kam seiner Kandidatur doch große politische Symbolik zu, zumal er gegen einen parlamentarisch erfahrenen Großgrundbesitzer antrat, der selbst für die Emanzipation der katholischen Bevölkerung eintrat. Die Wahl wurde für O'Connell zum Triumph; er erhielt 67% der Stimmen und hatte demonstriert, dass Katholiken nicht länger bereit waren, sich parlamentarisch von liberalen Protestanten vertreten zu lassen. Das katholische Irland nahm von nun an seine Angelegenheiten im politischen System selbst in die Hand.

Die britische Regierung reagierte auf die katholische Bewegung 1829 mit einem schon 1795 geplanten und seit den frühen zwanziger Jahren des 19. Jahrhunderts parlamentarisch beratenen Catholic Emancipation Act, der einen neuen Loyalitätseid zur Voraussetzung der Wählbarkeit machte.[10] Danach musste erklärt werden, die anglikanische Kirche nicht zerstören und das protestantische Regierungssystem nicht schwächen zu wollen. Da alle gegen die Dogmen der katholischen Kirche gerichteten Formeln wegfielen, war es jetzt auch Katholiken möglich, diesen Eid vor dem Einzug ins Parlament von Westminster und der Übernahme öffentlicher Ämter abzulegen. Der Weg in den britischen Parlamentarismus war damit frei, jedoch konnten Katholiken nach wie vor nicht Regent, Chancellor und Lord Lieutenant werden. Die britische Regierung verzichtete auf eine Kontrolle der Bischofsberufungen und verschaffte der katholischen Kirche dadurch erhebliche Autonomie. Es blieben jedoch kleinere Beschränkungen bestehen. So durfte der katholische Gottesdienst nicht im Freien abgehalten werden. Der katholischen Kirche war weder die Errichtung von Kirchtürmen noch von Glocken erlaubt, die Catholic Association musste sich auflösen. Doch diese Einschränkungen sollten vor allem den irischen Protestanten Symbole der Distinktion liefern und ihre Überlegenheit manifestieren.

Politisch weitreichender war die mit dem Relief Act verbundene Einschränkung des Zensuswahlrechtes. Durch die Erhöhung der Besitzqualifikation für die Ausübung des aktiven Wahlrechts von 40 Shilling auf 10 Pfund sank die Zahl der stimmberechtigten Katholiken von ca. 216 000 auf 37 000. Premierminister Wellington zielte eindeutig auf die Integration der wohlhabenderen katholischen Schichten von Farmern und Stadtbürgern und deutete damit auf eine ökonomisch-soziale Bruchlinie in der katholischen Front. O'Connell, der in diesen Jahren des Triumphes den Beinamen „The Liberator" erhielt, verstand es allerdings lange Zeit, die soziale Frage in ein Programm der irischen Nationenbildung umzudefinieren; einer Nationalstaatsbildung, die unter katholischen Vorzeichen stand. Äußerungen O'Connells, ohne britische Unterstützung gingen die irischen Protestanten in dieser Nation auf, verstärkten jedoch gleichzeitig die Ängste dieser Minderheit, dass die protestantische in eine römisch-katholische Vorherrschaft verwandelt würde. Ökumenische Ansätze entwickelten sich in den Dreißigerjahren in der tief wirkenden Abstinenzlerbewegung, die der Kapuzinerpater Matthew zu einem antialkoholischen Kreuzzug machte, der ca. fünf Millionen Menschen einen Nüchternheitseid ablegen ließ. Diese Bewegung erhielt starke protestantische Unterstützung; O'Connell pflegte enge Beziehungen zu den Abstinenzlern, die der katholischen Hierarchie wiederum religiös viel zu pluralistisch waren. Nachdem zu Beginn der Vierzigerjahre der Höhepunkt der Nüchternheitskampagne überschritten war, versandeten die überkonfessionellen Ansätze schnell, zumal sich in ihnen auch immer eine protestantische Kritik an der „Tugendlosigkeit" der katholischen Iren manifestierte.

Für die Konstruktion einer irischen Nation jenseits der religiösen Spaltungen erwies sich die Engführung von katholischer Emanzipation und Staatsbildung als verhängnisvoll. Fast zwangsläufig schlossen sich dann auch die Reihen der Protestanten, bei denen es zu einer Annäherung von Anglikanismus und der für Irland bedeutsamen und vor allen Dingen im Norden stark vertretenen presbyterianischen Kirche kam. Mit dem Scheitern von 1798 war die Konstruktion einer irischen Nation jenseits religiöser Spaltungen nahezu unmöglich geworden, da der embryonale säkulare irische Nationalismus Wolfe Tones paradoxerweise diese konfessionelle Segregation verstärkte. Nur jene radikalen Dissenter, die ihren Protestantismus mit politischen Gleichheitsforderungen verbanden, blieben Adressaten eines zwischen Katholizismus und säkularem Staat oszillierenden Nationalismus. Doch die Catholic Association setzte zwar als Massenbewegung ihre Partizipationsansprüche furios durch, war aber an einer weitergehenden Demokratisierung nicht interessiert. Zwar setzte sich O'Connell Anfang der dreißiger Jahre für das allgemeine und geheime Männerwahlrecht ein, aber zur entstehenden britischen Gewerkschaftsbewegung ging er genauso auf Distanz wie zur Chartistenbewegung.[11] Vielmehr verfolgte er einen aufgeklärten Sozialpatriarchalismus, der wiederum vom radikalen Presbyterianismus abgelehnt wurde.

Mehrheiten für eine katholische Politik konnte es aber nur in einem selbstständigen irischen Parlament geben, denn im Vereinigten Königreich von England, Wales, Schottland und Irland stellten die Katholiken eine Minderheit dar. Insbesondere der starke schottische Antikatholizismus verstärkte O'Connells Wahrnehmung, Gleichberechtigung im

Vereinigten Königreich nicht erwarten zu können. Folgerichtig verstärkten sich sehr schnell nach dem Erfolg von 1829 die Stimmen im katholischen Lager, die eine Aufhebung der Union forderten. Aus einer losen Bewegung entstand schließlich 1840 die Repeal Association, welche nach dem Muster der Catholic Association als moderne Partei, mit bezahltem Vorsitzenden, regionalen Agenten und zentraler Lenkung für die Beendigung der Union agitierte. Mit dem „Freeman's Journal", dem „Register" und dem „Pilot" stand eine entsprechende Parteipresse parat, die entscheidend zur Formierung einer neuen politischen Gesellschaft in Irland beitrug. Die Repealer wollten die in der Union errungenen Mitwirkungschancen in ein eigenständiges irisches Parlament zurückübertragen. Das bedeutete nicht, jede Beziehung zu Großbritannien aufzugeben, sondern kulminierte in der Forderung nach zwei Legislativen und einem König. O'Connell strebte also in etwa eine Lösung an, wie sie heute noch für Kanada, Australien oder Neuseeland Gültigkeit hat.

Reformen durch das Bündnis von irischen Abgeordneten und Whigs

Nach der Parlamentswahl von 1832 etablierte sich im Londoner Unterhaus eine relativ stabile Fraktion von Unabhängigkeitsbefürwortern, die, insbesondere dann, wenn es zwischen den beiden großen Parteien Whigs (Liberale) und Tories (Konservative) zu einem Patt kam, als Zünglein an der Waage einigen Einfluss in irischen Angelegenheiten ausüben konnte. Diese Parlamentswahl ging mit einer Reform des britischen Wahlrechts einher, die die Anzahl der irischen Sitze nicht nur auf 105 erhöhte, sondern auch die Zahl der Wahlberechtigten besonders in den Städten moderat anstiegen ließ. Insgesamt waren jetzt 92 141 Iren wahlberechtigt, was einem Bevölkerungsanteil von ungefähr 1,2% entsprach. Der Versuch, die in Irland Gewählten den verschiedenen Lagern zuzuordnen, ergibt grob folgendes Bild: 39 Repealer (davon immerhin 17 Protestanten), 36 Whigs und 29 Tories. Zwar scheiterte O'Connell zwei Jahre später bei seinem Versuch, die Aufhebung der Union im Unterhaus diskutieren zu lassen, mit 523 zu 38 Stimmen, aber mit der Stabilisierung dieses Stimmpotenzials von 30–40 Abgeordneten in O'Connells Lager verschwand der irische Faktor bis zur Unabhängigkeit Irlands nicht mehr aus dem Unterhaus. Dort kam es in den Folgejahren zu einer Zusammenarbeit zwischen den liberalen Whigs und einer „irischen Fraktion", die sogar Vertreter in die Regierung entsandte. Gemeinsamer Nenner war die weitere Reformierung des sozialen und politischen Systems Irlands. Was als Motiv für die irischen Abgeordneten selbstverständlich scheint, bedarf als Grundlage der Bündnispolitik der Whigs einer kurzen Begründung. Die irische Gruppe war als Mehrheitsbeschaffer gegen die Tories nötig, aber das Ziel, Irland besser zu regieren, korrespondierte auch mit einer Rechtfertigung der Strukturen des United Kingdom: „good government" galt als die Alternative zur „self-determination". In den Augen der Whigs musste die Union ihre Qualität auch durch die Verbesserung der irischen Verhältnisse beweisen.

Dabei stellten die Erziehungs- und Bildungspolitik, die Sozialfürsorge, die öffentliche

Sicherheit, die Neugestaltung der Steuern und Abgaben und eine Kommunalreform die wichtigsten Aufgabengebiete dar. Mit dem zu Beginn der Dreißigerjahre eingeführten Schulsystem kamen ca. 400 000 protestantische und katholische Schüler zu einer weit besseren Grundbildung als ihre Altersgenossen in England. Allerdings war die Unterrichtssprache Englisch, obgleich zu diesem Zeitpunkt die Mehrzahl der armen ländlichen Bevölkerung noch Irisch sprach. Die Modernisierung des Schulunterrichts ging also mit einem Verlust traditioneller Identität einher. Um 1850 wurden in Irland 511 000 Schüler in 4500 Schulen unterrichtet. Die religionsfrei gegründeten Einrichtungen orientierten sich jedoch bald auf Wunsch der jeweiligen Gemeinschaften konfessionell. Zu den Direktoren wurden entweder katholische Priester oder protestantische Rektoren und Pfarrer ernannt. Ab und an standen die Schulen auch unter der Kontrolle des lokalen Grundherren. Die religiöse Bindung verstärkte die Spaltung der Gesellschaft und prägt bis in die Gegenwart das irische Erziehungssystem. Versuche der britischen Regierung, eine überkonfessionelle Erziehung und Bildung durchzusetzen, scheiterten immer wieder am gesellschaftlichen Unwillen. Neben der Primarbildung gehörte der Ausbau des irischen Universitätswesens zu einer Reformpolitik, die insbesondere die katholische Mittelschicht ansprechen sollte. Aber auch hier blockierten schließlich Auseinandersetzungen über die konfessionelle Gebundenheit eine gesellschaftliche Integration. Das Mitte der Vierzigerjahre von der Londoner Zentralregierung gemachte Angebot, drei neue säkulare University Colleges nach dem Modell der London University einzurichten, stieß letztlich auf die Ablehnung einer Mehrheit der katholischen Ordinarien, die sich auch auf den Kompromiss einer in den Fächern Geschichte und Medizin geteilten Universität nicht einigen konnten. Der von Bischof MacHale geäußerten Meinung, dass „nichts außer einer separaten Finanzierung für separate Erziehung das katholische Irland jemals befriedigen kann"[12], schloss sich auch O'Connell an, für den zudem der Widerstand gegen religiös pluralisierte Universitätsausbildung Ausdruck des altirischen Wesens war. Damit aber erneuerte er im 19. Jahrhundert eine Unterscheidung, die schon das 17. Jahrhundert belastet hatte. Die Gleichsetzung eines vor allem katholisch definierten alten Irentums mit irischer Authentizität, ließ den – immerhin auch schon seit zwei Jahrhunderten im Land befindlichen – „neuen" Siedlern und Protestanten kaum die Möglichkeit, sich innerhalb dieser nationalen Identität einzurichten.

Ein Aspekt der Auseinandersetzung um konfessionelle Erziehung bestand in der Frage der Finanzierung. Die säkularen Staatsschulen und Universitäten wurden durch Steuereinnahmen finanziert, zu denen auch Katholiken beitrugen, obwohl sie dieses Schulsystem ablehnten und ihre Kinder in privaten Schulen unterrichten ließen, für die sie Schulgeld entrichten mussten. Die Kirche war verständlicherweise daran interessiert, für diese privaten, katholischen Bildungsinstitutionen staatliche Gelder zu erhalten. In der Finanzierung des Bildungssystems sahen Katholiken eine Ungerechtigkeit, die der Zwangsabgabe des „Kirchenzehnten" an die anglikanische Kirche glich. 1838 wurde die umkämpfte Eintreibung des Zehnten in eine vom jeweiligen Grundherren zu erhebende, am Bodenbesitz der größeren Pächter bemessene Rate umgewandelt, die allerdings der Church of Ireland zugute kam.[13] Die privilegierte Stellung der Staatskirche blieb die nächsten dreißig Jahre unverändert. Der Zorn der katholischen Bauern, die diese Rate zahlen mussten, richtete sich aber immer stärker gegen ihre Verpächter und rückte diese noch stärker ins Zentrum der politischen Auseinandersetzungen.

Neben der Erziehungsfrage spielte auch die Modernisierung des Systems der irischen Sozialfürsorge eine wichtige Rolle. Bis ins 19. Jahrhundert hinein wurde die Versorgung der Armen, Kranken und Behinderten regional unterschiedlich durch die jeweiligen Kirchensprengel organisiert. Diese ungeregelte Fürsorge wurde der verbreiteten Armut nicht gerecht, die sich aus der verhängnisvollen Mischung aus unsteter wirtschaftlicher Entwicklung, geringer landwirtschaftlicher Produktivität bei einer zu großen Zahl an Kleinstpächtern und der relativen Überbevölkerung speiste. Schon im ersten Drittel des 19. Jahrhunderts kam es deshalb zu einer stetigen Emigration. Viele Iren siedelten sich in den neuen urbanen Zentren Englands an und vergrößerten dadurch dort wiederum den Druck auf die öffentliche Fürsorge. In England hatte sich die Idee durchgesetzt, Arme nicht mehr in ihren Gemeinden zu versorgen, sondern in überregionalen Arbeitshäusern zu konzentrieren (Indoor Relief). Dort mussten sie und ihre Familien sich einer rigiden Arbeitsdisziplin unterwerfen und mit Hilfszahlungen zufrieden sein, die unter dem üblichen Lohnniveau lagen. So sollte eine relative Entvölkerung der ländlichen Regionen und die Bereitstellung dieser überschüssigen Arbeitskräfte für die industrielle Produktion erreicht werden. Zwar hatte selbst eine von der britischen Regierung eingesetzte Kommission vor der Übernahme des englischen Modells gewarnt, da aufgrund der verbreiteten Armut in Irland nicht genügend Unterbringungsmöglichkeiten und Finanzmittel zur Verfügung ständen, aber trotzdem entstand ein irisches Poor Law nach englischem Muster. Hauptpunkt der Reform war die Schaffung von 130 Fürsorgedistrikten, die sich über die ganze Insel erstreckten, jeweils ein Arbeitshaus unterhielten und mehrere alte Kirchensprengel zusammenfassten. In den irischen Arbeitshäusern standen insgesamt 80 000 Plätze zur Verfügung, die – wie sich in den Jahren der Hungerkatastrophe 1845–1850 zeigen sollte – schon angesichts der gewöhnlichen Massenarmut ungenügend waren, zumal es in Irland kaum freie, nicht-agrarische Arbeitsplätze gab. Die Leitidee des englischen Systems, mit Hilfe des Armenrechts den wirtschaftlichen Strukturwandel von der Agrar- zur Industriegesellschaft anzutreiben, musste in Irland scheitern. Deshalb forderten weitsichtigere Kritiker dieser Form der Armenhilfe Arbeitsbeschaffungsprogramme vor Ort, die jedoch Eingriffe in die Eigentumsverteilung an Grund und Boden vorgesehen hätten. Doch die protestantische Vorherrschaft fußte ja gerade auf der Bodenverteilung.

Eng mit der Armut in den ländlichen Gegenden war die dortige Unsicherheit verbunden. Wie schon erwähnt, gehörten Geheimgesellschaften und mehr oder weniger regelmäßig auftretende Angriffe auf die Eintreiber des Zehnten oder die Anwesen unliebsamer Grundherren zur Alltagswelt, die das stürmisch endende 18. Jahrhundert überdauert hatten. Unterstaatssekretär Thomas Drummond, der das Reformengagement dieser Zeit personifizierte, nahm eine Neuordnung des Polizeiwesens vor und entwickelte die zentrale Polizei (Royal Irish Constabulary), die nun nicht mehr den partikularen Interessen lokaler Grundherren willfährig zur Verfügung stand und zu einem nützlichen Instrument gegen die grassierende Kriminalität wurde.[14] Damit griff Drummond verbreitete

Klagen über die konfessionelle Parteilichkeit der Polizei auf, ohne diese jedoch zu einer Institution der inneren Sicherheit machen zu können, von der sich alle Bevölkerungsgruppen gleich stark akzeptiert sahen. Darüber hinaus verringerte sich die Bedeutung der kommunalen Magistrate; sie sollten nicht mehr durch lokale Größen ernannt, sondern stärker durch die Dubliner Zentralverwaltung kontrolliert werden, was auch zur unparteilichen Besetzung von Geschworenengerichten beitragen sollte.

Eine Intention dieser gesamten Reformpolitik lag in der – übrigens auch von konservativen Regierungen betriebenen – Beschwichtigung katholischen Unbehagens. In Drummonds Amtszeit fiel bezeichnenderweise ein Verbot aller öffentlichen Demonstrationen, die Katholiken hätten provozieren können. Er sparte nicht mit massiver Kritik am Vorgehen des Orange Order. Mitte 1835 war dieser auf 1500 Ortsgruppen angewachsen und hatte sich über die englischsprachige Welt verbreitet. Nachdem eine Untersuchungskommission des House of Commons 1836 ein Verbot empfohlen hatte, löste er sich selbst auf. Der Orden verschwand nicht wirklich, war aber in seinen öffentlichen Aktivitäten deutlich beschränkt worden. Selbst die Agitation der Repeal Association blieb ohne größere gewalttätige protestantische Proteste.

Zur Neuordnung des Kommunalwesens gehörte auch die durch den Municipal Corporation Act 1840 vorgenommene Vergrößerung katholischer Partizipation. Die Wahlberechtigung in den Städten wurde an eine Besitzqualifikation von zehn Pfund pro Haushaltsvorstand gebunden, was zwar nicht die protestantische Kontrolle der irischen Kommunen beendete, aber immerhin den katholischen Einfluss erheblich stärkte. In den neuen, nach dem MCA gewählten Dubliner Stadtrat zogen 13 Tories, aber 47 Repealer und Whigs ein. Daniel O'Connell wurde 1841 der erste katholische Oberbürgermeister Dublins seit Ende des 17. Jahrhunderts.

Trotz dieser Modernisierung der irischen Gesellschaft war das Bündnis zwischen Unabhängigkeitsbefürwortern und Whigs brüchig. Mit dem Wahlsieg der Konservativen unter Robert Peel 1841 hatte sich der parlamentarische Einfluss der irischen Fraktion zunächst erschöpft. Aber das für das katholische Lager niederschmetternde Ergebnis bestand nicht im Mehrheitsverlust der Whigs, sondern im eigenen Mandatsverlust. Nach dieser Wahl reduzierte sich das auf Unabhängigkeit setzende Lager im Londoner Parlament auf 12–20 Personen. O'Connell verlor sein Dubliner Abgeordnetenmandat und konnte sich mit Mühe einen sicheren Wahlkreis im Süden des Landes verschaffen. Offensichtlich war seine Verständigungspolitik wieder einmal an den inneren Widersprüchen des nationalen Projekts gescheitert. Im Rahmen der Tolerierung der Whig-Regierung gelang es eben nicht auf Dauer, Forderungen der unteren Mittelschichten nach Pachterleichterungen und gesetzlicher Regelung der Pachtdauer mit den Interessen der städtischen Mittelschichten und der kirchlichen Führung an politischer Stabilität zu versöhnen. Folgerichtig stellte sich O'Connell an die Spitze der seit Ende der zwanziger Jahre latenten Unabhängigkeitsbewegung und konzentrierte sich ganz auf die Organisation eines außerparlamentarischen Widerstands. Die Repeal Association wurde innerhalb kurzer Zeit zum Zentrum einer Volksbewegung gegen die Fortsetzung der Union. Nach Beendigung seiner Amtszeit als Dubliner Oberbürgermeister intensivierte O'Connell die Aktivitäten der Be-

wegung noch; 1843 sollte die Unabhängigkeit von der Union erreicht sein. Seine Massen-
agitation konzentrierte sich auf sechs Ziele, die innerhalb des Bündnisses mit den Liberalen nicht zu erreichen gewesen waren:
– Abschaffung jeder Form des Kirchenzehnten, also auch der neuen Grundabgabe,
– langfristige Pachtzeiten,
– faire Pachtraten,
– Schutz irischer Manufaktur,
– Ausdehnung des Wahlrechts
– sowie Abschaffung des Poor Law.

In so genannten „Monster-Meetings" versammelte sich im Laufe des Jahres eine immer
größere Zahl von Iren, um für diese Forderungen zu demonstrieren. Waren es am
19. April 120 000 in Limerick, am 23. desselben Monats 124 000 in Kells, Mitte Mai
500 000 in Cork und kurze Zeit später 750 000 in Tara, dem symbolisch bedeutsamen Ort
der alten irischen Hochkönige, so sollte eine Versammlung in Clontarf, wo Brian Boru
1014 als Einiger der irischen Stämme die Wikinger vernichtend geschlagen hatte, nach
dem Willen der Repeal Association noch größere Ausmaße erreichen. Allerdings verlor
die Bewegung ihre Dynamik, als O'Connell widerstandslos das von der konservativen britischen Regierung verhängte Verbot der geplanten Demonstration akzeptierte und sich
gefangen nehmen ließ. Der britische Premierminister Peel, der gegenüber irischen Bestrebungen nach Aufkündigung der Union eine Doppelstrategie der Befriedigung bestimmter
katholischer Interessen bei gleichzeitiger Repression jeder Sezessionsbemühungen praktizierte, verstärkte militärische Maßnahmen. Anfang 1844 standen mehr britische Soldaten
in Irland als in Indien, was die Entschlossenheit der britischen Regierung unterstrich, eine
Auflösung der Union auch mit Waffengewalt zu verhindern.

Die Wahrnehmung, es mit der Wiederauflage der Sezessionspolitik Wolfe Tones zu tun
zu haben, wurde nicht nur durch die insgesamt fast 40 Großdemonstrationen und den
hohen Anteil von ehemaligen Soldaten unter den Demonstrationsteilnehmern hervorgerufen, sondern auch durch O'Connells Aufruf vom Mai 1843 bestätigt, Wahlen in Irland
abhalten und einen Rat der Dreihundert als alternatives irisches Parlament einberufen zu
wollen. Dieser Rat sollte zwei Gesetze verabschieden: 1. Aufhebung der Union, 2. Einrichtung eines neuen irischen Unterhauses. Verstärkt wurde diese Bedrohungsperzeption
durch die Radikalisierung der Repeal-Rhetorik durch O'Connell und vieler seiner Kampf-
gefährten. Besondere Bedeutung kam hierbei der von Thomas Osborne Davis, Charles
Gravan Duffy und John Blake Dillon gegründeten Zeitschrift „The Nation" zu. Der Titel
des 1842 ins Leben gerufenen Blattes war politisches Programm. Davis und seinen Freun-
den ging es um die Erfindung eines integralen irischen Nationalismus, der die verschiedenen Konfessionen und die gälischen Traditionen miteinander verschmelzen sollte. Diese
Integrationsbestrebung verkörperte sich in den drei Herausgebern selbst. Davis gehörte
der Protestant Ascendancy an. Sein Vater fiel vor seiner Geburt als Militärarzt im Kampf
gegen Napoleon, seine Mutter entstammte einer Cromwell'schen Siedlerfamilie. Er schlug
nach einem Studium an der akademischen Bastion des irischen Protestantismus, dem Trinity College, eine juristische Laufbahn ein und widmete sich der Schriftstellerei. Dillon

war als Sohn einer armen katholischen Kleinpächterfamilie, die vom Vater, einem Rebellen von 1798, mühsam über Wasser gehalten wurde, mit den drängenden Fragen der katholischen Unterschichtemanzipation wohl vertraut. Duffy schließlich wuchs in der katholischen Minderheit in Ulster auf, wo der Vater als Repräsentant einer aufsteigenden katholischen Mittelschicht Ladenbesitzer und Grundeigentümer geworden war. Seine Mutter entstammte wie die von Davis einer Mitte des 17. Jahrhunderts ins Land gekommenen Siedlerfamilie. Duffy hatte in Belfast das Treiben des Orange Order kennen gelernt und sich früh als Herausgeber von katholischen Zeitungen betätigt.

„The Nation" wurde über die drei Herausgeber und Leitartikler hinaus zum Bezugspunkt einer Gruppe von jüngeren Autoren, denen das Vorgehen O'Connells zu gemäßigt erschien und die sich ideologisch als „Junges Irland" an die Seite anderer europäischer jungnationaler Freiheitsbewegungen stellten. Im Gegensatz zu O'Connell und dem kirchlichen Establishment diskutierten Davis und seine Freunde die Möglichkeiten einer militärischen Erhebung, ohne allerdings direkt zu den Waffen zu rufen. Dem Krieg kam aber in ihrem Denken eine moralische Überlegenheit zu. In Davis' „Morality of the War" heißt es, dass „mehr Selbstbeherrschung, mehr Verachtung jeglichen physischen Leidens, mehr hochfliegende Gefühle, mehr Größe um ihrer selbst willen – mehr, kurz gesagt, an Heldentum im Krieg offenbar wird denn in irgendeiner anderen menschlichen Beschäftigung"[15]. Diese Kriegsbegeisterung fand ihren Ausdruck in der Beschäftigung mit Fragen zur Strategie und Taktik von Guerilla-Bewegungen in aller Welt. Young Ireland sympathisierte mit entsprechenden Befreiungsbewegungen von Afghanistan bis Andreas Hofer: „Die Interessen Irlands und seines aufstrebenden Volkes werden angefacht von all jenen Ländern, deren Freiheit entweder bereits gewonnen ist oder gerade zum Leben erwacht."[16] Man kann nicht von einem geschlossenen nationalistischen Programm des Jungen Irland sprechen, aber zu den allgemein akzeptierten Aspekten gehörte neben der Unterstützung von O'Connells Rat der Dreihundert als irisches Alternativ-Parlament und der Bereitschaft zum bewaffneten Kampf die Forderung nach ökonomischer Autarkie, wie sie sich etwa in Kampagnen zum Kauf irischer Waren und Forderungen nach Schutzzöllen ausdrückte. Dass „The Nation" zur meistgelesenen irischen Zeitung dieser Jahre aufstieg, mit einer Auflage von 10 000 und einer Leserschaft von 250 000, lag aber nicht an diesen politischen Überzeugungen allein, zumal die Passivität der Repeal-Bewegung angesichts der Versammlungsverbote und der Verhaftung O'Connells nicht nur mit einer Enttäuschung über die „Massen" verbunden war, sondern eine Neuorientierung im Kampf um nationale Selbstbestimmung nahe legte. Die Redaktion der Zeitschrift sah in der Erziehung der patriotischen Massen ihre eigentliche Aufgabe. Die Feder hatte auf der Baustelle des neuen Nationalbewusstseins zu wirken, wobei es nicht nur um spezifische politische und wirtschaftliche Fragen ging, sondern auch um die Nation als spirituelle Essenz. Diese Spiritualität manifestierte sich in einem kulturellen Erwachen, das von einer Hinwendung zu irischer Geschichte, gälischer Sprache, Musik und Kultur im weitesten Sinne bestimmt war. Auf den ersten Blick erscheint es merkwürdig, dass ein Zentrum dieser Traditionssuche die Historische Gesellschaft des Trinity College in Dublin war, der auch Thomas Davis angehört hatte. Aber bei aller protestantischen Prägung stand Trinity auch Katholiken offen, und in der Beschäftigung mit der Geschichte ging es auch einer erheblichen Zahl von Protestanten um Gewinnung irischer Identität: „Exakte Geschichtswissenschaften sind notwendig, nicht nur als bestes Vorbild der Politik, sondern auch als Schutz und Klärung der Tradition, welche ihrerseits die Grundlage der Literatur und Vorrat der Sänger ist."[17] Gerade in der Konstruktion einer gälischen Nationalidentität ließen sich über die konfessionellen Grenzen hinweg vorpolitische Gemeinsamkeiten zwischen den sozialen Schichten und Gruppen stiften. Es ging um die Schaffung eines Nationalismus, der die ganze Nation umfasste und nicht auf die katholische Mehrheit eingegrenzt blieb.

An diesem Punkt traten die Streitpunkte zwischen dem Jungen Irland und O'Connells Repeal Association offen zutage. Während der „Pilot", ein Traditionsblatt der katholischen Emanzipationsbewegung, die Protestanten in den Reihen der Unionsgegner als „Hilfstruppen" bezeichnete, war für Thomas Davis die gleichberechtigte Einbeziehung der protestantischen Bewohner der irischen Insel unabdingbar: „Soll Irland befreit werden und seine Freiheit erhalten bleiben, so müssen die Protestanten gewonnen, ihre Vernunft, ihre Interessen, ihre Hoffnungen und ihr Stolz müssen angesprochen werden."[18] Selbst die im Zuge der Plantations auf die Insel gekommenen Siedler gehörten nach Meinung des „ The Nation" regelmäßig beliefernden John Mitchel, der in den Jahren nach 1843 in der Repeal-Bewegung eine wichtige Rolle spielte, zur irischen Nation: „Die Angloiren und die schottischen Bewohner Ulsters besitzen viel zu alte Rechte, um diese noch in Frage stellen zu können. Sie sind eine zähe Rasse, deren Vorfahren tapfer für die angenehmen Täler kämpften, in welchen sie jetzt leben."[19] Die nationale Integration ließ auch für die Wiederaufnahme traditioneller Vorwürfe keinen Raum; die irische Nation musste sich mit den Folgen von 1651 versöhnen. Die Erfindung der irischen Einheit manifestierte sich in einer deutlichen Farbsymbolik. Die jungen Rebellen importierten 1848 die irische Trikolore aus dem revolutionären Frankreich, die mit ihren grün-weiß-orangenen Farben zur Flagge aller Iren werden sollte.

„Orange und Grün werden den Triumph davontragen" ist die Losung des gesamtirischen Nationalismus. Nicht unbeträchtlich trug zu dieser Konstruktion nationaler Identität die Wiederentdeckung der gälischen Sprache durch die intellektuelle Mittelschicht bei, die Irisch im Gegensatz zur ärmeren Bevölkerung nie als Muttersprache erlernt hatte. In deutlicher Nähe zu den mit dem Sprachnationalismus in den kontinentaleuropäischen Ländern verbundenen Vorstellungen offenbarte sich danach auch in der gälischen Sprache eine originäre irische Wesenheit. Berühmt wurden Davis' Beiträge zur Nationalsprache. Dort heißt es unter anderem: „… ein Volk ohne eigene Sprache ist nur eine halbe Nation. Eine Nation sollte ihre Sprache mehr behüten als ihren Boden, denn sie ist ein sichereres Bollwerk und eine wichtigere Grenze als eine Burg oder ein Fluss … es ist der Verlust der eigenen Sprache und das Erlernen einer fremden, welche das schlimmste Zeichen von Eroberung darstellen, denn die fremde Sprache ist wie eine Kette, die sich um die Seele legt. Die nationale Sprache zu verlieren ist schlimmer als der Tod, die Fesseln werden sich dann durch die Seele gewetzt haben."[20] Herausragender Vertreter dieses neuen Historizismus war John O'Donovan, dessen „Grammar of the Irish Language"

(1845) die gälische Sprache Irlands rekonstruierte, popularisierte und vor dem endgültigen Untergang bewahrte. Auflagenstarke Zeitschriften wie das „Dublin Penny Journal" und das „Irish Penny Journal" verbreiteten Kenntnisse über irische Literatur, Folklore und Traditionen.[21] Wieder entdeckt wurden z. B. altirische Gesänge („Irish Minstrelsy: Bardic Remains of Ireland", 1831). Hier lassen sich erste Bausteine zur Konstruktion einer irischen „Volksseele" entdecken, die dann schließlich 50 Jahre später durch eine neue Generation von Intellektuellen zu einer wirkungsmächtigen Interpretation einer nationalen Identität zusammengesetzt werden.[22]

In seiner spirituellen Füllung rückte dieser Nationalbegriff deutlich von dem nach wie vor erkennbaren Pragmatismus der Repeal Association ab. Zwar versuchte auch O'Connell, Protestanten zu gewinnen, und sein protestantischer Stellvertreter William Smith O'Brien spielte eine bedeutende Rolle in der Bewegung, aber O'Connell war gleichzeitig auf die Unterstützung der katholischen Kirche angewiesen, was seine Bemühungen um protestantische Stimmen begrenzen musste. Immer wieder unternahm die britische Regierung – ungeachtet ihrer parteipolitischen Färbung – Anstrengungen, um das katholische Lager zu spalten.

So verdreifachte Premierminister Peel den jährlichen Zuschuss der britischen Regierung für das katholische Priesterseminar in Maynooth und stellte zur Renovierung und zum Ausbau der Gebäude 30 000 Pfund zur Verfügung. Da die katholischen Bischöfe um diese finanzielle Unterstützung gebeten hatten, konnten sie nicht ablehnen, schwächten dadurch jedoch O'Connells Forderung nach Auflösung der Union. Das ebenfalls von Peel eingebrachte „Charitable Donations and Bequests Bill" verschlechterte die Beziehungen der Repeal Association zur katholischen Kirche ebenfalls. Nach diesem Gesetz wurden Ausschüsse eingerichtet, die die zu Gunsten der katholischen Kirche verfügten Vermächtnisse prüfte und verwaltete. Die katholischen Kritiker des Gesetzes verbaten sich jede staatliche Einflussnahme, während die Befürworter darauf hinwiesen, dass die schon vorher existenten Kommissionen zur Legatskontrolle jetzt wenigstens zu mehr als einem Drittel mit Katholiken besetzt sein mussten. Sogar die Mitarbeit von mindestens drei katholischen Prälaten war zwingend vorgeschrieben. Auch gegen dieses Gesetz lief O'Connell Sturm und mit ihm der radikale Teil der katholischen Hierarchie, während sich die Erzbischöfe von Armagh und Dublin sowie die Bischöfe Denvir of Down und Connor zur Mitarbeit bereit erklärten. Wieder wurde der Politik der Repeal Association die Legitimationsgrundlage entzogen.

Hier musste O'Connell reagieren, um eine Stabilisierung unionistischer Herrschaft durch eine Teilung der Repealer zu verhindern. Der Raum für solche Manöver blieb das House of Commons. Dortigen Aktivitäten war es dann auch zu verdanken, dass O'Connell, der Anfang 1844 wegen Aufruhr zu einer einjährigen Gefängnisstrafe verurteilt worden war, im als oberstes Appellationsgericht fungierenden House of Lords durch Stimmen der Whigs freigesprochen wurde. Offensichtlich war hinter den Kulissen die Fortsetzung der parlamentarischen Zusammenarbeit zwischen der irischen Fraktion und den Liberalen vereinbart worden. Im selben Jahr fand dann auch eine Abkehr der Repeal Association von der außerparlamentarischen Mobilisierung statt. Die irische Unabhängigkeit sollte jetzt durch die Bildung eines Komitees zur Kontrolle der britischen Regierung vorangetrieben werden, das als quasi irisches Schattenkabinett konkrete Alternativen zur jeweiligen Politik formulierte. Dieser legalistische Weg zur Aufhebung der Union rief bei der Gruppe um „The Nation" zunehmend Kritik an O'Connells Führung hervor, die 1846 zum Ausschluss vieler Jung-Irländer aus der Repeal Association führte. Im Zentrum der Auseinandersetzungen standen neben der Gewaltfrage auch O'Connells Fortsetzung des Bündnisses mit den Liberalen und seine Ablehnung säkularer Erziehung. Davis u. a. prognostizierten zu dieser Zeit einen Krieg zwischen Großbritannien und den USA, den sie in klassischer Manier zu einem irischen Aufstand nutzen wollten. Das von der Association im Juli 1846 verabschiedete Friedensmanifest war den Kritikern angesichts der staatlichen Maßnahmen, wie Suspendierung der Habeas-Corpus-Akte, parteilicher Besetzung von Geschworenengerichten und der als Vernichtungsversuch der britischen Regierung gedeuteten Hungerkatastrophe (Famine) zu defensiv.

Im Streit zwischen O'Connell und den Jung-Irländern manifestierten sich zwei Linien des irischen Strebens nach Unabhängigkeit, die bis heute vorhanden sind und die Diskussionen über das 1998 geschlossene Friedensabkommen für Nordirland bestimmen. Einem konstitutionell ausgerichteten Reformflügel stand ein gewaltbereiter Republikanismus gegenüber, für den die irische Unabhängigkeit mit einer umfassenden Demokratisierung einhergehen musste. Einer der wortmächtigsten Führer dieses Flügels war der schon zitierte John Mitchel, der im Frühjahr 1848 seine Landsleute aufforderte: „Protestiert für die Republik, erhebt die Irische Trikolore, orange, weiß und grün über einen Wald irischer Spieße. Irland braucht keine Rückkehr zu unserer alten irischen Verfassung, sondern eine Republik, einig und unteilbar."[23] Der „Nation"-Gruppe ging es generell um größere Entschlossenheit und Klarheit. O'Connells Vorsicht, mögliche Bündnispartner zu verprellen, führte oft zum Verzicht entschiedener Positionsnahme. Das galt nicht nur für die Innenpolitik; so lehnte O'Connell es ab, zur Sklaverei in den Vereinigten Staaten deutlich Stellung zu beziehen, obwohl er grundsätzlich und öffentlich schon früh für ihre Abschaffung eingetreten war. Dass innerhalb der jung-irischen Bewegung die Klarheit in den politischen Vorstellungen auch nicht viel größer war – so gab es dort etwa Befürworter der Sklaverei –, tat der demonstrierten Handlungsbereitschaft keinen Abbruch. Mit viel Energie gingen die aus der Repeal Association Ausgeschlossenen an die Organisation einer Irish Confederation, die landesweit und selbst in England zahlreiche lokale Confederation Clubs unterhielt.

Im europäischen Revolutionsjahr 1848 schien die Zeit reif zu sein, um einen neuen Aufstandsversuch zu wagen. Besonders der Sturz des französischen Königs Louis Philippe im Februar wurde in „The Nation" enthusiastisch begrüßt. Delegationen der irischen Unabhängigkeitsradikalen, die die neue französische Regierung unter Lamartine besuchten, kehrten aber enttäuscht zurück, lehnten die Pariser Revolutionäre doch jede Beteiligung französischer Truppen ab und bezeichneten das irische Problem offiziell als innere britische Angelegenheit, was einer Anerkennung der Union gleichkam. Obwohl auswärtige Hilfe nicht zu erwarten war, sammelten sich 1847 die zum Aufstand Bereiten um O'Connells ehemaligen Mitstreiter Smith O'Brien. Bis zu 50 000 sollen rekrutiert worden sein, aber die gegen den Willen der katholischen Kirche und eines großen Teils des Bürgertums dilettantisch vorbereitete Rebellion, die wegen ihrer Kläglichkeit und dem Fluchtweg der Rädelsführer über ein Rübenfeld als „Cabbage Patch"-Revolution in die Annalen einging, war zum Scheitern verurteilt; einige Unentwegte versuchten es ohne Erfolg ein Jahr später noch einmal.[24] Die Anführer ergeben sich schließlich kampflos der Polizei und werden zu langjährigen Gefängnisstrafen verurteilt und/oder nach Übersee deportiert.[25]

Hungersnot

Die geringe Resonanz war auch Folge der Hungersnot, die Irland ab 1845 heimsuchte und zur größten Katastrophe seit Auftreten der Pest Ende des 14. Jahrhunderts werden sollte. Ein erheblicher Teil der Bevölkerung war existenziell bedroht, sodass für politische Aktivitäten Interesse und Kraft fehlten. Viele Menschen waren körperlich zu schwach, um die öffentlichen Arbeitsbeschaffungsmaßnahmen nutzen zu können. Da verzehrte sich auch aller revolutionärer Elan. Immer wieder ist die Hungerkatastrophe auf die irische Überbevölkerung zurückgeführt worden. Im 18. Jahrhundert hatte es in Irland eine erhebliche Bevölkerungszunahme gegeben, und dieses Wachstum hielt auch bis in die Vierzigerjahre des 19. Jahrhunderts an, wobei allerdings das Tempo der Zunahme schon von 1820 an auch aufgrund der seit Ende der napoleonischen Kriege anhaltenden Agrarkrise abnahm. Zählte man 1821 fast 7 Millionen Einwohner, so stieg die Zahl bis 1831 um 14% auf 7,8 Millionen an und erreichte 1841 8,1 Millionen, was einer Steigerung von immer noch 5% entsprach. Auch der zu Beginn des 19. Jahrhunderts immer wieder auftretende Ernteausfall und Hunger hemmte dieses Wachstum nur geringfügig. So forderte eine im August 1816 ausgebrochene Typhusepidemie, die drei Jahre andauerte, insgesamt 50 000 Tote, machte sich aber demographisch kaum bemerkbar.

Vom Ende der Siebzigerjahre des 18. Jahrhunderts bis 1841 hatte es einen Anstieg um 129% gegeben, während etwa die Bevölkerung von England und Wales im selben Zeitraum um 88% wuchs (s. Tab. 3). Zu Beginn der Vierzigerjahre des 19. Jahrhunderts wies Irland die größte Bevölkerungsdichte in Europa auf und war in einigen Landesteilen dichter besiedelt als China[26]. Dabei entwickelten sich die vier Provinzen Irlands unterschiedlich: In den ärmeren Landesteilen Munster und Connacht wuchs die Bevölkerung im Vergleich zu Ulster und Leinster schneller. Gerade in diesen Regionen sollte dann auch die Hungersnot zwischen 1845 und 1850 besonders viele Opfer fordern.

Sieht man von einigen Theoretikern ab, die der Überbevölkerungstheorie Thomas Malthus' folgten und für Irland eine drastische Bevölkerungsschrumpfung in Folge von Nahrungsmittelknappheit prognostizierten, stieß der Einwohneranstieg in allen politischen Lagern auf Zustimmung. Die Zunahme der Arbeitspopulation hielt die Löhne niedrig und verschaffte der sich langsam entwickelnden irischen Manufakturproduktion Konkurrenzvorteile. An dem seit Ende des 18. Jahrhunderts geltenden demographischen Muster änderte sich bis 1850 wenig. Begünstigt durch die zum Hauptnahrungsmittel aufgestiegene Kartoffel war die Sicherung der Nahrungsversorgung auf kleinen Ackerflächen

Tab. 3: Bevölkerungswachstum in den Provinzen Irlands (in %), 1753–1841

Provinzen	1753–1791	1791–1821	1821–1841
Leinster	1,0–1,4	1,3	0,6
Munster	1,5–1,9	1,6	1,1
Ulster	1,8–2,2	1,1	0,9
Connacht	1,5–2,1	2,0	1,2
Irland	1,4–1,9	1,4–1,6	0,6–0,9

Aus: Ó Grada, New Economic History, S. 6.

möglich, was wiederum viele in die Lage versetzte, auch mit geringen ökonomischen Mitteln früh zu heiraten und Familien zu gründen. Als weiterer Faktor muss Torf gelten, das als billiges Heizmaterial breit verfügbar war, während eine Verbesserung der Hygiene und der medizinischen Versorgung keine Rolle spielte, da interessanterweise der Bevölkerungsanstieg dort besonders stark war, wo nur eine geringe medizinische Versorgung zur Verfügung stand.

Wo neben der Abhängigkeit von der Kartoffel das Einkommen am geringsten war, die Alphabetisierung unterdurchschnittlich und die landwirtschaftliche Produktivität ebenfalls signifikant schlechter als im Landesdurchschnitt, dort forderte die Hungersnot die meisten Opfer. Das im Vergleich zu anderen europäischen Staaten viel stärkere Bevölkerungswachstum gestattete nämlich den meisten Menschen nur ein Leben auf niedrigem Existenzniveau, welches zudem fast vollständig vom Vorhandensein der Kartoffel abhing. Die hier schlummernden Gefahren sind während dieser Bevölkerungsexplosion immer wieder benannt worden. Schon 1826 hatte der Dubliner Arzt Dominic Corrigan anlässlich einer Lebensmittelknappheit prognostiziert, „... dass uns Seuche und Krankheit von nie da gewesenen Ausmaßen heimsuchen werden, wenn die Bevölkerung nicht mit alternativen Lebensmitteln zur Kartoffel versorgt werden, denn früher oder später wird es zu einer Seuche kommen"[27]. Aber diese Warnung verhallte ungehört und die Lebensbedingungen blieben elend.

Die besonders im Westen und im Zentrum Irlands verbreitete Armut führte ab dem frühen 19. Jahrhundert zu einer stetigen Auswanderung, die seit Bestehen der Union noch zunahm. Trotzdem wuchs die Einwohnerschaft weiter, und die landwirtschaftliche Produktion entwickelte sich nicht proportional zu diesem Anstieg. Dass in diesen Jahren die Produktivität der irischen Landwirtschaft deutlich hinter der der englischen Konkurrenz zurückblieb, lag an der besonderen Struktur des Grundeigentums. Obwohl dieser Punkt nicht überschätzt und monokausal zur Ursache der irischen Malaise gemacht werden darf, hatte das in Irland verbreitete Verfahren, als Eigentümer Grund und Boden nicht selbst zu nutzen, sondern an Mittelsmänner für einen begrenzten Zeitraum zu verpachten, erhebliche negative Auswirkungen. Denn die nur mittelfristig an das Land gebunde-

nen Zwischenpächter mussten daran interessiert sein, schnell zu einer Amortisation ihrer
Pachtausgaben zu kommen. Langfristig angelegte Investitionen unterblieben deshalb.
Vielmehr kam es zur Parzellierung der zwischengepachteten Flächen, für die es aufgrund
des Bevölkerungsanstiegs eine rege Nachfrage gab und auf denen sich viele Kleinstpächter
ansiedelten, was wiederum die Pachtraten ansteigen ließ und dem Grundeigentümer oder
seinen Mittelsmännern zu schnellen Profiten verhalf. Kleine Pächter, Landarbeiter mit
Nutzungsrecht an eigener kleiner Anbaufläche und Tagelöhner ohne Grundbesitz machten den größten Teil der ländlichen Bevölkerung aus. Fast 90% der Bevölkerung lebten
ärmlich und ein Viertel in Armut. 1801 wurden in Irland 484 000 Häuser mit nur einer
Feuerstelle bzw. einem Kamin gezählt, davon 112 000 armselige Lehmhütten. 40 Jahre
später unterschied eine weitere Zählung vier Klassen von Häusern, wobei die niedrigste
Kategorie einräumige, fensterlose Hütten waren, die zu 40% bis 60% im Westen lagen.[28]
1830 betrug das zur Hälfte agrarisch erwirtschaftete Pro-Kopf-Einkommen in Irland nur
40% des britischen Niveaus. Irland bereisende Zeitgenossen waren von der Ärmlichkeit
der Kleidung und den allgemeinen Lebensumständen der irischen Bevölkerung entsetzt.
Extreme Armut fand sich z. B. in Gweedore, Co. Donegal, wo 1837 für 9000 Einwohner
zwei Feder-, acht Strohbetten, 16 Eggen, ein Pflug, 28 Schaufeln, 32 Rechenharken, sieben
Tafelgabeln und 233 Stühle zur Verfügung standen.

Schon vor der Hungersnot 1845–49 ergab ein 1841 durchgeführter Zensus eine starke
Ungleichverteilung des Einkommens. 63% der Bevölkerung besaßen Ackerflächen unter
einer Größe von 2 ha oder waren gänzlich ohne Vermögen, Landbesitz, Schul- und Ausbildung. Weitere 32% waren Handwerker oder Landwirte mit einer Bewirtschaftungs-
fläche von 2 bis 20 ha. Die restlichen 5% hatten eine akademische Ausbildung oder sie
lebten von Grundrenten, hierzu gehörten auch die 10 000 Grundherren (0,12% der Gesamtbevölkerung), denen mehr als 40 ha Land gehörten. Die Grundrenten betrugen einschließlich der Naturalabgaben 15 Millionen Pfund, was ein Fünftel des Nationaleinkom-
mens ausmachte. Diese Einnahmen kamen zum größten Teil den wohlhabendsten 3 Prozent der Bevölkerung zustatten. Deren Pro-Kopf-Einkommen betrug durchschnittlich
100 Pfund im Jahr, das Durchschnittseinkommen 10 Pfund, während die Armen-Haus-
halte nur ca. 4 Pfund jährlich erwirtschaften konnten.[29]

Die von der Regierung eingesetzte Devon-Kommission stellte 1845 fest, dass zur Versorgung einer fünfköpfigen Familie auf der Grundlage der bestehenden schwachen Ar-
beitsproduktivität die Erträge einer 4,2 ha großen landwirtschaftlichen Fläche notwendig
seien. Waren die Lebensbedingungen der ärmeren Bevölkerung insbesondere in den westlichen und zentralen Landesteilen schon in normalen Zeiten prekär, so wuchs sich die im
frühen September 1845 auftretende Kraut- und Knollenfäule, eine der schlimmsten Kar-
toffelkrankheiten, verheerend aus. Der krankheitserregende Pilz Phytophthora infestans[30]
hatte sich von Nordamerika aus verbreitet und vor Irland schon die Isle of Wight und den
Südwesten Englands befallen. Er traf die Kartoffelernte während einer besonders nassen
Ernteperiode, sodass der ohnehin schmale Ertrag noch weiter zurückging. In diesem Jahr
blieb weniger als ein Drittel des durchschnittlichen Kartoffelertrags aus, doch schon dieser Rückgang gefährdete viele an Leib und Leben. Im Juli des folgenden Jahres trat Phy-

Abb. 4: Hungernde begehren Aufnahme in einem Armenhaus.

tophthora infestans wieder auf. Diesmal kam es zu einem totalen Desaster; das „Nahrungsmittel einer ganzen Nation verschwand", wie ein zeitgenössischer Beobachtete notierte. Zwar kehrte 1847 der Pilz nicht zurück, aber im Jahr vorher hatte es wegen des Befalls nur eine geringe Aussaat gegeben, sodass auch diese Ernte entsprechend dürftig war. Hielt die Krise 1847 schon seit fast zwei Jahren an, so fiel die Ernte 1848 aufgrund der schlechten Vorjahre und des erneuten Pilzbefalls so gut wie vollständig aus. Die Infektion schwächte sich 1849 ab und war 1850 praktisch verschwunden. Verschärft wurde der Ausfall des wichtigsten Nahrungsmittels in diesen Jahren durch nasses und kühles Wetter, das Getreide und Feldfrüchte schädigte und auch die Tierhaltung beeinträchtigte. Zwischen 1845 und 1850 ging die Zahl der Schafe und Schweine drastisch zurück. Auch ohne die Kartoffelpest hatte sich Irland ökonomisch ständig am Rand des Zusammenbruchs bewegt, der durch das Auftreten der Wurzel- und Knollenfäule schließlich ausgelöst wurde.

Nicht nur die quasi bestehende Monokultur muss als Ursache dieser Hungerkatastrophe gelten, daneben spielte die Parzellierung des Landes eine Hauptrolle. Zu den drängenden Aufgaben der irischen Politik gehörte seit Ende der Penal Laws eine Landreform, die die katholische Bevölkerung stärker am Grundeigentum hätte teilhaben lassen. Eine durch die Regierung Peel 1845 eingesetzte Kommission zur Untersuchung der Besiedlung und Landverteilung schätzte 326 000 Landparzellen als zu klein ein, um eine fünfköpfige Familie ernähren zu können. Empfohlen wurde, die persönlichen Bindungen zwischen Grundherren und Pächtern zu stärken, wie sie in Ulster häufig bestanden und den Klein-

pächtern langfristige Pachtverträge und moderate Pachtraten brachten. Deshalb kritisierte die Kommission auch das Verhalten der ihre Güter nicht selbst bewirtschaftenden
Grundherren. Von diesen wurde zwar eine größere Fürsorge für ihre Pächter erwartet,
aber darüber hinaus verzichtete sie auf die Formulierung gesetzlicher Regelungen. Wieder
war einer Reform der ländlichen Eigentumsverhältnisse ausgewichen worden.

Die britische Regierung reagierte auf das erste Auftreten der Kartoffelkrankheit mit
dem Einsetzen einer weiteren Kommission, deren erste Empfehlungen zum Kauf von
amerikanischem Maismehl und einer Kontrolle der Nahrungsmittelpreise auch umgesetzt
wurden. Der irische Hunger war zwar auf den Ausfall der Kartoffelernte zurückzuführen,
wurde aber durch die allgemeine Armut noch verstärkt, die verhinderte, dass ein be-
trächtlicher Teil der Bevölkerung andere Lebensmittel erwerben konnte. Für erwerbslose
Arme ließ die Regierung deshalb öffentliche Arbeitsbeschaffungsmaßnahmen einrichten,
wie Straßenbau, Trockenlegung von Sümpfen usw.

Die Wohlhabenderen verhungerten nicht. Von einer allgemeinen Bewirtschaftung aller
Nahrungsmittelvorräte nahm man Abstand; konservative und liberale Regierungen waren
zu sehr einer kompromisslosen Marktökonomie verpflichtet. In diesem Sinne war es konsequent, wenn auch für die Tory-Regierung unter Robert Peel aufgrund der in ihr stark
vertretenen agrarischen Interessen überraschend, dass sie im Juni 1846 die Corn Laws
aufhob. Damit sollte die Möglichkeit der billigen Einfuhr von Getreide geschaffen werden. Nachdem im Zusammenhang mit einer geplanten Reform der irischen Sozialhilfe
Peel vier Tage später gestürzt worden war, lockerte die nachfolgende Whig-Regierung
unter Russell jedoch diese Maßnahmen. So verteuerten sich nach Aufhebung der ebenfalls
unter Peel verfügten Preiskontrollen die Grundnahrungsmittel drastisch. Die ökonomische Vorstellung einer marktkonformen Regulierung der Krise schlug sich auch in
hartherzigen Äußerungen angesichts des irischen Leidens nieder. Deutlich einer malthu-
sianischen Logik folgten die Empfehlungen des zuständigen Staatssekretärs im Finanzministerium C. E. Trevelyan, für den sich das Missverhältnis von Bevölkerung und Nah-
rungsmittelangebot durch Rückgang der Bevölkerung einpendeln sollte.[31]

Auch wenn der Umfang des Nahrungsmangels zu Zeiten der Äußerungen Trevelyans
nicht absehbar war, leitet sich aus diesen und ähnlichen Überlegungen der britischen Regierung der Vorwurf ab, zwischen 1845–1850 habe ein politisch gewollter Völkermord
stattgefunden.

Festgehalten werden muss, dass nach dem besonders kalten und langen Winter von
1846/47, als es zu vermehrten Angriffen sowohl auf die Anwesen solcher Grundeigentümer, die keine Hilfsmaßnahmen ergriffen, als auch auf Regierungsgebäude kam, wobei
die verzweifelte Landbevölkerung in den Gemeinden und Städten Schutz suchte, die Arbeitsbeschaffungsprogramme fortgesetzt wurden. Aber nach fast zweijähriger Unter-
ernährung waren viele zu schwach, um dieses Angebot annehmen zu können. Bis Ende
1847 hatten die Arbeitsangebote 715 000 Männern Lohn verschafft. Rechnet man Familienangehörige hinzu, dann sind dadurch ca. 3,5 Millionen Personen versorgt worden.

Ende 1847 erfolgte die Aufhebung der staatlichen Programme; von nun an sollten die
Grundeigentümer stärker zur Versorgung der Notleidenden beitragen. Der Leitspruch der

britischen Regierung lautete: „Irischer Besitz muss für irische Armut zahlen." So wurden
sie verpflichtet, für den Teil der auf ihrem Land ansässigen Kleinpächter, der weniger als
4 Pfund Jahreseinkommen erlangte, eine Ausgleichsabgabe an den Staat aufzubringen.
Dieser finanzierte damit das so genannte „Outdoor Relief"-Programm für die nicht in
Arbeitshäusern untergekommene Bevölkerung.

Insgesamt gab die britische Regierung 9 Millionen Pfund für Maßnahmen gegen den
Hunger aus; im wenige Jahre später stattfindenden Krimkrieg wurden – zum Vergleich –
70 Millionen Pfund ausgegeben. Die Hilfe für Irland war viel zu gering. Zu dieser Unter-
finanzierung kamen noch Entscheidungen von hoher Symbolkraft. War noch 1782–1784
während einer Lebensmittelknappheit der Hafen von Dublin geschlossen worden, um
Weizenexporte zu verhindern, so kam es nach 1845 nicht nur aus Gründen liberaler Frei-
handelsideologie nicht zu einer Schließung. Ein Exportstopp hätte allerdings auch nur geringe Konsequenzen gehabt, da z. B. 1847 nur 10% der Haferproduktion ausgeführt wurden. Diese Ernte stammte jedoch aus den am stärksten vom Hunger betroffenen Gebieten. Insgesamt haben in diesen Jahren 4000 Schiffe Irland mit Lebensmitteln verlassen,
weil sich insbesondere auf dem europäischen Kontinent noch höhere Preise erzielen ließen. Allerdings überstiegen gleichzeitig die Lebensmitteleinfuhren die Exporte um das
Vier- bis Fünffache. Da die Armenhilfe aus Steuermitteln finanziert werden musste,
waren Exporterlöse wichtig.

Der unter den Liberalen verbreiteten Sichtweise einer wünschenswerten Reduktion der
Überbevölkerung und der Inpflichtnahme der Grundeigentümer entsprach die verhängnisvolle Verweigerung staatlicher Hilfe, die die Landbesitzer entlastet hätte. Der nur an
seinem schnellen Profit interessierte, absentistische Grundherr war ja in vielen Analysen
der irischen Armut als eine wichtige Ursache benannt worden.[32] Eine größere öffentliche
Versorgung hätte ihn in seiner Verantwortungslosigkeit nur weiter gestärkt. Diese Sichtweise führte Russell im zweiten Jahr der Famine dazu, die von US-Präsident Polk angebotene Nahrungsmittelhilfe nur begrenzt zuzulassen, die zudem noch über britische Schiff-
fahrtslinien transportiert werden musste. Erst zunehmender internationaler Druck
brachte 1847 eine Änderung, die zu einer erheblichen Einfuhr führte. Hilfsfonds aus England und der übrigen Welt, vor allem auch die amerikanische „Society of Friends" (Quä-
ker) gewährten Unterstützung. Es kam zur Einrichtung von auch vom Staat mitunterhal-
tenen Suppenküchen[33] (Soup Kitchens Act, Februar 1847), die ca. 3 Millionen Personen
versorgten, allerdings aufgrund der Prognose eines Abflauens der Seuche Ende 1847 wieder geschlossen wurden. 1848 und 1849 zeigten sich die Defizite der irischen Armenhilfe.
Die Zahl der Insassen der Arbeitshäuser stieg von 135 000 auf 215 000 und eine weitere
Überfüllung konnte nur verhindert werden durch eine Verschärfung der Bedürftigkeitsprüfung. Personen, die mehr als 0,06 ha (625 m²) gepachtet hatten, wurden abgewiesen.
Diese Aufnahmevoraussetzung hatte eine gefährliche Konsequenz, denn einige Grundeigentümer kündigten ihren Kleinpächtern den Pachtvertrag, um diese damit in die Obhut der Arbeitshäuser übergeben zu können, da Grundbesitzer für die Pächter Abgaben
zahlen mussten (Poor House Law), die weniger als 4 Pfund Einkommen besaßen. Es kam
zu den berüchtigten Vertreibungen von Pächtern durch die Grundeigentümer, die durch-

aus dem damaligen Recht entsprach, da es Fristen der Pachtkündigung oder Schutz für
den Pächter nicht gab. 1849 wurden 13 384 und 1850 14 500 Familien vertrieben. Allerdings gab es auch Grundeigentümer, die ihrer Abgabepflicht nachkamen und sich deshalb
verschuldeten. Noch einmal wird an dieser Stelle deutlich, dass die Landfrage das drän-
gendste Problem Irlands war.

Der Hunger veränderte Irland von Grund auf. 1851 besaß die Insel 6,5 Millionen Einwohner, was im Vergleich zu 1841 einen Rückgang von 20% ausmacht. Dieser Schwund
setzte sich bis zu Beginn des 20. Jahrhunderts fort. 1901 lebten noch 4,5 Millionen Menschen in Irland, das damit seit dem Auftreten der Kartoffelseuche einen Einwohnerrück-
gang um 45% zu verzeichnen hatte. Neben den mehr als einer Million Menschen, die zwischen 1845 und 1850 in Folge der Hungerkatastrophe starben, war der Rückgang auch in
der sich deutlich verstärkenden Emigration begründet. Lebten 1841 insgesamt 416 000 in
Irland geborene Personen in England, Wales und Schottland, so waren es 1852 schon
732 000 (+ 76%) und 1860 über 800 000. Die Zahl der irischstämmigen Immigranten in
den USA wuchs zwischen 1850 und 1860 von 962 000 auf über 1,6 Millionen. Zum Trauma dieser Jahre gehörten auch die 120 000 Kinder, die 1850 in den Arbeitshäusern lebten
und weder ihren Nachnamen kannten noch wussten, ob ihre Eltern noch lebten.

Das Verschwinden der Wurzel- und Knollenfäule markiert eine Zäsur in der irischen
Geschichte. Die Landschaft blieb bis ins 20. Jahrhundert gezeichnet. Davon zeugten ver-
lassene Dörfer, brachliegende Ackerflächen in unzugänglichen Hügelgebieten, kleine, ma-
rode Straßen, die durch die staatlichen Arbeitsbeschaffungsprogramme gebaut worden
waren. Kleinpächter gab es beträchtlich weniger, genauso wie landlose Tagelöhner. 1851
besaßen 26% der Bauern mehr als 12 ha Land, zehn Jahre vorher waren es nur 7% gewesen. Zwischen 1849 und 1859 wechselten 30% des Landes den Eigentümer. Es änderten
sich auch Anbauarten und -methoden. Weideflächen ersetzten oft den Ackerbau, erhöhte
doch die Viehwirtschaft das Einkommen. Die Familien wurden kleiner. Bauern heirateten
später oder blieben Junggesellen. Die bis dahin übliche Erbteilung wurde abgeschafft.
Durch die Zunahme der Hofgrößen gewannen die Pächter für den Grundeigentümer an
Gewicht. Mit der Wahlrechtsreform von 1850 gelang es schließlich einer ökonomisch
selbstbewussten Schicht katholischer Bauern zu einer politischen Größe zu werden, die
Irland bis weit ins 20. Jahrhundert prägen sollte. Auch für die Grundbesitzer änderte sich
vieles. Circa 10% gingen aufgrund der Kosten der Hungerhilfe bankrott. Andere zogen
den Hass der katholisch-nationalistischen Öffentlichkeit auf sich und galten als Verkörperung quasi-kolonialistischer Ausbeutung Irlands. Dass es oft auch wohlhabendere katholische Pächter gewesen waren, die die Allerärmsten im Stich gelassen hatten, rückte in den
Hintergrund der kollektiven Erinnerung an die Hungersnot.

Die Hungersnot wurde zum Bestandteil des irischen Nationalbewusstseins, in dem das
Trauma des Verlustes großen Raum einnimmt: Verlust durch Tod und Emigration, Verlust
an originärer Kultur, vor allem der gälischen Sprache, die gerade in den Gebieten Volks-
sprache war, die durch den Hunger besonders stark getroffen wurden. Einen großen Aufschwung erlebte auch die katholische Kirche, die noch deutlicher ihre Position in der Festigung einer irischen Identität betonte. 1840 sorgte sich ein Priester um 3000 Gläubige,

eine Nonne um deren 6500. 1850 hatte sich das Verhältnis auf 1 : 2100 bzw. 1 : 3400 erhöht. In diesen zehn Jahren wuchs die Zahl der Priester um 20%, die der Nonnen um
50%. 1871 lag das Verhältnis der Priester und Nonnen zur Gesamtbevölkerung schließlich
bei 1 : 1560 bzw. 1 : 1100.[34] Der Bruch durch die 1845 ausgelöste Katastrophe war aber
nicht vollständig, denn der Westen Irlands löste sich kaum aus den Verhältnissen vor
1845. Hier dominierten weiter kleine Pächter und Tagelöhnerei, hier blieb die Agrarproduktivität schwach, die Infrastruktur rückständig.[35] Auch die Union und ihr politisches
Strukturgeflecht bestand weiter, und mit ihr die Spaltung der nationalen Unabhängigkeitsbewegung in einen konstitutionellen und einen republikanisch-gewaltbereiten Flügel. Für Patrick Pearse gehörten nicht nur Thomas Davis und John Mitchel zu den Vor-
vätern eines freien Irland, sondern auch James Finton Lalor, der in „The Nation" auf dem
Höhepunkt der Hungersnot die Kartoffelpest als Verschwörung der Engländer beschreibt
und die Beendigung der siebenhundertjährigen Eroberung durch England fordert. Das
Gebot sei: „die Eroberung aufzuheben – und zwar nicht nur einen Teil, sondern die ganze
und umfassende Eroberung der letzten siebenhundert Jahre – dies ist vermutlich ein-
facher, als die Union aufzuheben."[36]

Dieses Programm einer nationalen Befreiung Irlands bestimmte die politischen Auseinandersetzungen der nächsten 70 Jahre.

4. Zwischen Emanzipation und Revolution (1850–1919)

1850	Irish Tenant League gegründet
1858/1859	Bildung der Irish Republican Brotherhood in Dublin und der Fenian Brotherhood in New York
1866	Invasion Kanadas durch iroamerikanische Fenier
1867	Aufstandsversuch der IRB/Fenier in Irland
1869	Church of Ireland Disestablishment Act
1870	1. Land Act, Gründung der Home Government Association
1879	Gründung der National Land League, Charles Stewart Parnell wird Vorsitzender, Beginn des „Land War"
1880	Charles Stewart Parnell wird Präsident der Home Government Association
1881	2. Land Act, danach weitere Gesetze, die bis 1917 zur Ablösung der traditionellen Grundherrschaft führen
1885	Irish Parliamentary Party gewinnt 85 der 105 irischen Unterhaussitze
1886	1. Gesetz zur Home Rule Irlands scheitert im britischen Unterhaus
1893	2. Gesetz zur Home Rule scheitert im Oberhaus
1905	Gründung Sinn Féins durch Arthur Griffith
1914	In-Kraft-Treten irischer Home Rule wird wegen Ausbruch des Weltkriegs ausgesetzt
1916	Der Osteraufstand wird niedergeschlagen
1918	Unterhauswahlen: Sinn Féin gewinnt 73 Sitze, IPP 6, Unionisten 25
1919	Abgeordnete von Sinn Féin bilden Dáil Éireann, das erste Parlament eines unabhängigen Irland

Pächterliga

Die Kartoffelseuche hatte die Zahl der Kleinpächter und Tagelöhner drastisch reduziert und auch die in ihrer übergroßen Mehrheit protestantischen Grundeigentümer nicht ungeschoren gelassen. Seit dem Ende der Vierzigerjahre war es möglich geworden, in das Eigentumsrecht der Landlords einzugreifen und mit Hypotheken belastete Grundstücke zwangsweise versteigern zu lassen.[1] Zwar kamen prinzipiell auch die jeweiligen Pächter als Käufer infrage, doch zumeist ersteigerten Spekulanten die Ländereien, die ihnen schnellen Gewinn einbringen sollten. Obwohl dadurch in wenigen Jahren insgesamt 14% des irischen Bodens neue Eigentümer erhielten und insgesamt 400 000 ha umverteilt wurden, änderte sich an dem Verhältnis der Grundherren zu ihren Pächtern nur insoweit etwas,

Abb. 5: Stereotype Wahrnehmung: Erin (Mutter Irland) und ihre hungernden Kinder.
Die Aufständischen von 1916 greifen diese Metapher auf.

als die Pächter jetzt im Durchschnitt größere Flächen bewirtschafteten, mehr Pacht zahlten und damit gegenüber den Großgrundbesitzern über etwas stärkere ökonomische Druckmittel verfügten als die Kleinstpächter und Landarbeiter. Nach wie vor waren aber grundlegende Fragen der rechtlichen Regelung der Pachtverträge, ihre Laufzeiten und die Höhe der Pacht unbeantwortet. Mehr als drei Viertel aller Pachtverhältnisse wurden willkürlich vom Grundeigentümer verlängert oder gekündigt und boten den Bauern keinerlei Planungssicherheit. Gerade 17,2% von ihnen verfügten über jährlich zu verlängernde Kontrakte und ganze 5,1% besaßen aufgrund geleisteter Kautionszahlungen einen Rechtsanspruch auf „ewige" Verlängerung ihrer Pacht.

Die 1850 durch Gavan Duffy, den Vordenker des Jungen Irland, betriebene Gründung einer Interessenvertretung der Pächter, der Irish Tenant League, konzentrierte ihre Forderungen in den berühmten „3 F": faire Pacht, feste Pachtlaufzeiten von zehn Jahren, Freiheit des Pächters, Verträge zu kündigen und weiterzuverkaufen, was vor allem eine Bezahlung der vom Vorpächter vorgenommenen Investitionen bedeutete. Dass sich Duffy hier besonders engagierte, entsprach der Nationalitätskonstruktion des Kreises um die von ihm 1849 wiedergegründete Zeitschrift „The Nation", denn bei aller Unterschiedlichkeit der landwirtschaftlichen Verhältnisse zwischen den irischen Provinzen kennzeichneten die „3 F" die Probleme der Pächter unabhängig von sonstigen politischen oder religiösen Überzeugungen. Die Tenant League sprach damit Farmer in ganz Irland an und vereinigte den protestantischen Norden und den katholischen Süden. Doch wieder einmal scheiterte ein Versuch, die kulturellen Markierungen zwischen protestantischen, zumeist presbyterianischen Iren und katholischen Iren zu überblenden, an einer Auseinandersetzung um den Status der katholischen Kirche. Wobei diesmal der Streit mit einer päpstlichen Vergabe von englischen Bischofstiteln verbunden war.

Ein 1851 erlassenes Gesetz (Ecclesiastical Titles Act), das den britischen Katholiken verbot, solche päpstlichen Ernennungen anzunehmen sowie den Habit zu tragen, rief in England eine antipapistische Stimmungswelle hervor, in der es zu Pöbeleien und Vandalismus gegen Katholiken bzw. katholische Kirchen kam. Gerade in Irland löste diese Hysterie unter Katholiken Befürchtungen aus, die erst vor kurzem gewonnene gesellschaftliche und politische Emanzipation sei bedroht. In der insbesondere von der Kirche unterstützten Catholic Defence Association fand schließlich die Pächterliga einen Verbündeten, der einerseits die Organisation der Bauern mitbetrieb, aber gleichzeitig die Einbeziehung nördlicher, presbyterianischer Landwirte beendete. Bald wurde die Vertretung der Pächter aufgrund ihrer zusammen mit der Defence Association betriebenen propagandistischen Aktivitäten als „Pope's Brass Band" bekannt. Ähnlich wie zu Zeiten Daniel O'Connells engte die Übernahme katholischer Forderungen die zunächst breit angelegte Bewegung einerseits ein, während andererseits dadurch erhebliche Organisationskraft gewonnen wurde. So konnte sich der Zusammenschluss von Defence Association und Tenant League parlamentarisches Gehör verschaffen; nach den Unterhauswahlen 1852 sandten sie 40 Abgeordnete ins Parlament, die im Volksmund bald als „irische Brigade" von sich reden machten. Ihre Mitglieder sollten unabhängig von und in Opposition zu jeder Regierung bleiben, die nicht die Ziele der Pächterliga verfolgte, und eine enge Beziehung zu den Whigs, wie sie O'Connell in den Dreißigerjahren zeitweise hergestellt hatte, vermeiden. Als schließlich doch zwei irische Abgeordnete Posten im Kabinett des liberalen Premierministers Aberdeen übernahmen, fiel nicht nur die irische Gruppe in Westminster auseinander. Bis Ende der Fünfzigerjahre ließ durch das als Verrat empfundene Verhalten der Fraktion auch die gesellschaftliche Bindungskraft der Tenant League entscheidend nach. 1859 brachte sie gerade noch fünf Abgeordnete ins Parlament.

Doch hinter dem Niedergang der Pächterbewegung verbarg sich mehr als eine Auseinandersetzung über das Verhalten der beiden Parlamentarier. Es ging um grundsätzlich unterschiedliche politische Haltungen zur Legitimität des unionistischen politischen Systems. Dabei verlangten die Interessen der katholischen Kirche nicht notwendigerweise nach einer fundamentaloppositionellen Fraktion im House of Commons. Die Erfahrungen der Dreißiger- und Vierzigerjahre hatten ja auch gezeigt, dass insbesondere die Liberalen zu einer Verständigung mit den irischen Katholiken bereit waren. Zwar war das antipapistische Gesetz von 1851 durch eine liberale Mehrheit zustande gekommen, aber es wurde schon bald nach seinem In-Kraft-Treten ignoriert, und durch Einwirken auf liberale Abgeordnete gelang der irischen Kirchenleitung unter Erzbischof Paul Cullen die Durchsetzung ihrer jeweiligen Wünsche.

Darüber hinaus widersprach das Engagement vieler lokaler Priester in der Pächterbewegung der Auffassung Cullens von den Aufgaben der Geistlichkeit. War auch er selbst immer bereit, für die Interessen der katholischen Kirche politisch zu streiten, so lehnte er eine allgemeine gesellschaftlich-politische Betätigung der Priesterschaft ab. An diesem Desinteresse der Kirche an einer einheitlichen irischen Fraktion und den Widersprüchen innerhalb des auf Unabhängigkeit drängenden Spektrums der irischen Gesellschaft scheiterte schließlich wieder einmal die Formierung einer irischen Partei im britischen Parlament. Schon Daniel O'Connell hatte ja nur einen sehr losen, kurzzeitig funktionierenden Zusammenhang irischer Abgeordneter jenseits der großen Parteiungen von Whigs (Liberalen) und Tories (Konservativen) zustande gebracht. Erst Isaac Butt und Charles Parnell sollten Anfang der Siebzigerjahre des 19. Jahrhunderts eine solche schlagkräftige irische Partei konstituieren können. Die deutliche Verbesserung der wirtschaftlichen Lage der Pächter Ende der Fünfzigerjahre trug ihr Übriges zur nachlassenden Bedeutung der Tenant League als Kristallisationspunkt einer nationalen politischen Bewegung bei.[2]

Die Unabhängigkeitsbewegung: Freiheitskampf

Auch wenn der Versuch in der Pächterbewegung, die Anliegen des irischen Unabhängigkeitsstrebens wieder zu beleben, von in Irland gebliebenen Jung-Iren wie Gavan Duffy ausging, der nach dem Scheitern der Tenant League Irland verbittert verließ, wurden vor allem in der Emigration Pläne für eine erneute nationale Erhebung geschmiedet. Dabei kam der Auswanderung in die USA, die in den Sechzigerjahren bei 100 000 Emigranten pro Jahr lag, die größte Bedeutung zu. Bis zur Verschärfung amerikanischer Zuwanderungsgesetze 1921 gingen über 80 % der Menschen, die Irland und Großbritannien verließen, in die Vereinigten Staaten (s. Tab. 4).

Die stetige Auswanderung war politisch von der britischen Regierung, aber auch der katholischen Kirche gewollt; je nach innenpolitischer Lage wurde sie sogar finanziell unterstützt. Zu dieser hauptsächlich ökonomisch motivierten Aussiedlung, durch die erhebliche finanzielle Mittel nach Irland zurückflossen und die kein unwichtiger ökonomischer Wirkfaktor wurde,[3] kamen noch die aus politischen Gründen Geflüchteten oder Deportierten hinzu. In den USA bildete sich im Laufe des 19. Jahrhunderts eine irische Bevölkerungsgruppe heraus, die durch eine spezifische kulturell-politische Semantik ihren Sonderstatus betonte.[4] Bei aller Integration in die amerikanische Gesellschaft entstand eine abgegrenzte irisch-amerikanische Kultur, die erheblich auf die Entwicklung der Nationenbildung in Irland zurückwirkte. Die Füllung eines fern der Heimat entworfenen romantischen Selbstbildes des Irischen stand in enger Wechselwirkung mit der regionalen Herkunft der Immigranten. Überwogen noch im 18. Jahrhundert Presbyterianer aus Ulster, so dominierte fast das gesamte 19. Jahrhundert der irische Südwesten als Hauptauswanderungsregion, während erst am Ende des Jahrhunderts die meisten

Migranten aus der ärmsten Provinz, aus Connacht, kamen. Entsprechend dominierten in der Emigrationskultur Erinnerungen und Erzählungen erlittenen Unrechts, großen Elends bis hin zur Hungersnot der Jahre 1845 bis 1850, die als Völkermord der britischen Regierung wahrgenommen wurde. Die oft schwierigen Lebensbedingungen der Iroamerikaner, etwa in den Slums von Boston und New York, trug weiter zur Herausbildung einer irisch-nationalistischen Sonderkultur bei, die ihre Distinktionsmöglichkeit vor allem in der Identifikation mit den irischen Unabhängigkeitsbewegungen und der Erinnerung an die Größe der keltisch-irischen Geschichte fand. Mit der britischen Regierung stand eine Institution bereit, an die eine Feinderklärung adressiert werden konnte, welche das iroamerikani-

Tab. 4: Auswanderung nach Übersee aus Großbritannien, 1825–1915	
Jahr	Anzahl der Auswanderer
1825	5 000
1835	24 000
1845	100 000
1850	200 000
1855	70 000
1865	95 000
1875	26 000
1885	60 000
1895	33 000
1905	52 000
1915	15 000

Quelle: Foster, Modern Ireland, S. 355.

sche Milieu weitgehend integrierte. Diese Freund-Feind-Scheidung konnte von der amerikanischen Umwelt begriffen, zum Teil sogar geteilt werden, was wiederum für die Stellung der Einwanderer wichtig war. Das gegen die britische Union gerichtete Repeal Movement der Dreißiger- und Vierzigerjahre war folgerichtig unter den emigrierten Iren sehr populär, und in den Vereinigten Staaten blühte noch lange nach dessen Tod ein Handel mit O'Connell-Devotionalien.

Mit der Zunahme der Einwanderung in die Vereinigten Staaten verstärkten sich die finanziellen, organisatorischen und ideologischen Rückwirkungen des irischen Amerika auf Irland. Sondierungsgespräche mit dem russischen Botschafter während des Krim-Krieges (1853–1856) über eine mögliche russische Unterstützung eines irischen Aufstands, wie sie von dem in die USA geflohenen John Mitchel geführt wurden, erinnern in pittoresker Weise an die Hoffnung irischer Rebellen auf einen großen internationalen Krieg gegen Großbritannien und blieben wie so oft folgenlos. Wichtiger war die seit Ende der Fünfzigerjahre unter dem Deckmantel einer Vereinigung zur Errichtung eines Monuments für Robert Emmet stattfindende Formierung eines Netzwerks von Gruppen zur Förderung einer irischen Rebellion.

Fast zeitgleich kam es 1858 und 1859 zur Gründung einer geheimen „Irish Republican Brotherhood" (IRB) in Dublin und einer „Fenian Brotherhood" in New York. Der Name „Fenians" – benannt nach der „Fianna", der Armee des mittelalterlichen Sagenhelden Fionn MacCumhail – wurde zur umgangssprachlichen Bezeichnung beider Gruppen, die ohnehin einen engen Organisationszusammenhang bildeten und weitere, regional operierende Verbände umschlossen. Im Zuge der irischen Auswanderung in andere Länder als

Abb. 6: Gefangene Mitglieder der Fenier werden 1858 ins Gefängnis von Cork gebracht.

die USA bildeten sich bald Sektionen in Australien, Südafrika und vor allem Großbritannien. Die Gründer der eidgebundenen Geheimgesellschaft Michael Doheny, Charles Kickham, Thomas Clarke Luby, John O'Leary, John O'Mahony, James Stephans waren alte „48er", die die Tradition eines irischen, bewaffneten Republikanismus fortführten. Den Treueid auf „die irische Republik, welche nahezu verwirklicht ist", leisteten vor allem Handwerker, Angestellte, Kaufleute, Pächter, Landarbeiter und Soldaten der englischen und amerikanischen Armeen. Die Führung ging hauptsächlich von Angehörigen städtischer Mittelschichten aus, aber die Fenier zielten nicht auf eine intellektuelle Szene wie noch die Young Irelander. Erstmals dominierten nicht Angehörige der katholischen Gentry die Opposition gegen die Union mit Großbritannien. In den Geheimbünden fanden viele Mitglieder der (unteren) Mittelschichten ihren politischen Ausdruck. Die agrarpoli-

tischen Forderungen der Fenier waren dementsprechend nicht nur gegen Landlords gerichtet, sondern auch gegen größere Farmer (vorwiegend Viehzüchter), die immense Flächen für die Weidung ihres Viehbestands benötigten und deshalb an der Zerstörung kleinerer Kartoffelanbauflächen, dem eigentlichen Nahrungsmittelreservoir der Kleinpächter
und Landarbeiter, interessiert waren.

Die IRB griff damit die Erfahrungen der ländlichen Unterschichten mit der sozialen
Schieflage der Tenant League auf, die vor allem die Interessen größerer Pächter vertreten
hatte. Dagegen sahen die Vorstellungen der Fenier die Konfiskation des Grundbesitzes
und seine Neuverteilung vor. Die sich hier ausdrückende Distanz zu den etablierten
gesellschaftlichen Verhältnissen bestimmte auch die Positionen der Bruderschaft zur katholischen Kirche. Gefordert wurde eine Trennung von Kirche und Staat, aber dieser Sä-
kularismus machte die Fenier nicht zu einer überkonfessionellen Organisation. Irische
Protestanten fanden kaum Zugang, und Teile des niederen katholischen Klerus sympathi-
sierten mit der Bewegung, deren politische Identität maßgeblich durch die emigrations-
romantische Überhöhung der irischen Nation als Manifestation authentischer keltischer
Kultur, katholischer Religion und antibritischen Freiheitskampfes definiert wurde.[5] Einen
ersten Höhepunkt symbolischer Politik erlebte die Bewegung 1861 bei der Beisetzung des
als Helden verehrten 48er-Rebellen T. B. MacManus, der nach seiner Flucht in die USA
1861 in Chicago gestorben war. Die Fenier wollten seine Überführung nach Irland zur
Demonstration des neuen politischen Selbstbewusstseins machen. Die katholische Kirchenführung verweigerte zwar einen Trauergottesdienst in der Dubliner Kathedrale,
stand aber prinzipiell der Idee eines gerechten Krieges nicht ablehnend gegenüber. 1860
hatten ihre Seelsorger über 1000 junge irische Männer rekrutiert, die als „St. Patrick's Brigade" die päpstliche Herrschaft in Rom gegen Garibaldis anstürmende Truppen ver-
teidigten und im katholischen Irland triumphal gefeiert wurden. Die Rechtfertigung eines
bewaffneten Katholizismus ließ sich nun mit dem Projekt der nationalen, irischen Erhebung verbinden, wenn auch die Bischöfe die Anliegen der Fenier nicht für einen solchen
Rechtfertigungsgrund hielten.

Aus dieser Ambivalenz befreiten sich Pater wie Patrick Lavelle, der als der Vizepräsident
der Fenier-Gruppe „National Brotherhood of St. Patrick" und als Autor von Vorträgen
über „The Catholic Doctrine of the Right of Revolution" von sich reden gemacht hatte
und für MacManus eine flammende Beisetzungspredigt hielt, in der er die historische
Verpflichtung zum Freiheitskampf betonte. 8000 Sympathisanten begleiteten den Trauer-
zug durch Dublin und 80 000 Zuschauer säumten die Straßen zum Friedhof Glasnevin,
wo in den folgenden Jahrzehnten immer wieder Mitglieder des revolutionären Flügels der
irischen Unabhängigkeitsbewegung beigesetzt werden sollten. Es entstand eine Tradition
der politischen Ehrung toter Kämpfer, die zum Teil in denselben Gräbern wie ihre Vor-
gänger beerdigt wurden, um die Kontinuität des Ringens um die irische Nation zu sym-
bolisieren. Der Totenkult wurde zum organisationellen Bindemittel, das seine Wirkung
bis heute entfaltet, wie man an der Zelebrierung des Todes durch die IRA, die ihre „Gefal-
lenen" zuweilen in Gräbern alter Kämpfer des Osteraufstandes von 1916 beigesetzt hat,
beobachten kann. Die Beerdigung MacManus' demonstrierte die Anziehungskraft der

IRB, welche – soweit man für eine klandestine Organisation überhaupt sichere Schätzungen abgeben kann – bis Mitte der Sechzigerjahre in Irland 50 000 bis 60 000 Mitglieder gewinnen konnte, davon sollen 8000 Soldaten der britischen Armee gewesen sein.

Das Ende des amerikanischen Bürgerkriegs (1861–1865), in dem Iren auf beiden Seiten gekämpft hatten(150 000 Mann aufseiten der Nord- sowie 40 000 aufseiten der Südstaaten), brachte eine Verstärkung der Vorbereitungen eines Aufstands in Irland mit sich, denn viele iroamerikanische Offiziere standen jetzt für die militärische Ausbildung der Fenier in Irland und den Vereinigten Staaten zur Verfügung. Auch um die finanzielle Unterstützung für die irische Organisation in den Vereinigten Staaten nicht erlahmen zu lassen, kündigte der Dubliner IRB-Führer James Stephans während einer seiner USA-Reisen an, 1865 würde das Jahr der Unabhängigkeit werden. Im Scheitern dieser Planungen zeigte sich nicht nur die effektive Beobachtung der Fenier durch die britische Regierung, die im „Revolutionsjahr" die Führung des Geheimbundes verhaften ließ und viele Mitglieder zur Flucht zwang, ohne dass Widerstand geleistet werden konnte. Offensichtlich entsprach die öffentlich demonstrierte Unterstützung beim Begräbnis MacManus' nicht der Bereitschaft oder der Fähigkeit zum Einsatz militärischer Gewalt. Die Fenier träumten von der Rebellion und wichen von diesem Illusionismus auch die nächsten Jahre nicht ab. Allerdings entzweite sich die transatlantische Bewegung zunächst in der Frage, ob es nicht erfolgversprechender sei, in Nordamerika militärisch aktiv zu werden. 1866 (und noch einmal 1870) fielen schließlich um die 25 000 Fenier – unterstützt von drei Kriegsschiffen – in „British North America", dem heutigen Kanada, ein, um die kleine Insel Campo Bello zu besetzen, die gegen ein unabhängiges Irland eingetauscht werden sollte. Nach anfänglichen Erfolgen endete die Expedition aufgrund der britischen Überlegenheit im Desaster. Dass es überhaupt zu diesem Abenteuer kommen konnte, verdeutlicht die Politik der willfährigen Selbsttäuschung des bewaffneten Republikanismus dieser Zeit.

Schon während der Vierzigerjahre war in diesen Kreisen immer wieder über einen möglichen Krieg der USA mit dem United Kingdom spekuliert worden. Solche Überlegungen erhielten durch eine angebliche Bevorzugung der Südstaaten-Konföderation im amerikanischen Bürgerkrieg durch die britische Regierung neue Nahrung, zumal US-Präsident Johnson von ihr nach Beendigung des Krieges 15 Millionen Pfund Reparationen wegen eben dieser Hilfe verlangte. Trotzdem blieb die von den Feniern erhoffte Unterstützung der Washingtoner Regierung für ihr kanadisches Abenteuer aus. Der schließlich von Stephens für 1867 in Irland geplante Aufstand scheitert ebenfalls in seiner Anfangsphase. Die 8000 vor Dublin zusammengezogenen Fenier kamen nicht zum Einsatz. Zwar hatten sich die Mitglieder der IRB nach dem Ende des amerikanischen Bürgerkriegs mit billigen Waffen versehen können, aber Polizei und Geheimdienste hatten die Geheimbünde infiltriert und jede relevante Erhebung im Keim erstickt. Aktionen, die der Spionage entgangen waren, wurden durch das britische Militär vereitelt. Mit zwölf Toten auf beiden Seiten verlief die Rebellion noch relativ glimpflich; es folgten groß angelegte Verhaftungsaktionen, viele Fenier wurden in britische Gefängnisse gebracht oder mussten wieder einmal ins Ausland fliehen.

Zu diesen Niederlagen trug nicht nur die Illusionsverfangenheit der Fenier bei. Daneben spielte auch die – wiederum typisch zu nennende – Uneinigkeit im Revolutionslager eine wichtige Rolle. Die Streitlinien verliefen dabei zwischen den Vertretern unterschiedlicher Befreiungsstrategien, nicht nur diesseits und jenseits des Atlantiks, wurden durch die Begrenztheit der finanziellen Ressourcen angeheizt und führten nicht selten zu Gewalttaten der verschiedenen Fraktionen untereinander. Dass die Sechzigerjahre, das Jahrzehnt der Fenier, nicht in der Farce angekündigter und gescheiterter Aufstände endete und die IRB eine organisationelle Kontinuität bis ins 20. Jahrhundert hinein zu bewahren vermochte, lag zu großen Teilen an der Reaktion des britischen Staates auf den Tod eines Polizisten in Manchester bei der Durchsuchung von Wohnungen von der Mitgliedschaft in der IRB Verdächtigten. Drei der Verhafteten, William Philip Allen, Michael Larkin und Michael O'Brien, wurden hingerichtet und gingen als die „Manchester Martyrs" in die Historiographie des irischen Nationalismus ein. Der wegen versuchter Gefangenenbefreiung, bei der Mitglieder des Wachpersonals getötet worden waren, verurteilte Fenier Michael Barret wurde ebenfalls 1868 öffentlich hingerichtet.[6] Gerade die Öffentlichkeit der Exekution löste heftige Proteste in Irland aus und führte zur Solidarisierung mit den Geheimbündlern, auf die T. D. Sullivan die inoffizielle irische Nationalhymne „God save Ireland" dichtete. Auch die Kirche konnte sich dieser Stimmung nicht entziehen. Einige Bischöfe machten aus ihrer Ablehnung der IRB keinen Hehl und Kardinal Cullen verurteilte ihr Tun, gestattete jedoch, dass für die Hingerichteten Messen gelesen werden durften. Die unterschiedlichen Haltungen gegenüber den Exekutionen innerhalb der katholischen Kirche korrespondierten nicht mit den sonstigen politischen Positionen. Cullen war schon aufgrund seiner langjährigen Tätigkeit im Vatikan ein ultramontan eingestellter Gefolgsmann des Papstes, sein Gegenspieler John McHale, der erste ausschließlich in Irland ausgebildete Bischof seit dem 16. Jahrhundert, vertrat dagegen einen deutlich national orientierten Katholizismus und votierte etwa während des ersten Vatikanischen Konzils 1870 gegen das dort eingeführte Dogma von der päpstlichen Unfehlbarkeit, verurteilte gleichzeitig aber vehement die Fenier. Viele Priester setzten sich für die Häftlinge ein; in den Kirchen wurde Geld gesammelt. Bald bildete sich ein Komitee, das sich für die Amnestie aller im Zuge des Aufstands von 1867 Verurteilten einsetzte, dem der Führer der parlamentarisch operierenden Home Rule Association, der protestantische Rechtsanwalt Isaac Butt, vorstand.

Unabhängigkeitsbewegung: der traditionelle Weg

Neben dem Zweig des gewaltausübenden Republikanismus, der ein von Großbritannien unabhängiges Irland anstrebte, betätigte sich vor allem der höhere Klerus als irische Interessenvertretung im politischen System. Diesem Lobbyismus diente die 1864 ins Leben gerufene National Association als Kristallisationspunkt. Neben einer gerade Katholiken begünstigenden gerechteren Verteilung des Grundeigentums gehörten die Beendigung des staatskirchlichen Status des Anglikanismus in Irland und die Etablierung eines katholisch kontrollierten Segments sekundärer und tertiärer Bildung zu den Forderungen des politischen Katholizismus. Bedeutsam ist die im Namen der Organisation selbstverständlich vorgenommene Gleichsetzung von Katholizismus und Nation.

Mitte des 19. Jahrhunderts hatten die Bemühungen um die Konstruktion eines Nationalbegriffs jenseits der konfessionellen Gräben weder große Anziehungskraft noch relevante organisationelle Ausprägungen. Am ehesten schimmert im seit Ende der Fünfzigerjahre auftauchenden Begriff der „Home Rule", der politischen Selbstbestimmung Irlands, jene von Wolfe Tone und den Young Irelanders weitergetragene Tradition eines säkularisierten Nationalismus durch. Aber die bald zum dominierenden Träger der irischen Unabhängigkeit werdende „Home Government Association" (siehe unten) geriet trotz protestantischer Führungspersönlichkeiten wie Butt und Parnell bald unter katholischen Einfluss.

Die Forderungen der National Association griff der 1868 ins Amt gewählte liberale Premierminister Gladstone auf, der bis Ende des Jahrhunderts die Irlandpolitik der Krone maßgeblich mitbestimmte und nachhaltig reformierte. Zu seinen ersten Maßnahmen gehörten die Ernennung Thomas O'Hagans zum ersten katholischen Lordkanzler Englands seit James II. und die Anwendung des Party Processions Act (1832 und 1850) gegen provozierende Umzüge von katholischen und protestantischen Organisationen[7]. Ein Jahr später verabschiedete das Unterhaus ein Gesetz, das die Entstaatlichung der anglikanischen Kirche in Irland regelte. Schon in den Dreißigerjahren hatte es im Zuge der damaligen Reformpolitik gegenüber Irland Eingriffe in die Struktur des irischen Anglikanismus gegeben, wurde doch die Zahl der Bischofssitze um zehn auf zwölf verkleinert und die Verwendung der Zwangseinnahmen genau festgelegt. Trotzdem blieb es dabei, dass die Church of Ireland, der nicht mehr als 15% der irischen Bevölkerung angehörten, als staatliche Organisation über die Seelsorge und zahlreiche Aufgaben im Erziehungs- und Bildungswesen der gesamten Bevölkerung wachte. Über die für diese Aufgaben und den Unterhalt der kirchlichen Administration notwendigen Abgaben (Kirchenzehnten) war es immer wieder zu gewalttätigen Auseinandersetzungen gekommen. Nach der Reform von 1869 wurde die anglikanische Kirche zur selbstverwalteten Gemeinde ohne staatliche Kontrolle. Große Teile des Kirchenbesitzes übernahm der britische Staat gegen entsprechende Entschädigungszahlungen. Obwohl danach immer noch 50% des ehemaligen Besitzes, mit einem Wert von ca. 8 Millionen Pfund, der Church of Ireland verblieben, sah ein großer Teil der britischen anglikanischen Protestanten hier einen Abgrund an Verrat und Betrug. Die Irlandpolitik polarisierte von nun an immer stärker das House of Commons.

Das galt auch für den Land Act von 1870, mit dem sich Gladstones Kabinett der Besserstellung der irischen Pächter widmete. Im Mittelpunkt standen neu zu schaffende Land Boards, Schiedsgerichte, die Streitigkeiten zwischen Eigentümern und Pächtern schlichten sollten, aber keine systematische Kontrolle der Pachthöhe durchführen durften, sondern nur exorbitant hohe, regional unverhältnismäßige Pachten verbieten konnten. Bei Kündigung des Pachtvertrages hatte der Pächter erstmals einen Anspruch auf Entschädigungen für Investitionen, die er vorgenommen hatte, sowie einen Schutz vor Vertreibungen, die aus anderen Gründen als einem Pachtrückstand vorgenommen werden sollten, etwa weil der Landlord Getreideanbauflächen in Grasland für die Viehhaltung umwandeln wollte. Diese Schutzrechte bestanden aber nicht für Pächter, deren Pachtverträge abgelaufen waren, und betraf deshalb die meisten Konflikte nicht. Aber mit dem ersten Land Act besaßen irische Pächter mehr Rechte als ihre Kollegen anderswo im United Kingdom. Selbst in England waren sie schlechter gestellt.

Dass es 1870 zur erneuten Formierung einer irischen Opposition im Unterhaus kam, hing nicht nur mit der irischen Kritik an der liberalen Reformpolitik zusammen. Sie entsprang vielmehr wieder einmal dem irischen Wunsch nach politischer Selbstbestimmung und Beendigung der Union. In der von Isaac Butt gegründeten Home Government Association (HGA) entstand aber im Gegensatz zu den Vorgängerbewegungen wie der Catholic Association, der Repeal Association oder der Tenant League eine stabile, schlagkräftige Partei, die in Westminster als geschlossene Fraktion auftrat. Der Protestant Butt begann seine politische Karriere als Anhänger der Union, entwickelte aber bald Ideen zur Rekonstruktion eines unabhängigen irischen Parlamentes, wie es zwischen 1772 und 1800 bestanden hatte. Er verteidigte viele Fenians und war in der Kampagne für die Amnestie der nach 1867 verurteilten Rebellen aktiv. Butt zog 1852 zum ersten Mal ins House of Commons ein, wo er sich für eine Föderation, keine Union, zwischen Irland und Britannien einsetzte. In seiner 1870 veröffentlichten Schrift „Home Government for Ireland, Irish Federalism, its meaning, its objects and its hopes" skizzierte er die Aufgaben einer irischen Legislative, die allerdings einer Letztkontrolle durch die britische Regierung und des britischen Parlaments unterworfen bleiben sollte. Im Gegensatz zur katholisch bestimmten National Association brachte die HGA eine Koalition aller irischen Religionsgemeinschaften und politischen Strömungen zusammen, wobei in der Frühzeit der bald nur noch als „Home Rule Movement" bekannten Vereinigung die Protestanten überwogen. Das Gründungskomitee bestand aus 28 protestantischen Tories, zehn Liberalen (darunter zwei Presbyterianer), sieben Katholiken, einem Religionsfreien, 17 konstitutionellen Nationalisten (davon fünf Protestanten und zwölf Katholiken) sowie sechs ehemaligen Feniern (alle Katholiken). Ziel war die bessere Vertretung irischer Interessen im britischen Unterhaus. Die ersten Wahlen nach der Gründung, zu denen auch Home-Rule-Kandidaten antraten, zeigten jedoch, dass nur solche Bewerber erfolgreich waren, die sich neben der Selbstbestimmungsfrage auch für eine religiöse Erziehung und eine pächterfreundliche Lösung der Landfrage einsetzten. Das verstärkte die recht schnell einsetzende Identifizierung von Home Rule und Katholizismus und führte zu einem Einflussverlust konservativer Protestanten.

In diesen Jahren zeigte sich endgültig, dass es für die Idee einer überkonfessionellen irischen Selbstbestimmung unter protestantischer Führung, wie sie Grattan vertreten hatte, keine soziale Trägerschicht mehr gab. Die 1865 vorgenommene Ausweitung der Wahlberechtigten auf 220 000 (4% der Bevölkerung) und die Einführung der geheimen Stimmabgabe 1872 vergrößerten die Wahlchancen einer katholischen irischen Partei. Das zeigte sich bei den Unterhauswahlen von 1874, bei der die HGA 59 der 105 irischen Wahlkreise gewinnen konnte. Von diesen 59 waren 46 Katholiken und nur sechs Landlords. Dass eine konservative Regierung unter Benjamin Disraeli die Mehrheit gewann, erwies sich für die Fraktion um Butt als Vorteil. Zwar war man nun als Mehrheitsbeschaffer für eine liberale

Minderheitsregierung nicht nötig, aber gerade das erlaubte der HGA die Betonung ihrer politischen Eigenständigkeit auch gegenüber den Gladstone-Liberalen. Ein radikaler Flügel der parlamentarischen Gruppe unter der Führung Joseph Biggars setzte auf eine Obstruktion des House of Commons durch lange Debatten zur Geschäftsordnung, äußerst umfangreiche Reden (Filibuster), das Herbeiführen von langwierigen Abstimmungsgängen usw., um die prinzipielle Nichtanerkennung des britischen Parlaments durch irische Abgeordnete zu demonstrieren. Butt lehnte diese Fundamentalopposition ab, ging es ihm doch um eine Föderalisierung des für legitim gehaltenen staatlichen Gefüges Großbritanniens und nicht um dessen Zerstörung. Eine solche Position geriet in der HGA in die Minderheit und Butt verlor lange vor seinem Tod 1879 jeden lenkenden Einfluss auf die Selbstbestimmungsbewegung.

Das lag auch daran, dass mit Charles Stewart Parnell ein charismatischer Politiker seit Mitte der Siebzigerjahre den radikalen Flügel der HGA vertrat und zum effektiven politischen Instrument machte. Parnell entstammte einer Familie protestantischer Landbesitzer, die Mitte des 17. Jahrhunderts im Zuge von Cromwells Siedlungspolitik nach Irland gekommen waren, was aber seinen notorischen Englandhass geradezu anfeuerte. Parnell wurde schnell durch seine radikale Befreiungsrhetorik bekannt, die sich auch auf die Möglichkeit eines gewaltsamen Kampfes gegen Britannien positiv bezog. Für ihn waren die IRB-Mitglieder aus Manchester keine Mörder, sondern Helden, und es gehörte zum Muster des „Parnellism", auf die Strategie der parlamentarischen Durchsetzung eines Home Rule für Irland zu setzen, aber gleichzeitig gute Beziehungen zum klandestinen Republikanismus zu pflegen: „Eine wahrhafte revolutionäre Bewegung in Irland sollte meiner Meinung nach sowohl einen verfassungsmäßigen, aber auch einen illegalen Charakter haben. Es sollte sich gleichzeitig um eine offensichtliche und eine geheime Organisation handeln, welche die Verfassung für ihre Zwecke auslegt und aber gleichzeitig die Vorteile geheimer Verbindungen nutzt."[8] Dieser Doppelcharakter hat von da an den Mainstream der irischen Unabhängigkeitsbewegung bestimmt. Noch in den Neunzigerjahren des 20. Jahrhunderts sprachen Aktivisten der IRA davon, bei der Einigung Irlands auf „Kugel und Stimmzettel" setzen zu müssen. Parnell stieß mit seinem antienglischen Ressentiment und romantischen Irentum insbesondere unter den Iroamerikanern auf große Unterstützung. Seine 1880 unternommene USA-Reise verstärkte die Verbindungen zu „Clan na gael" (Familie der Iren), wie sich die Fenian Brotherhood seit 1877 nannte, und sicherte der irischen Home-Rule-Bewegung erhebliche Zahlungen. Unter seiner Ägide vereinigten sich schließlich bis Anfang des 20. Jahrhunderts militante Radikale und konstitutionelle Nationalisten.

Wirtschafts- und Agrarkrise

Das geeignete Exerzierfeld erhielt die neue Doppelstrategie in der Ende der Siebzigerjahre wieder von sich reden machenden Pächterbewegung und in neuen Auseinandersetzungen über die Landverteilung. In der 1879 u. a. von Michael Davitt, einem Fenier, der nach sieben Jahren Haft kurz vorher aus dem Gefängnis entlassen worden war, gegründeten National Land League formierte sich ein diffuser Protest gegen die drastisch verschlechterte landwirtschaftliche Ertragslage. Seit Mitte der Siebzigerjahre lastete auf Europa eine Agrarkrise, die durch Missernten zwischen 1877 und 1879 sowie umfangreiche Nahrungsmittelimporte aus den USA hervorgerufen wurde. Durch die Möglichkeit dieser billigen Einfuhren kam es auch nicht zu Preiserhöhungen, die die Mengenausfälle hätten kompensieren können. Das war durchaus positiv, denn die mit dem erneuten Auftreten der Kartoffelfäule verbundene Krise gefährdete vor allem im Westen, wo 60% der Bewohner auf Unterstützung durch Maiseinfuhren, Armenspeisungen etc. angewiesen waren, die Bevölkerung existenziell, sodass sich die Katastrophe der Vierzigerjahre nicht wiederholte. Für viele Pächter bedeutete der Preisverfall jedoch den finanziellen Ruin, was sich an den stark steigenden Landvertreibungen der frühen Achtzigerjahre ablesen lässt. Zwischen 1879 und 1883 stiegen die Vertreibungen säumiger Pächter auf 14 600, den höchsten Stand seit 30 Jahren. Die ungleiche Verteilung des Grundeigentums galt nach wie vor als das eigentliche Übel der landwirtschaftlichen Verhältnisse Irlands. Um 1870 besaßen die 20 000 zumeist anglikanischen Landlords durchschnittlich 500 ha, und weniger als 800 von ihnen waren Eigentümer von 50% des Landes. Die reichsten 302 (1,5%) besaßen 33,7%, während die übrigen 15 527 (80,5%) über 19,3% des Bodens verfügten.[9] Diese Ungleichverteilung unter den Eigentümern, die große Folgen für ihre jeweilige Fähigkeit hatte, die Agrarkrise zu meistern, korrespondierte mit der schwierigen Lage vieler der ca. 95 000 Pächter, von denen 60% mindestens 20 ha bewirtschafteten. Ihre Unzufriedenheit wurde durch die Erfahrung der guten wirtschaftlichen Entwicklung in den vorausgegangenen Jahren angefeuert. Denn der Boom in der Landwirtschaft der Fünfziger- bis Siebzigerjahre hatte Erwartungen einer permanenten Verbesserung genährt, den bäuerlichen Konsum ansteigen lassen und die Bereitschaft zur Verschuldung erhöht. Diese Hoffnungen schlugen in Enttäuschung um, wobei die Pachtraten für die ohnehin Verschuldeten zum Existenzproblem wurden.

Weitere Brisanz gewann die Lage in diesen Jahren durch den Rückgang der Auswanderung, da etwa Großbritannien selbst unter einer langen Rezession zu leiden hatte und es dort keine Arbeitsmöglichkeiten gab. Die teuren USA-Passagen konnten sich aber gerade die Menschen aus den besonders betroffenen Gebieten Irlands nicht leisten. Zwischen 1879 und 1882 kam es dann, ausgehend von Mayo, der ärmsten Grafschaft Irlands, zu einer Welle von Störungen der öffentlichen Ordnung, wie der Einschüchterung von Grundeigentümern oder finanziell besser gestellten Pächtern, zu Überfällen, Folter und Morden.[10] Die Situation spitzte sich 1880 zu, als Lord Cloncurry in Mayo Vertreibungen durchsetzen wollte, aber sein Gutsverwalter Captain Boycott durch eine Aktion der Land League vollständig ökonomisch und sozial isoliert wurde. Parnell, Präsident der Land League seit ihrem Beginn, verteidigte öffentlich diese Strategie des „Boykotts", entsprach das Vorgehen doch seinem Konzept der parlamentarischen und außerparlamentarischen Doppelstrategie genau.

Die britische Regierung unter dem inzwischen wieder an die Macht gelangten Gladstone beantwortete den eskalierenden „Land War" mit der Verhaftung ihrer führenden

Repräsentanten wie Davitt und Parnell, der geheimen Überwachung der Bewegung, der Einrichtung von Sondergerichten und schließlich dem Verbot der Land League sowie der Reform des Land- und Pachtgesetzes von 1870. Auf die Doppelstrategie Parnells antwortete der Staat also mit der in der irischen Geschichte schon häufiger angewendeten Strategie einer Mischung von Repression und Reform. Die Novellierung des Landgesetzes sah vor allem erweiterte Rechte für die Schiedsstellen vor. Diese Land Courts durften von nun an die Pachthöhe festsetzen, was bis 1885 zu einer allgemeinen Senkung der Pachten um bis zu 20% führte. Pächter konnten von sich aus an das Schiedsgericht herantreten und um eine Festsetzung der Raten bitten, an die sich der Landlord halten musste. Es war den Grundherren verboten, Pächter zu vertreiben, solange diese die schiedsrichterlich festgesetzte Pacht zahlten. Aber nur solche Pächter kamen in den Genuss des neuen Bodenrechts, die nicht im Rückstand mit der Bezahlung ihrer Pachtraten waren. Diese Regelung stärkte die Position der ökonomisch erfolgreichen Bauern auf größeren Höfen. Da es davon in Ulster überproportional viele gab und die Regelungen ohnehin einer in Ulster gängigen Praxis entsprachen, wurde dort das Gesetz begrüßt. In den übrigen Provinzen stieß es auf heftige Ablehnung, da zahlreiche Pächter ihre Pacht schuldeten und deshalb nicht durch die Land Courts geschützt wurden. So waren allein in Mayo zwei Drittel der Pächter mit ihren Pachtraten im Rückstand. Gladstones zweites Landgesetz konnte die Unruhen dann auch nicht beenden. Mit dem Arrears Act wurde diese Benachteiligung kleiner, verschuldeter Pächter schon 1882 beseitigt, aber das Problem der Vertreibungen blieb ungelöst. Als es gegen Ende der Achtzigerjahre zu einem neuerlichen Abschwung in der Landwirtschaft kam, bei dem die Preise für Agrarprodukte um bis zu 30% sanken, nahm die Zahl der Vertreibungen säumiger Pächter schlagartig zu. Die Gegenmaßnahmen der Pächterorganisationen, wie Boykott bestimmter Großgrundbesitzer, Weigerung, überhaupt Pacht zu zahlen, wenn der Landlord eine von den Bauern angebotene „faire" Pachtrate verweigert hatte, Aufbau von Solidaritätsfonds für Vertriebene bis hin zur Gründung einer neuen Stadt (New Tipperary) als Pächterkooperative, waren letztlich erfolglos. Erst die Fortsetzung der staatlichen Reformpolitik mit dem Ziel, aus Pächtern Eigentümer zu machen, führte zur Lösung der irischen Landfrage. Durch einen dritten Land Act, nach seinem Verfasser auch als Ashbourne Act bekannt, kamen seit 1885 kaufwillige Pächter in den Genuss öffentlicher Hilfen beim Kauf ihrer Äcker und Wiesen. Laufzeit und Zinshöhe wurden in immer neuen Gesetzen bis 1909 (Novellierung des Wyndham Act von 1903) so weit verlängert bzw. reduziert, dass die Kreditraten niedriger waren und länger abbezahlt werden konnten als die alten Pachtraten. Die Kredite liefen bei einer Verzinsung von 3,25% 68,5 Jahre (bis dahin 4% auf 49 Jahre). Wenn 75% der Pächter eines Grundeigentümers ihre Pachtflächen kaufen wollten, musste der Landlord sein Eigentum aufgeben. Dafür wurde er neben den Verkaufseinnahmen mit einer Bonuszahlung je einzelnem Verkauf vom britischen Staat extra honoriert. Viele Landlords machten davon Gebrauch. Diese Regelungen führten zu einer grundsätzlichen Veränderung der Eigentumsstruktur in Irland. Hatten vor 1903 rund 70 000 Pächter von den Möglichkeiten des Grunderwerbs Gebrauch gemacht, so stieg diese Zahl danach auf über 300 000 an. Bis 1917 waren 66% des Landes Eigentum der ehemaligen Pächter und die einstmals dominierenden Landlords der Protestant Ascendancy waren für immer marginalisiert.

Dieses Ergebnis des „Land War" entsprach nicht den Zielvorstellungen Michael Davitts. In seinem 1904 veröffentlichten Buch „The Fall of Feudalism" schlug er vor, den gesamten Grund und Boden in Staatseigentum zu verwandeln. Bauern sollten so lange vom Staat pachten können, solange sie bestimmte Produktivitätskriterien erfüllten. Damit wollte Davitt die vergleichsweise geringe Effizienz der irischen Landwirtschaft verbessern. Dass sich solche Ideen nicht durchsetzen konnten, zeigt die Interessenlage der Pächterbewegung. Diese hatte zwar im verarmten Mayo als Rebellion der Kleinpächter und Landarbeiter begonnen, sich aber mit der Zeit in eine Bewegung der ökonomisch erfolgreichen, größeren Pächter verwandelt. Die Lösung der Eigentumsfrage vergrößerte schließlich die bestehende Ungleichheit, wurden die reicheren Pächter doch Eigentümer, während die ärmeren eigentumslos blieben und von der Landgesetzgebung nicht profitierten. Auf den größeren Höfen wurde aber eine stark expandierende Viehhaltung betrieben, die wiederum die Getreidebauern und vor allem die Kleinpächter und Landarbeiter mit ihrer Abhängigkeit von Kartoffelanbauflächen bedrohte. Die Land League markierte einen Sieg der stärkeren, größeren Bauern, die sich innerhalb von 50 Jahren gegen die Landlords und gegen die Kleinstpächter und Landarbeiter durchgesetzt hatten. Diese Schicht nahm rapide ab: Gab es 1880 noch 400 000 Landarbeiter, waren es 1910 noch 300 000 und 1920 nur noch 200 000. Gleichzeitig verstärkte sich in den Armutsregionen der Zwang zur Emigration. Nach 1883 kam es in Mayo zur größten Auswanderung seit der Hungersnot von 1845. Hinter dem „Land War" verbargen sich Auseinandersetzungen zwischen Bauern und Großgrundeigentümern, zwischen Viehhaltern und Getreidebauern und zwischen größeren Pächtern und Landarbeitern.[11] Die Spannungen unter den Pächtern und Tagelöhnern wurden überlagert durch die Integration in die Land League. Diese stärkte die Identifizierung lokaler Basisinteressen mit dem größeren politischen Umfeld der Home-Rule-Bewegung, das für die ländliche Bevölkerung ansonsten irrelevant gewesen wäre, und sie verstärkte die Politisierung des agrarischen, katholischen Irland in Richtung einer nationalistischen Feinderklärung an Grundherren, an ein abstraktes Englischsein und an den Protestantismus.

Home-Rule-Bills

Dieses über drei Jahrzehnte verfolgte Projekt einer Reform des irischen Landbesitzes konnte sich nur erfolgreich entwickeln, weil die englische Regierung noch unter Gladstone Parnell und damit der Home-Rule-Bewegung den Weg ins parlamentarische System wieder ermöglicht hatte. Im 1882 ausgehandelten Vertrag von Kilmainham, benannt nach dem Gefängnis, in dem Parnell einsaß, versprach dieser als Gegenleistung für seine Entlassung zur Beruhigung der Bauern beizutragen. Wieder in Freiheit baute Parnell eine Nachfolgeorganisation (National League) der verbotenen National Land League auf, die als moderne Parteimaschine mit effektiven lokalen Gliederungen und bezahlten Funktionären zum wichtigen Instrument des Kampfes um die irische Unabhängigkeit wurde. In vielen Gemeinden übten ihre Mitglieder Macht als Abgeordnete in den Gremien zur Überwachung der armenrechtlichen Bestimmungen aus (Poor Law Guardians). Mit der Intensivierung der parlamentarischen Arbeit ging eine Distanzierung vom illegalen Flügel einher. Parnell lehnte eine Wiederaufnahme des „Land War" Ende der Achtzigerjahre ab, was sicher zur Schwächung der Pächterbewegung beitrug. Zu dieser Neuorientierung des einstmals radikalen Flügels der HGA unter Parnell trug auch die Fanatisierung eines Teils der Fenier bis hin zu terroristischen Aktionen bei, die in der Ermordung des gerade ernannten Irlandministers Lord Cavendish und seines Stellvertreters im Dubliner Phoenix Park gipfelten und die Bewegung insgesamt in der irischen Öffentlichkeit diskreditierten. Die Konzentration auf eine parlamentarisch durchzusetzende Reform der irischen Verhältnisse wurde durch die Integration der katholischen Kirche in die Bewegung, die 1884 Parnell förmlich beauftragte, sich für die Durchsetzung ihrer Bildungspolitik einzusetzen, verstärkt. Zwei Jahre später zählte die National League 1262 Ortsgruppen. Dass sie am stärksten in den mittelirischen Grafschaften vertreten war und nicht im Westen, zeigte noch einmal die Verbindung zwischen den Großbauern und der Parnell-Partei. Daneben hatte die katholische Priesterschaft, die auf Parteitagen durchschnittlich ein Drittel der Delegierten stellte, erheblichen Einfluss, schon bevor die Kirchenführung ihren Frieden mit Parnell gemacht hatte. Von den 60 Gründungsmitgliedern der National League waren 14 Priester gewesen.

Ab Mitte der Achtzigerjahre taktierten die Abgeordneten der HGA unter Parnells Führung zwischen den Konservativen und den Liberalen, wobei allein die jeweilige Nutzenkalkulation über die Bündnisse entschied. So stürzte die Fraktion einmal zusammen mit den Tories Premier Gladstone, worauf sich der neue konservative Premierminister Salisbury sofort mit einer Reform des Bodenrechts, dem schon erwähnten Ashbourne-Gesetz, bedankte. In den Wahlen von 1885 waren aufgrund einer weiteren Ausdehnung des Wahlrechts 500 000 mehr Wähler, zumeist Kleinpächter und Landarbeiter, stimmberechtigt. Hinzu kam ein neuer Zuschnitt der Wahlkreise. Beides verhalf der National League zu einem großen Wahlerfolg.

Zwar blieb Parnells Aufruf an die in England wohnenden Iren, keine Liberalen zu wählen, jedenfalls soweit erfolglos, als Gladstones Partei mit 335 Sitzen knapp die absolute Mehrheit erringen konnte (gegenüber 246 Tories), aber die Kandidaten der Home-Rule-Bewegung erhielten 84 der 105 irischen Sitze und gewannen sogar einen Wahlkreis in Liverpool.

Die Unterhauswahl von 1885 war in vielerlei Hinsicht eine Wegscheide im irischen Parlamentarismus. Zum einen markiert dieses Datum das Verschwinden eines parteipolitisch orientierten irischen Liberalismus. Zum anderen errang die Irish Parliamentary Party seitdem bis 1918 immer zwischen 80 und 85 der irischen Sitze. Auch das wahlgeografische Muster der folgenden Jahre war bei dieser Unterhauswahl schon deutlich ausgeprägt. Mit Ausnahme der vier Mandate der Universität Dublin gewannen die Home Ruler jeden Wahlkreis außer in den nördlichen Grafschaften der Provinz Ulster, in Antrim, Armagh, Down, Tyrone und Derry. Hier kamen sie nur auf drei der zu vergebenden 18 Mandate.

Von den vier Sitzen in Belfast konnte sie keinen gewinnen. Dieses Ergebnis korrespondierte mit der Bevölkerungszählung von 1881, die in Ulster insgesamt 48% Katholiken auswies, in den Grafschaften Antrim und Down aber nur 23% bzw. 31%.

Mitte der Achtzigerjahre war die Strukturierung des Konfliktes um die Unabhängigkeit Irlands durch die konfessionelle Scheidung von Protestanten und Katholiken zementiert. Dazu passt eine Erklärung der katholischen Kirchenleitung, die 1886 im Zeichen eines kurzen Aufflackerns radikaler Agraragitation und des Drängens der britischen Regierung, dagegen eine Stellungnahme abzugeben, ihre politische Position gegen einen neuen „Landkrieg" mit den Worten klärte, dass die gesamte irische Nation katholisch sei und die Kirche deshalb sowohl in geistlichen als auch in politischen Angelegenheiten raten könne.[12]

Dass sich beim Lavieren zwischen den Blöcken Parnell schließlich auf die Seite der Liberalen schlug, deren Mehrheit ja sehr schwach war und in deren Interesse eine Spaltung der Opposition aus Tories und Home Rulern lag, war Gladstones Bereitschaft zuzuschreiben, in einem Gesetz zur irischen Selbstverwaltung die Union von 1800 aufzuheben. Mit dem im April 1886 eingebrachten ersten Home Rule Bill besiegelte Gladstone die Zusammenarbeit mit der Irish Parliamentary Party (IPP), wie sich die Vertreter der National League und der HGA jetzt nannten. Das Selbstbestimmungsgesetz sah die Einrichtung eines irischen Zweikammerparlaments vor, wobei die britische Regierung die Macht nicht nur in allen sicherheits- und außenpolitischen Fragen behalten sollte, sondern auch in einer Vielzahl von Detailproblemen, über die nach wie vor ein von London zu ernennender Lord Lieutenant an der Spitze der Dubliner Verwaltung wachen sollte.[13] Die irischen Sitze in Westminster sollten wegfallen. Das irische Parlament sollte fiskalisch, vor allem in allen Steuerfragen, zuständig sein. Der irische Staat hätte sich allerdings mit einem Betrag von maximal 3 242 000 Pfund am britischen Haushalt beteiligen müssen.

Schon diese moderate Selbstverwaltung ging einer Mehrheit im House of Commons zu weit, wo das Gesetz mit 343 zu 313 Stimmen abgelehnt wurde. Dabei hatten sich Gladstone 93 Mitglieder seiner liberalen Fraktion verweigert, die sich fortan Liberale Unionisten nannten und nah an die Konservativen rückten. Die irische Frage spaltete die liberale Partei und wurde jetzt zur entscheidenden Konfliktlinie im britischen Parteiensystem. In den im Juli 1886 folgenden Wahlen errangen die Konservativen 316, Gladstones Liberale 191, die Liberalen Unionisten 78 und die IPP wiederum 85 Sitze. Gegenüber den Home-Rule-Liberalen betonte die Konservative Partei ihre Treue zur Union, wobei Irland „mit Überzeugungskraft, wenn möglich, andernfalls mit Gewalt" (Lord Salisbury) im Vereinigten Königreich gehalten werden sollte. Die Reform irischer Missstände sollte die Auflösung der Union verhindern. Unter den zwischen 1886 und 1906, von einer liberalen Episode 1892/93 abgesehen, durchgehend regierenden Tories wurden nicht nur die Bodengesetze weiter zugunsten der Pächter novelliert, sondern auch wichtige Schritte zur ökonomischen Entwicklung des Westens unternommen.[14] Gleichzeitig setzte die Partei aus Gründen des Konkurrenzvorteils gegenüber den Liberalen auf die „Orange Card" (Randolph Churchill) und zielte mit der offiziellen Veränderung ihres Parteinamens in „Conservative and Unionist Party" auf jenes irische Wählerreservoir, das sich nicht der

IPP angeschlossen hatte und vor allem im Norden beheimatet war. Dass hier eine gesellschaftliche Bewegung auf eine entsprechende politische Organisation wartete, hatte sich während der pro-unionistischen Massenveranstaltungen gezeigt, die die Unterhausdebatten über das Home Rule Bill begleiteten.[15]

Der Widerstand Ulsters war religiös, ethnisch und ökonomisch fundiert. Neben einem bornierten Protestantismus und einem Überlegenheitsgefühl gegenüber den katholischgälischen Iren war die wirtschaftliche Entwicklung des Nordens entscheidend für die Ablehnung des Home Rule. Ab den 1850er-Jahren hatte die Leinenindustrie in Ulster einen enormen Aufschwung erfahren, der durch den amerikanischen Bürgerkrieg noch beflügelt wurde. Schließlich siedelte sich eine starke Schiffbauindustrie an, die Belfast zur größten Stadt Irlands werden ließ. Home Rule wurde hier als Dominanzversuch des unterentwickelten Südens über den prosperierenden Norden verstanden. Die Träger des Widerstands waren dementsprechend vor allem Arbeiter, selbstständige Handwerker und Gewerbetreibende, die gemeinhin von den jeweiligen Landlords geführt wurden. In der Polarisierung zwischen Home Rulern und Unionisten wurde der klassische, presbyterianisch grundierte ländliche Liberalismus Ulsters vollständig zerrieben. Für einen Dritten Weg ließ die politische Geografie keinen Raum. Eine gesellschaftliche Segregierung nahm zu; schon in diesen Jahren stellten einzelne Betriebe nur noch protestantische Beschäftigte ein. Die Teilung der Bevölkerung, bis hin zu einzelnen Straßen wie der Falls Road (katholisch) oder der Shankhill Road (protestantisch) war in Belfast schon seit Mitte der Jahrhundertwende immer deutlicher geworden und erhielt durch Zuwanderung von Katholiken aus dem Süden, die ihren Anteil an der Einwohnerschaft von 25% auf 33% steigerten, neue Brisanz. So kam es regelmäßig zu Ausschreitungen bei protestantischen Erinnerungsfeiern der Battle of the Boyne, weiterer wilhelminischer Siege im Krieg von 1690 oder bei katholischen Veranstaltungen, wie der Enthüllung eines Denkmals für Daniel O'Connell, bei der es 1864 zu achtzehntägigen Unruhen gekommen war, die zwölf Tote forderten. Im Anschluss an eine Rede Randolph Churchills forderten die Auseinandersetzungen 1886 sogar 32 Tote und 371 Verletzte. Viele Katholiken wurden aus ihren Häusern und von ihren Arbeitsplätzen vertrieben. Ähnliches wiederholte sich bei den parlamentarischen Beratungen weiterer Home Rule Bills 1893 und 1912.

In Ulster bildete sich als Antwort auf das Home Rule Bill eine alle soziale Schichten umfassende „Ulster Convention", in der der Widerstand gegen eine Aufhebung der Union politische Form erhielt. Der Konservative Arthur Balfour verstärkte diese Haltung noch, indem er 1893 in Belfast erklärte: „Home Rule bedeutet, dass man in die Gewalt der Mehrheit gerät, welche zwar in der Anzahl überlegen, jedoch unweigerlich an politischem Verständnis und Erfahrung unterlegen ist. Es bedeutet, dass die Schirmherrschaft über Ulster an die Mehrheit in Dublin übergeben werden muss. Ihr, die Reichen, Sittsamen und Fleißigen, die unternehmerischen Schichten Irlands, sollt das Geld für jenen Teil Irlands bereitstellen, welcher weniger sittsam, weniger fleißig, weniger geschäftig und weniger rechtsgläubig ist."[16] Im selben Jahr gründete sich die Ulster Defence Union, um den unionistischen Status Ulsters mit allen Mitteln zu verteidigen. Weitere Maßnahmen schienen den nördlichen Protestanten aber nicht nötig zu sein, da ja das britische Oberhaus

Abb. 7: Charles Stewart Parnell (1846–1891) versucht seine Anhänger gegen seine Absetzung durch die Führung der IPP zu mobilisieren.

das zweite Home Rule Bill verhindert hatte und die Konservativen Gladstones Regierung ablösten.

Gladstones zweiter Versuch, nach seinem überraschende Wahlsieg 1892 ein Gesetz zur irischen Selbstregierung verabschieden zu lassen, war insoweit erfolgreich gewesen, als es diesmal zu einer Mehrheit im Unterhaus kam.[17] Allerdings verhinderte nun das House of Lords mit 419 zu 41 Stimmen das In-Kraft-Treten des Gesetzes. Trotz dieser Niederlage funktionierte das Zusammenspiel von Mehrheitsliberalen und Home Rulern immer noch. Daran änderte auch der innerparteiliche Machtverfall Parnells nichts, dessen Versuch, persönliche Probleme durch einen Rückfall in die Rhetorik des „Land War" politisch zu kompensieren, misslang. Sein langjähriges Liebesverhältnis mit Katharine O'Shea, der Frau eines seiner Fraktionskollegen, führte zu einem Bruch mit der katholischen Kirche, mit Gladstone und mit der Mehrheit seiner Fraktion, die ihn 1890 als Vorsitzenden ablöste.[18] Der Anteil der Sitze der IPP teilte sich bei den Wahlen von 1892 in 71 Anti-Parnellites und 9 Anhänger Parnells auf. Zusammen wurde also das irische Wählerreservoir ausgeschöpft und die Home-Rule-Bewegung hatte offensichtlich genug politische Eigenständigkeit gewonnen, um auch das persönliche Scheitern des dominierenden Parteiführers überstehen zu können. Das lag auch am organisatorischen Einfluss der katholischen Kirche, die sich in der Home-Rule-Debatte mit ihrer Ablehnung eines irischen Oberhauses nach britischem Muster durchsetzen konnte. Hätte doch ein solches House of Lords mit seinem hohen Anteil an protestantischen Adeligen versuchen können, Ulster durch Sonderregelungen für Protestanten in ein unabhängiges Irland zu integrieren. Die nächsten 17 Jahre brachten keine neuen Home-Rule-Initiativen; die britische Regierung setzte ihre Strategie der Konzilianz in irischen Fragen unterhalb der institutionellen Auflösung der Union fort. Unter anderem erhielt die katholische Kirche 1908 mit der Schaffung der de jure konfessionsfreien National University of Ireland (NUI) eine lange Zeit geforderte staatliche Finanzierung für die seit 1854 bestehende katholische Universität (University College Dublin), die in die neue Universität inkorporiert wurde. Diese Nationaluniversität beendete einen seit Mitte der Fünfzigerjahre anhaltenden Streit um die Stellung der damals neu gegründeten Universitäten in Cork, Galway und Belfast. Weil diese Universitäten überkonfessionell orientiert waren und keine öffentlich finanzierte theologische Ausbildung anboten, hatte die katholische Kirche ihren Gläubigen verboten, diese Universitäten zu besuchen, und stattdessen eine eigene privat finanzierte Universität gegründet. Diese faktische Anerkennung einer religiösen universitären Bildung rief den Protest der Unionisten hervor, deren Ansprüche auf eine presbyterianische Universität immer zurückgewiesen worden waren. In deren Wahrnehmung drückte sich in der Hochschulreform die wachsende Macht der katholischen Kirche aus, zumal das traditionelle Trinity College in Dublin, die erste protestantische Universität Irlands, nur nach großen Protesten von der Übernahme durch die NUI ausgenommen wurde, was die katholische Kirchenleitung mit dem Fortbestehen des Verbots für Katholiken, am Trinity College zu studieren, beantwortete. Als Kompensation wurde 1908 neben der NUI das Queen's College Belfast zur zweiten Universität Irlands gemacht. Damit waren einerseits Pläne der Modernisierung des irischen Universitätssystems durchgesetzt worden, aber andererseits war der Preis für diese Entwicklung der tertiären Bildung eine institutionelle Spaltung.

Unabhängigkeitsbewegung: kulturelle Neubestimmung

In diesen Jahren gewann die irische Unabhängigkeitsbewegung durch besondere kulturelle Entwicklungen an Dynamik, die letztlich tief gehender wirkten als das politische Vorgehen der IPP. Von besonderer Bedeutung war die 1884 gegründete Gaelic Athletic Asociation (GAA), die irische Sportarten wie Hurling, Camogie, Straßen-Bowling, gaelischen Fußball und weiteres populär machte. Die Mitglieder mussten sich verpflichten, keine fremden Sportarten – wie z. B. Rugby, diese „entnationalisierende Pest" – auszuüben. Die GAA nahm bis zum Ende des 20. Jahrhunderts keine britischen Soldaten, Polizisten und Angehörige der protestantischen Gentry auf. Im Vorstand waren viele Mitglieder der Irish Republican Brotherhood aktiv, die die GAA eng an das revolutionär-republikanische Spektrum banden. Neben der GAA entwickelte sich um die von Douglas Hyde 1893 gegründete Gaelic League ein Verband, der sich die Förderung der gälischen Sprache sowie keltischer Musik, bildender Kunst und Literatur zum Ziel setzte. Hyde hatte ein Jahr vor der Gründung in seinem berühmten Vortrag „On the Necessity for Deanglicizing the Irish People" die Brücke zur vom „Jungen Irland" inspirierten kulturellen Erweckungsbewegung geschlagen. Zu den wichtigsten Forderungen gehörte die Einführung der gälischen Sprache als Unterrichtsfach. 1841 sprachen noch 50% der Iren Gälisch; diese Zahl verringerte sich in den nächsten 50 Jahren auf 14,5%. Zwar mag es ein grundlegendes Problem gewesen sein, dass bei den entsprechenden Bevölkerungszählungen die Befragten sich immer weniger zur irischen Sprache bekannten, um das englische Bild irischer Rückständigkeit zu widerlegen, aber bei aller Unsicherheit über die präzise Prozentzahl der Irischsprechenden ist der Rückgang der gälischen Sprache unverkennbar. Selbst in den improvisierten, ländlichen, katholischen Hedge Schools lernten die Kinder auf Wunsch ihrer Eltern Englisch. Der Zensus machte schon Mitte des Jahrhunderts das Verschwinden einer ausschließlich gälischsprechenden Einwohnerschicht deutlich.

So gab es 1851 im mittelirischen Westmeath unter 111 000 Einwohnern nur eine Person, die allein Irisch sprach, und 920 Personen (0,8%), die sowohl irisch- als auch englischsprachig waren. 1861 gab es keinen monolingualen Sprecher mehr und die Zahl der zweisprachigen war auf 500 (0,5%) zurückgegangen. Bilingualität war vor allem in der schmalen intellektuellen Mittelschicht des Landes anzutreffen.

Die Erneuerung der gälischen Sprache musste also schon in der Schule beginnen. Durch die staatlich geförderten National Schools der Primarstufe, deren Zahl sich zwischen 1850 und 1900 verdoppelte, nahm die Alphabetisierung in Irland stark zu: So sank die Zahl der Analphabeten von 47% auf 12%, die Zahl der Lese- und Schreibfähigen stieg von 33% auf 84%. Hier waren die allgemeinen Bildungsvoraussetzungen zum Erlernen der irischen Sprache gegeben und 1903 wurde in einem Drittel der Primarschulen dann auch Irisch unterrichtet. Die Erfolge der Gaelic League, die sich als konsequenter Interessenverband betätigte, gingen aber darüber weit hinaus. 1899 beschloss die „National Commission on Intermediate Education", Irisch generell in der Sekundarstufe II zu unterrichten. Gleichzeitig machte die National University of Ireland Kenntnisse des Irischen zur Voraussetzung der Immatrikulation. Zu den weiteren von der Liga gesetzten Markierungen kultureller Identität gehörte die Einführung des St. Patrick Day als offiziellen Feiertag mit Schließung aller Pubs, die Erzwingung der postalischen Beförderung von Briefen, die auf Irisch adressiert waren, und die Durchsetzung des Irischen als Gerichts- und Handelssprache. In vielen Orten wurden zweisprachige Straßennamen eingeführt und der Dubliner Stadtrat beschloss als eines der ersten lokalen Parlamente die vorrangige Einstellung von Bewerbern, die Irisch sprechen konnten. Darüber hinaus organisierte die Gaelic League aber auch Industrie-Ausstellungen und „Buy Irish"-Kampagnen. 1904 zählte die Liga 600 regionale Gruppen, gab bilinguale Zeitschriften und Journale heraus und erzielte mit O'Growneys „Simple lessons in Irish" einen Bestseller, der sich im November 1906 allein 12 000-mal verkaufte. Die League organisierte Tanzveranstaltungen, Vorlesungen und gälische Sommerschulen für Sprachlehrer. Dabei waren ihre Bemühungen in der westlichen Gaeltacht-Region, wo die meisten irischen Muttersprachler lebten, am wenigsten erfolgreich, während in den Städten eine untere, aber gebildete Mittelschicht immer häufiger Irisch sprach. Waren 1891 in Carlow noch 123 Personen (0,3%) des Irischen mächtig, so stieg diese Zahl bis 1911 auf 1008 Personen (2,8%), aber in Connacht und Munster, den Grafschaften des Gaeltacht, gab es einen weiteren Rückgang. Die Sprachenpolitik der Gaelic League konnte den Verlust einer lebensweltlichen Sprachgemeinschaft nicht kompensieren.

Die eigentliche politische Relevanz der Gaelic League ging über diese Volksbildungspolitik weit hinaus. Sie wurde zum Zentrum einer spirituellen Stärkung des irischen Nationalismus, der insbesondere in der Künstler- und Literatenszene produktiv wirkte. Mit dem Gaelic Revival sind die Namen irischer Schriftsteller wie William Butler Yeats, Lady Gregory, T. W. Rolleston, Standish O'Grady, John Millington Synge und George Moore verbunden. In Publikationen wie O'Gradys „History of Ireland – Heroic Period", Lady Gregorys „Ideals in Ireland" und „Gods and Fighting Men" wird ein heroisches Keltentum beschworen, das in seiner Einfachheit und seinem Romantizismus ein agrarisch-antimodernes Gegenbild zum zeitgenössischen Irland entwarf. Das von Yeats und anderen gegründete Abbey Theatre wurde zum Zentrum der Darstellung einer neuen irischen Literatur. Dass dabei auch chauvinistische Ausschließungen des als unirisch Stigmatisierten üblich waren, zeigte die feministische Schriftstellerin Maud Gonne, die irische Geburt oder Abstammung zur Voraussetzung für die Mitgliedschaft in der Frauenorganisation „Inghinidhe na hÉireann" machte. Die Töchter Irlands seien verpflichtet, die vollkommene kulturelle Unabhängigkeit zu erreichen: „[Es ist unsere Pflicht,] das Lesen und die Verbreitung von minderwertiger englischer Literatur, das Singen englischer Lieder, den Besuch vulgärer englischer Unterhaltung im Theater und dem Konzertsaal zu unterbinden und den englischen Einfluss auf jegliche erdenkliche Art und Weise zu bekämpfen, der dem künstlerischen Geschmack und der kulturellen Vornehmheit des irischen Volkes so viel Schaden antut."[19] Allerdings lässt sich das Wirken dieser literarischen Erweckungs-

bewegung nicht bruchlos in das gesellschaftliche Umfeld der Home-Rule-Bewegung ein-
ordnen, artikulierte sich im Celtic Revival doch gerade auch eine ästhetische Avantgarde,
wie sie einen Ausdruck fand in den Stücken von Yeats und Synge, die im nationalistischen
Lager oft Skandal verursachten.

Es ist also falsch, von einer Deckungsgleichheit zwischen Kulturnationalismus und
politischem Separatismus auszugehen. Vielmehr ist diese Strömung auch eine innerirische Kritik an kleinbürgerlicher, borniert Stereotypie der irischen Bauern-, Krämer-
und Wirtekultur. Das Erfinden einer authentischen irischen Identität gab der städtischen
Intelligenz die Möglichkeit einer sozialen und politischen Selbstdefinition, rationalisierte
ihre traditionelle Anglophobie und lieferte ein Distinktionsmittel gegenüber den überkommenen Formen des irischen Nationalismus. Damit bot sie insbesondere den radikalen Anhängern irischer Unabhängigkeit eine revolutionäre Semantik. Dazu passte die
Politisierung der Gaelic League, die 1915 ihr vorher vor allem auf Sprachschulung und li-
terarische Hebung zielendes Grundsatzprogramm veränderte und die nationale Unabhängigkeit beschwor. Patrick Pearse brachte diese Transformation kultureller Sinnstiftung
in politischen Aktivismus in seiner 1913 publizierten Schrift „The Coming Revolution"
zum Ausdruck. Sechs der sieben Unterzeichner der Revolutions-Proklamation des Osteraufstandes von 1916 (siehe unten) – unter ihnen Pearse – waren Mitglieder der Gaelic
League. 50% der Regierungsmitglieder oder hohen Beamten der irischen Regierung nach
1921 wurden durch die Liga sozialisiert[20].

Unabhängigkeitsbewegung: irische Arbeiterbewegung

Das Spektrum der irischen Unabhängigkeitsbewegung war aber mit dem Konstitutiona-
lismus der IPP und der kulturellen Neubestimmung durch die Gaelic League nicht er-
schöpft. Auch die irische Arbeiterbewegung trug ihren Teil zur Loslösung Irlands von
Großbritannien bei. Im Norden des Landes hatte sich schon 1892 eine eher randständige
Labour Party gegründet, während es im Süden erst zwei Jahre später zur Formierung des
Irish Trade Union Congress (ITUC) mit insgesamt 90 000 Mitgliedern kam. Im agrarisch
bestimmten Irland stellte die Industriearbeiterschaft eine Minderheit dar, die zum großen
Teil in entsetzlichen Lebensverhältnissen dahinvegetierte. Die Slums von Dublin am
nördlichen Ufer des Liffey bestanden aus im 18. Jahrhundert errichteten Häuserzeilen
ohne sanitäre Einrichtungen und geregelte Wasserversorgung. Dublin verzeichnete am
Ende des 19. Jahrhunderts die höchste Sterblichkeitsrate unter Erwachsenen aller britischen Inseln und die fünfthöchste der Welt, sie lag höher als die in Triest oder Rio de
Janeiro.

In der Kommunalpolitik stießen diese Probleme allerdings aufgrund der beherrschenden
Stellung von Home-Rule-Politikern auf wenig Resonanz. Diese politische Orientierung
korrespondierte darüber hinaus oft mit einer spezifischen Schichtzugehörigkeit. In den
Kommunalparlamenten vertraten vor allen Dingen Grundeigentümer und Unternehmer
ihre Interessen. So gab es kurz vor Beginn des Ersten Weltkriegs nur neun Abgeordnete der

Labour Party im Dubliner Stadtparlament, wobei durch die 1898 vorgenommene Reform der Kommunalpolitik eine weitgehende Demokratisierung dieser politischen Ebene herbeigeführt worden war. Dieser Local Government Act setzte an die Stelle der alten, zumeist durch die Landlords manipulierten Grand Juries gewählte Grafschafts- und Stadträte. Irland wurde in 33 ländliche Verwaltungsbezirke (Grafschaften, Administrative Counties, County Councils) sowie sechs städtische Wahlbezirke (County Boroughs, District Councils) unterteilt. Diese Demokratisierung, die auch Frauen einschloss, ließ einen erheblichen Teil der Bevölkerung an den politischen Entscheidungen der Kommune partizipieren. Allerdings bestimmten dort nach wie vor Agrar- und Handelsinteressen Inhalt und Stil der Politik. Trotzdem kann in diesem Zusammenhang von einer stillen sozialen Revolution gesprochen werden, weil diese Kommunalparlamente schnell unter katholische und nationalistische Kontrolle kamen, was sogar die IRB einschloss, welche Anfang des 20. Jahrhunderts immerhin 10% der Mitglieder der Grafschaftsräte und 5% der Distriktsräte stellte.

Die Etablierung eines irischen Freistaates zu Beginn der Zwanzigerjahre des 20. Jahrhunderts hatte also einen lokalpolitischen Vorlauf, der aber an der Arbeiterschaft weitgehend vorbeiging. In der frühen Organisationsphase unternahmen James Larkin und James Connolly Versuche, durch eine gewerkschaftliche Interessenvertretung die konfessionelle Spaltung des irischen politischen Systems zu überwinden.[21] Doch ein von Larkin 1907 organisierter Streik der Belfaster Dockarbeiter brach bald nach seinem Beginn zusammen. Genauso erfolglos war er sechs Jahre später in Dublin, als die von ihm gegründete Irish Transport and General Workers Union (ITGWU) ebenfalls die Docks bestreikte und erst nach Kämpfen mit der von einem Werftbesitzer und führenden Repräsentanten der Home-Rule-Bewegung alarmierten Polizei überwunden werden konnte. In beiden Fällen hatte der Konflikt zwischen Kapital und Arbeit auch deshalb keinen größeren gesellschaftlichen Widerhall gefunden, weil die soziale Frage durch die nationale Frage überlagert wurde. Insoweit war es nur konsequent, dass sich James Connolly, der 1896 die episodenhaft gebliebene Irish Socialist Republican Party gegründet hatte, an einer Verbindung von Marxismus und Nationalismus versuchte und sich führend am Osteraufstand von 1916 beteiligte.[22]

Modernisierungsbestrebungen

Aber nicht nur die Linke scheiterte daran, die Bruchstellen der irischen Politik umzudefinieren. Ähnlich erfolglos blieben Versuche, über eine forcierte Modernisierung der Insel zu einer Versöhnung der widerstreitenden Interessen in allgemeiner Prosperität zu gelangen. Dazu gehörte die von allen Administrationen betriebene Modernisierung der Infrastruktur. Neben dem Straßenbau trug die Ausweitung des irischen Schienenverkehrs zur Erschließung des Landes und dem Aufbau eines irischen Wirtschaftsraums bei. Ende des 19. Jahrhunderts besaß Irland das dichteste Eisenbahnnetz der Welt. Planungsbehörden, so genannte „Congested District Boards", waren verantwortlich unter anderem für die Entwicklung der Häfen, um Irland besser an den internationalen Seehandel anbinden zu können, und für weitere Infrastrukturentwicklungen. Des Weiteren sollten lokale Industrien besonders in den strukturschwachen Gebieten des Westens und Südwestens gefördert werden, um die problematische Binnenmigration in den gut entwickelten Norden zu hemmen.

Im Zentrum der Arbeit der Boards stand die Verbesserung der landwirtschaftlichen Produktion, die auch zu Beginn des 20. Jahrhunderts und ganz ungeachtet der Eigentumsverhältnisse im europäischen Vergleich höchst unproduktiv war, wobei es aber auch hier erhebliche regionale Unterschiede gab. Zu diesem Zweck kaufte die britische Regierung bis Anfang der Zwanzigerjahre ca. 500 000 ha auf, die sie an investitionsbereite ehemalige Pächter oder andere Interessierte weiterverkaufte oder verpachtete. In der durch Horace Plunkett 1898 ins Leben gerufenen „Irish Agricultural Organisation Society" entstand über erste landwirtschaftliche Kooperativen ein Netzwerk, das sich unter dem Motto „bessere Landwirtschaft, bessere Erträge, besseres Leben" um die Hebung der agrarischen Effizienz bemühte. Jenseits der nationalen Frage sollte politischer Pragmatismus die kulturell-konfessionelle Selbstlähmung beenden. In der Mobilisierung technischer Vernuft sahen Plunkett und seine Mitstreiter eine gesamtirische Plattform. Doch die „Irish Land Conference" von 1902, die einen Höhepunkt dieses Pragmatismus bildete, brachte zwar alle Interessengruppen der Pächter, Landlords, Home Ruler und Ulster-Unionisten an einen Tisch, scheiterte letztlich aber an der Frage, ob Föderalisierung Großbritanniens oder Home Rule die Zukunft Irlands bestimmen solle. Mit dem Scheitern dieser Konsensrunde war das Projekt einer integralen irischen Selbstbestimmung an sein Ende gelangt.[23] Zu Beginn des 20. Jahrhunderts war allen politischen Akteuren klar, dass es zu einem Ende der Union und zu irischer Selbstverwaltung kommen würde. Die Frage war nur noch, welche Bevölkerungsgruppen welchen Preis dafür zu bezahlen hätten.

Auf dem Weg zur Unabhängigkeit

Allerdings zementierten die Erinnerungsfeiern einhundert Jahre nach der Rebellion von 1798 und der britische Krieg gegen die Buren in Südafrika (1899–1902) die Blockierung eines Diskurses über den Inhalt des Begriffs der Home Rule. Beide Geschehnisse luden zu eindeutiger Parteinahme ein. Die United Irishmen um Wolfe Tone gehörten ohnehin in die Hagiographie des irischen Nationalismus und das Vorgehen der britischen Regierung in Südafrika verstärkte über die Solidarisierung mit den Buren, auf deren Seite einige Iren kämpften, die Besinnung auf eine gälische Identität. Arthur Griffith, der wenige Jahre später die radikale Unabhängigkeitspartei „Sinn Féin" gründete, sah den Konflikt als irisches Menetekel an und stand damit nicht allein: „Dies ist ein niederträchtiges Ansinnen und das Gewissen der Menschheit wird in diesem Konflikt gegen euch sein. Für eine Weile mögt ihr dieses Volk durch eure Übermacht an Soldaten niederhalten, aber das Resultat dieses Krieges wird euch weit weg in den südlichen Meeren, siebentausend Meilen von diesen Küsten entfernt, ein neues Irland erschaffen."[24] Die Gewalt der Erinnerung und ihre Aktualisierung ließ offensichtlich keinen Raum für Differenzierungen und bestätigte das überkommene Freund-Feind-Schema, denn beide Ereignisse wurden von den irischen Unionisten genau entgegengesetzt beurteilt. Auf beiden Seiten setzte keine Diskussion darüber ein, wie denn die jeweils andere Seite in das jeweilige Konzept von Union bzw. Freistaat einbezogen werden könnte.

Mit Blick auf die Ulster-Unionisten hatte sich etwa schon Parnell mit der Feststellung begnügt, dass diese eine verabscheuungswürdige Bande seien, die mit mit der Religon Handel trieben und von tausend Polizisten unterworfen werden könnten.[25] Das erklärte Ziel der 1902 ins Leben gerufenen „Catholic Association of Ireland" war die Vernichtung des Protestantismus, „der ein starkes Netzwerk feindlicher Einflussnahme darstellt, welches immer das katholische, keltische und somit wahrhaftig ursprüngliche Element in unserem Lande zu behindern sucht"[26]. Die katholische Nation erklärte sich selbst zur irischen Nation. Besondere Ablehnung durch die Protestanten fand das 1907 vom Papst verkündete und für die katholische Kirche Irlands verbindliche Gebot des Ne temere. Es beendete die irische Tradition der katholischen Akzeptanz von Mischehen. Von jetzt an mussten katholische Bischöfe katholische Ehepartner, die Andersgläubige heiraten wollten, besonders dispensieren. Diese Erlaubnis setzte einen Vertrag zwischen den Eheleuten voraus, in dem die katholische Erziehung der Kinder garantiert werden musste, außerdem hatte der katholische Partner alle Energie zur Konvertierung des Gatten einzusetzen, und die Verheirateten mussten in Zukunft auf die Teilnahme an nichtkatholischen Gottesdiensten verzichten. Damit wurde tief in das Familienleben eingegriffen und es kam in der Folge zur Auflösung von Ehen. Dies war von großer symbolischer Bedeutung, sahen doch die Kritiker in diesen Fällen eine Bestätigung ihrer Befürchtung, dass die katholische Kirche die irische Gesellschaft zu dominieren suchte und sich nicht mit der Verteidigung ihres Rechts auf freie Religionsausübung, wie noch im Emanzipationskampf während des 19. Jahrhunderts, zufrieden gab.

Indem die Home Ruler solche Bestimmungen der katholischen Kirche akzeptierten, bestätigten sie spiegelsymmetrisch die englischen Wahrnehmungsstereotypen der rückständigen, bornierten, von Priestern manipulierten Iren.[27] Diese Exklusion beruhte auf Gegenseitigkeit, denn auch die Unionisten konnten ihren politischen Gegnern kein Integrationskonzept vorlegen. Für sie war Home Rule die Fortsetzung einer alten katholischen Verschwörung gegen die englisch-schottische Siedlerkultur. Ihr wichtigster Repräsentant, der Dubliner Anwalt Edward Carson, stellte kurz vor Ausbruch des Ersten Weltkriegs bei der Unterzeichnung einer Protestresolution gegen ein erneut in das Unterhaus eingebrachtes Home Rule Bill fest: „Ich werde nun mit Ihnen eine Übereinkunft treffen und mit Gottes Hilfe wird es mir und Ihnen gelingen, die ruchloseste Verschwörung, welche jemals gegen ein freies Volk ausgeheckt wurde, zu vereiteln."[28] Während die Unionisten die Nichtanerkennung der politischen Ziele der irischen Nationalisten einfach mit dem Hinweis auf den Status quo der Verbindung zum Vereinigten Königreich rechtfertigten, ließen die Home Ruler die Lücke eines nicht hinreichend definierten institutionellen Arrangements mit den Unionisten in der Ästhetik und Rhetorik des Gaelic Revival verschwinden. Der Mythos einer irischen Nation machte die andere Nation auf irischem Boden unsichtbar.

Vor diesem Hintergrund musste die mit den Unterhauswahlen von 1910 wiedergewonnene Stärke der IPP eine konfliktreiche Dynamik freisetzen. Bis dahin hatten sich sowohl Konservative als auch die seit 1906 mit absoluter Mehrheit wieder regierenden Liberalen einer Home-Rule-Regelung verschlossen. Diese Zurückhaltung war für die Tories als Partei des Unionismus selbstverständlich, während die Liberalen immer noch ihre Spaltung in der Selbstbestimmungsfrage und das Scheitern im Oberhaus verarbeiten mussten. Nach der Wahl von 1910 (272 Liberale, 272 Konservative, 84 IPP, 42 Labour) wurde die inzwischen nach der Parnell'schen Spaltung durch John Redmond wieder vereinte IPP zum Zünglein an der Waage. Die 42 Abgeordneten der neuen Labour Party standen in Sachen Home Rule auf der Seite von Redmonds Fraktion. Als Voraussetzung für die Kündigung der Union und die Verabschiedung des Etats der liberalen Regierung, der im Oberhaus gescheitert war, verständigten sich Liberale, Labour und die IPP zunächst auf eine Machtbeschneidung des House of Lords, das seine Vetomacht gegen vom Unterhaus verabschiedete Gesetze verlor und deren In-Kraft-Treten maximal zwei Jahre verzögern konnte (Parliament Act 1911). Schließlich wurde 1912 ein Home Rule Bill von der Regierung Asquith eingebracht, am 7. Juli 1912 vom Unterhaus mit 353 zu 243 Stimmen angenommen und trotz der Ablehnung des Oberhauses (305 zu 64) am 18. September 1914 in Kraft gesetzt. Das Gesetz war dem schon 1893 vom House of Commons verabschiedeten Home Rule Bill sehr ähnlich. Irland erhielt ein Zweikammerparlament und weitgehende politische Selbstbestimmung.[29] Für Ulster wurde eine auf sechs Jahre begrenzte Ausnahmeklausel vorgesehen, wobei die Grafschaften Fermanagh und Tyrone sowie die Stadt Derry in diese Ausnahmeregelung einbezogen worden waren, obwohl Anhänger des Home Rule hier die Mehrheit stellten. Der Ausbruch des Weltkriegs verhinderte die sofortige Umsetzung der irischen Selbstverwaltung.

Die irischen Unionisten hatten schon während des Beratungsprozesses alarmiert reagiert und wurden in ihrem Protest auch nicht durch das Angebot einer zeitlich begrenzten Sonderregelung besänftigt. Stattdessen formierte sich in Ulster eine Widerstandsbewegung, die ihre Bereitschaft zum Bürgerkrieg betonte und dabei von der Konservativen Partei unterstützt wurde. Während einer Demonstration in London bezeichnete der Führer der Konservativen, Andrew Bonar Law, das Home-Rule-Gesetz als „einen korrupten parlamentarischen Handel … um den Protestanten in Ulster zu nehmen, was ihnen per Geburtsrecht zustand. Es gab Kräfte, welche stärker als parlamentarische Mehrheiten waren."[30] Damit war auf einen höheren Legitimationsort als das britische Parlament verwiesen worden, vor dem ein gewalttätiger Widerstand gerechtfertigt werden musste. Im Denken der Unionisten war ein nicht nur im Norden vorhandener Unionismus eine solche Instanz. Bonar Law fragte: „Wenn wir einen Kompromiss für Ulster eingehen, dann lassen wir den Rest Irlands im Stich, können so allerdings einen Bürgerkrieg vermeiden. Ist es jedoch richtig, zur Vermeidung eines Bürgerkrieges die Loyalisten im Süden und Westen Irlands zu ignorieren?"[31]

Der südirische Unionismus gab aber in der Bewegung gegen das Home Rule nicht den Ton an und gründete sich vor allem auf einige irische Mitglieder des House of Lords. Die im September 1912 formulierte Deklaration einer „Solemn League and Covenant" (Feierlichen Liga und Versammlung) der Bürger Ulsters wurde auf Massenversammlungen in kurzer Zeit von knapp 250 000 Nordiren unterzeichnet. Darin schworen die Unterzeichner, „sich aller notwendigen Mittel zur Vereitelung der momentanen Verschwörung, ein Home-Rule-Parlament in Irland zu erreichen, zu bedienen"[32]. Die Symbolik der Versammlung war entsprechend kriegerisch, so erhielt Edward Carson ein Banner, das angeblich schon vor William III. bei der Schlacht am Boyne hergetragen worden war. Der Film, der diesen Ulster-Schwur festhielt, wurde als eines der ersten massenpropagandistischen Erzeugnisse des 20. Jahrhunderts in vielen britischen Kinos gezeigt. Zu den Demonstrationen hinzu kam die Ankündigung der Bildung einer nordirischen Gegenregierung für den Fall der Umsetzung der Home Rule. Der 1905 als Verteidigungsbündnis gegründete „Ulster Unionist Council", von dessen 200 Mitgliedern 100 durch lokale unionistische Vereinigungen, 50 durch den Orange Order bestimmt wurden und die restlichen 50 Sitze von unionistischen Parlamentsabgeordneten und Ex-officio-Mitgliedern gefüllt wurden, bildete das Reservoir einer solchen Gegenregierung. Die politische Gesellschaft des Unionismus führte Presbyterianer und Anglikaner, Großgrundbesitzer, Industrielle und die Arbeiterschaft zusammen. Auch der bis zu Beginn des 20. Jahrhunderts an Mitgliedern schwache Orange Order erfuhr nun eine Aufwertung.

So, wie die irischen Nationalisten ein Problem bei der Definition der nationalen Einheit hatten, so sahen sich die Unionisten bei der Verteidigung Ulsters vor katholisch-gälischer Dominanz mit der Tatsache konfrontiert, dass die Provinz nicht mehrheitlich protestantisch war. Laut des Zensus von 1911 stellten Protestanten in Ulster 56,33% der Bevölkerung. Aber diese Mehrheit kam nur durch absolute Mehrheiten in vier Grafschaften (Antrim, Armagh, Londonderry und Down) zustande. Ganz Ulster war keine protestantische Provinz. Das drückte sich auch politisch aus. Bei den letzten Vorkriegswahlen stellten die Unionisten nur 16 der insgesamt 33 Abgeordneten der Provinz in Westminster. Diesen 16 standen 17 Nationalisten oder Liberale gegenüber. Es existierte auch kein einheitlicher regionaler unionistischer Zusammenhang, denn zwischen den unionistischen Hochburgen im Osten und Westen lagen die Wahlkreise mit einer Mehrheit für Kandidaten der IPP. Im Norden, der Mitte und im Süden Ulsters überwogen die Home Ruler. Selbst in Belfast verfügten die Nationalisten mit dem Wahlkreis Belfast-West über eine seit den Achtzigerjahren des 19. Jahrhunderts errungene Bastion.

Bewaffnung der Parteien

Auch die während der Vorbereitung des Home-Rule-Gesetzes gemachten Angebote, auf Dauer vier protestantische Grafschaften abzutrennen, trugen nicht zur Entspannung bei, forderte Carson doch alle neun Grafschaften der traditionellen Provinz Ulster. Kompromissvorschläge, sechs Grafschaften abzutrennen, wurden von Unionisten und Nationalisten abgelehnt. Diese Resistenz verwies vor allem auf die Selbstwahrnehmung der politischen und militärischen Stärke des unionistischen Lagers. 1912 war eine protestantische Miliz gegründet worden, die „Ulster Volunteer Force" (UVF), die im Frühjahr 1914 auf

23 000 Mitglieder angewachsen war. Demgegenüber standen in Ulster 1000 Regierungs-
soldaten und eine demoralisierte Polizeitruppe. Unterstützung erhielten die Ulster-Unionisten durch Offiziere des britischen Militärs, die in einer Art Meuterei erklärten, im Falle
eines Einsatzbefehls gegen die UVF ihren sofortigen Abschied einzureichen. Politisch
stärkten die Gegner der irischen Selbstverwaltung ihre Position, indem sie – im Gegensatz
zur IPP – der Bitte des britischen Premierministers folgten und in eine durch den Ausbruch des Weltkriegs erzwungene Allparteienkoalition eintraten. Die Militarisierung der
Unionisten, die Anfang 1914 umfangreiche Waffenlieferungen aus Deutschland bezogen,
ohne dass die britische Regierung eingriff, löste entsprechende Gegenmaßnahmen auf
nationalistischer Seite aus. Dort kam es 1913 zur Bildung eines Freiwilligen Verbandes,
der „National Volunteers", wobei die Bewaffnung Ulsters von den Nationalisten begrüßt
worden war, sahen sie doch darin einen Beleg für das Recht aller Iren, sich zu bewaffnen.
Im November 1913 veröffentlichte Eoin MacNeill, einer der Gründer der Gaelic League,
ein wegweisendes Pamphlet, dessen Titel die Schuldzuweisungen im bald ausbrechenden
Kampf um Irland vorwegnahm: „The North Began". Dabei sollten die Volunteers nach
Willen der IPP nicht die Unabhängigkeit erkämpfen, sondern Großbritannien im Krieg
gegen Deutschland unterstützen. Es verpflichtete sich auch eine beträchtliche Zahl katholischer Iren freiwillig, aber insgesamt blieb die Rekrutierung in Irland gering. Dort melde-
ten sich 4,96% der Bevölkerung zu den Waffen, während – allerdings unter den Bedingungen der allgemeinen Wehrpflicht, von der Irland ausgenommen worden war – in England, Schottland und Wales 17% unter Waffen standen. Immerhin nahmen etwa 90 000
Katholiken als Freiwillige am Krieg teil, während 40 000 Protestanten – im Gegensatz zu
den Katholiken v. a. in einer eigenen Division – Dienst taten.[53]
    Ähnlich wie 1798 kam es unter den Volunteers schließlich zu einer Abspaltung derjeni-
gen, die die Freiwilligenverbände als Truppen im nationalen Befreiungskampf gegen
Großbritannien einsetzen wollten. Diese unter starkem Einfluss der seit 1906 wieder auf-
lebenden IRB stehenden „Irish Volunteers" waren die eigentliche Gegengründung zur
UVF. Ein besonderes Segment im bewaffneten Teil der nationalistischen Bewegung bildete die von James Connolly und Sean O'Casey ausgehobene „Citizens Army", die 1913 gegründet worden war, um streikende Arbeiter gegen die Polizei zu verteidigen, und sich
nun in das nationalistische Lager einordnete. Wie die UVF kauften auch Irish Volunteers
und Citizens Army Waffen in Deutschland. Während aber der Waffenschmuggel der
Unionisten ohne Zwischenfälle verlief, kam es in diesem Fall bei der Landung und dem
Transport der Waffen zu Provokationen gegen die Armee, die dem Treiben ansonsten ta-
tenlos zugesehen hatte. Vier unbeteiligte irische Zuschauer wurden von den Soldaten erschossen, und dieser Vorfall galt weithin als Beweis für die Parteilichkeit der britischen
Regierung im sich abzeichnenden Bürgerkrieg. Besonders in der IRB, die 1914 ca. 1600
Mitglieder hatte (davon mehr als die Hälfte in Leinster), bis 1920 auf 2000 anwuchs und
den Kern der 1919 neu gebildeten Irish Republican Army (IRA) ausmachte, wiederholte
sich geradezu reflexhaft das alte Muster irischer Unabhängigkeitsbewegungen, Hoffnung
auf einen Krieg Britanniens zu setzen und diesen für einen Aufstand zu nutzen. Hatten
sich aber solche Erwartungen im 19. Jahrhundert immer zerschlagen, so bot der Krieg

gegen Deutschland die ersehnte Chance. Die jüngeren Kader der IRB bereiteten seit 1914 eine Rebellion vor, die schließlich 1916 im Osteraufstand Gestalt annahm. Im Blutbad der Revolution sollte die gereinigte irische Nation auferstehen. Pearse' diesbezügliche Äußerung zeigt eine unbekümmerte Gewaltfaszination: „Wir werden zu Beginn wahrscheinlich Fehler machen und die falschen Leute erschießen, aber Blutvergießen ist eine reinigende und heiligende Angelegenheit."[34]

Der Osteraufstand

Die Führung der IRB war über den geeigneten Aufstandstermin zerstritten, aber über in Amerika lebende Gesinnungsgenossen wurden in den USA Kontakte zum deutschem Botschafter hergestellt, der Hoffnungen auf umfangreiche Waffenlieferungen machte. Daraufhin intensivierte das im Mai 1915 gegründete geheime Oberkommando die Vorbereitungen. Der über enge Beziehungen zur deutschen Führung verfügende Roger Casement kündigte die Lieferung von 20 000 Gewehren, 10 Maschinengewehren und den möglichen Einsatz von bis zu 50 000 deutschen Soldaten für Ostern 1916 an. Allerdings konnte die britische Marine das Schiff mit den Waffen aufbringen. Casement hatte sich von einem deutschen U-Boot an der irischen Küste absetzen lassen, wurde umgehend verhaftet, wegen Hochverrats verurteilt und hingerichtet.[35] Diese Rückschläge hielt aber eine Minderheit in der IRB-Führung nicht davon ab, für Ostermontag, den 24. April 1916, in Dublin ca. 2000 Männer zu mobilisieren, die unter dem Kommando von Patrick Pearse und James Connolly das Hauptpostamt und weitere zentrale Gebäude der Stadt besetzten und dort die Unabhängige Irische Republik proklamierten. Das Manifest der Aufständischen gilt als Vermächtnis und Auftrag für den Kampf um nationale Selbstbestimmung und wirkte tief in die Geschichte des Freistaats Irland hinein.

Durch das Ausharren der Rebellen, die immerhin den weit überlegenen britischen Truppen eine Woche widerstanden, erhielt die Geschichte des irischen Heroismus eine Fortsetzung. Die Kämpfe forderten das Leben von 450 Aufständischen, 116 Soldaten und 16 Polizisten. Auf beiden Seiten wurden 2614 Verwundete gezählt. Durch den massiven Artillerie-Beschuss der britischen Armee wurden große Teile der Dubliner Innenstadt zerstört. Aber erst die brutale Vergeltungspolitik von britischen Einheiten, die bei der Bekämpfung der Rebellen die Zivilbevölkerung nicht schonten, und die anschließende Exekution einiger Befehlshaber des Umsturzversuchs verschafften dem Text eine durch das Leben und Sterben der Rebellen besiegelte Authentizität. Er gehört bis heute zu den Gründungsmythen der Irischen Republik. Wider spielte der Todeskult des irischen Republikanismus eine große Rolle für die Akzeptanz der Rebellion in der irischen Bevölkerung. Zunächst standen die meisten Bewohner Dublins den Abenteurern des Ostermontags kritisch gegenüber. Dieser Distanz entsprach die weitgehende Passivität vieler Irish Volunteers in anderen Landesteilen. Zwar kam es nördlich von Dublin zu einigen Schießereien, aber ansonsten blieb die Revolution auf die Metropole beschränkt. Erst das vom britischen Oberbefehlshaber, General Maxwell, verhängte Kriegsrecht, die einsetzenden Massenverhaftungen, die Deportation der Verhafteten nach England, Exzesstaten der Sol-

Erklärung der Republik Irland vom 24. April 1916

Die Vorläufige Regierung der Republik Irland an das irische Volk

Männer und Frauen Irlands: Im Namen Gottes und der verstorbenen Generationen, von denen sie ihre alte nationale Tradition erhält, ruft Irland uns durch ihre Kinder zu ihrer Flagge und greift nach der Freiheit.

Sie organisierte und trainierte ihre Männer in ihrer geheimen revolutionären Organisation, der Irisch-Republikanischen Bruderschaft, genau so wie in ihren offiziellen militärischen Organisationen, den Irischen Freiwilligenverbänden und der Irischen Bürgerarmee. Geduldig verbesserte sie ihre Disziplin, entschlossen wartete sie auf den rechten Augenblick, sich selbst zu zeigen, um nun diesen Augenblick zu nutzen. Mithilfe ihrer im Exil in Amerika lebenden Kinder und edler Alliierter in Europa, sich jedoch zuvörderst auf ihre eigene Stärke verlassend, greift sie voller Zuversicht nach dem Sieg.

Wir erklären das souveräne und unverbrüchliche Recht des irischen Volkes auf das Eigentum Irlands ebenso wie die ungehinderte Verfolgung der irischen Interessen. Die lang andauernde Usurpation dieses Rechtes durch ein fremdes Volk und eine fremde Regierung hat dieses Recht nicht ausgelöscht, kann es doch nie ausgelöscht werden, außer durch die Zerstörung des irischen Volkes. In jeder Generation hat das irische Volk sein Recht auf nationale Freiheit und Souveränität behauptet; sechs Mal in den letzten sechshundert Jahren unter Anwendung von Waffengewalt. Vor dem Hintergrund dieses fundamentalen Rechtes, es erneut vor der Welt mit Waffen einfordernd, proklamieren wir hiermit die Republik Irland als souveränen, unabhängigen Staat und wir verbürgen mit unserem Leben und dem Leben unserer Kameraden ihre Freiheit, ihre Wohlfahrt und ihre Erhebung unter die Nationen der Erde.

Die Republik Irland hat ein Anrecht auf die Treue eines jeden irischen Mannes und einer jeden irischen Frau, welche hiermit eingefordert wird. Die Republik garantiert religiöse und zivile Freiheit, gleiche Rechte und gleiche Möglichkeiten für alle ihre Bürger und verkündet hiermit ihren Beschluss, das Glück und den Wohlstand der gesamten Nation und aller ihrer Teile zu fördern und alle Kinder der Nation gleichermaßen zu umsorgen, ungeachtet der Unterschiede, welche ausländische Regierungen hervorheben und welche in der Vergangenheit eine Minderheit von der Mehrheit abgespalten haben.

Bis zu dem Moment, an dem unsere Waffen einen günstigen Augenblick geschaffen haben, um eine permanente nationale Regierung zu ermöglichen, welche das gesamte irische Volk repräsentiert, gewählt von allen wahlberechtigten Männern und Frauen, so lange wird die hiermit konstituierte Vorläufige Regierung die zivilen und militärischen Belange der Republik in Treuhandschaft für das Volk übernehmen. Wir vertrauen die Sache der Republik Irland dem Schutz des Allerhöchsten Gottes an, dessen Segen wir für unsere Waffen erbitten, und wir beten, dass niemand, der unserem Ziel dient, es mit Feigheit, Unmenschlichkeit oder Plünderung entehrt. In dieser ehrwürdigen Stunde muss sich die irische Nation durch Tapferkeit und Disziplin und durch die Bereitschaft ihrer Kinder, sich für das gemeinsame Ziel zu opfern, der erhabenen Vorsehung würdig erweisen, zu der sie berufen ist.

Unterzeichnet im Auftrag der Vorläufigen Regierung, Thomas J. Clarke, Sean Mac Diarmada, Thomas MacDonagh, P. H. Pearse, Eamonn Ceannt, James Connolly, Joseph Plunkett

Abb. 8: Die Niederschlagung des Osteraufstands führte zur völligen Zerstörung
der Dubliner Innenstadt.

daten und die 90 Todesurteile, von denen 15 vollzogen wurden, veränderte die politische
Stimmung zuungunsten des britischen Militärs, das sich genauso so verhielt wie von der
IRB gewünscht. Folgerichtig setzte eine innenpolitische und internationale Solidaritäts-
kampagne mit den Verurteilten ein, die zur Begnadigung von 75 Todeskandidaten führte,
unter ihnen der spätere irische Staatspräsident Eamon de Valera. Insbesondere der bis
zum Tod geführte Hungerstreik von Thomas Ashe, eines in britische Haft geratenen
Rebellen, heizte die antienglische Stimmung an.

Schon am Osteraufstand und seinen Folgen zeigte sich, dass für die irische Sache die
Propagandasiege wichtiger sein konnten als militärische Erfolge. Gerade in ihrem Scheitern triumphierten die Aufständischen. Das manifestierte sich auch in den Gesprächen,
die von der britischen Regierung unmittelbar nach Niederschlagung des Osteraufstands
mit Redmonds Home-Rule-Partei und den von Carson vertretenen Unionisten geführt
wurden. Die von der Londoner Regierung angestrebte sofortige Umsetzung der Selbstverwaltung scheiterte jedoch wieder an der Frage, ob die Abspaltung Ulsters dauerhaft oder
auf sechs Jahre befristet werden sollte. Gegenüber der unionistischen Drohung, eine
Gegenregierung zu installieren und sich aus der Notstandsregierung in London zurück-
zuziehen, gab die Regierung nach und sagte eine Teilung zu. Mit einer dauerhaften Abspaltung wollte sich die IPP nicht abfinden. Die Home Ruler, die auf konstitutionellem

Weg zur irischen Selbstverwaltung kommen wollten, konnten einem solchen Teilungsplan auch deshalb nicht zustimmen, weil sie sich von Sinn Féin, der Konkurrenzpartei innerhalb des nationalistischen Spektrums, herausgefordert sahen.

Aufstieg von Sinn Féin

Die 1905 von dem Journalisten Arthur Griffith, der sich ein Jahr zuvor mit der in kurzer Zeit 30 000-mal verkauften Broschüre zum nationalen Wiedererwachen Ungarns Bekanntheit verschafft hatte[36], gegründete Partei Sinn Féin (Wir selbst) stand ganz im Zeichen des Gaelic Revival. Sie lehnte eine Zusammenarbeit mit den britischen Liberalen als Preis des Home Rule ab und plädierte für die Besinnung der irischen Nationalisten auf ihre eigene Kraft. Die Partei forderte die Einrichtung eines unabhängigen irischen Parlamentes und betonte die Illegalität der britischen Herrschaft über Irland. Deshalb sollte die IPP nicht mehr an den Beratungen des Unterhauses teilnehmen und ihre Mandate zurückgeben. Durch die Nichtannahme wollte man den politischen Institutionen Großbritanniens die Legitimation entziehen. Sinn Féin war darüber hinaus einem friedlichen Separatismus verpflichtet, unterhielt aber Beziehungen zur IRB, was zu einer ab 1916 immer deutlicher werdenden Veränderung in der Gewaltfrage führte. Von kommunalpolitischen Erfolgen abgesehen, konnte sie jedoch vor dem Osteraufstand die Stellung der IPP nicht gefährden. Bei einer Nachwahl in einem von den konstitutionellen Nationalisten als sicher angesehenen Wahlkreis im Januar 1917 schlug der von Sinn Féin unterstützte Kandidat überraschend den Bewerber der IPP, nahm aber gemäß der Parteidoktrin sein Mandat nicht an. Damit wurde eine Tradition des Abstentionismus begründet, die bis heute gilt. Bis Kriegsende gewann Sinn Féin noch weitere fünf Sitze, darunter den hoch symbolischen Wahlkreis Daniel O'Connells, County Clare, wo Eamon de Valera siegreich war. Diesen Wahlerfolgen entsprach ein rasches Wachstum der Partei, die Ende 1917 in 1200 Ortsgruppen ca. 112 000 Mitglieder organisierte. Auf einem richtungsweisenden Parteitag Ende 1917 betonte sie die Nachrangigkeit der demokratischen vor der nationalen Frage. Eine Volksabstimmung über die Struktur des neuen irischen Staates und der Stellung der protestantischen Minderheit sollte erst nach der internationalen Anerkennung einer irischen Republik stattfinden. Bis dahin wurde den Unionisten ein Gespräch über die Wahlkreisverteilung in Ulster unter Leitung Kardinal Logues angeboten.

Die Einladung des britischen Premierministers Lloyd George zur Konferenz aller irischen Parteien in Dublin lehnte Sinn Féin ab. Diese Irish Convention tagte von Juli 1917 bis April 1918 und beriet über den Vorschlag der Regierung, bei einer Sonderregelung für sechs protestantische Grafschaften im Norden Home Rule sofort einzuführen. Zwar nahmen die Unionisten an den Gesprächen teil, aber da am Ende weder die IPP noch radikale Unionisten zustimmten, scheiterte der letzte Versuch, zu einer friedlichen Regelung der Unabhängigkeitsfrage zu kommen. Damit war aber der parlamentarische Weg der IPP weiter entwertet.

Endgültig gewann Sinn Féin die Initiative im Frühjahr 1918, als aufgrund überraschender Erfolge der deutschen Truppen an der Westfront die bisher nur in England, Wales und Schottland geltende Wehrpflicht dort auf bis zu Fünfzigjährige ausgedehnt und in Irland eingeführt werden sollte. Die Proteste gegen dieses Vorhaben einten Kirchen, Gewerkschaften, Sinn Féin und IPP, die aber in der irischen Öffentlichkeit wegen ihrer Zusammenarbeit mit den britischen Liberalen immer weniger Rückhalt fand. Nachdem infolge eines von den Kriegsgegnern ausgerufenen Streiks, der in England als Verrat im Krieg gegen Deutschland wahrgenommen wurde, britische Truppen umfangreiche Suchaktionen nach Waffen der Irish Volunteers in Clare, Galway und Tipperary durchführten, nahm die Polarisierung zwischen der britischen Regierung und irischen Nationalisten zu. Die im November 1918 veröffentlichte Erklärung Lloyd Georges, Home Rule werde so lange ausgesetzt, bis in Irland dafür geeignete Umstände eingetreten seien, versetzte der IPP den Todesstoß. Die erste Unterhauswahl nach Ende des Weltkriegs bestätigte diese Vernichtung. Griffith' Partei gewann 73 der 105 irischen Wahlkreise. Ihre Dominanz in manchen Regionen hatte Konkurrenten in 25 Wahlkreisen abgehalten, überhaupt zu kandidieren. Die IPP war noch in 6 Wahlkreisen erfolgreich, was einen Verlust von 74 Sitzen bedeutete, die fast alle an Sinn Féin gefallen waren. Die Unionisten stellten 25 Abgeordnete in Westminster. Ein Unabhängiger zog ebenfalls ins Parlament ein. Insgesamt hatte das nationalistische Lager sein Wählerreservoir ausgeschöpft und die traditionellen Mandate der IPP gewonnen. Die Verschiebung im Lager der Befürworter einer irischen Unabhängigkeit kam trotzdem einer Revolution gleich, denn mit Sinn Féin prägte eine neue politische Elite die Zukunft Irlands. Das galt für den großen Einfluss von Mitgliedern der IRB, die in manchen Regionen sowohl auf die Kandidatenauswahl als auch auf Wähler erheblichen Druck ausgeübt hatten. In Gesamtirland kam Sinn Féin auf 48% und in den 26 Grafschaften, die wenig später den Irischen Freistaat bildeten, auf 65%. Damit war das alte wahlgeografische Muster einer – grob gesprochen – Nordost-Südwest-Teilung bestätigt worden. Sinn Féin war in ländlichen Wahlkreisen vergleichsweise erfolgreicher als in städtischen, was damit zusammenhing, dass der Protest gegen die allgemeine Wehrpflicht auf dem Land viel stärker war. Das wog umso schwerer, konnten doch die noch auswärtig stationierten irischen Soldaten, zumeist Freiwillige, die den Aufrufen John Redmonds und der IPP gefolgt waren, an der Wahl nicht teilnehmen. Der Wahl war eine umfangreiche Wahlrechtsreform vorausgegangen. So konnten jetzt alle Männer über 21 Jahre und Frauen, die älter waren als 30 Jahre, ihre Stimme abgeben. Zwar darf diese Ausweitung und Verjüngung des Elektorats als Erklärungsaspekt für den Wahlerfolg Sinn Féins nicht überschätzt werden, aber sie profitierte von dem Bild einer jungen Kraft und zog überproportional viele jüngere Mitglieder und Funktionäre an. Einfluss auf das Ergebnis hatte auch die Entscheidung der 1912 gegründeten Irish Labour Party, zugunsten Sinn Féins auf eine Kandidatur zu verzichten. Damit zeigte sich noch einmal die Unterordnung aller nicht nationalistisch zu definierenden politischen Konflikte unter die Hegemonie der Befreiungssemantik. Die Irische Arbeiterpartei hatte sich damit für Jahrzehnte als gestaltungsrelevante Kraft des irischen Parteiensystems abgemeldet.

Die Abgeordneten Sinn Féins nahmen ihre Unterhausmandate nicht an, sondern versammelten sich im Januar 1919 in Dublin und bildeten ein eigenes irisches Parlament, den Dáil Éireann. Die 27 Anwesenden bezogen sich dabei auf die am Ostermontag 1916 durch die, wie es wörtlich hieß, „Irish Republican Army" stellvertretend für das irische Volk proklamierte Republik. Die Erinnerung an ein Symbol des vergeblichen Heroismus stand am Beginn eines unabhängigen irischen Staates und die deutliche Artikulation einer Politik des stellvertretenden Handelns. So wie die Fenier Mitte des 19. Jahrhunderts eine virtuelle Republik ausriefen, die Osteraufständischen für das irische Volk diese Republik eine Woche lang Wirklichkeit werden ließen, sahen sich 27 Abgeordnete Sinn Féins als Verkörperung der irischen Nation. Diese Mischung aus Erinnerungsverfallenheit, Symbolismus und selbst ernannter Stellvertretung lastet auf der Geschichte der beiden politischen Systeme Irlands im 20. Jahrhundert, die nach 1919 installiert wurden.

5. Vom Freistaat zur Republik
(1919–1949)

1919	Beginn des Guerillakampfes der IRA
1920	Government of Ireland Act der britischen Regierung sieht Schaffung zweier politischer Systeme in Irland vor
1921	Beginn von Verhandlungen zwischen Dáil und britischer Regierung, erfolgloser Abbruch im Juli, aber angloirische Verständigung über Namen eines politisch selbstbestimmten Irlands: Irischer Freistaat (Saorstat Éireann) Dezember, Paraphierung eines angloirischen Vertrages über den Status und die Verfassung eines irischen Freistaates
1922	Tod von Michael Collins und Arthur Griffith 6. Dezember: Gründung des Irischen Freistaates
1922–1923	Inneririscher Bürgerkrieg zwischen Vertragsbefürwortern und -gegnern
1923–1932	Regierung der Partei der Vertragsbefürworter, Cumann na nGaedheal, unter William Thomas Cosgrave
1925	Regierung des Freistaates erkennt Grenzverlauf zu Nordirland an
1926	Gründung der Partei Fianna Fáil: the Republican Party durch Eamon de Valera
1932–1948	De Valera Ministerpräsident
1932	Mit dem Emergency Imposition of Duties Act geht Irland zum Protektionismus über
1932–1938	Irisch-britischer Handelskrieg
1936	Verbot der IRA durch Regierung de Valeras
1937	Neue irische Verfassung, Staatsname Éire/Ireland
1939–1945	Irische Neutralität im Weltkrieg
1948	Koalition aus Fine Gael, Labour und Clann na Poblachta löst Fianna Fáil ab. John A. Costello neuer Ministerpräsident
1949	Irland erklärt sich zur Republik und verlässt das Commonwealth

Verhandlungen

In der von den Abgeordneten des ersten Dáil gebildeten provisorischen Regierung war das Spektrum eines sich als authentisch definierenden, gewaltbereiten irischen Nationalismus stark vertreten. Große Bedeutung kam dabei Mitgliedern der Irish Republican Brotherhood zu. Parlamentspräsident wurde einer der Vordenker der Rebellion von 1916, Cathal Bruga, und der Oberbefehlshaber der IRB, Michael Collins, fungierte als erster

Finanzminister der Regierung, deren „Democratic Program of Dáil Éireann" deutliche, vom Gewerkschaftsflügel des irischen Nationalismus geprägte sozialistische Züge trug. Sein Autor Thomas Johnson und die anderen Amtsträger gehörten zu den Rebellen des Osteraufstands, der damit ideologisch und personell zur eigentlichen Quelle einer neuen politischen Elite wurde. Wichtig für das Überleben des Sezessionsparlaments war die Unterstützung durch die amerikanischen Iren, deren im Februar 1919 in Philadelphia veranstaltete Großdemonstration erheblich zur positiven Haltung des US-Kongresses gegenüber dem Dáil Éireann beitrug. Allerdings blieben die Forderungen, die irische Regierung zu den Versailler Friedensverhandlungen zuzulassen, in denen die dem Prinzip nationaler Selbstbestimmung folgende Neuordnung Europas diskutiert werden sollte, ungehört. Die nach Paris gereiste irische Delegation unter Führung des späteren Staatspräsidenten Sean T. O'Kelly erhielt dort keinen offiziellen Status.

An dieser Nichtanerkennung durch die internationale Gemeinschaft änderte auch die weitere innenpolitische Konsolidierung des Dáil nichts, der am 1. April 1919 schon 52 Abgeordnete versammeln konnte und Eamon de Valera zum Präsidenten wählte. De Valera verstärkte die Bemühungen, internationale Anerkennung zu finden, nicht nur durch systematische Kontaktversuche zu europäischen Staaten, sondern bereiste zwischen Juli 1919 und Dezember 1920 die USA, wo erfolgreiche Geldsammelaktionen zugunsten von Waffenkäufen veranstaltet wurden und insbesondere die auflagenstarke Hearst-Presse für die irische Sache gewonnen werden konnte. In Irland gelang dem Parlament mit der Reorganisation der Kommunalpolitik, durch die das Armenrecht reformiert wurde, was alten Forderungen der Counties entgegenkam, der Aufbau von doppelstaatlichen Strukturen, denn de jure war Irland nach wie vor Teil Großbritanniens und seiner Verwaltung. Durch die Installierung der Kommunalreform, eine eigene Steuererhebung und die Einrichtung einer eigenen bis in die Kommunen reichenden Gerichtsbarkeit, der so genannten „Sinn Féin Courts", schafften sich die abtrünnigen Abgeordneten ein eigenes Institutionensystem, das von einem großen Teil der Bevölkerung akzeptiert wurde, wie die Zeichnung einer ersten Staatsanleihe der neuen Regierung (Dáil loan) zeigte. Im Zuge der Etablierung dieses neuen Gefüges kam es seit Beginn des Jahres 1919 immer wieder zu Auseinandersetzungen mit der RIC, die während des gesamten Jahres eskalierten und im August 1919 dazu führten, dass die britische Regierung den Dáil zur illegalen Organisation erklärte, Abgeordnete verhaftete und den erfolglosen Versuch machte, die zweistaatlichen Strukturen zu zerstören.

Michael Collins personifizierte die Doppelstrategie der irischen Unabhängigkeitsbewegung wie kaum jemand sonst in der Führungsgruppe des Dáil. In seinem politischen Amt als Finanzminister sorgte er für die ersten Haushalte des neuen Staates, als Präsident der IRB organisierte er den Guerillakrieg gegen die britische Administration. Collins hatte Anhänger der Irish Volunteers, der IRB und anderer paramilitärischer Gruppen zur Irish Republican Army (Óglaigh na h'Éireann) zusammengefasst und vor allem junge Radikalnationalisten rekrutieren können.[1] Er selbst gehörte zu den Teilnehmern des Osteraufstands und war von der Regierung im Internierungslager Frongoch festgehalten worden, das für die zukünftigen Kämpfer geradezu als Revolutionsuniversität diente. Die IRA be-

stand aus mehr oder weniger lose verbundenen lokal operierenden Gruppen, die vor
allem Anschläge auf die Einrichtungen des Polizei- und Justizwesens unternahmen. Die
wegen ihres überraschenden Auf- und Untertauchens „flying columns" genannten Einheiten von zu Beginn nicht mehr als 3000 Aktivisten waren nicht uniformiert, was ihre
Bekämpfung erschwerte und die Zivilbevölkerung einer Region, in der solche Gruppen
aktiv waren, unter einen allgemeinen Verdacht stellte. Es kam zu Notstandsverordnungen
und im Südwesten Ende 1920 sogar zur Verhängung des militärischen Ausnahmezu-
stands, der die gesamte Bevölkerung traf und die Stimmung gegenüber der britischen Administration weiter verschlechterte. Diese antibritische Einstellung verstärkte sich, als die
Londoner Regierung zur Unterstützung der irischen Polizei neben einem vornehmlich
aus demobilisierten Offizieren bestehenden Hilfskorps (Auxiliaries) eine 8000 Mann
umfassende, nach ihrer Uniformfarbe „Black&Tans" (BT) genannte Sondertruppe von
ehemaligen Soldaten aufstellte, die sich bald verhasst machte. Von einem Einsatz regulärer
britischer Streitkräfte wurde weitgehend abgesehen. Die von den irischen Unabhängig-
keitskämpfern für diese Auseinandersetzungen gewählte Bezeichnung eines „Anglo-Irish
War" muss stark relativiert werden. Vielmehr stößt man auf die typischen Eskalations-
muster eines Guerillakampfes, in dem die Aktionen der IRA durch die britischen Hilfstruppen massiv vergolten wurden. So ermordeten Mitglieder der BT den Bürgermeister
von Cork, die Auxiliaries legten einen Großteil der Stadt in Schutt und Asche. Eine Zu-
spitzung erfuhr der Konflikt im November 1920, als Collins die Ermordung von 14 britischen Abwehroffizieren in ihren Privatwohnungen anordnete, nachdem sein ausgeklügel-
tes Spitzelsystem in der britischen Verwaltung die Lebensumstände der Opfer ausge-
forscht hatte, und die BT zur Vergeltung bei einem Fußballspiel der Gaelic Athletic
Association an einem ersten „Bloody Sunday" wahllos 15 Zuschauer massakrierte. Doch
diese Gewalttätigkeiten prägten die irische Politik eben nicht im Sinne einer umfassenden, kriegerischen Mobilisierung aller Einwohner. So fanden im Frühjahr 1920 in Irland
turnusmäßige, nach britischem Recht ablaufende Kommunalwahlen statt, die überraschenderweise nicht einen überragenden Erfolg Sinn Féins brachten, sondern zum Triumph für die irische Labour Party wurden. Ihren Höhepunkt fanden die bewaffneten
Auseinandersetzungen im Sommer 1921, und sowohl die britische Regierung als auch die
IRA, die aufgrund erheblicher Verluste, vieler Verhaftungen und eines drastischen Waf-
fenmangels dem Ende nahe schien, setzten auf eine politische Lösung.

Bis Juli dieses Jahres waren aufseiten der britischen Regierung 160 Soldaten und 400
Polizisten getötet worden. Militärisch hatte sich keine der beiden Seiten durchsetzen können, wobei die Regierung unter Lloyd George nach wie vor auf einen umfassenden Einsatz der Armee verzichtete. Die Entfesselung eines Krieges in Irland war vor dem Hintergrund der schon 1912 vom Unterhaus beschlossenen Selbstständigkeit Irlands (Home
Rule Bill) vor der britischen Öffentlichkeit nicht zu rechtfertigen. Als Reaktion auf die
Unruhen und in Fortsetzung der Home-Rule-Politik der Zeit vor dem Ersten Weltkrieg
verabschiedete das Westminster-Parlament im Dezember 1920 den Government of Ireland Act, der die Einrichtung zweier unabhängig voneinander funktionierender politischer Systeme mit jeweils einem Zweikammer-Parlament in Irland vorsah. Die Insel sollte

geteilt werden, wobei der Norden, mit dem Parlamentssitz in Belfast, die sechs Grafschaften Antrim, Down, Londonderry, Armagh, Tyrone und Fermanagh umfassen sollte. Die Provinz Ulster wurde damit gespalten, weil Donegal, Cavan und Monaghan dem von Dublin aus regierten Süden zugeschlagen wurden. Um jeweilige Minderheiten unionistischer Protestanten im Süden und katholischer Nationalisten im Norden zu schützen, war die Einführung eines Verhältniswahlrechts (Single Transferable Vote)[2] vorgesehen. In Nordirland war auch die Wahl der zweiten Kammer, des Senats, nach den Grundsätzen des Proportionalwahlrechts geplant, während im Süden die Senatswahl an eine Besitzqualifikation gebunden wurde. So sollte der ohnehin nur noch schwache Einfluss der kleinen, noch im Süden verbliebenen anglikanischen Führungsschicht aus Grundbesitzern und gehobenem Bürgertum gewahrt bleiben. Die beiden Parlamente in Belfast und Dublin konnten nach Willen des Ireland Act ihre legislative Kompetenz in allen innenpolitischen Fragen vollständig ausüben, während in finanzpolitischen und steuerpolitischen Angelegenheiten die Souveränität beim britischen Unterhaus verblieb. Wichtig war der englischen Regierung die Schaffung eines „Council of Ireland", in dem die grenzüberschreitende Zusammenarbeit der beiden politischen Systeme stattfinden sollte.

Dieses britische Selbstbestimmungsgesetz stieß auf Ablehnung beider irischer Strömungen von Sezessionisten und Unionisten. Die Anhänger des Dáil Éireann sahen ihre Forderungen nach vollständiger staatlicher Souveränität nicht erfüllt, und die Unionisten in Ulster bekamen mit dem Gesetz ein Home Rule, obwohl sie integraler Bestandteil des Vereinigten Königreichs bleiben wollten. Über diese neue Stellung Nordirlands im Staatsgefüge Großbritanniens, die eben nicht die Fortsetzung der Union von 1800 bedeutete, konnte auch die Beibehaltung einer Repräsentation nordirischer Wahlkreise im Londoner Unterhaus nicht hinwegtäuschen. Die unionistischen Abgeordneten votierten im House of Commons dann auch gegen den Ireland Act, ohne ihn jedoch verhindern zu können. Die Konstruktion eines von allen Beteiligten so nicht gewollten nordirischen Staates sollte für dessen Legitimation und die Herrschaftsausübung der protestantischen Mehrheit erhebliche Konsequenzen haben (siehe Kapitel 8). Die Abgeordneten des Dáil und die IRA lehnten die Implementation des Government of Ireland Act ab, der dann auch im Süden keine Befriedung mit sich brachte. Bei den im Mai 1921 auf der Grundlage dieses Gesetzes abgehaltenen Wahlen kehrten die Sinn-Féin-Abgeordneten ohne Gegenkandidaten in ihren Wahlkreisen und mit vier unabhängigen Bewerbern in den Dáil zurück. Im Norden errangen die Unionisten 40 der 52 zu vergebenden Sitze und machten in dem neuen Parlament rücksichtslos von ihrer Mehrheit Gebrauch. Der von ihnen abgelehnte nordirische Staat wurde in den folgenden Jahren zum politischen Selbstbedienungsladen ihrer ökonomischen und politischen Interessen.

Nachdem die Versuche der britischen Regierung, das Modell der alten Home-Rule-Strategie wieder zu beleben, gescheitert waren, begannen durch die Vermittlungsbemühungen des südafrikanischen Ministerpräsidenten Smuts am 14. Juli 1921 zwischen einer irischen, von de Valera angeführten Delegation, zu der u. a. Arthur Griffith gehörte, und der britischen Regierung Gespräche, die sich jedoch nach kurzer Zeit festliefen. Gegenüber den Forderungen der Abgesandten des Dáil nach Errichtung einer Republik und

damit jeder konstitutionellen Loslösung von Großbritannien bestand Premierminister
Lloyd George auf Beibehaltung einer verfassungsmäßigen Bindung an das britische Empire. Irland sollte den Status eines Dominions erhalten und wie Kanada, Australien oder
Neuseeland durch Anerkennung der Souveränität der britischen Monarchie Teil eines besonderen Staatsverbands bleiben. Darüber hinaus bestand die britische Regierung auf
einer Kommission, die die Grenzziehung zwischen einem unabhängigen Süden und
einem in besonderer Verbindung zu Großbritannien stehenden selbstverwalteten Norden
vorzunehmen hatte.

Die seit Beginn des 20. Jahrhunderts bekannten Teilungspläne der Ulster-Unionisten
waren mit dem Ireland Act Ende 1920 zum offiziellen Ziel der britischen Politik geworden, ohne dass dies allerdings die Zustimmung der Unionisten zur Einführung einer irischen Selbstbestimmung gesichert hätte. Aber für die irischen Unterhändler war die Teilung gar nicht das Hauptproblem. Vielmehr bestanden sie auf der Errichtung einer Republik, die ihre Beziehungen zu Großbritannien nur als freien Bund ohne konstitutionelle
Bindungen gestalten wollte. Schließlich bot man an, eine „external association" Irlands an
Großbritannien einzurichten, mit gegenseitiger Staatsbürgerschaft und einer besonderen
Stellung der Irischen Republik im Commonwealth. De Valera betonte immer wieder seine
Bereitschaft, eine Lösung für das Problem zu suchen, wie am besten die „Verbindung Irlands mit der Gemeinschaft an Staaten, welche gemeinhin als das britische Empire bekannt ist […] mit dem nationalen Interesse Irlands vereinbart werden kann"[3]. Aber auf
der symbolischen Ebene, die für die Konfliktwahrnehmung der Parteien eine große Rolle
spielte, bestand eine enge Verbindung zwischen dem Dominion-Status und der Staats-
struktur, mussten doch alle Abgeordneten der Dominion-Parlamente einen Loyalitätseid
auf die britische Krone ablegen, die weiterhin durch einen Generalgouverneur im jeweiligen politischen System repräsentiert blieb. Auch philologische Feinformulierungen, die
den Iren die Akzeptanz des mit dem Dominion-Status verbundenen Eides auf die britische Monarchie erleichtern sollten, führten nicht weiter, sondern spalteten die irische Delegation.[4] Die Bereitschaft des Dáil, unter der Voraussetzung einer Auflösung der nordirischen Legislative und der Schließung aller sich in Irland befindenden britischen Marinestützpunkte einen modifizierten Dominion-Status anzunehmen, brachte keine Lösung,
denn die britische Regierung war eben nicht bereit, die Unionisten zwangsweise in einen
durch Sinn Féin dominierten Staat zu entlassen. Nicht vergessen werden durfte in diesem
Zusammenhang die unionistische Drohung, gegen ein allgemeines Home Rule ohne Aus-
stiegsklausel für den Norden gewalttätigen Widerstand zu setzen. Einigung konnte in den
Juli-Gesprächen nur über den Namen des zukünftigen Staates erzielt werden: Irischer
Freistaat (Saorstat Éireann).

Zur Fortsetzung der Verhandlungen kam es im Oktober 1921, wobei insbesondere die
Auszehrung der IRA den Verhandlungsdruck für die Vertreter des Dáil erhöhte. Aber
auch die britische Regierung musste einsehen, dass ihr bisheriges politisches und militärisches Vorgehen im Süden Irlands erfolglos gewesen war. Die Alternative zu einer politischen Verständigung mit dem Dáil bestand in einem militärischen Großeinsatz regulärer
britischer Streikräfte; doch dies sollte gerade vermieden werden. Mit der Etablierung des

nordirischen Staates war darüber hinaus die Teilung faktisch vollzogen, und den irischen Unterhändlern war bewusst, dass gegen diese Faktizität nicht anverhandelt werden konnte. Hier stößt man auf ein Muster, das im weiteren Verlauf des 20. Jahrhunderts immer wieder zu beobachten ist. Die Teilung der Insel ist die Voraussetzung für die Etablierung und Konsolidierung des südirischen Freistaates bzw. der Republik Irland.

Der irischen Oktober-Delegation gehörten u. a. der Außenminister des Dáil, Arthur Griffith, und Michael Collins an. De Valera war in Dublin geblieben, um sich nicht mit dem am Ende unumgänglichen Kompromiss und der Nichterfüllung zentraler Forderungen belasten zu müssen. Seine Abwesenheit ist von ihm selbst immer wieder mit der Notwendigkeit begründet worden, dass seine durch die Gespräche nicht kompromittierte Person die Akzeptanz des Abkommens im irischen Parlament erleichtern würde. Doch für diese Anerkennung hat de Valera gar nicht gestritten. Im Gegenteil gehörte er zu den schärfsten Kritikern des Verhandlungsergebnisses und führte schließlich die Vertragsgegner in den irischen Bürgerkrieg gegen die Vertragsbefürworter. Der am Morgen des 6. Dezember 1921 unterzeichnete Vertrag stellte dabei im Vergleich zum Ireland Act des Vorjahres eine deutliche Verbesserung der irischen Position dar. Der Freistaat sollte einen Dominion-Status in Anlehnung an das kanadische Modell erhalten und dabei völlig unabhängig sein, was die Fiskal- und Steuerpolitik einschloss und sogar eine eigene Außen- und Militärpolitik beinhaltete. Allerdings blieben die britischen Marinestützpunkte bestehen, und das britische Unterhaus behielt sich eine Endkontrolle der neuen Verfassung des Freistaates vor, in der die Bestimmungen des angloirischen Vertrages staatsbildende Form annehmen mussten. Auch in die Einführung eines für jeden irischen Parlamentarier obligatorischen Eides auf die britische Monarchie wurde von der irischen Verhandlungsdelegation mehrheitlich eingewilligt. Schließlich stimmten Collins und diejenigen, die ihm folgten, dem Aufbau einer Kommission der beiden irischen Staaten zur Festlegung des genauen Grenzverlaufes zwischen ihren Territorien und möglicher Gebietstausche zu.

Mit diesem Vertrag konnten die radikalen Nationalisten nicht einverstanden sein. Über eine Mehrheit im Dáil verfügten die Vertragsgegner aber nicht, wie die Ratifizierung des angloirischen Abkommens am 7. Januar 1922 zeigte. Collins und Griffith, die vehement für seine Annahme plädierten, errangen mit 64 gegen 57 Stimmen eine knappe Mehrheit, ließen das irische Parlament aber tief gespalten zurück. Mit noch knapperer Mehrheit lehnte der Dáil die Wiederwahl de Valeras als Präsident ab. Die Übernahme des Amtes durch Arthur Griffith und die auf ein Jahr befristete Einsetzung einer provisorischen Regierung unter Michael Collins konsolidierten den Kurs einer Dominion-Lösung weiter, während sich die Gruppe der radikalen Nationalisten aus dem Staatsgefüge verdrängt sah. Auch im Vorstand der formell immer noch alle militärischen Einheiten überwölbenden Irish Republican Brotherhood hatte Collins ein Votum für den Vertrag zustande gebracht. Dass eine Mehrheit der Guerilla für das angloirische Abkommen eintrat, lag nicht zuletzt an der mit der Ratifizierung verbundenen Freilassung von 4000 Kämpfern und Sympathisanten aus britischen Internierungslagern.

Die provisorische Regierung

Hauptaufgabe der provisorischen Regierung war die Formulierung einer Verfassung für den Freistaat, die den Bedingungen des Dezember-Vertrags entsprach. Gerade Collins hoffte dabei immer noch, diese neue Verfassung so gestalten zu können, dass auch die Vertragsgegner um de Valera hätten zustimmen können und die Einheit Sinn Féins gewahrt bliebe.[5] Allerdings erwiesen sich die Fragen des Loyalitätseides und der Dominion-Status als unüberwindliche Hindernisse, lehnte doch die britische Administration einen ersten Verfassungsentwurf der irischen Regierung ab. Collins' Verständigungsversuch blieb nicht auf die Verfassungsfrage beschränkt. Um die Legitimation des entstehenden Freistaates zu erhöhen, setzte die neue Führung auf frühe Wahlen zu einem verfassunggebenden irischen Parlament. Der im Mai 1922 ausgehandelte Wahlpakt zwischen Vertragsbefürwortern und -gegnern, nach dem beide Fraktionen als Kandidaten Sinn Féins auftreten und proportional nach ihrer Stärke im alten Dáil Kandidaten benennen sollten, konnte die Spaltung der Unabhängigkeitsbewegung jedoch nicht verhindern, wobei das Wahlergebnis die relativ geringe Unterstützung der irischen Bevölkerung für eine Ablehnung des Vertrages deutlich machte. Die Vertragsbefürworter erhielten 239 195 (38,6%) Stimmen gegenüber 132 161 (21,4%) Stimmen für die Vertragsgegner. Demgegenüber erhielten andere Parteien (Labour, Unabhängige, Bauernpartei) insgesamt 247 082 (39,9%) Stimmen, was deutlich zeigte, dass in der Wählerschaft ein Interesse auch an anderen Fragen als denen der gesamtstaatlichen Grundordnung vorhanden war. Insbesondere die Labour Party war angesichts einer auch Irland betreffenden Nachkriegsrezession und der sich verschlechternden Agrarlage erfolgreich. Landesweit gelang es ihr, 17 von 18 Kandidaten ins Parlament zu bringen. Mit insgesamt 21,4% errang sie mehr Stimmen als die Vertragsgegner. Diese konnten überhaupt nur in einem Wahlkreis (Sligo-Mayo East), in dem mehr als eine Partei antrat, eine Mehrheit gewinnen und insgesamt nicht einmal ein Viertel der Wähler an sich binden. Zu den knapp 39% der Vertragsbefürworter müssen noch die für die kleineren Parteien abgegebenen Stimmen gezählt werden, um einen Eindruck von der Akzeptanz des angloirischen Vertrages in der Bevölkerung zu erhalten.

Der politische Wille der großen irischen Bevölkerungsmehrheit stellte aber für die parlamentarisch unterlegenen Vertragsgegner kein Hindernis dar, gegen die Gründung des Freistaates mit Gewalt vorzugehen. Dabei spielte auch die Zukunft der IRA im Saorstat Éireann eine große Rolle, denn gerade die Teile der Guerilla, die den Vertrag ablehnten, hatten keine Chance, in die im Aufbau befindliche reguläre Armee des neuen Staates übernommen zu werden. Die IRA zerfiel schließlich in solche „Irregulars" genannten Einheiten und in Gruppen einer so genannten Old IRA, die ihrem Oberbefehlshaber Collins in den neuen Staat folgten. Allerdings wurde dieser Konflikt einige Zeit durch gemeinsame Aktionen der pro und contra zum Vertrag eingestellten IRA im Norden, wo es zu Ausschreitungen des unionistischen Mobs gegen die katholische Bevölkerung gekommen war, überdeckt. Besonders Collins unterstützte die bewaffneten in Ulster operierenden Vertragskritiker, um so eine Basis für den Zusammenhalt des republikanischen politischen Spektrums im Süden zu erhalten. Die Ermordung Sir Henry Wilsons, des ehemaligen, hochdekorierten Generalstabschefs der britischen Armee, unionistischen Unterhausmitglieds und Sicherheitsberaters der nordirischen Regierung im Juni 1922 durch ein IRA-Kommando, das Verbindungen zu Collins gehabt hatte, beendete allerdings diese Kooperation. Die britische Regierung forderte die Führung des Freistaates auf, gegen die IRA vorzugehen, und drohte ein eigenes militärisches Eingreifen an.

Seit dem Frühjahr 1922 hatte es immer wieder gewalttätige Vorfälle gegeben, in denen die militanten Opponenten der angloirischen Verständigung ihren Protest ausdrückten. So verwüsteten marodierende IRA-Einheiten die Büros des vertragsfreundlichen „Freeman's Journal" und misshandelten die Redakteure. Seit April hielten die Irregulars den Gebäudekomplex der irischen Obergerichte, die „Four Courts", in Dublin besetzt. Die Meuternden wollten die für Juni angesetzten Wahlen verhindern, deren schlechtes Ergebnis für das republikanische Lager von ihnen offensichtlich antizipiert worden war. Darüber hinaus ging es den Rebellen um eine Stärkung der IRA gegenüber dem Dáil, wobei insbesondere die politische Kontrolle der Guerilla durch das Parlament abgelehnt wurde. Der Protest richtete sich konkret gegen die neuen militärischen Kommandostrukturen, die ja zur Marginalisierung des Radikalnationalismus geführt hatten. Diese Herausforderung der provisorischen Regierung blieb bis Juni folgenlos, da insbesondere Collins im Zuge seiner Politik der Versöhnung der beiden Lager die Besetzung von Gebäuden in Dublin duldete. Nach der Ermordung Wilsons beendete der Freistaat jedoch seine Kooperation mit der IRA im Norden und begann die Vorbereitung der militärischen Rückeroberung der Four Courts. Notwendiges militärisches Material wie schwerere Waffen und Munition erhielten die vertragstreuen Truppen dabei von der britischen Armee, die sich mit ihren noch in Irland stationierten Verbänden auf eine Einnahme Dublins für den Fall einer Niederlage der Freistaatsarmee vorbereitete. Die provisorische Regierung unter Griffith und Collins rekrutierte bis Mitte 1922 etwa 8000 Soldaten, von denen aber nur 6000 bewaffnet waren. Von den 8000 waren ca. 3000 in Dublin stationiert, die dann auch den Kampf um die Stadt, die seit dem Osteraufstand von 1916 innerhalb von sechs Jahren zum zweiten Mal in den Innenstadtbezirken umkämpft war, aufnahmen. Mit dem Sturm auf die Four Courts, der anschließenden Verhaftung und Hinrichtung vieler Aufständischer begann ein blutiger, bis Mai 1923 anhaltender Bürgerkrieg, dem in der irischen Historiographie eine größere Bedeutung zugeschrieben wird als dem so genannten Anglo-Irish War zwischen 1919 und 1921. Die Rückeroberung der Four Courts führte zur Bildung einer republikanischen Front, der sich de Valera anschloss und die von vielen, insbesondere im Südwesten regional unabhängig operierenden IRA-Gruppen unterstützt wurde. Der auf 55 000 Soldaten aufgerüsteten Armee des Freistaates gelang zwar die weitgehende Zerschlagung der irregulären IRA, aber der Bürgerkrieg forderte sehr viel mehr Opfer als der Guerillakampf gegen die britische Regierung. Den 500 bis 800 getöteten Angehörigen der Armee des Freistaates standen weit mehr getötete Irregulars gegenüber, Schätzungen belaufen sich auf 4000–5000.[6]

Das klandestine Vorgehen der Irregulars, die den Saorstat Éireann und seine Institutionen für illegal erklärt und zu legitimen militärischen Zielen gemacht hatten, führte zu zahlreichen Attentaten auf Regierungsmitglieder wie z.B. Collins, der im August 1922 in

Cork bei einem Schusswechsel mit IRA-Angehörigen starb, auf Abgeordnete des Dáil Éireann, auf irische Richter, Journalisten und ehemalige Angehörige der britischen Armee. Diese frühe Form terroristischer Gewalt rief brutale Gegenmaßnahmen des irischen Staates hervor. So wurden zur Vergeltung solcher Anschläge 77 gefangen gehaltene IRA-Mitglieder ohne Gerichtsurteil hingerichtet.[7] Bis 1923 sahen sich insgesamt 12 000 des Partisanentums verdächtige Personen ohne formelles Verfahren verhaftet und interniert. Erst die Besinnung des sich nicht vollständig der terroristischen Eskalationslogik ergebenden de Valera führte im April 1923 dazu, dass sich der größere Teil der Irregulars seiner Aufforderung, die Waffen niederzulegen, beugte: „Soldaten der Republik! Armee der Nachhut! Die Republik kann mit euren Waffen nicht mehr länger erfolgreich verteidigt werden. Weiteres Blutvergießen wäre somit vergebens und die Weiterführung des bewaffneten Kampfes im Interesse der Nation unklug. Der militärische Sieg muss für den Augenblick jenen zugestanden werden, welche die Republik zerstört haben."[8] Unter den Vertragsgegnern war de Valera zwar umstritten, weil er seinen Widerstand gegen den Irischen Freistaat hauptsächlich nicht mit der Enttäuschung republikanischer Hoffnungen oder der Teilung begründete, sondern mit der für ihn unfreien Stellung Irlands im Verband des britischen Empire. Aber mit seiner Kapitulationserklärung verstärkte er die legitimatorische Fiktion der IRA, die authentische Vertretung des irischen Volkes zu sein. Zum Bau dieses ideologischen Gebäudes hatte die Übertragung der Staatsmacht an das Oberkommando der IRA durch de Valera nach seiner gescheiterten Wiederwahl als Präsident des Dáil Éireann im Januar 1922 beigetragen.

Der Bürgerkrieg zementierte eine tief reichende Spaltung der irischen politischen Gesellschaft, die widerstreitende soziale, ökonomische und ideologische Interessen, wie sie sich noch in der Parlamentswahl von 1922 gezeigt hatten, in den nationalistischen Diskurs über die Legitimität des Freistaats einordnete, entsprechende Parteien hervorbrachte, ja Individuen und Familien existenziell erfasste. Der Bürgerkrieg gab das Muster der Bruchlinien des irischen politischen Systems für die nächsten Jahrzehnte vor, wobei die Stellung zum angloirischen Vertrag mit sozioökonomischen Orientierungen der Parteien zusammenfielen. So erzielten die Vertragsbefürworter v. a. in solchen Wahlkreisen Erfolge, in denen der durchschnittliche Wohlstand relativ hoch lag, während die Vertragsgegner eher in ärmeren Regionen Unterstützung fanden. Auch für das irische Parteiensystem galt damit die große Bedeutung ökonomischer Interessen für die Parteibindung und Wahlentscheidung.

Der Freistaat

Die im Oktober 1922 vom irischen Parlament verabschiedete Verfassung (Constitution of Irish Free State Bill) folgte den Klauseln des angloirischen Vertrags vom Dezember 1921 und ebnete den Weg für die formelle Gründung des Freistaates am 6. Dezember 1922 durch den Constitution of the Irish Free State Act des britischen Unterhauses. Die Verfassung ist das eigentliche Gründungsdokument eines politisch unabhängigen irischen Staates, das den Erfolg der irischen Unabhängigkeitsbewegung des 19. Jahrhunderts eindrucksvoll bestätigte.[9] Der Saorstat Éireann war innen- und außenpolitisch souverän, wobei der Ort der politischen Macht im Unterhaus, dem Dáil, lag. Dieses wählte den Premierminister (President of the Council) und hatte die legislative Kompetenz inne. In der deutlich vom Westminster-Modell des britischen Parlamentarismus geprägten Struktur kam dem Senat als zweiter Kammer in etwa die Funktion des britischen Oberhauses zu, wobei im irischen Senat kein Geburtsadel vertreten war und diese Kammer auch nicht als Obergericht fungierte. Judikativ war Irland ebenfalls unabhängig, allerdings besaßen Iren das Recht, Appellationen an den britischen Thronrat, den Privy Council, zu richten. Diese Möglichkeit einer Beschwerdeführung gegen irische Rechtsentscheidungen entsprach der Loyalitätsbindung des Freistaates an die britische Krone, die in Irland durch einen Generalgouverneur, der Ire sein musste, vertreten war.

Die ersten auf Grundlage der neuen Verfassung stattfindenden Wahlen brachten 1923 ein Zweiparteiensystem hervor, dass die politische Ordnung Irlands bis zum Ende des 20. Jahrhunderts bestimmen sollte. Die Vertragsbefürworter unter dem neuen Ministerpräsidenten William Thomas Cosgrave, der nach der Ermordung von Collins und dem krankheitsbedingten Tod Arthur Griffiths diese Gruppierung führte, verließen endgültig Sinn Féin und bildeten die Partei Cumann na nGaedheal (Liga der Gälen), die bis 1932 regierte. Sinn Féin wurde damit zum Sammelbecken der Gegner des Freistaates, spielte aber im parlamentarischen Betrieb keine Rolle, da ihre in den Dáil gewählten Mitglieder, unter ihnen auch de Valera,[10] ihre Mandate nicht annahmen. Sinn Féin setzte aus Protest gegen den Loyalitätseid die Politik des Abstentionismus fort. So kam die Partei Cosgraves zu einer absoluten Mehrheit der Parlamentssitze, obwohl sie nur 39% der Stimmen gewonnen hatte. Demgegenüber erreichte Sinn Féin 44 Sitze (27%), Labour 15 Sitze (12%), während andere Parteien und Einzelkandidaten 21% der Stimmen und zusammen 31 Sitze auf sich vereinigen konnten. Bei insgesamt 153 zu vergebenden Sitzen wäre Cumann na nGaedheal auf eine Koalition angewiesen gewesen, wenn die 44 dauerhaft fehlenden Abgeordneten Sinn Féins nicht die Gesamtzahl der Parlamentsmandate auf 109 reduziert hätten. Das Zweiparteiensystem funktionierte nur außerhalb des Parlaments.

Trotz dieser Selbstlähmung war die Augustwahl für den republikanischen Flügel des irischen Nationalismus von erheblicher Bedeutung, stärkte der Wahlerfolg doch de Valeras Position gegenüber der Fraktion von Sinn Féin und IRA, die den Bürgerkrieg fortsetzen wollte. Der eigentliche Verlierer der Wahl war die Labour Party, die nur ein Drittel ihrer Kandidaten ins Parlament brachte und gegenüber der Wahl von 1922 rund 10% einbüßte. Die Partei konnte von der ökonomischen Krisenlage der Nachkriegsjahre nicht weiter profitieren, denn die Bürgerkriegsspaltung und die terroristische Bedrohung durch die IRA ließ das Thema der inneren Sicherheit wahlentscheidend werden. Offensichtlich trauten viele irische Wähler hier eher Cumann na nGaedheal als der Labour Party. Aber auch eine ökonomische Belebung wurde von Cosgrave erwartet, während diejenigen, die in wirtschafts- und sozialpolitischen Fragen in Opposition zum System standen, sich statt der Labour Party gleich Sinn Féin zuwandten. Hier wird eine gewisse sozialökonomische Spaltung des irischen Elektorats deutlich, denn Cosgrave repräsentierte vornehmlich die großagrarischen Interessen des Landes, die traditionellen Kreise der ehemaligen parlamentarischen Home-Rule-Bewegung und das kirchliche Establishment. Entsprechend konservativ war dann auch die Politik der Regierung in den Zwanzigerjahren geprägt. Die zwischen 1914 und 1920 durch die irische Gewerkschaftsbewegung ausgerufenen Streiks waren, wie der 1920 organisierte Generalstreik zur Unterstützung der von der britischen Regierung inhaftierten und sich gerade im Hungerstreik befindenden IRA-Anhänger, zwar auch immer nationalistisch konnotiert, manifestierten aber vor allem das Selbstbewusstsein der irischen Arbeiterbewegung, das sich nicht mehr widerstandslos durch die angloirische Dichotomie domestizieren ließ. Diese neue Militanz ebbte dann auch nicht mit der Entstehung des Freistaates ab. War es in der Kopie der bolschewistischen Revolution in Russland auch in Irland zwischen 1919 und 1921 zur Entstehung von letztlich marginalen Räteversammlungen in einigen ländlichen Regionen gekommen, so verbreiterte sich in den ersten Jahren der staatlichen Souveränität der Protest in vielen dieser Gegenden zu aufflackernden Agrarunruhen. Die nach Ende des Weltkriegs einsetzende Rezession hatte die Gewinne der Farmer und die Arbeitsmöglichkeiten der Landarbeiter stark verschlechtert. Die Grundeigentümer organisierten ihre Interessen in der „Irish Farmer's Union" und setzten Einheiten der IRA ein, um gegen Streikende vorzugehen, Streikbrecher zu schützen, Gewerkschaften einzuschüchtern und Lohnsenkungen durchzusetzen. Ein Waterford erfassender Streik konnte 1923 erst mithilfe der Armee des Irischen Freistaates zugunsten der Landeigentümer entschieden werden.

Der Konservatismus des Freistaates äußerte sich bis in die Verwaltungsstrukturen des neuen Staates hinein. Von den in der Dubliner Administration während der Unionszeit arbeitenden Beamten blieben 21 000 im Dienst des neuen Staates; 300 wurden auf eigenen Wunsch nach Belfast versetzt. 98% der Beamten waren damit schon vor der Staatsgründung in der britischen Verwaltung tätig gewesen, 1934 machten diese immer noch 45% der Beschäftigten des irischen öffentlichen Dienstes aus. Darüber hinaus stand die Bildung einer irischen Regierungsstruktur unter starkem britischem Einfluss. So halfen Experten aus Whitehall bei der Organisation des irischen Finanzministeriums. In Übernahme der Rolle des britischen Schatzkanzlers erhielt auch der irische Finanzminister nahezu Autonomie innerhalb der Regierung, wodurch sein Ressort zum wichtigsten Teil des Regierungsapparates wurde. Vorlagen gingen erst nach Begutachtung durch das Ministerium zur weiteren Beratung an das Kabinett.

Diese Kontinuität drückte sich auch in der Finanzpolitik aus, für die das quasi eherne Prinzip der ausgeglichenen Haushalte galt. Die Regierung Cosgrave praktizierte eine konsequente Sparpolitik, in der das Budget der Regierung von 42 Millionen Pfund im Haushaltsjahr 1923/24 auf 24 Millionen 1926/27 zurückgeschraubt wurde. Damit konnte eine Senkung der Einkommensteuer finanziert werden, die 1926 in Irland niedriger lag als in Großbritannien.[11] Der Sparwille korrespondierte mit Minimalstaatskonzepten, die die Aufgaben der öffentlichen Hand auf die klassischen Sicherheitsbereiche eingegrenzt sehen wollten. Insgesamt war der irische Staatshaushalt in diesen Jahren jedoch nur zu 20% durch Einnahmen aus der Einkommensteuer gedeckt. Die Haupteinnahmequellen der indirekten Steuern und Zölle begünstigten aber wiederum die Ober- und Mittelschichten. Auch die steuerliche Geringbewertung des Grundbesitzes gegenüber dem Kapitaleigentum entsprach den Interessen der größeren landwirtschaftlichen Betriebe. An dieser Politikorientierung wird das Elektorat Cumann na nGaedheals beispielhaft deutlich. Agrarinteressen gaben die Leitkante der gesellschaftlichen und politischen Entwicklung vor. Die Sicherung der landwirtschaftlichen Gewinne war die Hauptaufgabe der Wirtschaftspolitik, wobei die Ertragslage der Landwirtschaft und das Wohl der Farmer als Synonym für die Entwicklung der Nation galt. Zwar versuchte die Regierung durch die Einführung neuer Qualitätsmaßstäbe für die Nahrungsmittelproduktion die Exportfähigkeiten der irischen Agrarökonomie zu verbessern, aber ansonsten griff man nur selten lenkend in diesen Sektor ein. Die Zunahme der Agrarexporte schien dieser Zurückhaltung Recht zu geben. Initiativ wurde die Dubliner Regierung dagegen bei der Umsetzung von Plänen einer landwirtschaftlichen Kostenreduzierung, die sich gegen die Landarbeiter richteten, welche immerhin in den Zwanzigerjahren noch 20% der in der Landwirtschaft Beschäftigten ausmachten. Eine Kontinuität zwischen der Unionszugehörigkeit Irlands und dem Freistaat bestand auch in der Selektivität der Agrarpolitik, die insbesondere größeren Betrieben über 50 ha zugute kam. Das waren zwar nur 8000 von Ende der Zwanzigerjahren insgesamt 382 000 Landwirten, aber diese verfügten über enge Beziehungen zu Cosgraves Partei. Doch auch die kleineren Farmer profitierten mitunter von diesem Agrarkonservatismus; so wurde im Freistaat die Landumverteilungspolitik der britischen Administration konsequent fortgesetzt. Bis 1932 erhielten weitere 24 000 Familien Grundeigentum im Gesamtumfang von 180 000 ha. Lag der Eigentümeranteil unter den Landwirten 1916 schon bei 62%, so stieg er bis Ende der Zwanzigerjahre auf 97%.

Der primäre Sektor stellte allerdings keine ausreichende Grundlage für die Expansion der irischen Volkswirtschaft dar. Obwohl 50% aller Arbeitskräfte agrarisch beschäftigt waren, wurden von diesen nur 32% des Bruttoinlandsprodukts erwirtschaftet. Damit reichte die Kaufkraft der Bauern nicht aus, um einen allgemeinen Aufschwung für irische Industriegüter zu sichern. Auch mit der 1927 geschaffenen Agricultural Credit Corporation, die in einem ersten größeren staatsinterventionistischen Versuch zur Hebung der landwirtschaftlichen Produktivität Finanzhilfen bereitstellte, gelang keine durchschlagende Verbesserung der Produktionsstruktur. Vielmehr setzte sich die Mitte des 19. Jahrhunderts einsetzende Entwicklung des Rückgangs von Ackerbauflächen und der Zunahme von Weideflächen fort. Aber gerade staatliche Initiativen zur Erhöhung der Produktivität im Bereich der Vieh- und Geflügelmast blieben weitgehend erfolglos. So war die Agrarproduktivität Irlands in der Zwischenkriegszeit nur halb so hoch wie in Dänemark. Im Bereich der Industrieproduktion kam es sogar zu einem Rückgang. Mit 47 Millionen Pfund erreichten die irischen Exporte 1929 einen Höchststand, der aber die entsprechenden Importe an Rohstoffen und Fertigwaren deutlich unterschritt. Dass Irland trotzdem eine ausgeglichene Zahlungsbilanz ausweisen konnte, lag an Zuflüssen durch Überweisungen vieler Auswanderer an ihre zurückgebliebenen Familien und an den von Iren getätigten Auslandsinvestitionen. Dass irische Bürger im Ausland mehr investierten als im Inland, war nicht nur Ausdruck einer von den politischen Verwerfungen des Bürgerkriegs hervorgerufenen Unsicherheit, sondern vor allem Reaktion auf fehlende Anlagemöglichkeiten in Irland. Daran konnten auch die großen Infrastrukturmaßnahmen, wie die Mitte der Zwanzigerjahre einsetzende forcierte Elektrifizierung nichts ändern. Brisant blieb diese wenig innovative Wirtschaftspolitik, weil so die Abhängigkeit vom britischen Markt mit dem Tausch von Agrarpodukten gegen Rohstoffe und Fertigwaren nicht überwunden werden konnte. Mitte der Zwanzigerjahre gingen 98% aller Ausfuhren ins Vereinigte Königreich. Dieser engen Verflechtung entsprach die 1927 vorgenommene Bindung der irischen Währung (Punt) an das britische Pfund Sterling mit einer entsprechenden deflationären Konsequenz für die irische Finanzpolitik. Bedeutete die Währungsparität doch eine strikte Beschränkung der expansiven Maßnahmen der öffentlichen Hand, da eine Inflationierung des irischen Pfundes vermieden werden musste. Die ohnehin konservative Strategie des Finanzministeriums erhielt hier eine weitere Begründung. Die Sparpolitik war auch deshalb notwendig, weil der Irische Freistaat sich im angloirischen Vertrag von 1921 bereit erklärt hatte, einen Anteil der britischen Staatsschuld zu tragen. Zwar verzichtete die Londoner Regierung 1926 auf diese Verpflichtung, aber Irland musste Anteile an den Pensionszahlungen für Beamte der ehemaligen Royal Irish Constabulary, für irische Angehörige der britischen Armee und die Zivilangestellten der Verwaltung leisten. Dazu kamen noch Zinsen und Tilgungen für die Kredite, die die britische Regierung im Rahmen des Verkaufs der Ländereien von Großgrundbesitzern an die jeweiligen Pächter seit Ende des 19. Jahrhunderts vergeben hatte. Das kostete den irischen Fiskus jährlich 3,13 Millionen Pfund, die er allerdings von den irischen Neueigentümern wieder einzog. Westminster garantierte dafür weitere Anleihen, die wiederum aus den irischen Staatseinnahmen refinanziert werden mussten. Diese Belastungen verhinderten größere staatliche Investitionen in die Wirtschaft oder den Ausbau des rudimentären sozialen Sicherungssystems. Trotz der Einführung einer Arbeitslosenversicherung, die allerdings für arbeitslose Landarbeiter und Haushaltsbeschäftigte keine Leistungen vorsah, blieb das Niveau der Sozialleistungen auf dem Stand vor der Staatsgründung. Die Alters- und Blindenrenten wurden sogar gekürzt und lagen niedriger als zu Unionszeiten, belasteten den Staatshaushalt dennoch in der gleichen Höhe wie die Tilgungszahlungen aus dem Landprogramm. Positive Haushaltsbilanzen der Regierung führten aber trotzdem eher zu Steuersenkungen als zu sozialpolitischen Maßnahmen.

Auch in anderen Bereichen der Exekutive und Judikative des Freistaates gab es wenig Neuerungen. Beide blieben ihrer britischen Prägung verhaftet, wobei die Bildung einer unbewaffneten Polizeitruppe, der so genannten Garda Siochána, hingegen eine grundsätzliche Neuausrichtung gegenüber der alten paramilitärisch organisierten Royal Irish Constabulary bedeutete. Der anfängliche Elan der kommunalen Neuordnung schwand bald. Zwar hatte man die Organisation der Armenhilfe zu einer Aufgabe der einzelnen Verwaltungsbezirke (die ehemaligen Grafschaften) gemacht und die schwerfälligen alten Poor Law Commissions abgeschafft, aber damit war keine weitergehende Dezentralisierung der Kommunalpolitik verbunden. Das irische Innenministerium ernannte für die ländlichen und städtischen Bezirke professionelle Manager, die Leitungsfunktionen ausübten. Die gewählten Verwaltungs-, Stadt- und Gemeinderäte verfügten nur über eingeschränkte Kompetenzen. So erlaubte der Mitte der Zwanzigerjahre verabschiedete Local Government Act den Kommunen Steuerschöpfung bis zu einem Penny, um Sekundar-

schulen aufbauen zu können, gleichzeitig blieb aber die kommunale Wahlberechtigung
bis 1934 auf Steuerzahler beschränkt, was dazu führte, dass von diesem Steuerschöp-
fungsrecht nur wenig Gebrauch gemacht wurde.

Ein Zwang zum Bruch mit der Vergangenheit existierte im Bereich der Außenpolitik.
Der Freistaat sah sich mit der Anforderung konfrontiert, seine Souveränität auch international zur Geltung zu bringen. Einzelne Manifestationen dieses neuen Selbstbewusstseins,
wie ein 20 000-Dollar-Kredit an die bolschewistische Revolutionsregierung gehörten
ebenso zur symbolischen Betonung einer irischen Sonderrolle wie das frühe Bekenntnis
zur Neutralität auch in Kriegszeiten, die ja quasi schon während des Ersten Weltkriegs
von vielen Iren praktiziert worden war. Nicht vergessen werden darf dabei, dass zur Eskalation der angloirischen Auseinandersetzungen über den Weg in die Unabhängigkeit gerade der Versuch der britischen Regierung geführt hatte, 1918 in Irland die allgemeine
Wehrpflicht einzuführen. Die Neutralität wurde als Gewinn der Staatsgründung gesehen,
zum Ausdruck einer superioren irischen Moral überhöht und konsensualer Bestandteil
des irischen politischen Systems.[12] Hinzu kam, dass dieser Verzicht auf Allianzen die Reduzierung der im Bürgerkrieg stark vergrößerten Armee ermöglichte. Mussten zwischen
1922 und 1924 noch 30% der Staatsausgaben für den Verteidigungshaushalt aufgewendet
werden, so sank dieser Anteil bis Ende der Zwanzigerjahre auf 2,5%.

Der drastische Rückbau konfrontierte den jungen Staat mit einer Stabilisierungskrise,
standen sich doch in der Armee des Freistaates drei Fraktionen gegenüber, die angesichts
der schwindenden finanziellen Ressourcen um Einfluss und Geldmittel stritten. Eine dieser Fraktionen gruppierte sich um Kämpfer der Old IRA, also jener IRA-Einheiten, die
von Collins geführt für den angloirischen Vertrag eingetreten waren und den Führungs-
stab der Freistaatsarmee dominierten. Allerdings spaltete sich diese Gruppe in der Frage
der Demobilisierung. Viele alte IRAler sahen sich durch den Konservatismus der Cosgrave-Regierung getäuscht. Als diese begann, mit der Citizen's Defence Force eine bewaffnete Macht gegen die Old IRA aufzubauen, kam es 1924 zu einer Meuterei von mehreren
hohen Offizieren der Armee. Die Meuterer betonten ihre Treue zur unvollendeten nationalen Revolution und forderten die Absetzung des amtierenden Armeerates. Hier brach
der alte Streit um die Legitimität des neuen irischen Staates, der schon die Irish Republican Brotherhood und die IRA gespalten hatte, wieder auf. Collins war es gelungen, die
Mehrheit der Guerilla auf seine Seite zu ziehen, weil er immer wieder darauf hinwies, dass
der Vertrag nur ein taktisches Zwischenziel gewesen sei, von dem aus der Kampf für eine
vereinigte Irische Republik besser geführt werden könne. Seine Bereitschaft, mit den Irregulars im Norden zu kämpfen, verschaffte seiner Position innerhalb des gewalttätigen
Spektrums Glaubwürdigkeit.

Mitte der Zwanzigerjahre schien diese Fortsetzung des Befreiungskrieges aber in weite
Ferne gerückt zu sein. Demobilisierung, Soldkürzungen, der Verlust von politischen Privilegien und Sinekuren für die alten IRA-Kämpfer drückte diese Abkehr von der Tradition des bewaffneten Republikanismus aus. Politisch gefährlich wurde diese Rebellion der
Old IRA durch ihre Wiederannäherung an eine klandestine Gruppe von Vertragsgegnern,
denen es gelungen war, die Freistaatsarmee zu unterwandern und dort eine IRA-Organi-

sation aufzubauen. Dieser IRA-Komplex stieß bei einigen Mitgliedern der Regierung durchaus auf gewisse politische Sympathien. Letztlich setzten sich allerdings Politiker um Cosgrave durch, die eine Dominanz der politischen Führung gegenüber dem militärischen Flügel der Unabhängigkeitsbewegung anstrebten. Innenminister O'Higgins ersetzte schließlich die Führung der von 55 000 auf 6000 Soldaten reduzierten Armee durch den Oberbefehlshaber der Garda Siochána, Eoin O'Duffy. Mit dieser Unterordnung der Armee unter die Polizei hatte die politische Führung gegenüber Ambitionen aller Militärfraktionen einen zukunftsweisenden Sieg errungen. Dass damit dieser Flügel des Unabhängigkeitskampfes nicht endgültig ausgeschaltet war, zeigte sich spätestens 1927 mit der Ermordung des IRA-Gegners O'Higgins.[13]

Ein wichtiges Integrationsinstrument für den Freistaat bestand in der Betonung einer Konvergenz von nationaler Zugehörigkeit und Katholizismus. Die Kirchenführung hatte sich im Bürgerkrieg uneingeschränkt auf die Seite der Vertragsbefürworter gestellt und die irreguläre IRA scharf verurteilt.[14] Schon im Februar 1921 sprach sich Cosgrave dafür aus, in der neuen irischen Verfassung ein Oberhaus zu schaffen, „bestehend aus einer theologischen Beratungskommission, welche die Übereinstimmung eines jeden Gesetzes des Dáil mit dem Glauben und der Moral feststellt"[15]. Dieser Führungsanspruch erstreckte sich auch auf Gläubige anderer Konfessionen, denn – wie Erzbischof Byrne aus Dublin während der Diskussionen über die Stellung der katholischen Kirche zum Freistaat feststellte – „alle Mitglieder, die getauft sind, sind Mitglieder der Kirche und stehen unter ihrer Jurisdiktion"[16]. Katholische Glaubensdoktrin stieg zu Leitlinien des Regierungshandelns auf, was dazu führte, dass es in Irland praktisch keine Ziviltrauung und keine Scheidungsmöglichkeit gab, Geburtenkontrolle und Abtreibungen verboten waren. Ab 1929 überwachte eine staatliche Zensurbehörde das irische Verlags- und Filmverleihwesen und konzentrierte sich vor allem auf Einhaltung einer katholischen Sexualmoral. Die Kirche übte in allen bildungs-, gesundheits- und sozialpolitischen Fragen großen Einfluss aus. Von der faktischen Installation eines katholischen Staates ging durchaus ein gewisser Marginalisierungsdruck auf die protestantische Bevölkerung aus, obgleich in der Verfassung vom Oktober 1921 die Diskriminierung nichtkatholischer Religionsgemeinschaften verboten worden war. Die Auswirkungen dieser Katholisierung auf Protestanten und andere Minderheiten sind schwer zu quantifizieren. Zwar liegen einige Berichte über berufliche Benachteiligungen von Protestanten vor, aber ein geschlossenes Bild lässt sich daraus bis heute nicht gewinnen. Unstrittig – und durch die systematische Auswertung von Kirchenbüchern gut dokumentiert – ist, dass der Anteil der protestantischen Bevölkerung im Freistaat um ein Viertel sank. Insbesondere beide Flügel der IRA übten einen Vertreibungsdruck auf protestantische Bauern, Soldaten, Polizisten und deren Familienangehörige aus, doch deren Aussiedlung aus Südirland stand oft auch mit dem Abzug des britischen Militärs und vieler Polizisten in Zusammenhang, der Ende Mai 1922 fast vollständig abgeschlossen war.[17] Bis Mitte der Zwanzigerjahre sank der Anteil von Protestanten im Freistaat insgesamt jedoch auf 8,4%. Dabei blieb die überproportionale Oberschichtzugehörigkeit von Protestanten weiter bestehen. So waren 28% der Landwirte mit einem Grundeigentum von mehr als 50 ha Protestanten und 18% der Angehörigen akademischer Berufe. Noch 1936 gehörten 25% der irischen Unternehmer bzw. leitenden Angestellten, 53% aller Bankangestellten, 39% der Repräsentanten irischer Firmen und 38% aller Anwälte der anglikanischen oder presbyterianischen Kirche an. Auch im Irischen Freistaat gab es also eine Kontinuität der Protestant Ascendancy, wenn diese auch über keine politische Macht mehr verfügte.

Auch das Integrationsinstrument einer sprachlich-kulturellen Neuerfindung der irischen Nation wurde von den Regierungen des Freistaates eingesetzt, stieß aber bald an seine funktionalen Grenzen. Trotz intensiver Bemühungen der von Cosgrave eingesetzten Gaeltacht Commission ging der Anteil der gälischen Muttersprachler in der Gaeltacht-Region im Westen der Insel kontinuierlich zurück. Gab es dort 1924 noch 200 000 native Irischsprechende, so waren es 1939 nur noch 100 000, und diese Zahl reduzierte sich bis 1964 um die Hälfte. Irisch wurde zum schulischen Haupt- und obligatorischen Qualifikationsfach für den Übergang von der Primarstufe in weiterführende Schulen. In den beiden ersten Schuljahren durfte nur in Irisch unterrichtet werden, was die Lehrkräfte unter einen hohen Eigenqualifikationsdruck setzte. Der Staat kürzte Unterstützungen für Schulen, an denen Lehrer nicht genügend Irischkenntnisse besaßen, ungeachtet ihrer sonstigen Kompetenzen, mit der Konsequenz einer Vernachlässigung der fachspezifischen Wissenstiefe in der Lehrerausbildung. Des Weiteren erhielten Schüler, die Examensfragen in Irisch beantworteten, Extranoten, mit denen Schwächen in anderen Fächern ausgeglichen werden konnten. Trotz dieser Maßnahmen gelang es nicht, das Irische als Landessprache durchzusetzen.

Diesem Scheitern in der Sprachenpolitik standen die Kosten der forcierten Gälisierung gegenüber. Naturwissenschaftliche Fächer besaßen nicht den Status von Hauptfächern und selbst in der Sekundarstufe fehlte weitgehend jeder Fremdsprachenunterricht. Aber selbst die starke Betonung der irischen Sprache blieb letztlich halbherzig, denn aufgrund ihrer allgemeinen Austeritätspolitik weigerte sich die von Cumann na nGaedheal getragene Regierung, umfassende Investitionen in den Bildungssektor vorzunehmen und etwa Kindern aus der Gaeltacht-Region eine kostenlose Sekundarbildung zu ermöglichen. Bis in die Dreißigerjahre hinein kamen mehr als 90% der Schüler nicht über eine Grundbildung hinaus. Diese geringe weiterführende Schulbildung korrespondierte mit dem geringen durchschnittlichen Einkommen insbesondere in den Armutsgebieten des Westens und Südwestens, wo Eltern ohne die Zuarbeit ihrer älteren Kinder kein existenzsicherndes Familieneinkommen erwirtschaften konnten. Wegen der starken (groß-)bäuerlichen Proteste kam die Einführung der allgemeinen Schulpflicht für bis zu Zwölfjährige erst 1926 zustande.

Kompensiert wurde dieser Misserfolg der Sprachenpolitik durch vehemente Verstärkung des nationalen Symbolismus im Unterricht. Insbesondere das Geschichtslernen sollte zum Vehikel einer umfassenden, einheitlichen Traditionskonstruktion werden. Aufgabe des Geschichtsunterrichts war, „Nationalstolz und Selbstrespekt einzuprägen [...] indem gezeigt wird, dass die irische Rasse ein großes Werk vollendet hat für den Fortschritt der Zivilisation". Dieser Nationalstolz definierte sich durch Abwertung des Englischen. Im Lehrplan sollten etwa „englische Autoren als solche nur jenen begrenzten Platz finden, der

Englisch unter allen europäischen Literaturen zusteht", während das Gälische als Quelle der europäischen Zivilisation erschien. Aufgabe des Literatur- und Geschichtsunterrichts war, „das alterwürdige Leben Irlands als gälischer Staat, mit gälischer Sprache und gälisch-christlicher Wertetradition, wieder zu beleben"[18]. Diese Kongruenz von Gälentum, Katholizismus und Zugehörigkeit zur irischen Nation schloss aber den Teil der Inselbevölkerung aus, der sich nicht zu einer solchen Identität bekannte, wie die eine Million im Norden lebenden protestantischen Unionisten. Aber auch eine beträchtliche Anzahl von katholisch-nationalistischen Iren fand sich in diesem Erinnerungsmanagement des Freistaates nicht wieder. Bezeichnenderweise wurden sowohl die Geschichte der Iren, die dem britischen Empire in vielfältigen Funktionen gedient hatten, ebenso kollektiv vergessen, wie der Kampf vieler irischer Freiwilliger in der britischen Weltkriegsarmee oder die Erfolge eines parlamentarischen Weges zur Unabhängigkeit, wie sie die IPP im britischen Unterhaus vor 1916 errungen hatte.[19]

Die Engführung des Nationenbegriffs widersprach der gegenüber den abgespaltenen sechs nördlichen Counties gepflegten Wiedervereinigungsrhetorik. Dieser Zwiespalt manifestierte sich auch in der Stellung des Freistaates zur Arbeit der Grenzkommission, die nach Artikel 12 des angloirischen Vertrages vom Dezember 1921 den Grenzverlauf zwischen Norden und Süden regeln sollte „in Übereinstimmung mit den Wünschen der Bewohner, soweit diese mit ökonomischen und geografischen Begebenheiten kompatibel sind". Die Tätigkeit der Kommission begann schon 1922, aber zunächst wurde der Beginn systematischer Verhandlungen durch die Weigerung der nordirischen Regierung verschleppt, einen Vertreter in die Kommission zu entsenden. Dies konnte erst mit der Einsetzung eines Pflichtvertreters durch die britische Regierung überwunden werden. Die Forderungen des Irischen Freistaates zielten auf den Anschluss der gesamten Grafschaft Fermanagh, 66% Tyrones, 33% Londonderrys, 33% Armaghs und 25% Downs, um Regionen mit einer katholischen Mehrheit in den Freistaat aufzunehmen. Danach wären aber immer noch 266 000 Katholiken (27% der Bevölkerung) im Norden verblieben. Die Maximalforderungen der Dubliner Regierung, auch den größten Teil dieser Gruppe räumlich dem Freistaat zuzuschlagen, hätte das Ende eines ökonomisch lebensfähigen Nordstaates bedeutet. 1925 verabschiedete die Kommission unter der Leitung eines Richters des obersten südafrikanischen Gerichts und mit den Stimmen der Vertreter des Saorstat Éireann den Vorschlag, Südarmagh an den Freistaat und einen Teil von East Donegal an den Norden anzuschließen. Damit wären 25 000 Katholiken Einwohner des Freistaates und 6000 Protestanten Bürger Nordirlands geworden. Allerdings desavouierte Cosgrave seine Verhandlungsführer, indem er Ende 1925 in Gesprächen mit der britischen Regierung den Status quo des Grenzverlaufs anerkannte und für diesen Verzicht auf territoriale Revisionen die Streichung eines Teils der während der Unionszeiten entstandenen angloirischen Staatsschulden aushandelte.[20]

De Valera

Die Dominanz eines bestimmten, an den soziokulturellen Normen der oberen Mittelschicht orientierten Milieus konnte sich ohne größere parlamentarische Opposition entfalten, weil Sinn Féin die Institutionen des Freistaates für illegal hielt und sich selbst aus dem politischen System ausgeschlossen hatte. Dass Eamon de Valera sich nach seiner Haftentlassung im Juli 1924 und einer Pilgerreise nach Rom, die ihn zu John Hagan, Direktor des dortigen Irish College führte, entschloss, die Politik des parlamentarischen Abstentionismus aufzugeben, war für die Entwicklung Irlands von kaum zu überschätzender Bedeutung. In den Diskussionen im Vatikan hatte vor allem die Frage eine Rolle gespielt, wie die geforderte Eidesleistung auf die britische Monarchie zu erbringen sei, bei gleichzeitiger Ablehnung der Inhalte dieses Treueschwurs. De Valera glaubte, in komplizierten theologischen Argumentationen bezüglich möglicher Rechtfertigungen eines gebrochenen Schwurs auf die Bibel einen Weg zurück ins parlamentarische System gefunden zu haben. Allerdings sollte diese theologische Begründung nur die Rückzugslinie abgeben, falls seine Forderung nach einer Volksabstimmung über die Aufhebung des Eides nicht zustande käme. Diese in zermürbenden Reflektionen überwundenen Skrupel bei der Eidesleistung werfen ein Schlaglicht auf die ideologischen Signaturen eines Mannes, der während des Osteraufstandes nur knapp der Hinrichtung entkommen war und in der republikanischen Bewegung hohes Ansehen genoss, der aber letztlich die politischen Kämpfe des irisch-katholischen Milieus des 19. Jahrhunderts noch einmal ausfocht.[21]

Jene Rückwärtsgewandtheit verband sich nun aber mit einem fein entwickelten Sinn für machiavellistische Machtbehauptung, die ihn aus der Generation der Unabhängigkeitskämpfer weit emporhob. In seinen Techniken des Machterwerbs korrespondierten nationales Pathos mit großem Charisma und tiefem Verständnis für die Funktionsweise moderner Massendemokratien. Sein im März 1926 unternommener Versuch, Sinn Féin zur Aufgabe des Abstentionismus zu veranlassen, scheiterte jedoch an der intransigenten Haltung der Parteiführung. Daraufhin gründete er zwei Monate später die Partei Fianna Fáil: the Republican Party[22] (FF) – Fianna Fáil bedeutet „Soldaten des Schicksals" und erinnert an ein mythisches gälisches Heer. Mit ihr gelang es ihm innerhalb kurzer Zeit, das republikanisch-nationalistische Spektrum zu dominieren, Sinn Féin in die politische Bedeutungslosigkeit zu drängen und in Irland eine strukturell dauerhaft mehrheitsfähige Partei in Opposition zu Cumann na nGaedheal parlamentarisch zu etablieren.

Wobei die starke Betonung des Republikanismus weniger politische Zielvorstellung als vielmehr eine grundlegende, vorpolitische, alltagsweltliche Einstellung zum Ausdruck bringt, die einen stark katholisch eingefärbten populistischen Nationalismus mit einem gälischen Wiedererweckungseifer verband und den irischen Kulturnationalismus noch stärker betonte als Cumann na nGaedheal.[23] Dabei war sich de Valera in der Ablehnung des angloirischen Vertrags vom Dezember 1921 treu geblieben. Er setzte seit der Gründung Fianna Fáils aber auf einen parlamentarischen Weg vom Freistaat zur Republik. Dieser Strategiewechsel sprach viele der im Freistaat an den Rand gedrängten Vertragsgegner positiv an. So konnte die neue Partei sozialräumlich zum großen Teil auf alte IRA-

Strukturen zurückgreifen, was den Aufbau lokaler Parteigliederungen begünstigte. Daneben entstanden aber ganz neue lokale Organisationsstrukturen jenseits der IRA, zumal de Valera nach seiner Abspaltung von Sinn Féin von dort auch massive Verratsvorwürfe auf sich gezogen hatte. Während die regierende Cumann na nGaedheal aber vor allem eine der oberen Mittelschicht verpflichtete Partei des politischen Zentrums Dublin war, artikulierte Fianna Fáil lokale Antipathien der irischen Peripherie gegenüber der unitarischen Regierung und Verwaltung. In ihren frühen Jahren repräsentierte Fianna Fáil hauptsächlich die Interessen kleinerer Bauern, die mehr staatliche Unterstützung erwarteten, ehemalige IRA-Mitglieder, untere Mittelschichten von Händlern, Wirten, Kleingewerbetreibenden, aber auch Teile der Arbeiterbewegung. Ihre Hochburgen lagen lange Zeit fast ausnahmslos in den ärmeren Regionen westlich des Shannon, aber auf dem Weg zur irischen Staatspartei gelang ihr schließlich vor dem Hintergrund eines symbolisch betonten Nationalismus die Integration auch anderer gesellschaftlicher Interessen, wie die der ökonomisch erfolgreicheren Landwirte. Folgerichtig erreichte sie dann auch verstärkt Wahlerfolge in den östlichen, wohlhabenderen Regionen des Landes. Entscheidend war dabei die Aussöhnung mit der katholischen Kirche, die sich im Bürgerkrieg eindeutig auf die Seite Cosgraves geschlagen hatte. Es sollte zum Kennzeichen der Politik de Valeras werden, in seine Reden Gebete einzuschließen, Entscheidungen der Regierung vorher mit dem Klerus zu diskutieren und oft nur nach dessen Einwilligung zu treffen. „FF-Politik ist die Politik Papst Pius' XI.", lautete eine seiner Wahlkampfbotschaften.[24]

Der Erfolg dieser Versöhnung von Republikanismus, IRA und katholischer Kirche deutete sich bei den Wahlen von 1927 an, als Sinn Féin insgesamt nur 15 Kandidaten aufstellen konnte, von denen fünf Mandate gewannen. Demgegenüber errangen die 87 Kandidaten Fianna Fáils auf Anhieb 44 Sitze und blieben damit nur drei Sitze hinter Cumann na nGaedheal zurück. Die Labour Party verzeichnete mit 23 Mandaten ihr bestes Ergebnis für die folgenden sechzig Jahre, während die Landwirtepartei elf Sitze erhielt. Diese neue Macht blieb aber zunächst virtuell, weil Fianna Fáil als Voraussetzung der Mandatsannahme eine Volksabstimmung über den obligatorischen Oath of Fidelity forderte. Nach der Ermordung Kevin O'Higgins' durch die IRA im Juli desselben Jahres nutzte die Regierung Cosgraves dieses Attentat für einen letzten Versuch, eine Verständigung mit den ehemaligen Bürgerkriegsgegnern hinauszuzögern. Stattdessen kehrte sie mit dem Public Safety Act zur Militärgerichtsbarkeit für staatsgefährdende Straftaten zurück. Gleichzeitig machte der Electoral Amendment Act den Loyalitätseid zur Conditio sine qua non für alle folgenden Wahlen zum Dáil. Cosgraves Taktik, noch für 1927 allgemeine Neuwahlen unter den Bedingungen der Wahlrechtsreform anzusetzen, um entweder Fianna Fáil zum Wahlboykott oder zur Akzeptanz der Eidesleistung zu zwingen, brachte nur einen Teilerfolg. Um überhaupt an dem Urnengang teilnehmen zu können, legten die Parlamentarier der Fianna Fáil den Oath of Fidelity ab. Zur Überlebensfähigkeit der neuen Partei trug ungeachtet aller doktrinären, gälisch-katholischen Rhetorik von Beginn an ein die Grenzen des Opportunismus nicht selten überschreitender Pragmatismus bei. Fianna Fáil repräsentiert bis heute die Funktionalität des politischen Doppelstandards wie keine andere irische Partei. Die Wähler honorierten diesen Machtrealismus durchaus; bei den Neuwahlen

Ende 1927 gewann zwar Cumann na nGaedheal 62 Sitze, aber Fianna Fáil verbesserte sich auf 57, während Labour auf 9 Sitze schrumpfte.

Die im Amt bestätigte Regierung Cosgraves sah sich in den folgenden Jahren aber nicht nur mit terroristischen Aktivitäten der IRA konfrontiert, die Anfang der Dreißigerjahre mit der Ermordung mehrerer Polizisten und des Superintendenten der Garda einen Höhepunkt erreichten. Der gesellschaftspolitische Immobilismus der Cumann na nGaedheal wurde von immer weniger Wählern als Preis der nationalstaatlichen Stabilisierung akzeptiert. Zwar war die ökonomische Leistungsbilanz des Freistaates am Ende der Zwanzigerjahre im internationalen Vergleich nicht schlecht. Die rigide Haushaltsdisziplin hatte Hyperinflationen verhindert und Irland besaß auf den internationalen Finanzmärkten einen guten Ruf als Schuldner. Aber diese Solidität war mit dem Verzicht auf größere ökonomische und sozialpolitische Entwicklungsvorhaben erkauft worden. Noch Ende der Dreißigerjahre waren die Slums von Dublin nicht saniert. In den ländlichen Regionen gab es ebenfalls großen Modernisierungsbedarf vor allem im Bereich der sanitären Einrichtungen. So besaßen noch 1946 nur 5% aller Bauernhäuser eine innen liegende Toilette. Obwohl es insbesondere in Dublin und Umgebung Ansätze zur Entwicklung einer modernen Volkswirtschaft mit hohen Anteilen des sekundären und tertiären Sektors gab, blieb eine relativ hohe Arbeitslosigkeit und eine damit verbundene Armut ein grundlegendes Problem mit erheblichen sozialen Folgen. So lag das Heiratsalter mit 34 Jahren bei Männern und 29 Jahren bei Frauen im europäischen Vergleich hoch. Ein Viertel der fünfundvierzigjährigen Frauen waren unverheiratet. Die Auswanderung hielt an: Ungefähr 6% der zwischen 20 und 46 Jahre alten Bewohner emigrierten vorzugsweise nach Großbritannien. Begleitet wurde dieser Exodus durch eine innerirische Landflucht. Die Gründung der linken Partei Saor Éire, die als republikanisch orientierte Arbeiterpartei den sozialpolitischen Nachholbedarf anprangerte, markierte eine erste grundlegende Veränderung im politischen Nachfragespektrum. Allerdings blieb mit Blick auf die Arbeiterschicht in Ulster dieser Versöhnungsversuch von Republikanismus und Sozialismus widersprüchlich, denn die Anliegen unionistischer Arbeiter kamen in den Forderungen Saor Éires nicht vor. Geschlossener präsentierte sich da das Weltbild Fianna Fáils, in dem für sozialistische Universalismen ohnehin kein Platz war und der gälisch-katholische Nationalismus ein spezifisches schichtenübergreifendes Integrationsangebot wenigstens für den größten Teil der irischen Bevölkerung machte. Auch die Verschärfung der innenpolitischen Spannungen durch Morde der IRA in den Jahren 1930 und 1931 und die ambivalente Haltung Fianna Fáils, die einerseits einen parlamentarischen Weg zur Republik einschlagen wollte, andererseits aber etwa 1931 mit der IRA eine große Demonstration in Bodenstown am Grab Wolfe Tones veranstaltete, verhinderten den weiteren Aufstieg der Partei nicht. Bei den 1932 abgehaltenen Wahlen errang sie 44,5% der Stimmen, steigerte sich um 9,3% und kam auf 72 Sitze im Dáil, während Cumann na nGaedheal bei 35,3% auf 57 Mandate zurückging. Die auf sieben Abgeordnete reduzierte Labour Party unterstützte einen Regierungswechsel und verhalf de Valera zum Amt des Ministerpräsidenten, das er bis 1948 innehatte. Mit dieser Wahl etablierte sich im Freistaat auch parlamentarisch ein stabiles Zweieinhalbparteiensystem aus Fianna Fáil, Fine Gael, der Nachfolgepartei Cumann na nGaedheals, und Labour, in dem es Fianna Fáil bis heute gelang, eine strukturelle Mehrheitsfähigkeit zu behaupten, während die größte Oppositionspartei Fine Gael nur noch in Ausnahmefällen Koalitionen gegen Fianna Fáil zustande brachte.

Zum ersten Mal bildete sich damit ein Dualismus von Regierung und Opposition im politischen System des Freistaates heraus. Bis dahin fand Opposition nur als Angriff auf das institutionelle Gefüge des Staates statt. Mit Blick auf die britische Konservative Partei ist einmal formuliert worden, diese sei die „natürliche Regierungspartei". Für die Irische Republik kann das mit Fug und Recht von Fianna Fáil behauptet werden. Dass sie dabei aber nur selten die absolute Mehrheit der Stimmen gewinnen konnte, ist auf das irische Präferenzstimmrecht zurückzuführen, welches insbesondere auch kleinen Parteien und Einzelbewerbern Repräsentationschancen eröffnet. Gleichwohl hat Fianna Fáil bis Ende des 20. Jahrhunderts feste Koalitionen vermieden und eher versucht, fehlende Stimmen im Parlament mit Zugeständnissen an lokale Sonderinteressen unabhängiger Abgeordneter zu gewinnen.

Der Erfolg Fianna Fáils war neben den innenpolitischen Versäumnissen der Regierung Cosgrave auch die Folge einer sich für Irland seit der Weltwirtschaftskrise 1929 verschlechternden Lage der landwirtschaftlichen Exporte, die ihren Ende der Zwanzigerjahre erzielten Höchststand erst nach dem Weltkrieg wieder erreichen konnten. Wegen des Kollapses insbesondere des Marktes für Schlacht- und Lebendvieh versuchte Fianna Fáil eine Umsteuerung der Agrarpolitik. So wurde der Weizen- und Zuckerrübenanbau mithilfe von Preisgarantien, vielfältigen weiteren Subventionen und flankierenden Importkontrollen gefördert. Der Ausbau der Ackerwirtschaft erhöhte aber wider Erwarten nicht die Zahl der landwirtschaftlichen Arbeitsplätze, zwischen 1930 und 1940 ging die Beschäftigung von Männern in der irischen Agrarökonomie sogar zurück. Ein Hauptgrund lag in der widersprüchlichen Förderpolitik der neuen Regierung, die neben der Expansion der Ackerbaubetriebe auch die Milchwirtschaft subventionierte. Indem nun aber das wegen des Preisverfalls für Rindfleisch eigentlich unökonomische Halten von Milchvieh über staatliche Beihilfen für die einzelnen Betriebe rentabel gemacht wurde, kam es zu einem nicht intendierten Boom in der Graslandwirtschaft. Schon früh wurde hier die problematische Seite der auf Interessenversöhnung ausgerichteten Politik Fianna Fáils deutlich, die Immobilismen ganz eigener Art erzeugte. Auf dem Gebiet der landwirtschaftlichen Entwicklung war diese Unbeweglichkeit auch auf allgemeine ideologische Orientierungen zurückzuführen, die Irlands Zukunft als agrarpolitische Idylle träumten, in der kleine, sich selbst versorgende Einheiten familienbezogen existierten und authentisch-gälische Gemeinschaften bildeten. Hier manifestierte sich eine klare Absage an die als materialistisch-rationalistisch und unsolidarisch gegeißelte moderne Industriegesellschaft. Dieser romantische Antimodernismus korrespondierte mit einem insularen Sonderbewusstsein, das de Valera in einer Ansprache zum St. Patrick's Day 1943 ausdrückte: „Jenes Irland, von dem wir träumten, ist die Heimat eines Volkes, welches materiellen Wohlstand nur als Basis eines gerechten Lebens schätzte, eines Volkes, welches zufrieden war mit bescheidenem Komfort und welches seine Freizeit spirituellem Leben widmete, ein Land, dessen Landschaft angefüllt ist mit freundlichen, einladenden Heimstätten, dessen Felder und

Dörfer angefüllt sind mit dem fröhlichen Lärmen des Erwerbslebens, herumtobender, gesunder Kinder, dem Wettbewerb jugendlicher Athleten und dem Lachen lieblicher Jungfrauen, welche an ihren Feuerstätten Alte und Weise beherbergen. Es ist kurz gesagt die Heimat eines Volkes, welches ein Leben nach göttlichem Plan lebt."[25]

Demgegenüber besaßen die im Industrie- und Handelsministerium unter dem späteren Ministerpräsidenten Seán Lemass entwickelten Pläne zur Industrialisierung wenig Unterstüzung. Das heißt nun aber nicht, dass Fianna Fáil überhaupt keine Industriepolitik betrieben hätte. Dazu wurde sie allein schon durch die veränderte weltwirtschaftliche Lage gezwungen, die nicht nur in Großbritannien, dem mit Abstand wichtigsten Markt für irische Produkte, zur Einführung von Schutzzöllen führte. Die ubiquitäre Rezession brachte geringere Möglichkeiten zur Emigration mit sich, was den irischen Arbeitsmarkt belastete und die Schaffung von Arbeitsplätzen notwendig machte. Der Agrarsektor kam dafür nicht infrage, von dort ging sogar weiterer Druck auf den Arbeitsmarkt aus. Nachfrage nach gehobenen Gütern, für die es keine geeigneten irischen Anbieter gab, und der Rohstoffbedarf für die Produktionsprozesse der irischen Industrie erhöhten die Abhängigkeit von Importen, für die wiederum mit Agrarprodukten bezahlt werden musste, weil die irischen Industrieerzeugnisse nicht konkurrenzfähig waren. Irland kam aus der alten Strukturfalle des Tausches von Agrar- gegen Fertigwaren nicht heraus. Diese Außenhandelsstruktur band die knappen staatlichen Beihilfen vor allem an den primären Sektor. Viele der bis Ende der Vierzigerjahre auf 22 angewachsenen halbstaatlichen Industriekomplexe waren im Bereich der Agrar- und Energieproduktion angesiedelt, wie die Irish Sugar Company oder der die Verwertung der reichhaltigen Torfvorkommen betreibende Turf Development Board (Bord na Móna).

Überlegungen, einen autarken Entwicklungsweg zu beschreiten und die bestehende irische Industrie gegen ausländische Konkurrenz abzuschotten, waren von Fianna Fáil seit der Parteigründung entwickelt worden. Mit dem 1932 verabschiedeten Emergency Imposition of Duties Act wurde Irland zu einem Staat mit den weltweit höchsten Importzöllen, die fast 2000 Güter betrafen. Kurzfristig gelang so die Sicherung unwirtschaftlicher Arbeitsplätze. Der Protektionismus erhielt durch die drastische Verschlechterung der irisch-britischen Wirtschaftsbeziehungen 1932 besondere Aktualität. Im Juni dieses Jahres hatte de Valera die von Cosgrave im Dezember 1925 zugesicherte Fortsetzung der irischen Tilgungen der Kredite aus dem Land Purchase Scheme, mit dem die Londoner Regierung seit Beginn des 20. Jahrhunderts den Landerwerb von irischen Pächtern finanzierte, eingestellt. Diese Tilgungen waren von den jeweiligen Farmern zu erbringen, allerdings von der irischen Regierung gegenüber Großbritannien garantiert worden. Gerade die für Fianna Fáil wichtigen kleinen landwirtschaftlichen Betriebe wurden durch die Weigerung der irischen Regierung, diese Zahlungen einzutreiben, deutlich finanziell entlastet, während die größeren Eigentümer schon unter der Regierung Cosgraves ihre Tilgungen durch eigenmächtige Reduktion ihrer kommunalen Steuerlast kompensiert hatten. In diesem Zusammenhang war die bis 1934 bestehende Bindung des kommunalen Wahlrechts an die Steuerzahlung der Transmissionsriemen für die Umsetzung großagrarischer Interessen.

Mit dieser Politik Cumann na nGaedheals wollte Fianna Fáil brechen, und die Tilgungsfrage war der geeignete Raum für die Demonstration eines Politikwechsels, zumal sich hier leicht mit antibritischen Ressentiments und national-kulturellen Affekten operieren ließ, wie sich etwa in der 1933 eingeführten hohen Sonderbesteuerung britischer Zeitungen zeigte.[26] Die britische Regierung reagierte auf die Zahlungsverweigerung mit einer Erhöhung der Einfuhrzölle auf irisches Vieh, was die irische Regierung mit Zöllen auf britische Exporte wie Kohle, Zement, Eisen, Stahl, Maschinen beantwortete. Der eskalierende Handelskrieg hatte für die irische Volkswirtschaft erhebliche negative Auswirkungen. Neben der Verteuerung wichtiger Rohstoffe und Industriegüter reduzierten sich die Exportmöglichkeiten für landwirtschaftliche Erzeugnisse, die vor 1932 immerhin fast vollständig nach Großbritannien gegangen waren. Der Einkommensausfall der Landwirte wurde durch Exportsubventionen für Butter, Schinken und Lebendvieh ausgeglichen, was den irischen Staatshaushalt belastete und letztlich zu Steuererhöhungen führte. Um nicht die Last der Exportsubventionen allein tragen zu müssen, ermöglichte die Regierung das Entstehen von Quasimonopolen in der irischen Lebensmittelindustrie, die ohne Rücksicht auf Konkurrenten die inneririschen Preise so drastisch erhöhten, dass die ohnehin wettbewerbsschwache Industrie aufgrund hoher Lohnforderungen weiteren Boden verlor. Gleichwohl konnten diese Maßnahmen eine Verarmung insbesondere der kleineren Höfe nicht verhindern, sodass die irische Regierung 1933 zu direkten Einkommensbeihilfen für Landwirte übergehen musste. Eine erste Linderung brachte der Anfang 1935 mit der britischen Regierung ausgehandelte Coal-Cattle Pact, der Einfuhrbeschränkungen für Kohle aufhob und die britischen Importquoten für Rindfleisch erhöhte. Ein Ende fand der Handelskrieg jedoch erst 1938, als Großbritannien im Rahmen eines angloirischen Handelsvertrages seine sich auf 100 Millionen Pfund belaufenden Forderungen aus den Landkrediten um 90% reduzierte und sich die irische Regierung zur einmaligen Zahlung von 10 Millionen Pfund bereit erklärte. Zölle auf Vieheinfuhren und andere irische Waren wurden abgeschafft, und der Freistaat führte ein Präferenzsystem für den Import britischer Güter ein. Insgesamt war der Wert von irischen Fleischexporten zwischen 1930 und 1936 um 40% gefallen – ein Verlust, der durch den verstärkten Getreideanbau nicht annähernd ausgeglichen wurde. Alles in allem beliefen sich die durch den „Economic War" verursachten Verluste der irischen Volkswirtschaft auf ca. 48 Millionen Pfund. Die Einfuhren aus Großbritannien waren von 81% auf 50% geschrumpft, doch neue Exportmärkte konnte die südirische Wirtschaft kaum gewinnen. Die enge ökonomische Verflechtung mit dem britischen Markt blieb auch in den Dreißigerjahren bestehen. Allerdings verringerten sich aufgrund der hohen Zölle die Ausfuhren nach Nordirland um die Hälfte. Der einsetzende lebhafte Viehschmuggel konnte diesen Rückgang nur teilweise kompensieren. Wichtiger als die ökonomischen Aspekte des Handelsvertrages waren jedoch seine politisch-symbolischen Gehalte. So verzichtete die Londoner Regierung auf irische Marinebasen und Schiffstankanlagen. Damit gewann der Freistaat vollständige territoriale Souveränität. Dass die britische Regierung ihre letzten militärischen Stützpunkte im Süden der Insel aufgab, war – so paradox es klingt – der internationalen Lage geschuldet, die eine Entspannung des Verhältnisses zum Freistaat nahe legte und durch Verlagerung der Basen in den Norden die geostrategische Situation nur unwesentlich verschlechterte.

Der Versuch, eine autarke Wirtschaftsentwicklung im Freistaat zu beginnen, war mit dem Ende des Economic War in eine ruhige Phase übergegangen, und in den ökonomischen Beziehungen zum Vereinigten Königreich legte de Valera seinen Isolationismus weitgehend ab. Dass das nicht zwangsläufig auch für politische Fragen zutraf, zeigte sich wenig später an der Neutralitätspolitik der irischen Regierung gegenüber den faschistischen Mächten und der Anti-Hitler-Koalition. Das Autarkieexperiment war aber nicht nur eine aus der Not des Handelskrieges geborene Strategie. Vielmehr entsprang sie der Notwendigkeit einer Industrialisierung Irlands, um Arbeitskräfte im Land binden zu können, unter den Bedingungen der gravierenden Konkurrenzschwäche irischer Unternehmen. Dem autochthonen Entwicklungsweg standen die sich verschlechternden Austauschverhältnisse von Nahrungsmittelexporten und Rohstoff- bzw. Fertigwarenimporten sowie die geringen Möglichkeiten, lukrative Direktinvestitionen in irische Betriebe unterzubringen, entgegen. Die doppelte Stoßrichtung einer Erhöhung der Investitionen bei Stärkung der irischen Unternehmensstruktur nahm im Control of Manufactures Act von 1932 eine Form an, die letztlich erst Ende der Fünfzigerjahre verändert wurde und einer neuen weltmarktfreundlichen Industrialisierungsstrategie Platz machte.

Nach dem Gesetz von 1932 durften ausländische Investoren höchstens 49% Eigentum an in Irland arbeitenden Unternehmen halten, um eine ausländische Mediatisierung der ökonomischen Entwicklung zu verhindern. Die Industrialisierung fügte sich in das Muster des nationalen Souveränitätsgewinns, das de Valera ja seiner Politik zugrunde gelegt hatte, indem die Bildung von staatlich kontrollierten Monopolen gefördert wurde. Zur Beschreitung dieses Pfades gehörte auch der Ausbau korporatistischer Strukturen, in denen die Interessen von Arbeitgebern, Berufsverbänden, Gewerkschaften und des Staates reguliert werden sollten. Jedoch versandeten Ideen zur Einrichtung einer Nationalversammlung von Arbeitgebern und Arbeitnehmern, wie sie Anfang der Vierzigerjahre von der Commission on Vocational Organization vorgetragen wurden, relativ schnell. Zwar hatte sich gerade auch Pius XI. schon 1931 mit seiner Enzyklika Quadragesimo Anno für dieses Modell eines dritten Wegs zwischen Kapitalismus und Kommunismus ausgesprochen und europaweit Diskussionen in konservativ-klerikalen Milieus ausgelöst, aber im Freistaat blieb Fianna Fáil skeptisch, hätten doch korporatistische Institutionen die Macht der Partei erheblich eingeschränkt. Diese Distanz zeigte sich deutlich, als de Valera die zweite Kammer des irischen Parlaments, den Senat, reformieren ließ. In den neu geschaffenen, bis heute bestehenden Senat ziehen seitdem neben elf von der Regierung ernannten Mitgliedern 43 in einer besonderen Wahlversammlung von Dáil und Kommunalvertretern bestimmte Vertreter von Berufsverbänden ein. Der irische Senat greift also korporatistische Ideen auf, wobei die politischen Parteien die eigentliche Kontrolle ausüben.

Trotz dieser Ansätze eines autarken Korporatismus kam es weder in den Strukturen noch in den Inhalten zu einer grundsätzlichen Neuausrichtung der irischen Wirtschaftspolitik. Es blieb bei der starken Betonung des primären Sektors, während die Arbeitsmarktprobleme eher durch kurzfristige Maßnahmen wie die Festsetzung von Obergren-

zen für die Frauenbeschäftigung im öffentlichen Dienst und der Industrie sowie der Einführung eines Gesetzes, das die Möglichkeit schuf, Frauenarbeit in der Industrie vollständig zu verbieten, gesellschaftlich verschoben wurden. Dieser wenig dynamischen Wirtschaftspolitik stand nicht nur eine Betonung der national-symbolischen Dimension irischer Politik, wie sie schon im Rahmen des Economic War beobachtet werden konnten,
gegenüber.

Fianna Fáil entwickelte vielmehr ein sozialpolitisches Profil, das sich deutlich von dem
der Vorgängerregierung abhob. 1933 kamen Landarbeiter und Kleinbauern zum ersten
Mal in den Genuss einer Arbeitslosenversicherung. Im selben Jahr fand die Einrichtung
einer einheitlichen Krankenversicherung statt, die die medizinische Versorgung ärmerer
Schichten deutlich verbesserte. Zu den zukunftsweisenden Maßnahmen gehörte die Einführung einer Witwen- und Waisenrente (1935) ebenso wie ein Programm zur Verbesserung der Arbeitsbedingungen, insbesondere für Jugendliche (1936). Dass die Partei de Valeras in ihrer ersten, sechzehnjährigen Regierungszeit die Unterstützung eines großen Teils
der Arbeiterschicht fand, lag nicht nur an einer ideologischen Spaltung der irischen Arbeiterbewegung in einen nationalen und einen als sozialistisch etikettierten Flügel, sondern
vor allem auch am ambitionierten Wohnungsbauprogramm der Regierung. Zwischen
1932 und 1942 entstanden in Irland durchschnittlich 12 000 Wohnungen im Jahr. Während
der Regierungszeit von Cumann na nGaedheal waren nur 2000 Einheiten pro Jahr errichtet worden, entsprechend groß war der Nachholbedarf. Zwar gab es in den Kriegsjahren
nach 1939 eine Unterbrechung dieses Programms, aber 1946 war ein Rückgang in der Zahl
von besonders beengt wohnenden Familien, die zwei oder weniger Zimmer zur Verfügung
hatten, zu verzeichnen: In Cork ging der Anteil dieser Gruppe von 28% auf 21%, in Limerick von 39% auf 23% und in Dublin sogar von 50% auf 25% aller Haushalte zurück.[27]
Dublin entwickelte sich in diesen Jahren inmitten einer agrarisch geprägten Gesellschaft
langsam zu einer modernen industriellen und dienstleistungsorientierten Metropole.

Neben dieser durch eine massive Staatsverschuldung finanzierten Sozialpolitik spielte
für die Legitimation des neuen Regimes die Betonung des nationalen Souveränitätsstrebens eine Hauptrolle.[28] Im Zentrum stand dabei die Sprachen-, Bildungs- und Kulturpolitik. Eine Verschärfung der von Cumann na nGaedheal betriebenen Schulpolitik setzte
mit dem Zwang des Gälisch-Unterrichts auch für solche Schüler ein, deren erste Sprache
Englisch war. Der Bildungsminister wollte gar einen Kulturkampf führen „gegen Englisch
und für das Leben der Sprache"[29]. Aber auch die Erhebung des Irischen zum Pflichtfach
für Schulabgangszeugnisse und die Verstärkung der Irischausbildung für Lehrer änderte
nichts an dem kontinuierlichen Rückgang der irischen Alltagssprache im Gaeltacht.

Verfassung von 1937

Einen weit reichenden Ausdruck nahm dieser politisch-kulturelle Identitätsdiskurs in der
1937 von de Valera vorgelegten neuen Verfassung an. Die bis heute in ihren Grundstrukturen gültige Verfassung (Bunreacht na h'Éireann) betont an prominenter Stelle nicht nur

die Bedeutung der irischen Sprache und Kultur, sondern auch die Gültigkeit der Verfassung und der Gesetzgebung des Dáil für die gesamte Insel. Damit gab es einen verfassungsrechtlichen Auftrag zur Wiedervereinigung. Daneben vergrößerten sich die direktdemokratischen Rechte des irischen Volkes durch Direktwahl des Staatspräsidenten (An tUachtarán), die Abschaffung des Amtes eines von der englischen Krone einzusetzenden Gouverneurs und die Möglichkeit, obligatorische und fakultative Referenden zu veranstalten. Der Staatspräsident gilt als Wahrer der Volksrechte, wird aber auf eine repräsentative Rolle festgelegt, während die Macht sich in den Händen des Premierminsters (Taoiseach) konzentriert. Der Senat (Seanad Éireann) nimmt nur noch eine schwache Stellung ein. Die Verfassung hatte einen starken theokratischen Akzent, der erst 1972 abgeschwächt wurde. Allein fünf Artikel definierten ungeachtet der ebenfalls festgeschriebenen religiösen Pluralität die Sonderaufgaben der katholischen Kirche als gesamtgesellschaftlich verbindlich agierende Wächterin des Glaubens. Die Verfassung stellte fest, dass die „Kirche Jesu Christi die katholische Kirche ist. Der Staat erkennt die Kirche Christi als vollkommene Gesellschaft an, welche in sich die volle Kompetenz und souveräne Autorität in Bezug auf das spirituelle Wohlergehen der Menschheit trägt […] was auch immer unter der zivilen und politischen Ordnung zusammengefasst wird, steht rechtmäßig unter der höchsten Autorität der perfekten Gesellschaft, des Staates, dessen Aufgabe es ist, das temporäre Wohlergehen, moralisch und materiell, der Gesellschaft sicherzustellen. […] In Fällen, in denen die Jurisdiktion der Kirche und des Staates harmonisch miteinander in Einklang gebracht werden muss, soll der Staat in Bezug auf spezielle Belange in ziviler, politischer und religiöser Hinsicht Abkommen mit der Kirche und anderen religiösen Körperschaften eingehen."

Zwar werden andere Religionen ausdrücklich geschützt, aber das in die Verfassung aufgenommene Scheidungsverbot war eine Umsetzung katholischer Dogmen, wie sie sich auch strafrechtlich im 1933 eingeführten Verbot jeglicher Empfängnisverhütung manifestierten. Ganz deutlich zeigte sich die katholische Prägung in den Artikeln zur Stellung der Frau in der Gesellschaft, die vor allem als Mutter Rechtssubjekt ist und besondere sozialpolitische Ansprüche hat, um nicht lohnarbeiten zu müssen. Andere Artikel, die auf soziale Rechte, gleiche Teilhabe aller Staatsbürger und eine gerechte Reichtumsverteilung zielen, entsprachen dem sozialpolitischen Programm Fianna Fáils, blieben aber ganz im Gegensatz zu den katholischen Färbungen der Verfassung ohne weitere praktische Bedeutung. Mit Blick auf die Beziehungen zu Großbritannien wurde grundgesetzlich die Feststellung getroffen, dass das Commonwealth keinen Anspruch auf Irlands Mitgliedschaft habe, was insofern keine verfassungspolitische Revolution bedeutete, als das irische Parlament den Treueid auf den britischen Monarchen schon 1933 abgeschafft hatte. Bis zur Neuformulierung der Verfassung waren weitere Verbindungen zum Vereinigten Königreich, wie die Möglichkeit irischer Bürger, an den britischen Privy Council zu appellieren, gekappt worden. Schließlich war es de Valera auch gelungen, die Abdankungskrise um den englischen König Edward VIII. 1936 zu einer weiteren Loslösung von der britischen Monarchie zu nutzen. So band die irische Regierung ihre Mitwirkung an außenpolitischen Maßnahmen der Krone an die Beteiligung weiterer Staaten des Commonwealth.

Von „England" ließ man sich nichts mehr befehlen. Durch diese einzelnen von de Valera über die Jahre genau dosierten Distanzierungsmaßnahmen war schon vor dem offenen, durch die neue Verfassung vollzogenen Bruch des angloirischen Vertrages von 1921 das Gründungsdokument des Freistaates systematisch ausgehöhlt worden. Dieser Erosionsprozess und die Wahrnehmung einer gravierenden Handlungsschwäche gegenüber Irland führten schließlich zur britischen Akzeptanz der neuen Verfassung. Auf dieser lastete aber ein Widerspruch in der Definition des Nationalen, der die Dubliner Politik gegenüber dem Norden bis Ende des 20. Jahrhunderts bestimmen sollte und historisch schon seit der Emanzipation der katholischen Bevölkerung die irische Selbstbestimmungsbewegung gespalten hatte.

So definierte sich Éire als katholischer Staat einer katholischen Nation mit einem Vertretungsrecht für die gesamte Inselbevölkerung, ohne den Interessen der eine Million Protestanten im Norden ein Integrationsangebot zu machen. Für diesen Double-Bind lieferte die Auswahl des ersten Staatspräsidenten ein bildkräftiges Beispiel. Gewählt wurde der ehemalige Vorsitzende der Gaelic League, Douglas Hyde, der als Protestant die Inklusion religiöser Minderheiten in den neuen Staat personifizierte, dem aber offiziell ein katholischer Priester als Beichtvater zugewiesen wurde. Letztlich dominierte also doch die katholische Dogmatik.[30] Dass nur 56% der Stimmberechtigten die Verfassung in einem Referendum bejahten, hatte aber wohl weniger mit politisch-gesellschaftlicher Opposition gegen diesen weiteren Schritt auf dem Weg zu einer irischen Republik zu tun, sondern drückte eine beträchtliche Unzufriedenheit mit de Valeras Politik aus, der ja das Handelsabkommen mit Britannien noch nicht erfolgreich abgeschlossen hatte. Bei den parallel zur Abstimmung über die Verfassung abgehaltenen Parlamentswahlen verlor Fianna Fáil trotz der zulasten Fine Gaels (Stamm der Gälen), wie sich Cumann na nGaedheal nach 1933 nannte[31], gehenden Reduzierung der Abgeordnetensitze von 153 auf 138 ihre absolute Mehrheit.

Zweite Regierungszeit Fianna Fáils

Obwohl sich diese relative Schwäche der Regierungspartei schon kurze Zeit später nach Ende des Handelskriegs verflüchtigte und erneute Wahlen Fianna Fáil die absolute Stimmenmehrheit bescherten, sah sich de Valera mit einer die innere Sicherheit gefährdenden Herausforderung durch alte gewaltorientierte Gruppierungen der Gegner und Befürworter des angloirischen Vertrages von 1921 konfrontiert. Nach der Machtübernahme 1932 hatte Fianna Fail nicht nur viele IRA-Mitglieder, die während der Regierungszeit Cumann na nGaedheals zu Haftstrafen verurteilt worden waren, amnestiert und das Erscheinen von verbotenen IRA-Zeitungen erlaubt, sondern auch versucht, den in der irischen Armee stark vertretenen militärischen Flügel der Vertragsbefürworter zu schwächen. Man entließ O'Duffy als Polizei- und Armeechef, viele Angehörige der Freistaats-Armee wurden demobilisiert und die von ihm gegründete Army Comrades Association/National Guard, in der sich Gegner Fianna Fáils organisierten, verboten. Die wegen ihrer uniform-

ähnlichen Bekleidung „Blueshirts" genannten Einheiten, denen Sympathien mit dem italienischen Faschismus nachgesagt wurden und die sich zunehmend in gewalttätige Auseinandersetzungen mit der selbstbewusst auftretenden IRA verstrickten, verschwanden
nach dem 1934 gegen sie ausgesprochenen Verbot bald aus der Öffentlichkeit. Unter dem
Kommando O'Duffys kämpften einige ihrer Mitglieder aufseiten Francos im Spanischen
Bürgerkrieg. Um diesen Kräften Herr werden zu können, hatte die Dubliner Regierung
die Militärgerichtsbarkeit eingeführt, die bis Mitte der Dreißigerjahre ca. 100 IRA-Mitglieder und 350 „Blueshirts" wegen staatsgefährdender Tätigkeiten verurteilte.

Auch wenn sich die staatliche Macht vor allem gegen die alten Seilschaften Cumann na
nGaedheals richtete: Die IRA kam nicht ungeschoren davon. Einerseits waren IRA-Kämpfer
amnestiert, mit Pensionen für ihre Beteiligung am Bürgerkrieg versehen und zum Teil für
den Aufbau einer Armeereserve rekrutiert worden, andererseits tolerierte die Regierung
nicht den Aufbau einer neuen IRA als Staat im Staate. Auf verstärkte terroristische Aktivitäten der auch den von Fianna Fáil dominierten Freistaat ablehnenden Republikaner
reagierte die Regierung 1936 mit einem Verbot der IRA und der Wiedereinführung der
Internierung von Mitgliedern dieser Organisation. Eine Unterdrückung schien umso not-
wendiger zu sein, je stärker sich die Gefahr eines neuen europäischen Krieges abzeichnete.
Die jetzt konspirativ operierende IRA-Führung nahm etwa Kontakt zur deutschen Regierung auf und überzog Großbritannien 1938/1939 mit einer Bombenkampagne, wobei sie
nicht nur die offizielle Neutralität Irlands gefährdete, sondern in ihren Verlautbarungen
als eigentliche Regierung des irischen Volkes auftrat und als solche Großbritannien den
Krieg erklärte. Die Repressionsmaßnahmen Fianna Fáils führten recht schnell zu drastischen Konsequenzen. Sondergerichte sprachen Todesstrafen gegen IRA-Angehörige aus,
verurteilten 600 IRA-Mitglieder zu langen Haftstrafen und internierten 500 weitere für
die gesamte Dauer des Zweiten Weltkriegs. Hungerstreiks der Verurteilten und Internierten forderten Todesopfer. Doch mit dem Tod des IRA-Oberkommandierenden Seán Russell, der 1940 an Bord eines deutschen U-Bootes, das ihn an der irischen Küste absetzen
sollte, starb, verfiel die Organisation, die sich erst nach 1945 wieder mühsam rekonstruierte. Für die Zukunft des politischen Systems Irlands waren diese Jahre von entscheidender Bedeutung, weil sich endgültig die politische Elite gegen die paramilitärischen Gruppen durchgesetzt und die Priorität des Politischen vor dem Militärischen gesichert hatte.

Über die am 2. September 1939 erklärte Neutralität Irlands im beginnenden Weltkrieg
bestand zwischen den politischen Parteien Einigkeit während der gesamten Kriegszeit, bis
auf den stellvertretenden Vorsitzenden Fine Gaels, John Dillon, der einen Beitritt zur
Anti-Hitler-Koalition forderte und deshalb aus der Partei ausgeschlossen wurde. In den
Dreißigerjahren war de Valera eher mit deutschfreundlichen Positionen hervorgetreten.
So unterstützte er Hitler in dessen Sudetenpolitik, begrüßte das Münchener Abkommen
und riet der britischen Regierung, Deutschland in Mitteleuropa freie Hand zu lassen und
sich in der Danzig-Frage zurückzuhalten.[32] Die irische Regierung übte aber auch vorsichtige Kritik am deutschen Vorgehen gegen neutrale Staaten wie Belgien oder die Nieder-
lande und drückte so ihre gleiche Distanz zu allen Krieg führenden Staaten aus. Nachdem
in Deutschland Pläne für eine Invasion Irlands 1940 nicht weiter verfolgt worden waren

und das Hauptziel der deutschen Politik darin bestand, Irland neutral zu halten, konnte sich Dublin angesichts dieser Nichtgefährdung durch Deutschland der Beschwichtigung Großbritanniens widmen, wo strategische Überlegungen zur gewaltsamen Besetzung der ehemaligen Marinebasen angestellt worden waren. Auf das im Juni 1940 von Churchill gemachte Angebot, bei Kriegseintritt Irlands eine Konferenz zur Wiedervereinigung der Insel einzuberufen, die dem Norden und Süden eine neue Verfassung geben sollte, ging de Valera nicht weiter ein: „Unsere gegenwärtige Verfassung repräsentiert die Grenzen, welche unser Volk bereit ist zu akzeptieren, um den Dünkeln der Unionisten im Norden entgegenzukommen …"[33] Allerdings lehnte auch der nordirische Ministerpräsident Craig diesen 1941 erneut vorgelegten Plan ab. De Valeras Gegenmodell einer Vereinigung Irlands unter Beibehaltung einer von Großbritannien und den USA zu garantierenden Neutralität mit Nutzungserlaubnis der Marinebasen für alliierte Einheiten fand in London und Washington kein Gehör.

Das Bemühen, zu beiden Seiten gleichwertige Beziehungen zu unterhalten, führte in Irland zu einer umfassenden Zensur der Presse, der es verboten war, über Verlauf der Kampfhandlungen, Kriegsverbrechen und den Holocaust zu berichten, weil jeder Anschein von „Propaganda" gegen eine der Krieg führenden Mächte verhindert werden sollte. So wurden selbst Meldungen über Fehlabwürfe deutscher Bomber über irischem Territorium systematisch unterdrückt. Dabei schwang in dieser Gleichgewichtspolitik ein gewisses selbstgerechtes Mitleid mit. So stellte die Fianna Fáil freundliche „Irish Press" 1943 mit Blick auf angebliche Verbrechen der deutschen Wehrmacht und die Verfolgung der Juden fest: „Es wird den europäischen Minoritäten keine Form von Unterdrückung aufgebürdet, welche die Nationalisten in den sechs Counties nicht erleiden mussten."[34] Ausdruck des sich hier von seiner hässlichsten Seite zeigenden Parochialismus war auch die schon 1938 gefällte Entscheidung des Irish Coordinating Committee for Refugees, nur christliche Flüchtlinge in Irland aufzunehmen. Trotz dieser öffentlichen Betonung einer unparteilichen Stellung gab es Anzeichen einer gewissen Sympathie mit den Alliierten, die sich etwa in der südirischen Hilfe nach dem verheerenden deutschen Luftangriff auf Belfast am 15. April 1941 zeigte. Darüber hinaus kämpften ca. 50 000 irische Bürger als Freiwillige in der britischen Armee, und eine große Zahl irischer Migranten arbeitete in der britischen Rüstungsindustrie.

Ein wichtiger Grund für die Neutralität lag in der Angst begründet, bei einer Niederlage des Vereinigten Königreiches in den Abgrund gerissen zu werden, zumal aufgrund der eigenen militärischen Schwäche ohnehin kein Beitrag zum Sieg hätte geleistet werden können. Zwar wuchs die irische Armee seit 1940 von 19 000 auf 42 000 Soldaten, aber Irland verfügte über keine Kriegsmarine, keine Luftwaffe und kaum Luftverteidigungswaffen. Allerdings unternahm die Regierung keine weiteren Anstrengungen, um diese Schwäche zu beheben. Die Neutralitätspolitik hatte somit auch eine ökonomische Logik und schonte den ohnehin defizitären irischen Staatshaushalt. Auf der geheimdienstlichen Ebene existierten Kontakte zu den britischen Diensten, die irischerseits vor allem im Wunsch nach Kontrolle der deutschfreundlichen IRA begründet waren. Auch über Irland verunglückte deutsche bzw. alliierte Flugzeugbesatzungen erfuhren eine unterschiedliche

Behandlung. Während Deutsche festgenommen und bis zum Ende des Krieges interniert wurden, durften Engländer und US-Amerikaner zu ihren jeweiligen Basen heimkehren. Mit zunehmender Dauer des Krieges sahen sich deutsche Diplomaten vielfältigen Beschränkungen ihrer Arbeit ausgesetzt, während sich Vertreter der Staaten der Anti-Hitler-Koalition größerer Bewegungs- und Handlungsmöglichkeiten erfreuten. Solche vorsichtigen Beiträge waren insbesondere der US-Regierung jedoch nicht genug. Zu Spannungen zwischen Washington und Dublin kam es nicht nur, weil die irische Regierung 1940 im amerikanischen Präsidentschaftswahlkampf Roosevelts republikanischen Gegenkandidaten mehr oder weniger öffentlich unterstützte, sondern auch, weil sich de Valera weigerte, die diplomatischen Beziehungen zu den Achsenmächten abzubrechen. Auch seine Kondolenzbotschaft an den deutschen Botschafter in Dublin anlässlich des Todes von Adolf Hitler trug zur US-amerikanischen Wahrnehmung einer deutschfreundlichen Haltung der irischen Regierung bei. Die Neutralitätspolitik belastete das traditionell gute irisch-amerikanische Verhältnis erheblich, was sich in einer gewissen internationalen Isolierung nach Kriegsende manifestierte. So ging die Nichtaufnahme Irlands in die Vereinten Nationen zwar auf einen Vorstoß der UdSSR zurück, aber die USA nahmen das ohne Proteste hin.

Trotzdem kann durchaus ein positives Fazit der Neutralitätspolitik gezogen werden. Irland gehörte zu den fünf unter den weltweit 25 Staaten, die 1939 ihre Neutralität erklärt hatten und dieser Politik bis 1945 treu blieben. Diese Beharrlichkeit war auch durch die Teilung möglich geworden, da wichtige Basen für angloamerikanische Truppen im Norden der Insel eingerichtet werden konnten. Wie schon beim Blick auf die Stabilisierung der innenpolitischen Verhältnis zeigt sich, dass die Teilung auch für das Gelingen der Neutralitätspolitik von entscheidender Bedeutung war. Innen- und außenpolitische Belastungen konnten so einfach aus dem politischen System ausgeschlossen werden. Ein vereinigtes Irland hätte sich da ganz anderen Zwängen und Pressionsversuchen der Anti-Hitler-Koalition ausgesetzt gesehen. Wieder einmal erwies sich die Funktionalität der Teilung für den irischen Staat.

Die Jahre zwischen 1939 und 1945 brachten große ökonomische Probleme. Da Irland über keine nennenswerte eigene Handelsmarine verfügte, mussten 95% aller Ein- und Ausfuhren durch Schiffe kriegsbeteiligter Staaten besorgt werden, was zu einem drastischen Rückgang des Außenhandels führte. Zwar war die Versorgung mit Grundnahrungsmitteln besonders in den ersten Kriegsjahren relativ gut, aber ab 1942 lag der Konsum bei vielen Waren im Vergleich zum Vorkrieg doch erheblich niedriger. So sank er bei Tee auf 25%, bei Benzin auf 20%, bei Paraffin auf 14%, bei Gas auf 16% und bei Textilien auf 22% der Zeit vor 1939. Kohle für private Heizzwecke war nicht mehr verfügbar, Brot und Zucker mussten schließlich streng rationiert werden. Diese Rationierungen endeten erst 1947, manche Rohstoffe blieben bis 1949 knapp. Die Auswirkungen dieses Mangels waren beträchtlich. Der private Straßenverkehr kam zum Erliegen, und auch der öffentliche Personenverkehr musste drastisch reduziert werden. So fuhren Züge zwischen Cork und Dublin nur noch zweimal in der Woche in kohlesparender Langsamfahrt. 1944 wurde der Straßenbahntransport in Dublin ganz eingestellt.

Da die Güterknappheit zu Preiserhöhungen geführt hatte, stellten die Gewerkschaften hohe Lohnforderungen. Der Staat griff mit Lohn-Preis-Kontrollen in die Wirtschaft ein, verbot 1941 Streiks und die Mitgliedschaft in Gewerkschaften, die ihren Hauptsitz nicht in Irland hatten, waren doch bis dahin dort viele britische Gewerkschaften aktiv gewesen. Irische Gewerkschaften ließen sich aber besser durch die Regierung kontrollieren. Das ambitionierte sozialpolitische Programm Fianna Fáils konnte unter der kriegsbedingten Notstandswirtschaft nicht fortgesetzt werden. Aber immerhin führte die Regierung 1944 gegen den erbitterten Widerstand des Finanzministeriums ein Kindergeld ab dem dritten Kind ein, das 1952 ab dem zweiten Kind und von 1963 an ab dem ersten Kind gezahlt wurde. Ende 1944 wurden darüber hinaus von katholischen Bischöfen erste Pläne für ein staatliches Gesundheitssystem veröffentlicht, dessen Finanzierung jedoch offen blieb. Doch offensichtlich genügten den irischen Wählern diese vagen Pläne eines weiteren Ausbaus des Sozialstaates, denn bei den Wahlen von 1944 errang de Valera nach einem Zwischentief 1943 noch einmal eine parlamentarische Mehrheit.

In den ersten Nachkriegsjahren schrumpfte diese Akzeptanz Fianna Fáils recht schnell. Trotz Beibehaltung bzw. sogar Verschärfung der Rationierungen für Öl, Benzin und Brot stiegen die Lebenshaltungskosten an. Auf eine 1946 und 1947 über das Land rollende Streikwelle der Land- und Industriearbeiter sowie der Schullehrer reagierte die Regierung mit der Anwendung der eigentlich zur Eindämmung der IRA in den Dreißigerjahren eingeführten Notstandsgesetze, die ein Verbot von Streiks- und Aussperrungen insbesondere in der Lebensmittelindustrie möglich machten. Trotz dieser Arbeitspflicht kam die irische Wirtschaft nur schwer in Schwung; die Zahl der in der Industrie Beschäftigten erreichte 1946 gerade einmal den Stand von 1938. Mit der unverändert hohen Arbeitslosigkeit lebte die Emigration auf, die nun nicht mehr ein Mittel war, um die bäuerliche Familie zu erhalten, sondern einen Bruch mit dem irischen Traditionalismus bedeutete und zwischen 1945 und 1947 bei 30 000 Personen pro Jahr lag. Auch die Spar- und Investitionsraten blieben gering. Schließlich zog selbst der seit 1947 geltende Health Act, der freie ärztliche Versorgung für Mütter und deren Kinder bis zum Alter von 16 Jahren vorsah, einen erheblichen Fortschritt in der Gesundheitsversorgung mit sich brachte und als Glanzpunkt der sozialpolitischen Bilanz Fianna Fáils in den für 1948 angesetzten Wahlen wirken sollte, Kritik auf sich. Ging den einen die Versorgung nicht weit genug, kritisierten andere, etwa die katholische Kirche, dass sich der Staat sozialfürsorgerische Kompetenzen anmaße, die besser durch die Familien und die Kirche selbst ausgeübt werden könnten.

Hier bahnte sich ein Grundkonflikt zwischen Kirche und Staat an, der in den folgenden Jahrzehnten immer wieder das politische System irritieren wird. Auch parteipolitisch formierte sich gegen de Valera eine stärkere Opposition, die nicht nur von der seit Mitte der Vierzigerjahre auftretenden Landwirtepartei, Clann na Talmhan, ausging, sondern sich vor allem in Clann na Poblachta, der 1946 gegründeten Partei alter Republikaner und IRA-Kämpfer, ein Sammelbecken des diffusen Protestes gegen Fianna Fáil, kristallisierte. Ihr charismatischer Anführer, der ehemalige Stabschef der IRA Seán MacBride, repräsentierte als Sohn des 1916 hingerichteten John MacBride und Maud Gonnes, der Ikone des irischen Feminismus, einen auf weitere gesellschaftspolitische Reformen zielenden, bisher von der Staatspartei de Valeras ignorierten Flügel des Republikanismus, der vehement die zunehmende Korruption Fianna Fáils beklagte. Als Partei des Anti-Establishments verschaffte sich Clann na Poblachta erheblichen Zulauf.

Koalition aus Fine Gael, Labour und Clann na Poblachta

Trotz neu gezogener Wahlbezirke, die die Gesamtzahl der Sitze im Dáil auf 147 erhöhte und mehr Drei-Personen-Wahlkreise schuf, um die Siegchancen Fianna Fáils zu erhöhen, verlor die Partei de Valeras 1948 ihre absolute Mehrheit und erreichte nur 68 von 147 Sitzen. Eine vorher für höchst unwahrscheinlich gehaltene Regierungskoalition von Fine Gael, Labour und Clann na Poblachta löste die seit 16 Jahren regierende Fianna Fáil ab, wobei sich die neuen Partner hauptsächlich in der Gegnerschaft zu Fianna Fáil einig waren. Denn zwischen den ideologischen Positionen von Fine Gael, der mittelschichtorientierten Partei des angloirischen Abkommens, des Freistaates und der gewaltsamen Ausschaltung der IRA, der Labour Party und dem Clann existierte kaum ein gemeinsamer inhaltlicher Nenner. Trotzdem wurde der frühere irische Generalstaatsanwalt und Führer Fine Gaels, John A. Costello, zum neuen Ministerpräsidenten gewählt. Seán MacBride erhielt das Außenministerium. Auf diesem Feld setzte die Regierung dann auch deutliche Akzente, als sie am symbolträchtigen Ostermontag, dem 18. April 1949, den bis dahin gültigen External Relations Act von 1936 aufhob und Irland zur Republik erklärte. Gleichzeitig verließ Éire – im Gegensatz zum ebenfalls republikanischen Indien – endgültig das Commonwealth of Nations. Damit waren die letzten Sonderbindungen an Großbritannien gelöst und Irland staatsrechtlich völlig unabhängig.

Costellos Koalitionsregierung hatte durch diesen Coup das eigentliche Souveränitätsziel Fianna Fáils verwirklicht und sich als der authentische Erbe des Nachlasses von „1916" dargestellt. De Valeras Vision einer Verwandlung des Freistaates in eine Republik hatten andere verwirklicht. Um sich überhaupt noch im nationalistischen Spektrum positionieren zu können, blieb ihm nichts anderes übrig, denn als Sachwalter der irischen Einheit die Ausrufung der Republik zu verurteilen. Dafür bot ihm das britische Unterhaus mit seinem im Juni 1949 verabschiedeten Ireland Act, in dem dem nordirischen Parlament ein Vetorecht bei allen zukünftigen Vereinigungsverhandlungen zwischen dem Vereinigten Königreich und Irland zugesichert wurde, den geeigneten Anlass, denn Costellos Vorpreschen konnte danach als Zementierung der Teilung interpretiert werden. Auf ausgedehnten Propagandareisen in die USA, nach Australien, Neuseeland und Indien prangerte de Valera seine Nachfolger vehement an und stieg auf der internationalen Bühne damit zur Stimme der irischen Einheit auf. Nachdem Fianna Fáil nicht mehr einen Alleinvertretungsanspruch auf das Republikanische anmelden konnte, wurde sie jetzt nicht nur in ihrer Selbstwahrnehmung zur eigentlichen Partei der Wiedervereinigung. Das Thema der Teilung geriet so zum politischen Kampfinstrument in der irischen Politik und sollte ab den Siebzigerjahren des 20. Jahrhunderts auch wieder massive Gewalt entfesseln.

6. Irlands Öffnung zur Welt
(1949–1973)

1949	Irland wird Gründungsmitglied des Europarats
1951	Scheitern der Gesundheitsreform wegen Opposition der katholischen Bischöfe, Ende der Anti-Fianna-Fáil-Koalition
1951–1954	Regierung Fianna Fáils unter de Valera
1954–1957	Regierung Fine Gael, Labour, Clann na Poblachta, Clann na Talmhan unter John A. Costello
1955	Irland tritt der UNO bei
1957–1973	Regierung Fianna Fáils unter de Valera (bis 1959), Seán Lemass (bis 1966) und Jack Lynch (bis 1973)
1958	„Programme for Economic Expansion" ebnet Weg zur Modernisierung Irlands
1959	De Valera wird zum Staatspräsidenten gewählt
1965	Lemass und der nordirische Ministerpräsident Terence O'Neill konferieren in Belfast und Dublin
	Anglo-Irish Free Trade Agreement (AIFTA) sieht Schaffung einer britisch-irischen Freihandelszone bis 1975 vor
1969–1973	Eskalation der Lage in Nordirland belastet Innen- und Außenpolitik der Republik
1972	Volksabstimmungen bringen Mehrheiten für Streichung der verfassungsrechtlichen Sonderstellung der katholischen Kirche, neue Formulierung zur Wiedervereinigung, Reduzierung des Wahlalters von 21 auf 18 Jahre
	83% votieren in Referendum für Irlands Beitritt zur EWG
1973	Beginn der EG-(EWG-)Mitgliedschaft
	Koalition aus Fine Gael und Labour unter Liam Cosgrave löst Fianna-Fáil-Regierung ab

Regierung Costello

Die späte Staatswerdung und die Spaltung der Gesellschaft angesichts der Gründung des Freistaates führten zu einer starken Binnenorientierung der irischen Politik.[1] Obwohl die Etablierung eines politisch von Großbritannien unabhängigen und selbstbestimmten Staates mit dem Versuch gekoppelt gewesen war, internationale Anerkennung zu finden, und Irland die Arbeit des Völkerbundes in der Zwischenkriegszeit aktiv mitgestaltet hatte, prägten Fragen nach dem Fortgang der nationalen Selbstfindung nach wie vor das Denken der politischen Elite. Insbesondere Fianna Fáil beschrieb sich weiterhin als Partei der irischen Wiedervereinigung in einem republikanischen Staat und einer möglichst großen Distanznahme zum Vereinigten Königreich. Auf der „Insel hinter der Insel" fehlte weitgehend ein Bewusstsein von der Teilhabe an europäischen oder globalen Angelegenheiten. In der wirtschaftlichen Autarkie und der politischen Neutralität hatte dieser Isolationismus seinen eigentlichen Ausdruck gefunden. Die 1948 zustande gekommene Koalitionsregierung stellte sich noch ganz in die Tradition dieser Selbstbezüglichkeit, was sich im Coup der Republikproklamation und dem Austritt aus dem Commonwealth zeigte. Auch das im selben Jahr unterzeichnete angloirische Handelsabkommen, das eine Teilintegration der jeweiligen Viehmärkte mit sich brachte, markierte keinen außenpolitischen Neubeginn. Schon de Valera hatte sich trotz seiner Abgrenzung von Britannien an einer Regulierung der Handelsbeziehungen interessiert gezeigt und mit dem Handelsvertrag von 1938 einen großen innenpolitischen Erfolg erzielt.

Doch diese Kontakte zur Staatenwelt waren punktuell und durch unabweisbare ökonomische Zwangslagen bedingt. Eine spezifische außenpolitische Ordnungskonzeption stand nicht dahinter, an einer solchen musste die irische Regierung als Repräsentantin eines peripheren Kleinstaates auch nicht unbedingt interessiert sein. Zwar beteiligte sich die irische Regierung im Mai 1948 am in Den Haag stattfindenden Europakongress und gehörte zu den Gründungsmitgliedern des Europarates, wo sie für eine von Großbritannien abgelehnte Vollmitgliedschaft Spaniens und Portugals votierte, aber eine Integration in die sich konstituierende westlich-atlantische Verteidigungsgemeinschaft wurde mit Hinweis auf die Teilung Irlands abgelehnt. In einem Memorandum stellte der neue Außenminister MacBride fest, dass „sechs ihrer [Irlands] nordöstlichen Counties gegen den Willen der überwältigenden Mehrheit der irischen Bevölkerung von britischen Truppen besetzt sind"[2].

War schon die Beteiligung an der Anti-Hitler-Koalition unter dem Gesichtspunkt der irischen Teilung diskutiert worden, so strukturierte diese Problemwahrnehmung auch die Stellung der Republik zur NATO. Nordirland galt als durch Großbritannien widerrechtlich besetztes Territorium; vom eigenständigen politischen Willen der dortigen protestantischen Bevölkerung war nicht die Rede. Auch die neue irische Regierung leugnete die Existenz eines legitimen staatsrechtlichen Interesses eines Teils der in Irland Ansässigen und schrieb damit die Exklusion des Unionismus aus der Konstruktion irischer Nationalität und Volkszugehörigkeit fort. Letztlich sah sich die Republik damit aber außenpolitisch isoliert, denn es gelang nicht, die Vereinigten Staaten dafür zu gewinnen, die irische Zweistaatlichkeit als Problem der internationalen Politik zu betrachten. Der von der Dubliner Regierung den USA 1950 vorgeschlagene bilaterale Verteidigungspakt wurde von der Truman-Administration abgelehnt. Gleichzeitig unternahm man in Washington keine Schritte, um Irland doch noch die Mitgliedschaft in der NATO zu ermöglichen, denn die Irritation über die irische Distanz hielt sich schon deshalb in Grenzen, da – ähnlich wie im Zweiten Weltkrieg – nordirische Militärbasen zur Verfügung standen.[3] Die Irische Republik geriet in eine Zwickmühle, denn die beginnende Korea-Krise zeigte u. a. an der Verknappung und Verteuerung wichtiger Rohstoffe deutlich, dass die Lage am keltischen Rand Europas nicht schon aus sich heraus Sicherheit und Stabilität garantieren konnte.

Bei der Vorbereitung möglicher Notstandsmaßnahmen wurde der Kontakt zu Großbritannien gesucht, woher auch kleinere Waffenlieferungen bezogen wurden.

Der Selbstausschluss aus der NATO war auch deshalb paradox, weil es ideologisch an der antikommunistischen Orientierung Irlands keinen Zweifel gab. Schon 1948 hatte die Regierung die Democrazia Cristiana im italienischen Wahlkampf unterstützt, um einen für möglich gehaltenen Sieg der dortigen Kommunistischen Partei zu verhindern, und sogar dem Papst das Angebot unterbreitet, nach einer kommunistischen Machtergreifung den Heiligen Stuhl nach Dublin umzusiedeln. Im Inneren war der Geheimdienst G2 damit beschäftigt, vermeintliche oder tatsächliche Kommunisten zu überwachen. Aber die immer wieder von irischen Politikern vorgetragene These, dass Irland dem Kommunismus stärkeren Widerstand entgegensetze als andere europäische Staaten und deshalb amerikanische Hilfen bei der Festigung seiner Abwehrhaltung ein indirekter, aber effektiver Beitrag zur Verteidigung Westeuropas seien, fand wenig Gehör. So ist auch zu erklären, warum die Mittel aus dem Marshall-Plan, dem European Recovery Programme (ERP), relativ spärlich flossen. Insgesamt erhielt die Republik 128 Millionen US-Dollar als Anleihe und nur 18 Millionen als Zuschuss.[4] Ursprünglich wollte die irische Regierung überhaupt keinen Kredit akzeptieren, doch auch auf diesem Feld verfügte sie nicht über relevante Verhandlungsmacht. So blieb nicht viel mehr als der Rückzug auf die Position, dass „die Weiterführung der Teilung uns von der Übernahme unseres rechtmäßigen Anteils an den Angelegenheiten Europas ausschließt"[5].

Das Scheitern der auf Sonderverträge zielenden irischen sicherheitspolitischen Bemühungen wurde anderen Akteuren angelastet, die darüber hinaus noch das Recht der Republik auf Inklusion in die westeuropäischen Angelegenheiten zunichte machten. Diese Minimierung der eigenen Verantwortung entsprach einer Passivität im Einwerben der ERP-Mittel. Diese machten zwar 50% aller irischen Investitionen dieser Jahre aus, aber die auf eine volkswirtschaftliche Gesamtplanung zielenden Vergabevoraussetzungen wurden kaum erfüllt. So sah das zur Erlangung der ERP-Hilfe entwickelte „Long-Term Recovery Programme" die Verdoppelung irischer Exporte bis 1952/53 vor, ohne dafür jedoch eine kohärente industrielle Entwicklungsstrategie zu entwerfen. Stattdessen behielt man die Förderung der landwirtschaftlichen Produktion bei und finanzierte mit den Geldern ein 250 000 ha betreffendes „Land Rehabilitation Project", das den Bauern in den westlichen Armutsregionen ca. 10 Pfund Subventionen pro 0,4 ha einbrachte und durch die Stützung kleiner, unproduktiver Höfe den notwendigen Strukturwandel der irischen Landwirtschaft weiter verschleppte.

Hatte die Regierung Costello außenpolitisch die Kontinuität zur Vorgänger-Administration de Valeras deutlich gemacht und auch auf dem Gebiet der ökonomischen Entwicklung kaum neue Akzente gesetzt, wenn man einmal davon absieht, dass unter ihrer Ägide 1950 zum ersten Mal ein kreditfinanziertes, keynesianisches Budget vorgelegt worden war, so dominierten auch auf dem Gebiet der Sozialpolitik die traditionellen Interessen und Akteure. Der dem Clann na Poblachta angehörende Gesundheitsminister Noel Browne beabsichtigte eine grundlegende Neuordnung des irischen Gesundheitswesens, denn nach der Abschaffung des noch aus Unionszeiten stammenden Poor Law durch den

Freistaat 1923 hatte es größere Initiativen auf diesem Gebiet nicht mehr gegeben. Etwa ein Drittel der Bevölkerung kam nach einer Prüfung der materiellen Bedürftigkeit in den Genuss freier medizinischer Behandlung, allerdings ohne Möglichkeit der Arztwahl. Über die im dreijährigen Rhythmus stattfindenden Reihenuntersuchungen der schulpflichtigen Kinder fand eine oberflächliche Kontrolle des Gesundheitszustands eines Teils der Bevölkerung statt, aber diese beiden Maßnahmen konnten in der Nachkriegszeit einen Anstieg der Kindersterblichkeit in Irland genauso wenig verhindern wie eine dramatische Ausbreitung der Tuberkulose. Auf eine ähnliche Problemlage hatte die britische Regierung mit der Einrichtung des National Health Service (NHS) reagiert, der auch in Nordirland der Bevölkerung eine umfassende, steuerfinanzierte und hoch populäre Krankheitsversorgung brachte. Brownes in dieser Systemkonkurrenz entwickeltes, umgangssprachlich „Mother and Child Scheme" genanntes Programm sah die kostenlose medizinische Versorgung werdender und junger Mütter und aller Kinder bis zum 16. Lebensjahr vor.

Die Proteste des irischen Ärzteverbandes, der aufgrund der Einführung vom Staat zu zahlender regulierter Preise für diese Dienstleistungen Einkommenseinbußen befürchtete, entsprachen den Auseinandersetzungen in Großbritannien. Spezifisch irisch und ein deutlicher Beleg für die Reformblockaden im politischen System war nun aber der vehemente Widerstand der katholischen Kirche gegen diese freie Gesundheitsversorgung. Die Kirche hatte dabei wie die Ärzteverbände ein besonderes Organisationsinteresse als Trägerin vieler Krankenhäuser, sodass es hier zu einer Ablehnungsfront mit der Ärztelobby kam. Darüber hinaus protestierte die Kirchenführung aber vor allem aus religiösen Gründen gegen eine Säkularisierung medizinischer Beratung, in der auch Fragen der Sexualhygiene, der Geburtenkontrolle und Kindererziehung angesprochen werden konnten.

Nach langen Verhandlungen lehnten die irischen Bischöfe 1951 staatliche Beratung im Hinblick auf „sexuelle Beziehungen, Enthaltsamkeit und Ehe" ab: „Der Staat hat keine Kompetenzen, in diesen Angelegenheiten Verhaltensmaßregeln auszugeben. Mit dem größten Misstrauen betrachten wir den Vorschlag, örtlichen Gesundheitsbeauftragten das Recht zu erteilen, katholischen Mädchen und Frauen zu sagen, wie sie sich in diesen Fragen zu verhalten haben, die doch gleichzeitig so delikat und geheiligt sind. Gynäkologische Fürsorge kann, und dies wird in einigen Ländern in der Tat so gehandhabt, dahingehend interpretiert werden, dass Vorkehrungen zur Schwangerschaftsverhütung und zur Abtreibung eingeschlossen sind. Wir haben keine Garantie, dass staatliche Beamte katholische Prinzipien in diesen Angelegenheiten befolgen werden. Ärzte mit einer Ausbildung, in die wir kein Vertrauen haben, könnten nach diesen Vorschlägen zu örtlichen Gesundheitsbeauftragten ernannt werden und in dieser Eigenschaft Rat entgegen den katholischen Prinzipien erteilen."[6] Gerade der letzte Satz deutet auf den Kern der Befürchtungen der katholischen Hierarchie, dass nichtkatholische, am protestantischen Dubliner Trinity College ausgebildete Ärzte katholische Frauen untersuchen und beraten könnten. In Nordirland, England und Schottland, wo der dortige NHS in seinem Leistungsangebot viel weiter als Brownes Programm ging, übte die Kirche allerdings keine vergleichbare Kritik. Dies zeigt, dass die katholische Führung für die Republik ein besonderes Gestaltungsrecht beanspruchte. Das staatliche Angebot verletzte das kirchliche Subsidiaritäts-

denken, das die Familie und kirchliche Institutionen zu vorrangigen Trägern sozialpflege-
rischer Maßnahmen bestimmte, und galt gar als Instrument totalitärer Aggression.

Das Kabinett Costellos kapitulierte schließlich vor der kirchlichen Opposition. Brownes
eigener Parteivorsitzender MacBride distanzierte sich vom Gesundheitsminister, der
seiner Zeit zu weit voraus war und als einer der großen Modernisierer Irlands gelten
muss.[7] Zu Beginn der Fünfzigerjahre blieb Browne aber weitgehend isoliert, was sein
Rückzug aus dem Kabinett und dem Clan na Poblachta unterstrich. In der Parlaments-
debatte zum gleichzeitigen Scheitern des Mutter-Kind-Programms und der Regierung,
die nach dem Rücktritt Brownes ihre Mehrheit im Dáil verloren hatte, beschrieb Ministerpräsident Costello die Fundamente nicht nur seiner Politik: „Nur in zweiter Hinsicht
bin ich Ire: In erster bin ich Katholik … Möge mir die Hierarchie jegliche Richtung in
Bezug auf katholisch-soziale oder katholisch-moralische Grundsätze geben. Ich nehme
ohne weiteres in jeglicher Hinsicht die Grundsätze der Hierarchie und der Kirche, zu
welcher ich gehöre, an."[8] In diesen Jahren rückte die katholische Kirche in eine politische
Machtposition, die durch Fianna Fáil unter de Valera, die nach dem Scheitern Costellos
1951 wieder das Regierungsamt übernahm, noch stärker wurde. Die Einbeziehung
der katholischen Kirche, personifiziert durch den Dubliner Erzbischof John Charles
McQuaid, behielt bis Ende der Fünfzigerjahre ihre quasi regierungsamtliche Qualität bei.
Über McQuaids Schreibtisch gingen vor ihrer Verabschiedung durch das irische Kabinett
die wichtigsten Vorlagen.[9]

Instabile Jahre

Die Parlamentswahlen im Juni 1952 bestätigten einmal mehr de Valeras Instinkt der rich-
tigen Wahlterminierung. Ähnlich dem britischen Premier verfügt auch der irische Taoiseach de facto über die Kompetenz, das Parlament aufzulösen und Neuwahlen festzusetzen. De jure entscheidet der Staatspräsident über die Parlamentsauflösung, aber es gehört
zu den Konventionalregeln, dass er dem Wunsch des Regierungschefs folgt.[10] Solche „snap
elections" hatte Fianna Fáil schon in den Dreißiger- und Vierzigerjahren genutzt, um ihre
Mehrheit im Dáil auszubauen. Fast folgerichtig gewann de Valeras Partei auch 1952 mit
69 von 147 Sitzen eine solide relative Mehrheit, sodass sie mit der Unterstützung einiger
unabhängiger Abgeordneter bequem regieren konnte. Zu diesen gehörten auch Noel
Browne und die Anhänger seiner Reformpolitik, die als unabhängige Kandidaten wieder
gewählt worden waren und Fianna Fáil stützten. Der Clann na Poblachta verlor 9% Wäh-
lerstimmen und entsandte nur noch zwei Abgeordnete ins Parlament.[11] Die Bedeutung
dieses Urnengangs lag aber nicht in der Zertrümmerung eines traditionsverhafteten Radikalnationalismus der alten Vertragsgegner jenseits Fianna Fáils. Langfristig wichtiger war
die Konsolidierung der Labour Party, die ihre ideologisch motivierte und durch de Valeras Notstandspolitik der Vierzigerjahre ausgelöste Spaltung in einen nationalen und
einen sozialistischen Flügel überwunden hatte. Daneben erzielte Fine Gael einen Erfolg,
dessen Dimensionen allerdings weitgehend unbemerkt blieben. Sie gewann 80 000 Stimmen und neun Sitze mehr als 1948 und stoppte ihren seit 1932 anhaltenden Niedergang.

1944 hatte die Partei des Freistaatsgründers Cosgrave nicht einmal genug Kandidaten mobilisieren können, um in allen Wahlkreisen präsent zu sein. An vier der fünf 1945 abgehaltenen Nachwahlen hatte sie sich gar nicht erst beteiligt.

Seit Anfang der Fünfzigerjahre konsolidierte sich Fine Gael wieder als die entscheidende Gegenkraft zu Fianna Fáil. Diese wiederum setzte ihre zwischen 1948 und 1951 nur kurz unterbrochene Regierungstätigkeit mit einem vorsichtigen Ausbau der Wohlfahrtseinrichtungen fort. Es gab Verbesserungen für Arbeitslose, Witwen und Waisen, aber keine staatlich organisierte Sozial- und Rentenversicherung, wurde solcher Etatismus von der katholischen Kirchenführung doch vehement abgelehnt. Alle staatlichen Hilfen waren an eine Bedürftigkeitsprüfung gebunden, die in vielen Gemeinden vom örtlichen Priester vorgenommen wurde, der damit also staatliche Aufgaben übernahm. Nicht nur politisch, auch gesellschaftlich stieß diese Verbindung von Staat und Kirche auf eine selbstverständliche Akzeptanz, und die Lenkungsaufgabe der Kirche in sozialen, gesundheitlichen und pädagogischen Fragen wurde nur von wenigen bestritten. Noch 1962 ergab eine Umfrage zur Bindungskraft des Katholizismus in Irland, dass 87% der Befragten in einem Konflikt zwischen Kirche und Staat die Erstere unterstützen würden, weil – im Gegensatz zu staatlichen Behörden – die Kirche eine Kraft sei, die Irland nur Gutes bringe.[12]

Diese enge Zusammenarbeit zeigte sich dann auch bei der 1954 verwirklichten Gesundheitsreform, die sich zwar stark an Brownes Konzept anlehnte, aber durch die Regierung de Valeras besser vorbereitet worden war. So hatte man frühzeitig den Klerus in die Planungen einbezogen und eine Koalition zwischen irischen Ärzteverbänden und den Bischöfen verhindert. Zudem besorgte sich der Regierungschef Rückendeckung gegen die irische Bischofskonferenz durch eine Unbedenklichkeitserklärung des Vatikans zu den Reformplänen. Gleichzeitig fanden einige der kirchlichen Monita Eingang in das Gesetz, das etwa eine Bedürftigkeitsprüfung vorsah, die Schulen aus den Gesundheitsuntersuchungen ausnahm und jedem Patienten das Recht zubilligte, Behandlungen abzulehnen, die kirchlicher Lehre widersprachen. Zur Akzeptanz dieses Health Act durch die Kirche mag auch beigetragen haben, dass de Valera sich persönlich für die von McQuaid im November 1953 erbetene administrative Unterstützung einer Kampagne gegen „Schmutzliteratur" einsetzte. Die Besorgnis des Erzbischofs wegen „Einfuhr und Zirkulation von Zeitungen und Zeitschriften, welche aufgrund moralischer Überlegungen nicht vertretbar sind", setzte der Ministerpräsident in eine Aufforderung an den Justizminister um, „jegliche Anstrengung zu unternehmen, um den Verkauf von Büchern dieser Art zu unterbinden". Es ergingen Anweisungen an Zollbehörden, insbesondere Büchersendungen auf obszöne Umschläge hin zu durchsuchen, und an die Polizei, die in irischen Buchhandlungen systematisch Umschläge prüfte. Schließlich wurden 181 Bücher wegen ihrer Umhüllungen beschlagnahmt, 165 davon verboten. Der seit Ende der Zwanzigerjahre bestehende Censorship of Publications Board setzte in diesen Jahren u. a. Texte von Autoren wie Léon Blum, Simone de Beauvoir, Noel Coward, Christopher Isherwood, Somerset Maugham, Kate O'Brien, Seán O'Faoláin, Frank O'Connor, Seán O'Casey, Liam O'Flaherty, Margaret Mead, Alberto Moravia, John Steinbeck, George Orwell, Sigmund Freud und Jean-Paul Sartre auf den Index. Sie durften in Irland weder erscheinen noch nach dorthin eingeführt werden. Dessen ungeachtet entwickelte sich in Irland ein vielfältiges kulturelles Leben. Anfang der Fünfzigerjahre wurde das Wexford Opera Festival gegründet, 1956 das Cork Film Festival und ein Jahr später das auch international renommierte Dublin Theatre Festival. Selbst die Avantgarde ergriff das Wort; in Dublin kam es zu Aufführungen der Stücke Becketts, und O'Caseys antiklerikales Stück „The Bishop's Bonfire"[13] sorgte 1955 für einen klassischen Theaterskandal. Die irische Regierung förderte die kulturellen Aktivitäten besonders ab Beginn der Sechzigerjahre mit steuerlichen Privilegien und Zuschüssen, weil gerade auch gegenüber dem Ausland der Eindruck einer weltoffenen, dynamischen und liberalen Gesellschaft entstehen sollte. Doch in den Fünfzigerjahren dominierte noch der katholisch inspirierte Zensurversuch.

Neben der Umsetzung einer solchen Politik sah sich die Regierung mit erheblichen ökonomischen Schwierigkeiten konfrontiert. Das seit 1951 ansteigende Handelsbilanzdefizit stellte eine an traditionellen Vorstellungen ausgeglichener Haushalte orientierte Finanzpolitik vor große Probleme, zumal den steigenden Importen nur geringe Exporte gegenüberstanden, die zu Beginn der Fünfzigerjahre gerade einmal das Niveau von 1929 erreicht hatten. Die Korea-Krise verteuerte die Rohstoffeinfuhren zusätzlich, sodass de Valeras Kabinett sich genötigt sah, einen austeritären wirtschaftspolitischen Kurs zu steuern. Mit der in diesem Zusammenhang vorgenommenen Erhöhung der Importzölle verteuerten sich Rohstoffe und Halbfertigwaren, was die schwache irische Verarbeitungsindustrie und die weitere industrielle Entwicklung schwer belastete. Eine Ursache für die Handels- und Zahlungsbilanzkrise war die politisch gewollte Bindung des irischen Punt an das britische Pfund Sterling, das 1949 abgewertet worden war. Um die Parität zum Pfund zu erhalten, wertete auch die irische Notenbank ab, was die Importe nochmals verteuerte. Von den Vorteilen der Abwertung, der Verbilligung der Exporte, konnte Irland mangels exportfähiger Güter dagegen kaum profitieren. 1952 kam es als letzte Konsolidierungsmaßnahme zu Steuer- und Preiserhöhungen für Brot, Butter, Tee, Zucker, Alkohol und Benzin.

Anfang der Fünfzigerjahre hatte sich damit einmal mehr gezeigt, dass die irische Ökonomie mit ihrer Abhängigkeit vom Lebensmittel- und Textilsektor nicht genug Entwicklungsdynamik entfaltete. In der immer noch agrarisch ausgerichteten Volkswirtschaft trugen allein diese beiden Bereiche zu 45% der gesamten Industrieproduktion bei. Seit den Dreißigerjahren hatte es immer wieder Versuche gegeben, mithilfe eines protektionistischen Kurses die irische Industrie zu stabilisieren, aber der irische Binnenmarkt war viel zu klein, als dass über seine Expansion eine nachhaltige Industrialisierung hätte möglich werden können. Die Regierung Costello hatte mit der 1949 gegründeten Industrial Development Agency (IDA), zu deren Aufgaben es gehörte, die Resultate protektionistischer Maßnahmen zu überprüfen, Vorschläge und Pläne für die Schaffung und Ansiedlung irischer Unternehmen zu entwickeln und alle betroffenen Akteure über notwendige Schritte für die Ausweitung und Modernisierung der bestehenden irischen Unternehmen zu beraten, eine wichtige Behörde zur zukünftigen Wirtschaftsförderung geschaffen. Die Errichtung der IDA gelang allerdings nur mit Mühe, insbesondere das Finanzministerium stand einer von ihr unabhängigen Planungsbehörde kritisch gegenüber, lehnte alle Eingriffskompetenzen der neuen Behörde ab und stattete diese mit so geringen Finanzmitteln aus, dass sich die IDA weitgehend auf ihre Beratungsaufgaben beschränken musste. Gleichwohl war mit ihrer Gründung ein Schritt in Richtung staatlicher Wirtschaftsförderung getan und zu Anfang der Fünfzigerjahre erhielt die IDA den gesetzlichen Auftrag, insbesondere im unterentwickelten Westirland Industriearsiedlungen aktiv zu fördern. Gleichzeitig wurde ein spezielles Amt, Coras Trachtála, zur Unterstützung der Exportchancen der irischen Industrie ins Leben gerufen.

Irland begann so langsam ökonomisch Anschluss an den Weltmarkt zu suchen. Im Zuge dieser ersten Planungseuphorie entstanden zahlreiche weitere Behörden zur Produktivitätssteigerung und Entwicklung des Westens und Südwestens, der Seefischerei, von Landwirtschaft und Tourismus. Diese Entwicklungspolitik war zwischen den irischen Parteien unumstritten, jedoch wirkte sich die Ungeduld der irischen Bevölkerung angesichts stagnierender Arbeits- und Lebensverhältnisse in zunehmender politischer Instabilität aus. So verlor die erst 1951 wieder ins Amt zurückgekehrte Regierung de Valeras drei Jahre später ihre parlamentarische Unterstützung durch unabhängige Abgeordnete und verbuchte bei den anschließenden Neuwahlen ihr schlechtestes Ergebnis seit 1927, während Fine Gael ihr bestes Ergebnis seit 1932 errang. Das erneuerte Bündnis von Fine Gael, Labour, Clann na Talmhan und Clan na Poblachta unter Ministerpräsident Costello war durch vehemente Kritik an der Sparpolitik Fianna Fáils an die Macht gelangt und hatte zahlreiche sozialpolitische Versprechungen gemacht. So sollten die Preise für Butter und andere Grundnahrungsmittel genauso gesenkt werden wie die Steuerbelastungen. Gleichzeitig wurden Rentenerhöhungen für Alte, Witwen und Waisen angekündigt, jeder Mann sollte ab 65 und jede Frau ab 60 Anspruch auf ein Altersruhegeld und eine öffentliche Sterbeversicherung erhalten. Außerdem gab es Pläne, das Gesundheitswesen auszubauen, die Zahlung von Mutterschaftsgeldern einzuführen und den sozialen Wohnungsbau auszuweiten. Da Steuersenkungen versprochen worden waren, konnte dieses Modernisierungsprogramm des irischen Sozialstaates langfristig nur durch eine Steigerung der wirtschaftlichen Produktivität finanziert werden. Kurzfristig griff die Regierung auf eine vorsichtige Erhöhung der Staatsschulden zurück, doch die sich auch infolge einer weltweiten Rezession verschlechternde Zahlungsbilanz zwang Costello schon 1956 wieder zu einer wirtschaftspolitischen Kehrtwende und der Einführung hoher Importabgaben. Damit war auch die vorsichtige weltwirtschaftliche Öffnung, die Mitte der Fünfzigerjahre zu Irlands Beitritt zum Internationalen Währungsfonds und zur Weltbank beigetragen hatte, vorzeitig beendet.

Wobei diese erneute Abschottung nicht für die gesamte Außenpolitik galt, war Éire doch 1955 der UNO beigetreten, wo es sich sofort als blockfreier Staat engagierte. Bis 1970 nahmen irische Soldaten im Rahmen von UN-Friedenstruppen an sieben der insgesamt zwölf UN-Friedensmissionen teil. Irland wurde in seiner Partizipationsbereitschaft nur von Schweden, Kanada und Dänemark übertroffen. Im eskalierenden Kongo-Krieg (1960) übernahm es das Oberkommando der UN-Friedenstruppe und wurde erstmals mit der Tatsache konfrontiert, dass irische Soldaten bei ihrem Ordnungseinsatz getötet wurden. Über diese konkrete militärische Hilfe hinaus zeigte sich Irland, insbesondere in

der Amtszeit des seit 1957 wieder als Außenminister fungierenden ehemaligen Oberbefehlshaber der IRA, Frank Aiken, in der UNO an allen Fragen der Dekolonisierung, der
Anti-Apartheid und der Abrüstung interessiert. Das sich hier Bahn brechende Gefühl der
moralischen Überlegenheit gegenüber den traditionellen Kolonialmächten blieb allerdings oft rhetorisch, denn sowohl zur irisch-südafrikanischen Bevölkerungsgruppe als
auch zu den Vereinigten Staaten sollten gleichzeitig gute Beziehungen aufrechterhalten
bleiben. Ausbrüche aus dem „amerikanischen" Lager, zu dem Irland trotz seiner Block-
freiheit gerechnet wurde, waren dann auch selten, und wenn sie vorkamen, wie in der irischen Distanzierung von Taiwan als Repräsentantin Chinas bei den UN, übte die tai-
wanfreundliche US-Regierung über die Führung der amerikanischen Katholiken und den
Vatikan durchaus erheblichen Druck auf Dublin aus. Der Papst konnte mit dem schein-
baren irischen Abweichen vom rigiden antikommunistischen Kurs wenig anfangen.

Der zweite Versuch einer Anti-Fianna-Fáil-Koalition scheiterte 1957 aber nicht an der
Blockierung innen- und außenpolitischer Modernisierungsansätze oder Konflikten mit
der katholischen Kirchenführung – obwohl es schon als besondere Ironie gelten kann,
dass John A. Costello trotz seiner immer wieder bekundeten Unterordnungsbereitschaft
unter die Maßgaben der Hierarchie von dieser scharf kritisiert wurde. So äußerte 1956
Erzbischof McQuaid sein Unbehagen angesichts der Besetzung eines Postens in der
Zensurbehörde mit einem protestantischen Hochschullehrer und des für die Förderung
der Kunst zuständigen Arts Council mit einem unbotmäßigen Katholiken. McQuaid
warnte vor einem antikatholischen Irland, in dem „wir im Halbdunkel unseres Bewusstseins weiterstolpern werden, welches nicht von frühester Jugend diszipliniert wurde und
welches niemals in der Ruhe unumstößlicher Wahrheiten heranreifen konnte"[14]. Erst die
1957 wieder an die Macht zurückkehrende Fianna Fáil sollte diese Personalentscheidun-
gen zur Zufriedenheit des Erzbischofs rückgängig machen.

Viel verhängnisvoller als der Konflikt mit der katholischen Kirche wirkte sich neben
den ökonomischen Problemen der Aufschwung der IRA aus, die sich in den Nachkriegsjahren konsolidiert hatte, Ende 1956 eine „Grenzkampagne" gegen den nordirischen Staat
begann und am 12. Dezember desselben Jahres mit ca. 120 Freiwilligen gleichzeitig zehn
unterschiedliche Ziele im Norden angriff. Bei diesen Überfällen auf Kasernen und Polizei-
posten wurden zehn Polizisten der Royal Ulster Constabulary und elf Terroristen getötet.
Die IRA stieß in der Republik durchaus auf eine gewisse Unterstützung. Als im Januar
1957 zwei ihrer Kämpfer im nordirischen Brookebourough von der dortigen Polizei erschossen wurden, lebte im Süden die traditionelle Märtyrer-Symbolik mit ihren von Tau-
senden besuchten Begräbnisritualen wieder auf. Vor diesem Hintergrund musste die Zusammenarbeit der irischen Regierung mit den nordirischen Behörden und die Wiedereinführung der Internierung von der Zugehörigkeit zur IRA Verdächtigten Proteste
hervorrufen.

Schließlich stellte Clann na Poblachta ihre parlamentarische Unterstützung der von
Fine Gael geführten Regierung ein. Die folgenden Neuwahlen brachten Fianna Fáil mit 77
von 147 Sitzen eine absolute Mehrheit im Dáil. Fine Gael verlor zehn und die Labour
Party sieben Mandate, während der Clann na Poblachta zwei der ohnehin nur noch übrig

gebliebenen drei Sitze verlor und von 4% der Stimmen auf 1,7% abrutschte. Der politische Einsatz für die IRA hatte sich nicht gelohnt, zumal der gewaltbefürwortende Teil des republikanischen Spektrums in Sinn Féin seinen eigentlichen Ansprechpartner fand. Obwohl Fine Gael in der vorhergegangenen Wahl gerade im Stammgebiet der Fianna Fáil, im irischen Westen, erhebliche Erfolge erzielen konnte, lag sie 1957 wieder 38 Sitze hinter der Partei de Valeras. 1954 hatte sich der Abstand schon auf 15 Mandate verringert.

Die lange Regierungszeit von Fianna Fáil

Der Wechsel der Regierungsmehrheit in den Jahren 1948, 1951, 1954 und 1957 manifestierte deutlich, in welchen Anpassungsproblemen die irische Gesellschaft steckte. Einerseits prägten die Ideen der Vergangenheit, wie sie sich im verknöcherten Katholizismus, der innovationsfeindlichen Landwirtschaft oder dem ignoranten Nationalismus darstellten, das politische System, andererseits war die Notwendigkeit einer umfassenden Modernisierung unleugbar. An der Auflösung dieses erstarrten Spagats scheiterte die irische politische Elite dieser Jahre. Dass der fünfundsiebzigjährige, fast vollständig erblindete de Valera noch einmal in den Amtssitz des Taoiseach einzog, symbolisierte die Vergangenheitsverhaftung der irischen Gesellschaft nachdrücklich. De Valera, der bis 1959 Ministerpräsident blieb und anschließend noch 14 Jahre als Staatspräsident amtierte, verkörperte die Kontinuität wie kein anderer irischer Politiker. Insgesamt regierte er 21 Jahre als Regierungschef und fungierte 14 Jahre als Staatspräsident. Bei seinem Tod 1975 war er damit von den 53 Jahren, die der irische Staat bis dahin existiert hatte, 35 Jahre in Staatsleitungsfunktionen aktiv gewesen. Berücksichtigt man dazu noch, dass er einer Gedankenwelt der nationalstaatlichen Selbstfindung anhing, die im 19. Jahrhundert geboren worden war, so wird das Ausmaß an Immobilität der irischen Politik deutlich. In den Kabinetten de Valeras taten zwischen 1932 und 1954 insgesamt nur 22 Minister Dienst. Es gab kaum personelle Wechsel, und die überhaupt vorgenommenen fünf Änderungen in den Kabinetten wurden durch Krankheit oder Tod der amtierenden Minister unumgänglich. Diese geschlossene Gesellschaft der Fianna-Fáil-Führung ließ einer nachwachsenden Elite kaum Raum.

Die Beharrungskraft der politischen Klasse korrespondierte mit einer stagnierenden wirtschaftlichen und gesellschaftlichen Entwicklung. So erreichte die irische Volkswirtschaft in den Fünfzigerjahren gerade einmal ein Wachstum von durchschnittlich einem Prozent. Zwischen 1946 und 1953 war die reale Beschäftigung in Irland gesunken. Von diesem Tiefststand erholte sich der Arbeitsmarkt bis weit in die Sechzigerjahre hinein nicht. Das Lohnniveau lag 1958 niedriger als 1953. Eine Folge dieser Stagnation war eine drastische Zunahme der Auswanderung, die in den ausgehenden Vierziger- und den gesamten Fünfzigerjahren Dimensionen erreichte, wie sie aus dem späten 19. Jahrhundert bekannt waren. Zwischen 1951 und 1961 verließen 400 000 Iren ihre Heimat, wobei insbesondere die Bezirke Monaghan, Leitrim, Longford und Mayo betroffen waren. Vor allem Landarbeiter, Hausangestellte und ungelernte Arbeiter emigrierten zumeist nach

Großbritannien, jedoch kaum auf den europäischen Kontinent. Eine substanzielle Emigration aus der Arbeiterschicht fand vor allem aus Dublin statt, wobei diese Gruppe überproportional Beschäftigungsmöglichkeiten bei den britischen Streitkräften suchte. Die Auswanderung in die USA fiel eher schwach aus. Gingen in den Jahren von 1951 bis 1956 176 000 Irinnen und Iren nach Großbritannien, so waren weniger als 20 000 an einer Emigration in die USA und Kanada interessiert. Zwischen 1956 und 1961 standen den insgesamt fast 200 000 nach Großbritannien Umsiedelnden 14 200 gegenüber, die in Nordamerika ihr Glück versuchten. Dass Frauen die Hauptlast der „irischen Lähmung" dieser Zeit trugen, zeigt ein Blick auf die Auswanderung von Frauen. In den fünfzehn Jahren nach Ende des Zweiten Weltkriegs erreichte diese einen europäischen Höchststand. Von 100 Frauen, die beispielsweise 1946 zwischen 15 und 19 Jahren alt waren und in Connacht lebten, hatten 42 bis 1951 ihre Heimat verlassen. Es passt in dieses Bild, dass Irlands Bevölkerungszahl 1961 mit 2 800 000 einen historischen Tiefststand erreichte. Der Verfall der ländlichen Regionen drückte sich auch in einer starken Binnenwanderung in den Großraum Dublin aus, wo heute ca. 33% der gesamten irischen Bevölkerung wohnen.[15]

Unter den Mitgliedern der traditionellen politischen Elite verkörperte hauptsächlich Seán Lemass, der schon in der Vorkriegszeit Industrieminister gewesen war und in der letzten von de Valera gebildeten Regierung seit 1957 als stellvertretender Ministerpräsident (Tánaiste) amtierte, eine neue Schwerpunktsetzung auf wirtschaftliche Modernisierung. Seit Beginn der Fünfzigerjahre war eine Effektivierung des Verwaltungshandelns angestrebt worden, wozu schließlich das Institute for Public Administration wissenschaftliche Begleitung geben sollte. Zu diesen Ansätzen einer auf langfristige Planung zielenden, szientifizierten Verwaltung gehörte auch die vom Staatssekretär im Finanzministerium T. K. Whitaker entwickelte Denkschrift „Economic Development", die Ende 1958 in ein erstes „Programme for Economic Expansion" gegossen wurde. Mit Whitaker setzte sich zum ersten Mal in der Geschichte der Republik die Konzeption einer expansionistischen Wirtschaftspolitik im Finanzministerium durch, das bis dahin dogmatische Positionen ausgeglichener Haushaltsführung vertreten hatte. Hinzu kam eine verstärkte wirtschaftspolitische Planung durch staatliche Agenturen, wie das schon 1956 gegründete Capital Investment Advisory Committee. Angestrebt wurde eine Stärkung produktiver Investitionen im industriellen Sektor, der Ausbau profitabler Bereiche in der Landwirtschaft und der Abbau von allgemeinen agrarökonomischen Subventionen, wobei die Milchwirtschaft jedoch ausdrücklich ausgenommen worden war. Ausländische Investoren sollten umfangreiche staatliche Hilfen erhalten und weitgehende Steuerbefreiung genießen. Eine Senkung der Zölle war als flankierende Maßnahme zur Attraktivitätssteigerung des irischen Wirtschaftsstandortes genauso geplant wie eine Verbesserung der Infrastruktur, die sich etwa 1959 im Ausbau des interkontinentalen Flughafens Shannon zeigte. Die Einrichtung und Unterhaltung einer transkontinentalen Verbindung in die Vereinigten Staaten war für die Einwerbung ausländischer Direktinvestitionen von großer Bedeutung.

Mit der Umwidmung staatlicher Ausgabenpolitik von sozialpolitischen Zwecksetzungen hin zu produktivitätssteigernden Zielen war die traditionelle, ökonomische und politische Strategie des risikovermeidenden Immobilismus vorläufig beendet. Doch der Wechsel vom Protektionismus zum Freihandel verlief langsam So blieb die Zollhöhe ungeachtet aller Kürzungen verglichen mit dem internationalen Maßstab sehr hoch. Erst 1967 trat Irland dem seit 1947 bestehenden Freihandelsabkommen GATT (General Agreement on Tariffs and Trade) bei. Außerdem wurde der Schutz für bestimmte Bereiche der irischen Industrie nicht ganz aufgegeben, denn das ins Land kommende ausländische Kapital durfte nur für den Export produzieren, nicht für den irischen Binnenmarkt. Die Ambivalenz dieses Wechsels vom Protektionismus zum Freihandel manifestierte sich im Umgang der Regierung mit dem noch aus den Dreißigerjahren stammenden und die Beteiligung ausländischen Kapitals stark einschränkenden „Control of Manufacturers Act", der 1958 zwar gemildert, aber erst 1964 abgeschafft wurde. Mit der 1961 erfolgten Gründung des Committee on Industrial Organization existierte zudem eine Hilfe für irische, durch den Freihandel bedrohte Firmen. Diesem Misstrauen gegenüber fremdem, d.h. vor allem britischem und US-amerikanischem Kapital, stand eine großzügige Steuererstattung für Exportgewinne solcher ausländischer Kapitalgeber gegenüber.

Das Whitaker-Programm sah jeweils auf fünf Jahre angelegte Planungsphasen vor. Das erste Programm lief von 1959 bis 1963 und prognostizierte ein zweiprozentiges Wachstum des Bruttoinlandsprodukts. Von diesem Zuwachs ging auch das zweite Programm für die Jahre 1964 bis 1970 aus. Allerdings erwies sich schon in dieser Periode, dass zahlreiche Unwägbarkeiten der internationalen Politik mittelfristige Zielbestimmungen schnell Makulatur werden ließen. Das zweite Programm musste 1967 aufgegeben werden, weil alle zugrunde gelegten Szenarien von dem spätestens 1970 zu vollziehenden Beitritt Irlands zur EWG ausgegangen waren. Mit dem französischen Veto gegen eine Teilnahme Irlands und Großbritanniens am gemeinsamen Markt war diese Perspektive jedoch bis auf weiteres verstellt. Das dritte und letzte Programm wurde 1969 aufgelegt und musste trotz einer auf drei Jahre verkürzten Planungsphase 1971 aufgegeben werden. Eine Bewertung der Effekte der Whitaker-Programme ist schwierig, weil die Steigerungen des irischen BIP sicher nicht nur auf die Öffnung des Binnenmarktes und die neue Risikoorientierung von politischer und wirtschaftlicher Elite, sondern auch auf die allgemeine weltwirtschaftliche Expansion dieser Jahre zurückzuführen sind. Zwar stieg das irische Bruttoinlandsprodukt zwischen 1959 und 1973 sogar um das Doppelte der von Whitaker prognostizierten 2%, aber im Vergleich mit den EWG-Staaten und sogar mit dem wachstumsschwachen Großbritannien schnitt Irland, das 50% des britischen und 25% des westeuropäischen Wachstums erzielte, relativ schlecht ab. Aus binnenwirtschaftlicher Sicht waren die 4% Wachstum aber eine enorme Leistung. Erfolge bei der Einwerbung ausländischer Investitionen stellten sich ebenfalls ein und es kam zur Gründung zahlreicher neuer Unternehmen. Bis 1969 hatten sich 350 ausländische Betriebe angesiedelt. Der Fremdkapitalanteil an Arbeitsplätzen in der verarbeitenden Industrie wuchs schnell auf 25%. 40% aller Mitte der Siebzigerjahre nach Großbritannien gehenden Exporte wurden in durch ausländisches Kapital bestimmten Firmen erzeugt. Insgesamt produzierten ausländische Unternehmen 56% des irischen Ausfuhrvolumens.

Diese Zahlen drücken aber auch das Scheitern der Pläne zur Verbesserung der Wettbe-

werbsfähigkeit irischer Firmen aus, denn das Wachstum wurde vor allem durch ausländische Investitionen erzeugt. Gleichwohl waren Ende der Fünfzigerjahre deutliche Veränderungen in der Exportstruktur zu erkennen, die auf eine tief greifende Veränderung der
irischen Volkswirtschaft schließen ließen. Einem leichten Rückgang an Agrarausfuhren
stand ein Anstieg von Fertigwarenexporten gegenüber. Dies verstetigte sich zu Beginn der
Sechzigerjahre, wobei der noch immer hohe Anteil von Textilien, Bekleidung, Schuhen an
den exportierten Waren nach und nach durch Erzeugnisse wie Erze, Metalle, Maschinen-
teile, Öle, Düngemittel und andere chemische Produkte reduziert wurde. Bei aller notwendigen Relativierung der Erfolge Whitakers muss festgestellt werden, dass der expansionistische Kurs gut in die Ausgabenstruktur der öffentlichen Hand eingebettet war und
nicht zu einer Verschuldungskrise führte, wie sie Irland in den Siebziger- und Achtzigerjahren belasten sollte. Der Anteil der Staatsausgaben am BIP stieg zwischen 1958 und
1966 von 21% auf 24,4%, die Auslandsverschuldung blieb minimal und die gesamten öffentlichen Schulden stiegen von 4,06% (1953–1957) auf 5,09% (1963–1967). Das Zahlungsbilanzdefizit nahm gerade einmal von 2,35% (1953–1957) auf 2,38% (1963–1967)
zu.[16] Die neue Wirtschaftspolitik Fianna Fáils brachte Irland seit Ende der Fünfzigerjahre
auf einen Wachstumskurs unter Vermeidung allzu großer Gefahren. Es kam zwischen
1959 und 1968 zu einem Anstieg der Industrieproduktion um 82%. 1966 übertrafen die
irischen Exporte den Stand von 1953 um 88% und lagen 59% über den Zahlen von 1929,
dem historischen Rekordjahr des irischen Außenhandels. Diese Steigerungsraten hatten
eine ihrer Ursachen in einer ökonomischen Annäherung an Großbritannien, mit dem
1948, 1960 und 1965 Handelsverträge abgeschlossen wurden, die die Gleichbehandlung
Irlands mit den Staaten des Commonwealth beinhalteten, was im Gegenzug u. a. einen
Abbau der Importabgaben auf britische Güter zur Folge hatte. Der Handelsvertrag von
1965 war eine Reaktion auf den gescheiterten Beitritt zur EWG und sollte eine irisch-britische Freihandelszone schaffen. Irische Produkte konnten von nun an zollfrei oder – wie
im Fall von Molkereiprodukten – mit höheren Quoten nach Großbritannien eingeführt
werden, während im Gegenzug eine jährliche Reduzierung irischer Zölle auf britische
Waren um 10% zugesichert wurde. Das hätte die vollständige Zollfreiheit bis 1975 gebracht. Von diesen Abkommen profitierte Irland stärker als das Vereinigte Königreich, da
die irische Abhängigkeit vom britischen Markt ungleich größer war als umgekehrt. In
diesen Jahren gingen noch 66% aller irischen Ausfuhren nach Großbritannien, davon
waren Anfang der Sechzigerjahre 70% „klassische" irische Agrarprodukte wie Lebendvieh,
Rind- und Kalbfleischprodukte. 1970 betrug der Ausfuhranteil nach Großbritannien 65%
und in die Staaten der EWG 12%, davon waren 34% Lebensmittel, Vieh und andere
Agrarerzeugnisse. Erst mit dem 1973 vollzogenen Beitritt Irlands zur EWG sollte ein dras-
tischer Wandel dieser Außenhandelsabhängigkeit stattfinden.

Das moderate Wachstum dieser Jahre schlug sich auch in einer absoluten Bevölkerungszunahme um 100 000 Einwohner bis Anfang der Siebzigerjahre nieder. Irland besaß
damit die höchste Bevölkerungswachstumsrate in Europa. Das Heiratsalter sank auf 23,5
(1957: 25,9) Jahre für Frauen und auf 25,6 (1957: 29,4) Jahre bei Männern und näherte
sich ebenso wie die durchschnittliche Familiengröße, die in diesen Jahren deutlich ab-

nahm, europäischem Durchschnitt an. Die Auswanderung ging stark zurück. Allerdings
waren schon in dieser Phase deutliche ökonomische Warnzeichen zu beobachten. So nahmen die Arbeitsplätze in der Landwirtschaft, deren einprozentiges Wachstum in den
Sechzigerjahren hinter allen Prognosen zurückblieb, stärker ab als erwartet, während sie
in der Industrie bis Anfang der Siebzigerjahre stagnierten. Dem stand ein kräftiger Ausbau des tertiären Sektors, vor allem des öffentlichen Dienstes, gegenüber, wobei die dort
neu geschaffenen Arbeitsplätze die hohe Arbeitslosigkeit nicht signifikant zu reduzieren
vermochten. Waren 1961 noch 36,9% aller Beschäftigten in der Landwirtschaft tätig,
23,5% in der Fertigungsindustrie und 39,6% im Dienstleistungssektor, so veränderte sich
diese Beschäftigungsstruktur bis 1971 folgendermaßen: 26,9% Landwirtschaft, 29,6%
Fertigung, 43,5% Dienstleistungen. Mitte der Achtzigerjahre schließlich waren 16,7% in
der Landwirtschaft, 28,7% in der Fertigungsindustrie und 54,6% im Dienstleistungsbe-
reich beschäftigt.[17] Der Industrialisierungsprozess verlief langsam, stieg doch die Zahl der
Arbeitsplätze in diesem Sektor von 1961 bis 1984 nur um 5%.

Ein zentraler Bestandteil der Modernisierungspolitik war die Ausweitung und Verbesserung des Bildungssektors, die wie die ökonomische Entwicklung unter den Zielvorga-
ben „Effizienz, Konkurrenzfähigkeit und Qualität" stand. Qualitätssteigerungen der öffentlichen Verwaltung, der Unternehmensführungen und der Beschäftigten bedeuteten
eine grundlegende Reform des Bildungssystems, die zum Schwerpunkt der Regierung Lemass' gemacht wurde, nachdem die vorhergegangene Koalition unter Ministerpräsident
Costello noch eine 10%ige Kürzung der Ausgaben für die Sekundarstufe verfügt hatte.
Dabei fielen zunächst Investitionen im Sanierungsbereich der Schulgebäude an. So verfügten Anfang der Sechzigerjahre weniger als die Hälfte aller Schulen über einen Anschluss ans Wassernetz; gerade einmal 46% besaßen Spültoiletten. Die ab den Sechzigerjahren ansteigenden Schülerzahlen ließen die Knappheit und Überalterung der Gebäude
besonders drastisch hervortreten. Hatten 1960 496 000 Schüler Primarschulen besucht, so
waren es 1973 bereits 544 000. Trotzdem verbesserte sich das zahlenmäßige Schüler-Leh-
rer-Verhältnis; der Anteil der Klassen mit mehr als 45 Schülern sank von 1963 bis 1973
von 45% auf 13,5%. Im gleichen Zeitraum wurden mehr als 1000 Zwergschulen geschlossen, wobei ein 1967 eingerichteter kostenfreier Schulbustransport diese Schließungen
kompensierte. Schon vor dem 1966 veröffentlichten OECD-Report „Investment in Education" hatte die irische Regierung begonnen, Gesamtschulen einzurichten und Zuschüsse für den Bau weiterführender Schulen zu vergeben.[18] Die OECD-Studie verwies auf
große Abbrecherzahlen, Schulabgänger ohne Abgangszeugnis und den Zusammenhang
zwischen sozialökonomischem Status und Bildung; 15% aller Studenten kamen aus Ar-
beiterhaushalten, überproportional vertreten unter den Schülern weiterführender Schulen waren Kinder von Farmern, akademisch Gebildeten und leitenden Angestellten.

Die Bildungsplanung ab Mitte der Sechzigerjahre rückte nun den Ausbau der höheren
Bildung in ihren Mittelpunkt. Dazu gehörte die als Einzelmaßnahme bereits Ende der
Fünfzigerjahre vorgenommene Anhebung des Schulentlassungsalters auf 15 Jahre sowie
der Versuch, eine frühe Selektion der Schülerjahrgänge durch Einführung von Gesamtschulen zu verhindern. Daneben wurde die technische Bildung so verbessert und in das

allgemeine Schulwesen integriert, dass Absolventen von Vocational Schools und Technical Colleges das Recht bekamen, sich an allen öffentlichen Examen zu beteiligen. Damit war diesen Absolventen prinzipiell auch der Hochschulzugang und der Eintritt in die öffentliche Verwaltung möglich. Die Ausgaben für Bildung nahmen zwischen 1963 und 1973 von 25 Millionen auf 144 Millionen Pfund Sterling zu, das entsprach einem Anstieg von 3,4% auf 6,29% des irischen BIP. Ein großer Teil dieser Mittel ging allerdings in den Hochschulausbau, sodass die bestehenden sozialen Ungleichheiten im Bereich der schulischen Bildung etwa durch eine Einführung umfassender Schülerstipendien nicht abgebaut wurden.

Die Lancierung einer allgemeinen kostenlosen hochschulqualifizierenden Schulbildung scheiterte zunächst zu Beginn der Sechzigerjahre, aber in einem ersten Schritt übernahm die irische Regierung 50% der Stipendien, die Kommunen für den weiterführenden Schulbesuch besonders begabter, armer Schüler trugen. Diese Zuständigkeit der Kommunen für die Stipendienvergabe, die dafür Grundsteuern erhöhen durften, war 1923 eingeführt und danach nicht mehr verändert worden. Von dieser Möglichkeit der kommunalen Finanzierung des weiterführenden Schulbesuchs war jedoch kaum Gebrauch gemacht worden, weil sich die Erhöhung der Grundsteuern in den kommunalen Parlamenten nur selten durchsetzen ließ. 1961 kamen landesweit gerade einmal 621 Schüler in den Genuss solcher Förderung. Mit der Kostenübernahme durch die Regierung stieg die Zahl der Stipendien auf 1775 an, was 2% aller irischen Schüler der Sekundarstufe entsprach. Von einem effizienten Fördersystem konnte also nicht gesprochen werden. Erst ab der zweiten Hälfte der Sechzigerjahre stieg die Anzahl der Sekundarschüler von 104 000 (1966) auf 144 000 (1969) an. Mit dieser Zunahme um 40 000 kamen innerhalb von drei Jahren genauso viel Schüler neu an weiterführende Schulen wie zuvor in zehn Jahren; der Anteil an Schülern in weiterführenden Bildungsgängen lag damit höher als in Großbritannien. Der Erfolg war auch darauf zurückzuführen, dass seit 1967 die Sekundarbildung schulgeldfrei war. Doch diese Reform alimentierte vor allem wiederum Mittelschichtfamilien, die finanziell in der Lage gewesen wären, Schulgeld zu zahlen, nun erhebliche Einsparungen erzielten und noch leichter den Entschluss fassen konnten, ihren Kindern den Sekundarschulbesuch zu ermöglichen. Eine gezielte Förderung sozial Schwacher gab es nicht.

Die höhere Bildung erhielt auch eine akademische Aufwertung. War die erste regierungsamtliche Kommission zur höheren Bildung in Irland überhaupt erst 1960 eingerichtet worden, so wurden 1970 in Limerick und 1976 in Dublin National Institutes for Higher Education gegründet, die in den folgenden Jahren in Volluniversitäten verwandelt wurden. Das Problem einer spezifischen sozialen Auslese konnten aber auch die Expansionsprogramme der Sechzigerjahre und entsprechende universitäre Begleitforschungen nicht lösen. Mitte des Jahrzehnts entstammten nur 2% der Studierenden Familien unterer Einkommensschichten. 1968 finanzierten republikweit 1119 Studierende ihre Ausbildung mithilfe eines staatlichen Stipendiums. Diese Zahl nahm bis 1975 zwar auf 6168 zu, das waren aber nur wenig mehr als 25% aller Studenten. Der Universitätsbesuch blieb also einer sozialstrukturellen Minderheit vorbehalten, was – man denke in diesem Zusammenhang an die Sozialutopie der Osterproklamation oder die Verfassung von 1937 –

den umfassenden Partizipationsversprechungen der irischen Staatsgründung widersprach.

Nicht nur in der Bildungspolitik manifestierte sich bei allem Neubeginn eine gesellschaftliche Verhaftung am Überkommenen, die der gesamten Aufbruchszeit der Regierung Lemass' ihren Stempel aufdrückte. Wobei der Regierungschef selbst zu den Motoren des Wandels gehörte, der die Iren auch mit unliebsamen Konsequenzen der Modernisierung konfrontierte. Er prophezeite etwa, dass ineffiziente Unternehmer, unproduktive Landwirte und unflexible Gewerkschaftsführer, die Trinität der irischen Gesellschaft, bis 1970 anachronistische Relikte einer toten Vergangenheit geworden sein würden.[19] Im Zusammenhang mit dem Anfang der Sechzigerjahre gestellten Antrag auf Mitgliedschaft in der EWG verwies Lemass nicht nur auf eine gewisse Zurückhaltung Frankreichs und Belgiens wegen der geringen ökonomischen Leistungsfähigkeit Irlands, sondern auch auf in Deutschland vorgetragene Bedenken angesichts der irischen Neutralitätspolitik. In einem Gespräch mit der „New York Times" erklärte der Taoiseach, dass Irland bereit sei, an der europäischen Integration mitzuwirken ungeachtet der Konsequenzen auf den Gebieten der Außen- und Verteidigungspolitik: „Wir nehmen zur Kenntnis, dass ein militärisches Engagement die unausweichliche Konsequenz unseres Beitritts zum gemeinsamen Markt sein wird und dass wir sogar die militärtechnische Ebene unserer Neutralität aufgeben müssten."[20] Zwar blieb der Irischen Republik die praktischpolitische Belastungsprüfung dieser Zäsurbereitschaft durch das französische Veto gegen einen EWG-Beitritt Großbritanniens und Irlands erspart, aber wenn man berücksichtigt, dass 2001 die irische Bevölkerung in einem Referendum den EU-Vertrag von Nizza, der u. a. auch eine weitere außen- und sicherheitspolitische Tiefenintegration vorgesehen hatte, wegen dieser möglichen Neutralitätsverletzung zunächst ablehnte, erkennt man, wie weit entfernt Lemass in diesem Zukunftsentwurf vom politischen Hauptstrom seiner Zeit war.[21]

Auch die Einstellung des politischen Systems zur Emigration änderte sich in der sechzehnjährigen Regierungsperiode Fianna Fáils nach 1957. Lemass hatte schon während seiner Amtszeit als Industrie- und Handelsminister in den Dreißigerjahren die Notwendigkeit betont, durch eine verstärkte industrielle Entwicklung Irlands der Bevölkerung ausreichend Arbeitsplätze anbieten zu können, um so den Zwang zur Auswanderung aufzuheben. Demgegenüber sahen de Valera und andere Politiker seiner Generation die Emigration eher als irisches Schicksal, dem nur die besonders widerstandsfähigen und zur Anpassung an die mediokren Lebensumstände fähigen Iren Widerstand entgegensetzten. Das Problem der Auswanderung wurde so als moralisches Defizit der Auswanderer verstanden, die dem harten irischen Alltag opake Versprechen von Müßiggang und Luxus vorzögen und oft scheiterten. Solche abfälligen Äußerungen über die Aussiedlung verbanden sich mit Auffassungen über ihre Systemfunktionalität, die Irland vor schweren politischen Unruhen bewahre, weil gleichsam die Probleme des Arbeitsmarktes exportiert werden könnten.

Der neue Politikansatz der späten Fünfzigerjahre bestand nun darin, die Lebens- und Arbeitsbedingungen in der Republik auf britischem Niveau zu gestalten, um die Anziehungskraft der anderen Insel zu minimieren.[22] Dazu gehörte auch eine weitere Verbesse-

rung der sozialpolitischen Angebote wie erhöhte Kindergeldzahlungen und bessere öffentliche Berufsunfallversicherungen, Ausbau des Gesundheitswesens. Langsam schoben
sich auch die eingeschränkten Möglichkeiten für erwerbswillige Frauen in den Sichtkreis
der Öffentlichkeit. So lag die Frauenerwerbsquote 1961 in Irland für unverheiratete
Frauen bei 29%, für Verheiratete nur bei 5%. Ihnen waren nach wie vor bestimmte Berufe
verwehrt, sie wurden nicht im öffentlichen Dienst beschäftigt. Junge Frauen besuchten
nur unterproportional höhere Schulen und kaum Universitäten. Gab es im Bereich der
Gleichstellung der Geschlechter auch in den Sechzigerjahren noch erheblichen Nachholbedarf, zeigte sich im sozialen Wohnungsbau wieder einmal die Widersprüchlichkeit der
Modernisierungsanstrengungen. Zwischen 1961 und 1971 nahm die Zahl von überbeleg-
ten Wohnungen (mehr als zwei Personen pro Raum) nur schwach von 63 000 auf 54 000
ab, wobei insbesondere seit Ende der Sechzigerjahre verdichtete Ansiedlungen in den
größeren Städten entstanden, die mit allen sozialökologischen Verwahrlosungsproblemen
des Hochhausbaus zu kämpfen hatten. Dem Wohnraummangel standen Luxussanierun-
gen und durch forcierten Eigenheimbau in den Randlagen der Städte zunehmende Zer-
siedlung gegenüber. Hinzu kamen stadtplanerische Kahlschläge in alten Stadtvierteln, die
in Dublin zur Zerstörung eines Teils der georgianischen Architektur führte und mit der
Welle von spekulativen Modernisierungssanierungen und Neubauten die Korruption an-
schwellen ließen, von der besonders die langjährige Regierungspartei Fianna Fáil betroffen wurde und bis heute betroffen ist. In den Sechzigerjahren richtete sie erfolgreich die
Spendensammelorganisation TACA ein, in der sich ca. 500 Großspender trafen und in die
politischen Entscheidungen eingebunden wurden. FF entwickelte eine starke Anziehungskraft auf die Geschäftswelt, die der Partei nach und nach das Image einer Wirtschaftspar-
tei mit sozialem Gewissen verlieh und aus der sich verstärkt ab den Siebzigerjahren die
Führungskader rekrutierten.

Angesichts der Verwerfungen des irischen Aufbruchs in eine moderne Industrie- und
Dienstleistungsgesellschaft ist es schon verwunderlich, dass nach den raschen Regierungswechseln der Fünfzigerjahre mit Übernahme der Regierungsgeschäfte durch Seán Lemass
eine vierzehnjährige Regierungszeit Fianna Fáils anbrach. Die Partei blieb allerdings nach
den Wahlen vom Oktober 1961 nur in einer relativen parlamentarischen Mehrheitsposi-
tion, verlor sogar acht Sitze im Vergleich zu 1957 und war auf die Unterstützung unabhängiger Abgeordneter angewiesen. Doch in den folgenden Jahren setzte sich das Bild
einer dynamischen, auf Verbesserung der allgemeinen Lebensumstände zielenden Politik
durch, zu dessen Verbreitung nicht unerheblich das Anfang der Sechzigerjahre nach dem
Modell der BBC gegründete irische Fernsehen Radio Telefís Éireann (RTÉ) beitrug. Im
Unterschied zur BBC sah sich RTÉ einer mehr oder weniger rigiden staatlichen Einflussnahme ausgesetzt, die von den jeweiligen Regierungsparteien weidlich ausgeübt wurde.[23]
Die Rolle, die RTÉ bei der Öffnung der irischen Gesellschaft spielte, kann kaum überschätzt werden. In den Sechzigerjahren waren es vor allem die berühmten morgendlichen
Talkshows von Gay Byrne, Marianne Finucane, Gerry Ryan u. a., die der irischen Bevölkerung in ihren Alltagsgeschichten Gehör verschafften. Und diese Oral History zeigte ein
anderes Bild der Insel als es konservativ-katholischer Dogmatik entsprach. Während des

Besuches von US-Präsident John F. Kennedy im Juni 1963 multiplizierte das Fernsehen nicht nur die klassische Symbolik einer besonderen irisch-amerikanischen Verbundenheit, sondern nutzte das mediengerechte Bild Kennedys zur Aufwertung des irischen Regierungschefs. Der US-Präsident verkörperte einen jungen, katholischen, dynamischen, wohlhabenden und einem fürsorgenden Konservatismus anhängenden Politiker, dessen hemdsärmeliges Self-made-Image dem Typ des die amerikanische Politik lange Zeit dominierenden WASP (White, Anglo-Saxon, Protestant) widersprach. Lemass stieg zu so etwas wie einem irischen Kennedy auf. Obwohl er schon seit den Anfängen der Partei zur Führung Fianna Fáils gehörte, in jeder der von de Valera seit 1932 geführten Regierungen vertreten war und seit seinem siebzehnten Lebensjahr die Prägephasen des irischen Nationalismus im 20. Jahrhundert, den Osteraufstand, die antibritische Guerilla und den Bürgerkrieg durchlaufen hatte, galt er als Zukunftshoffnung.[24]

Die von ihm ausgehenden Impulse wirkten auch auf eine Neuregelung der inneririschen Beziehungen. So besuchte er 1965 Nordirland und nahm Gespräche mit dem dortigen Ministerpräsidenten Terence O'Neill auf, um beide Staaten betreffende Probleme einer einheitlichen, inselweiten Energieversorgung, der Tourismusentwicklung und landwirtschaftlichen Entwicklung zu diskutieren. Zum ersten Mal seit der Gründung beider politischer Systeme hatte ein Regierungschef der Republik damit die staatliche Legitimität der „six counties" im Norden anerkannt. Durch einen wenige Wochen später stattfindenden Gegenbesuch O'Neills in Dublin verstärkte sich der Eindruck einer Akzeptanz Nordirlands als eigenständigem politischem Gebilde. In der Folge entwickelten sich regelmäßige Koordinierungstreffen zwischen Beamten beider Seiten, die allerdings mit der Eskalation des nationalistisch-unionistischen Konfliktes im Norden, der Ende der Sechzigerjahre die Form eines mühsam gebändigten Bürgerkrieges annahm, zum Stillstand kamen. Lemass' neue Irlandpolitik war im Süden hoch umstritten, sprachen sich doch zu dieser Zeit nur 20% der Bewohner der Republik dafür aus, die Wiedervereinigung von einem Mehrheitsvotum der Nordiren abhängig zu machen. In der breiteren Öffentlichkeit war der exklusive gälisch-katholische Nationenbegriff noch präsent. Und in diesen passten die protestantischen Nordiren nicht hinein. Gleichwohl waren große Teile der Bevölkerung auch bereit, dem Norden gegenüber neue Schritte zu gehen.

Obwohl Lemass also auch in der Nordirlandpolitik seiner Zeit voraus war, konnte er durchaus auf Unterstützung durch die irischen Wähler hoffen. Seine Wahlbilanz fällt denn auch positiv aus. 1957, 1961 und 1965 sicherte sich Fianna Fáil genügend Mandate im Dáil, um ohne Koalitionspartner regieren zu können. Was an der absoluten Mehrheit fehlte, wurde durch die Sicherung der Unterstützung parteiunabhängiger Abgeordneter wettgemacht. Bei den Wahlen von 1965 erzielte Lemass' Partei 72 von 144 Sitzen. Damit konnte zum ersten Mal seit 1933 eine Regierungspartei trotz gestiegener Wahlbeteiligung bei einer Parlamentswahl Stimmen gewinnen. Die Stärke Fianna Fáils korrespondierte mit der Schwäche ihrer Konkurrenten. Fine Gael fungierte nicht als wirklich starke, herausfordernde Oppositionspartei. Sie galt in den Fünfziger- und Sechzigerjahren als konservativ, klerikal, akademisch und elitär. Eine Partei der besser Verdienenden mit amateurhafter Organisationsstruktur. Die Labour Party konnte selbst aus den konjunkturellen Eintrübungen zu Beginn der Sechzigerjahre, die zu massiven Streiks führten, aufgrund ihrer Distanz zu den Gewerkschaften keinen Vorteil ziehen und blieb bei Wahlen deutlich unterhalb der 20%-Schwelle. Das Reservoir von Sinn Féin wurde mit der Konsolidierung der Republik immer kleiner, und so stellte der 1957 erzielte Gewinn von vier Sitzen im Dáil (die wegen des nach wie vor gültigen Prinzips des Abstentionismus nicht eingenommen wurden) den größten Erfolg der Partei bis zu den Wahlen von 2002 dar.

Mit der verblassenden bürgerkriegsbedingten Spaltung der südirischen Gesellschaft verloren die Profile der Parteien zunehmend an Deutlichkeit und Unterscheidbarkeit. Unter den Bedingungen einer geringen ideologischen Prägung des Parteienwettbewerbs, sieht man einmal von der sozialistischen Rhetorik Labours ab, kam es vor allen Dingen auf die ökonomische und sozialpolitische Leistung der Parteien an, und auf diesen Feldern hatte die langjährige Regierungspartei Fianna Fáil deutliche Vorteile. In ihrer sechzehnjährigen Regierungszeit besetzte sie erfolgreich das Gebiet der umfassenden Modernisierung Irlands, ohne gleichzeitig die republikanisch-nationale Symbolik und Traditionserfindung zu vernachlässigen. Da FF ihr früheres antibürgerliches Image nach dem Zweiten Weltkrieg immer stärker zurücktreten ließ, fand sie als erste irische Volkspartei Akzeptanz in fast allen relevanten gesellschaftlichen Gruppen. Dabei verstand sie es, ihre Organisationsstrukturen so zu modernisieren und zu effektivieren, dass sie im Vergleich zu den anderen irischen Parteien über den überlegenen Parteiapparat verfügte. Außerdem muss an dieser Stelle noch einmal auf das Machtkalkül der Parteiführung hingewiesen werden. De Valera und Lemass nutzten Chancen zur Konsolidierung der Macht entschlossen durch das Mittel der Parlamentsauflösung und der Ausschreibung von Neuwahlen. Selbst vor einem Eingriff in das Wahlrecht schreckte man nicht zurück, wenn die Parteiinteressen das nahe legten. 1959 und 1968 versuchte die Fianna-Fáil-Regierung durch Referenden das geltende Verhältniswahlrecht in ein relatives Mehrheitswahlrecht nach britischem Muster zu verändern. Das hätte die parlamentarische Position der Partei auf Dauer so gestärkt, dass Mehrheiten gegen sie noch schwerer zu erringen gewesen wären und Fianna Fáil nicht mehr auf unabhängige Abgeordnete zur Mehrheitsbeschaffung angewiesen gewesen wäre. Damals gingen Prognostiker davon aus, dass von den 144 Sitzen im Dáil unter den Bedingungen des Mehrheitswahlrechts 80 sicher an Fianna Fáil fielen. Obwohl die erste Volksabstimmung 1959 auf den Tag der Präsidentenwahl gelegt worden war, für die de Valera kandidierte und die er auch mit mehr als 100 000 Stimmen Vorsprung gegen seinen Konkurrenten Seán MacEoin (Fine Gael) gewann, votierte eine Mehrheit der Iren gegen die Wahlrechtsreform. Die Folgebereitschaft der Bevölkerung gegenüber Fianna Fáil war also durchaus differenziert und nicht grenzenlos.

Wandel

Dass es ungeachtet aller Beharrungskräfte eine breite gesellschaftliche Veränderungsstimmung gab, zeigte sich bei der Einrichtung einer Allparteien-Verfassungskommission, welche die die katholische Kirche privilegierenden Klauseln und den Wiedervereinigungsanspruch überarbeiten sollte. Mit Blick auf eine Neuregelung des Verhältnisses zum Nordstaat waren die betont katholisch-nationalistischen Formulierungen nicht länger akzeptabel. Als diese Arbeitsgruppe 1967 ihre Empfehlungen veröffentlichte, die die Streichung aller Privilegienklauseln, die Zulassung der Ehescheidung für Angehörige von Religionsgemeinschaften, denen die Scheidung erlaubt war, und eine Wiedervereinigungsformulierung, nach der alle Iren in Harmonie und brüderlicher Liebe vereinigt werden sollten, vorsah, war Seán Lemass schon nicht mehr im Amt. Wegen einer Herzerkrankung hatte er im Oktober 1966 seinen Rücktritt erklärt. In einem bei seinem Tod 1971 von der „Irish Times" veröffentlichten Nachruf hieß es, dass Lemass als derjenige irische Ministerpräsident in die Geschichte eingehen werde, der zu spät in sein Amt gekommen sei und es zu früh wieder habe verlassen müssen.

Dass Lemass eine besondere Sichtweise auf die irischen Angelegenheiten besaß, hatte sich im Rahmen der 50-Jahr-Feiern des Osteraufstands 1966 gezeigt, als er im Gegensatz zu de Valera versöhnlichere Töne anschlug. Während in diesem Jahr alte Bestände antibritischer Rhetorik wieder belebt wurden, Unbekannte in Dublin die Statue Lord Nelsons sprengten und es zu Protesten und Straßenblockaden anlässlich eines Besuches der englischen Prinzessin Margaret kam, würdigte Lemass die auf britischer Seite kämpfenden irischen Teilnehmer am Ersten Weltkrieg, die bis dahin in der Republik stigmatisiert worden waren. Kurz nach seinem Rücktritt versuchte er bei einer Rede auf den im November 1966 gestorbenen W. T. Cosgrave die Erinnerung an den Bürgerkrieg neu zu interpretieren. Hier wurden Traditionsbestände nationaler Identitätsstiftung berührt, die wenige Jahre zuvor noch selbstverständlich unantastbar gewesen waren. Das galt insbesondere für die Sprachenpolitik. Schon Mitte der Fünfzigerjahre war die Schaffung eines Department of the Gaeltacht notwendig geworden, weil die lebensweltliche, alltägliche Nutzung des Irischen weiter zurückging und besonderer Förderung und Pflege bedurfte. Das hatte auch mit der relativen Verarmung dieser Region und einem entsprechenden Migrationsdruck zu tun, zeigte gleichzeitig aber auch das Verschwinden eines sprachnationalen Bewusstseins. Lange Zeit leugnete ein Teil der politischen Führung diese Veränderungen im kulturellen Selbstbild. Als Fine Gael Anfang der Sechzigerjahre den Vorschlag gemacht hatte, dass zukünftig keine Schüler mehr im Abschlussexamen aufgrund ungenügender irischer Sprachkenntnisse bei guten Noten in anderen Fächern durchfallen sollten, erklärte der zuständige Fianna-Fáil-Minister, diese Aufweichung des Zwangs, Irisch zu lernen, sei „ein Akt nationalen Verrats, welcher Irland ein Jahrhundert in seinem Fortkommen zurückwerfe"[25]. Zehn Jahre später gab es im Gaeltacht noch 32 000 Irischsprechende, und Irisch wurde als obligatorische Examensqualifikation abgeschafft. Seit 1973 waren Kenntnisse des Irischen keine Bedingung für die Einstellung in den öffentlichen Dienst mehr. Der politische double-bind gegenüber der irischen Sprache verdeutlicht sich in der Ende der Sechzigerjahre gegründeten Kommission zur Förderung des Irischen (Comhairle na Gaelige) und der gleichzeitigen Schließung aller Lehrerfortbildungscolleges für Irisch.

Die Notwendigkeit, sich auf veränderte Verhältnisse einzustellen, galt für alle politischen Parteien. Nur noch mit großen Mühen gelang 1966 die Wiederwahl de Valeras als

Staatspräsident. Der Vierundachtzigjährige erhielt mit 558 000 Stimmen nur 10 000 Stimmen mehr als sein Gegenkandidat Thomas F. O'Higgins, der als Kandidat des linken Flügels der Fine Gael einen Achtungserfolg errang, welcher für eine politische Neuausrichtung seiner Partei von großer Bedeutung sein sollte. Mit Lemass' Ausscheiden und dem absehbaren Ende der Ära de Valeras musste Fianna Fáil sich personell verjüngen und ihr Bild als Modernisierungskraft programmatisch auffrischen. Mit dem neunundvierzigjährigen Jack Lynch wurde ein Angehöriger jener Generation Ministerpräsident, die ihre politische Erziehung schon in einem unabhängigen irischen Staat durchlaufen hatte.[26] Lynch war ein Jahr nach dem Osteraufstand geboren worden, bei seiner Einschulung tobte der irische Bürgerkrieg. Er machte eine Karriere als Rechtsanwalt und bekleidete ab 1957 nacheinander verschiedene Ministerämter für die Gaeltacht-Region, in den Ressorts Erziehung, Handel und Industrie sowie Finanzen. Lynch personifizierte die vorsichtige Verjüngung der Partei, die mit einem Zuwachs an innerparteilicher Demokratie einherging. Waren bis dahin die jeweiligen Ministerpräsidenten in einem kleinen Zirkel um die innere durch de Valera dominierte Parteiführung bestimmt worden, wobei sich bis Ende der Fünfzigerjahre die Anwartschaft de Valeras quasi selbstverständlich ergab, so war mit der Klärung von Lemass' Nachfolge erstmals eine Kampfabstimmung in der Dáil-Fraktion der Fianna Fáil verbunden. Nachdem der als möglicher Taioseach ins Gespräch gebrachte Charles Haughey seinen Verzicht erklärt hatte, entschied Lynch die Abstimmung gegen den als Bewerber übrig gebliebenen Finanzminister Colley mit 52 zu 19 Stimmen für sich. Auch Fine Gael und die Labour Party machten Mitte der Sechzigerjahre grundlegende Änderungen durch. Fine Gael wandelte sich unter der Führung Garret Fitzgeralds und Declan Costellos, die mit ihren Thesen zum Aufbau einer „Just Society" die Programmdebatte anstießen, in eine sozialdemokratisch ausgerichtete Partei. Die Labour Party erneuerte sich ebenfalls und zog eine Reihe Intellektueller wie Conor Cruise O'Brien, Justin Keating oder David Thornley an, die die Annäherung an Fine Gael betrieben, ihrer Partei ein demokratisch-sozialistisches Profil gaben und vor allem in Dublin Unterstützung gewannen, während sie in den traditionellen Stammlanden Labours, in Munster und Leinster, und bei den Gewerkschaften auf wenig Akzeptanz stießen.

Bei allem Wandel waren aber auch bestimmte Kontinuitätslinien unverkennbar, die sich in nicht wenigen Fällen als Familientraditionen darstellten. Dass de Valeras Sohn Vivian Abgeordneter im Dáil wurde, die durch de Valera gegründete, auflagenstarke irische Tageszeitung „Irish Press" herausgab und bis heute Nachkommen des großen alten Mannes des irischen Republikanismus Ministerämter innehaben, kann man als Ausdruck der Beharrungskraft des De-Valera-Clans verstehen. Doch auch in Fine Gael dominierten die Söhne der Staatsgründergeneration die Reformphase der späten Sechziger- und frühen Siebzigerjahre. Garret Fitzgeralds Vater Desmond war Außenminister in der von Cumann na nGaedheal gebildeten Regierung der Zwanzigerjahre, und Declan Costellos Vater John A. hatte Irland 1948–1951 und 1954–1957 regiert. Neuer Vorsitzender der Partei wurde 1965 mit Liam Cosgrave der Sohn W. T. Cosgraves, des Siegers des Bürgerkriegs und ersten Ministerpräsidenten des Freistaates. Als es der Koalition aus Fine Gael und Labour 1973 schließlich gelang, Fianna Fáil als Regierungspartei abzulösen, erhielten drei Minister dieselben Portfeuilles wie ihre Väter 1923. Bei aller Öffnung und Verjüngung blieb die politische Elite doch eine sehr geschlossene Gesellschaft.

Änderungen musste auch die katholische Kirche zur Kenntnis nehmen. Seit den Fünfzigerjahren setzte ein langsamer Rückgang der Mitglieder der Orden ein. Gab es 1965 noch 1375 Priesterweihen, lag ihre Zahl 1989 bei 322. Der Schwund an Priestern war so groß, dass seit Mitte der Fünfzigerjahre verstärkt katholische Laien für Lehrer- und Rektorenstellen in den katholischen Schulen angeworben werden mussten. Eine zunehmende Zahl von Priestern schied aus Orden und Ämtern aus. Dieser innere Bindungsverlust war auch der theologischen Erstarrung der durch McQuaid geprägten Kirche geschuldet, die in den Fünfzigerjahren in immer stärkere konservative Distanz zum Vatikan, besonders zum II. Vatikanischen Konzil und der dort beschlossenen moderaten Beteiligung katholischer Laien ging. Doch angesichts der großen Rekrutierungsschwierigkeiten musste der irische Klerus eine Öffnung der Kirche gegenüber der Gesellschaft zulassen. Ab 1966 ließ das kirchliche St. Patrick's College Maynooth Laien zu. Vier Jahre später hob die Bischofskonferenz ihren Beschluss auf, den Besuch des protestantisch gegründeten, elitären Trinity College in Dublin zur Todsünde zu erklären und ihn damit für Katholiken zu verbieten. Das Verbot war seit geraumer Zeit nicht mehr ernst genommen worden, und katholische Studierende besuchten Trinity in solch großen Zahlen, dass die Bischöfe den Bann beenden mussten, wollten sie den Anschein von Macht gegenüber der irischen Gesellschaft bewahren. Der Zwang, sich den Verhältnissen anzupassen, wirkte auch im Bereich der kirchlichen sozialpolitischen Orientierungen. Die mit dem II. Vatikanum verbundene Betonung der Herstellung sozialer Gerechtigkeit als Ziel staatlichen Handelns widersprach der noch in den Auseinandersetzungen um den Ausbau des Gesundheitswesens betonten antiinterventionistischen Position der irischen Bischöfe, zog aber eine stärkere gesellschaftskritische Positionierung der irischen Kirche nach sich.[27] Die irische Bischofskonferenz schuf Kommissionen für Gerechtigkeit und Frieden, Laienarbeit in der Kirche, Auswanderer, sie produzierte eine lange Jahre im irischen Fernsehen laufende Dokumentarreihe auch zu sozialen Fragen. Priester und Laien brachten Zeitschriften heraus, die nicht nur den innerkatholischen Dialog förderten.

Ein Nachlassen der gesellschaftlichen Leitfunktion zeigte sich in der Liberalisierung der staatlichen Zensurpolitik. Zwar wurden etwa auch in den Sechzigerjahren Romane Edna O'Briens wie „The Country Girls" (1960), „The Lonely Girl" (1962), „Girls in their Married Bliss" (1963), „August is a Wicked Month" (1965) verboten und die Autorin zog es vor, in London zu leben, aber die Tabuisierung der schriftstellerischen Beschäftigung mit Fragen der Sexualität verlor an Kraft. So verwies der Fall John MacGaherns, der 1965 als Lehrer wegen der Publikation seines Adoleszenzromans „The Dark" und einer darin enthaltenen Erwähnung der Masturbation entlassen wurde, noch auf die Antischmutzkampagne McQuaids zu Beginn der Fünfzigerjahre. Doch zwei Jahre später gab Justizminister Lenihan bekannt, dass für 5000 der bis dahin länger als zwölf Jahre indizierten Publikationen die Zensur aufgehoben werde. Gleichzeitig kam es zur Einführung von altersgebundenen Freigaben, sodass der größte Teil der Zensurarbeit fortan unter dem Gesichtspunkt des Jugendschutzes betrieben wurde. Die Zensurbehörde besteht bis heute und indiziert im kleinen Rahmen auch immer wieder Literatur für Erwachsene. Circa 800 Titel sind bis heute verboten, so Madonnas 1993 erschienenes Buch „Sex".

Trotz der Schwächung des Einflusses der katholischen Kirche auf die irische Politik blieb die katholische Grundorientierung der Bevölkerung deutlich. 1971 nahmen 96% der Iren regelmäßig am Gottesdienst teil und in vielen (sexual-)moralischen Fragen dominierten nach wie vor Positionen der katholischen Kirche. So blieb die Scheidung verfassungsrechtlich verboten. Die irische Regierung ließ keine über Knaus-Ogino hinausgehende Empfängnisverhütung zu; Kontrazeptiva – vom Kondom bis zur Anti-Baby-Pille – durften nicht frei verkauft oder verschrieben werden, sondern wurden nur in genau definierten Krankheitsfällen aufgrund einer besonderen ärztlichen Verordnung abgegeben. Schon seit Mitte des 19. Jahrhunderts verbot ein Strafgesetz Abtreibungen, ohne jede etwa die Gesundheit der Mutter berücksichtigende Einschränkung. Die Enzyklika „Humanae Vitae", die 1968 durch Papst Paul VI. veröffentlicht worden war, erschwerte in Irland alle Bemühungen um Familienplanung und Frauengleichstellung, wie sie etwa von der 1969 gegründeten Irish Family Planning Association betrieben wurden. Ziviler Ungehorsam kam auf; das Irish Women's Liberation Movement veranstaltete demonstrative Reisen nach Belfast, um dort Verhütungsmittel einzukaufen und in die Republik einzuführen, was entsprechende Strafverfolgungen nach sich zog.

Standen bei solchen und ähnlichen Aktionen propagandistische Effekte im Vordergrund, so führte die dabei mobilisierte öffentliche Aufmerksamkeit dazu, dass die Anliegen der weiblichen Bevölkerung stärker in den Blickpunkt des politischen Systems gerieten. Anfang der Siebzigerjahre fand die Einrichtung einer Commission on the Status of Women statt, die als eine der ersten Maßnahmen die Aufhebung des Beschäftigungsverbots für verheiratete Frauen im öffentlichen Dienst durchsetzen konnte. Gesetzesvorlagen zur Freigabe der Verhütung scheiterten zwar 1971 und 1972, standen aber seitdem auf der politischen Tagesordnung. Wenigstens waren Themen wie Verhütung, Schwangerschaftsabbruch und die Einführung der Ziviltrauung ansprechbar geworden. An die „Sagbarkeit" schloss sich dann fast zwangsläufig später die „Machbarkeit" an.

Der Beginn der Siebzigerjahre kann als die Zeit einer konzentrierten Reformphase der irischen Politik bezeichnet werden, in der es innerhalb weniger Monate zu einer Teilrevision der Verfassung, einer Neubestimmung des Wiedervereinigungsziels, dem Beitritt zur EWG und dem Absenken des Wahlalters kam. 1972 wurden durch ein Referendum die Empfehlungen der einschlägigen Kommission angenommen und die bis dahin bestehenden Verfassungsprivilegien der katholischen Kirche abgeschafft. Fünfunddreißig Jahre hatte sich die Irische Republik als politischer Ausdruck eines katholischen Nationalismus verstanden und sich letztlich auch in den politischen Gestaltungsansprüchen der Kirche unterworfen.[28] Obwohl de Valeras Verfassung anderen Religionsgemeinschaften freie Betätigung zusicherte und Protestanten einen überproportionalen Anteil an der gesellschaftlichen und wirtschaftlichen Elite stellten, war die Zahl der Protestanten im unabhängigen Irland seit 1919 um 24% gesunken. Die katholische Durchdringung hatte das Angloirische zur Folklore georgianischer Architektur und jährlicher Pferdeauktionen werden lassen.

Mit 721 003 Stimmen gegenüber 133 430 (84%) votierten die Abstimmenden für eine Abschaffung dieser Klauseln; Irland war fast in der säkularisierten Moderne angekommen. Der seit den Vierzigerjahren in der irischen Historiographenzunft latente Revisionismusstreit erlebte 1972 mit Conor Cruise O'Briens Buch „States of Ireland" einen Höhepunkt. Die traditionelle nationalistische Interpretationsschule geht auf das Erstarken einer irischen Unabhängigkeitsbewegung zu Beginn des 19. Jahrhunderts zurück. Der politische Protest der irischen Peripherie gegen Diskriminierung durch das englische Zentrum verband sich mit der Erfindung langer Traditionslinien einer gälischen Gegenkultur. Die Knotenpunkte des angloirischen Verhältnisses im 19. und 20. Jahrhundert (Act of the Union 1800, Debatte über Home Rule, Aktivitäten der Fenians, Osteraufstand 1916, Etablierung des Irischen Freistaates, Abspaltung Nordirlands, Niederwerfung der Vertragsgegner im Süden, Ausschreitungen gegen Katholiken im Norden in den Zwanzigerjahren usw.) fanden ihre jeweilige historiographische Spiegelung in Neuerfindungen angloirischer Geschichte. Dabei entwickelte sich spiegelsymmetrisch zur Geschichtsschreibung eines belagerten irischen Volkes unter der Knute britischer Fremdherrschaft eine Zivilisationsgeschichte der englischen Besiedlung, Kultivierung und Zivilisierung der „Insel hinter der Insel". Die Konstruktionen einer einheitlichen irischen Befreiungsgeschichte und einer englischen Zivilisierungsgeschichte erfuhren schließlich in den Bemühungen von Historikern der Dreißiger- und Vierzigerjahre wie R. Dudley Edwards, T. W. Moody und der Sechziger- und Siebzigerjahre wie F. S. L. Lyons, Conor Cruise O'Brien und Roy Foster eine tief greifende Revision. Speiste sich die prärevisionistische Schule irischer Geschichtsschreibung vor allem aus der Wahrnehmung einer historischen Opferrolle der irischen, katholischen Bevölkerung, so gehen die Revisionisten mit dieser manichäischen Zuschreibung der Opfer- und Täterrollen ins Gericht. Nicht nur das Muster einer jahrhundertealten irisch-nationalen Identität erfährt hier seine Auflösung, sondern der Konflikt zwischen irischer Bevölkerung und britischer Regierung wird in Kategorien dynamischer und von beiden Seiten zuweilen äußerst gewalttätig geführter Interaktionen beschrieben.

Die Dekonstruktion der langen Wellen angloirischer Geschichtsdeutung geht auf die Arbeiten Butterfields zurück, der in den Dreißigerjahren das verbreitete historische englische Selbstbild einer stetigen auf Emanzipation, Zivilisierung und Fortschritt zielenden Gesellschaftsentwicklung zerstörte.[29] Allerdings ist diese in der Nachfolge Butterfields auf das angloirische Verhältnis übertragene Auflösung tradierter historiographischer Sinnstiftungen und die Öffnung der historischen Darstellung für Interpretationen, die die Unübersichtlichkeiten, Widersprüche und Zufälligkeiten in den „realen" Abläufen betonen, nicht unwidersprochen geblieben. Dabei spitzte sich die Debatte auf die Frage zu, ob der irische Separatismus und die Wiedererfindung gälischer Kultur schon seit dem frühen Mittelalter eine irische Identitätsstiftung konstituieren oder ob diese Interpretation Projektionen einer nationalistisch-irischen Geschichtsschreibung sind. Die revisionistische Schule um Butterfield et al. fundiert ihre Neubeschreibung durch das Bemühen, als Historiker zu den Untersuchungsgegenständen eine distanzierte, wertfreie Haltung einzunehmen und die geschichtlichen Akteure im Prozess einer verstehenden Deutung selbst

zu Wort kommen zu lassen.[30] O'Briens Kritik an der Dichotomie der traditionellen irischen Geschichtsschreibung blieb allerdings ohne Auswirkungen auf die republikanische,
irisch-nationale Popularhistorie, die sich von ihrer doppelten Befangenheit des Anglo-
zentrismus und der Anglophobie nicht lösen konnte.

Eskalation der Lage in Nordirland

Die Feiern zum 50. Jahrestag des Osteraufstands 1966 legten davon genauso Zeugnis ab
wie die ein Jahr zuvor durchgeführte Umbettung Roger Casements, der 1916 wegen Waf-
fenbeschaffung für die Osterrebellen als Hochverräter hingerichtet worden war und in
der Republik als nationaler Märtyrer gefeiert wurde. De Valera beschwor die historische
Kontinuität der Kampfjahre des irischen Republikanismus, die Verpflichtung, Casement
nachzueifern, betonte aber daneben die brüderliche Liebe zu allen Iren. Ob damit auch
die Protestanten des Nordens gemeint waren, blieb undeutlich. Ähnlich emotional geriet
die Erinnerung an 1916; die Ambivalenz des irischen Freiheitskampfes verschwand in der
Verherrlichung der heldenhaften Taten des Aufstands.[31] Diese Sichtweise aktualisierte sich
im Zuge der im Norden eskalierenden Auseinandersetzungen zwischen einem Teil der katholisch-nationalistischen Bevölkerung und militanten protestantischen Unionisten. Die
massiven, teilweise von der nordirischen Polizei geduldeten oder sogar unterstützten Angriffe des unionistischen Pöbels auf Katholiken, ihre Vertreibung aus bestimmten Vierteln
Belfasts und die Flucht von ca. 3000 Katholiken in die Republik verstärkten dort die
Wahrnehmung, es mit einer Renaissance der Verhältnisse der Jahre nach der Schaffung
der beiden irischen Teilstaaten zu tun zu haben. In dieser Situation heizte der im Kabinett
Lynch für die Landwirtschaft zuständige Minister Neil Blaney, dessen Wahlkreis im von
den Flüchtlingen aufgesuchten Donegal lag, die Debatte über die Haltung der Republik
zu den Unruhen im Norden mit der Forderung an, dass über eine Besetzung Derrys/Lon-
donderrys durch die irische Armee nachgedacht werden müsse. Gerade Derry/Lon-
donderry galt als Symbol für die Unterdrückung der katholischen Bevölkerung, die dort
eine Mehrheit bildete, aber durch krasse Manipulationen von allen politischen Entscheidungen ausgeschlossen wurde. Hinzu kam, dass in der Stadt die protestantisch dominierte Royal Ulster Constabulary besonders aggressiv gegen katholische Demonstranten vor-
ging. Zwar drückten Blaneys Äußerungen keinesfalls einen Interventionswillen der Regierung aus, aber der vorschnelle Hinweis auf eine mögliche militärische Lösung der
nordirischen Krise wirkte verhängnisvoll, weil sie zur Rehabilitierung der IRA, deren Eli-
tismus und Gewaltbereitschaft in einem nicht unbeträchtlichen Teil der Öffentlichkeit
beitrug. Dabei war die IRA in der Republik eine verbotene Organisation und die Mitgliedschaft in ihr strafbar. Die noch aus den Dreißiger- und Vierzigerjahren vorhandenen
Anti-Terror-Gesetze waren im Zusammenhang mit der „Grenzkampagne" der IRA Ende
der Fünfzigerjahre aktualisiert worden. Regierungsoffiziell wurde der gewaltbereite Republikanismus also bekämpft, gleichzeitig aber weckte die Wiedervereinigungs- und Ret-
tungsrhetorik des Kabinetts Lynch Erwartungen beim irischen Publikum, die dann von

der IRA teilweise erfüllt werden konnten. Wenn etwa Jack Lynch in einer Fernsehanspra-
che im August 1969 davon sprach, dass es im Norden eine Situation geben könne, die die
Regierung zum Eingreifen zwinge, oder sein Außenminister Hillary, der einen Solidari-
tätsbesuch in der katholischen Falls Road in Belfast machte, ohne die nordirischen Behörden zu informieren, forderte, eine UNO-Friedenstruppe in die sechs Counties des Nordens zu entsenden, dann verfuhr Fianna Fáil nach der Devise „of speaking loudly and car-
rying a small stick". Doch diese hohle Rhetorik blieb ohne Handlungsfolgen, denn eine
militärische Intervention oder eine Internationalisierung des nordirischen Konfliktes
waren unmöglich. Den „big stick" trug dann die IRA auf das Kampffeld, mit verheerenden Folgen.

Das plumpe Doppelspiel der Regierung Lynch kulminierte schließlich in innenpolitischen Spannungen, als im Frühjahr 1970 Oppositionsführer Cosgrave von der für ihre
IRA-Gegnerschaft bekannten Fine Gael damit drohte, die Verwicklung von Ministern aus
Lynchs Kabinett in mit Steuergeldern finanzierte Waffenkäufe für die IRA bekannt zu
machen. Unter Mithilfe von Finanzminister Haughey, Landwirtschaftsminister Blaney
und mit der Mitwisserschaft von Justizminister Ó Moráin waren 80 000 Pfund für Waffenkäufe bereitgestellt worden. Schon mit Rücksicht auf das internationale Renommee
Irlands zwang Jack Lynch nicht nur die Beteiligten zum Rücktritt aus seinem Kabinett,
sondern ließ im Mai 1970 Haughey und Blaney wegen Verschwörung zur Einfuhr von
Waffen und Munition verhaften. Die anschließende Gerichtsverhandlung endete jedoch
im Oktober mit dem Freispruch Haugheys, nachdem Blaney schon im Juli freigekommen
war.[32] Die Affäre zog eine Regierungskrise nach sich. Kommunalminister Boland und
zwei Staatssekretäre traten aus Sympathie mit Haughey und Blaney zurück, und auf
einem Sonderparteitag sah Lynch sich erheblicher innerparteilicher Kritik ausgesetzt.
Doch sowohl in seiner Partei als auch im Parlament fand Lynch letztendlich Mehrheiten
für seinen Kurs. Gegen den von Fine Gael im Dáil eingebrachten Misstrauensantrag
votierte auch Charles Haughey, der unmittelbar nach seiner Haftentlassung noch den
Rücktritt Lynchs gefordert hatte, sich aber nun im Hinblick auf seine zukünftige Parteikarriere eines Besseren besann. Ein Loyalitätsbeweis, der sich für ihn auszahlte. Haughey,
der als Schwiegersohn Seán Lemass' gute Kontakte zum alten Parteiestablishment unterhielt, wurde 1979 nach Lynch der nächste von Fianna Fáil gestellte Ministerpräsident. Das
Schicksal der unbeugsamen anderen führte eher in die politische Wildnis: Ó Moráin zog
sich aus der Politik zurück, Boland wurde aus der Parlamentsfraktion ausgeschlossen und
verließ Fianna Fáil im Juni 1970. Blaneys Parteiausschluss fand wenige Monate später
statt. Er gründete mit Independent Fianna Fáil eine eigene Partei, konsolidierte dadurch
seine lokale Position und zog wieder in den Dáil ein, konnte aber – von einem Achtungserfolg bei den Europawahlen 1979 abgesehen – Fianna Fáil landesweit nicht gefährden.

Gravierender war das weitere Erstarken des gewalttätigen Republikanismus. Nachdem
Sinn Féin und IRA 1970 in Fortsetzung der Spaltungsgeschichte des irischen Nationalismus in zwei Gruppierungen „Official IRA" und „Provisional IRA" – umgangssprachlich „Provos" genannt – zerfallen waren, griffen Letztgenannte zunehmend zu terroristischen Mitteln, um die mit der Etablierung eines unionistischen Nordstaates stecken ge-

bliebene nationalrepublikanische Revolution von 1919 zu vollenden. Die „Officials"
wandelten sich in eine orthodoxmarxistische Partei, die sich in den Folgejahren „Sinn
Féin – The Workers Party" nannte und von der sich nach dem Fall der osteuropäischen,
staatssozialistischen Systeme eine Reformgruppe mit dem Namen „Democratic Left" ab-
spaltete. In der Parteiprogrammatik trat zum klassischen Republikanismus eine sozialistische Orientierung als linke Alternative zur Labour Party hinzu. Von den Aktivitäten der
„Provos", die in den folgenden Jahren den Zusatz als „Provisional Sinn Féin/IRA" ableg-
ten, als die einzigen Vertreter der Partei und der Guerilla auftraten und als „Sinn Féin"
auch an Wahlen im Süden und Norden teilnahmen, blieb die Republik nicht unberührt.
Im Februar 1972 wurde von ihr der Angriff auf die und das Niederbrennen der britischen
Botschaft in Dublin geleitet. IRA-Mitglieder hetzten unter den Augen der vollkommen
unvorbereiteten Garda Siochána Demonstranten auf und regelten in der Nähe der belagerten Botschaft sogar den Verkehr. Die Herausforderung der Republik gehörte zur Ideo-
logie Sinn Féins und der IRA, bestritten sie doch seit Abschluss des angloirischen Vertrags
die staatliche Legitimität Éires. Stattdessen schrieben sie jene Legitimitätsfiktion der frühen Zwanzigerjahre fort, dass mit der Abwahl de Valeras die gesetzgebende Kraft des Dáil
auf das Oberkommando der IRA übergegangen sei.

Die Auferstehung der IRA bedeutete für die irische Regierung ein außenpolitisches
Desaster. Sie belastete die Beziehungen zu Großbritannien und störte damit den kurz be-
vorstehenden Beitritt beider Staaten zur EWG. Die Forderung Lynchs nach grundlegenden Reformen des politischen Systems Nordirlands, insbesondere nach Regierungs-
beteiligung der katholischen Bevölkerung, welche von der britischen Regierung aufgegrif-
fen und mit der Zusicherung zukünftiger britisch-irischer Koordinationen bei der
Demokratisierung Nordirlands beantwortet worden war, ging mit einem scharfen Kurs
gegen Sinn Féin und IRA einher. Im Mai 1972 wurden Special Criminal Courts eingerichtet. Zum ersten Mal seit 1939 existierten wieder nur mit Berufsrichtern besetzte Gerichte,
die ohne Geschworene und mit vereinfachten Beweisverfahren urteilen durften. Lynch
und sein neuer Justizminister Desmond O'Malley belebten den Offences against the State
Act, der u. a. die Internierung von Verdächtigen vorsah. Schließlich kam es angesichts der
erfolgreichen Propaganda und Rekrutierungsaktionen der IRA zur Schließung der Partei-
zentrale Sinn Féins.

Dass der Appell an alte Feindbilder und die pathetische Erinnerung an die Unterdrückungsgeschichte und den erfolgreichen Freiheitskampf in der irischen Öffentlichkeit
eine gewisse Wirkung erzielte, zeigte sich anlässlich des Hungerstreiks Seán MacStiofáins,
des Vorsitzenden Sinn Féins, gegen diese Maßnahmen der Regierung. MacStiofáin erhielt
während seiner Protestaktion im Krankenhaus Besuch von Erzbischof McQuaid und vom
prominenten Labour-Politiker David Thornley, die von einer ständig vor Ort sich befindenden Sympathisantenschar begrüßt wurden und dem gewaltbereiten Republikanismus,
ob gewollt oder nicht, erhebliche Legitimation verschafften. Bei der politischen Demonstration blieb es nicht. Im Dezember des Jahres verübte die IRA zwei Bombenanschläge
in Dublin, die zwei Tote forderten.[33]

Der Beitritt zur EWG

Es verfälscht jedoch das Bild, wenn man das Umfeld der gewaltbereiten Nationalisten für die Mehrheit der irischen Bevölkerung hält. Gerade die erfolgreichen Volksabstimmungen zur Verfassungsreform, die auch eine neue Formulierung der Wiedervereinigungsklausel beinhaltete, und die Zustimmung zum EWG-Beitritt zeigten die Zukunftsoffenheit der Iren. Nachdem der Widerstand Frankreichs gegen eine Mitgliedschaft Großbritanniens aufgegeben worden war, hatten erfolgreiche Beitrittsverhandlungen geführt werden können, wobei bei einer Integration Großbritanniens Irland aufgrund der engen wirtschaftlichen Verflechtung nicht abseits stehen konnte. Die im Januar 1972 verfasste Denkschrift zum Beitritt „The Accession of Ireland to the European Communities" prognostizierte Arbeitsplatzverluste im Bereich der Textil-, Bekleidungs- und Schuhindustrie sowie Gewinne für irische Exporte auf westeuropäischen Märkten und mehr ausländische Investitionen. Der Konkurrenzdruck durch europäische Firmen auf dem irischem Markt stellte aber keine neue, weitere Bedrohung für gefährdete irische Industriebranchen dar, da das AIFTA ohnehin für 1975 den freien Zugang für britische Hersteller vorgesehen hatte. Der Vorschlag von Beitrittskritikern, keine Vollmitgliedschaft anzustreben, sondern ein Assoziierungsabkommen mit der EWG zu schließen, fand keine Mehrheit, da gerade der Landwirtschaft wegen der deutlich höheren Agrarpreise im EWG-Raum und den vielfältigen Subventionen der gemeinsamen Landwirtschaftspolitik ein Einkommensanstieg von 150% bis 1978 vorhergesagt wurde. Dies galt aber nur für Mitgliedsstaaten. Beide großen Parteien votierten für den Beitritt, während die Gewerkschaften, die Labour Party und nationalistische Gruppierungen, wie Sinn Féin, dagegenmobilisierten. Nachdem die Volksabstimmung über den Beitritt eine Mehrheit von 83% für eine Integration Irlands in den gemeinsamen Markt und die anderen Europäischen Gemeinschaften ergeben hatte, fanden sich die Ablehner in einer wichtigen Frage marginalisiert. Mit dem am 1. Januar 1973 in Kraft tretenden Beitritt wurde der ehemalige Fianna-Fáil-Außenminister Patrick Hillery erster irischer EG-Kommissar[34] und zuständig für die Sozialpolitik Brüssels.

Gestaltete sich das Beitritts-Projekt für die Regierung erfolgreich, so sah sie sich in der Wirtschaftspolitik mit zahlreichen Problemen konfrontiert. Zu Beginn der Siebzigerjahre zeigte sich immer deutlicher, dass die ökonomische Modernisierung eine tief greifende Veränderung der Sozialstruktur bewirkte. Der traditionelle Agrarsektor schrumpfte und in diesem Schwundprozess wurde Irland von einer ländlich geprägten zu einer städtischen Gesellschaft. Hatten 1961 46% aller Iren in Städten gewohnt, so stieg dieser Anteil bis 1971 auf 52%. Damit einher ging ein Wachstum in neuen Branchen, vor allem im Bereich der Elektro- und elektronischen Industrie, aber gleichzeitig war in den Sechzigerjahren eine strukturelle Langzeitarbeitslosigkeit entstanden, die Problemgruppen wie Landarbeiter, Kleinlandwirte und ungelernte Arbeiter betraf. Die Anfang der Siebzigerjahre gebildeten Kommissionen zur Qualifizierung der Arbeit Suchenden entwickelten nur langsam Konzepte zur Bekämpfung der irischen Arbeitslosigkeit, die an der Wende der Sechziger- zu den Siebzigerjahren von 6,7% (1968) auf 8,1% (1971) stieg. Diese Zunahme lag auch an den politischen Konjunkturzyklen, denn auf die Ausweitung der staatlichen

Investitionsprogramme im Wahljahr 1969 musste 1970 und 1971 mit einer Kürzung des für investive Ausgaben gedachten Public Capital Programme reagiert werden. Trotzdem war Finanzminister Colley gezwungen, 1972 erstmals in der Geschichte der Republik einen unausgeglichenen Haushaltsplan vorzulegen. Das Defizit war mit 1,3% des BIP relativ gering und betrug real schließlich nur 0,2%, doch bedeutete dies den Einstieg Irlands in eine Budgetpolitik der bis in die Achtzigerjahre steigenden Nettokreditaufnahme. Vorher hatte die öffentliche Hand auch Defizite erwirtschaftet, die ebenfalls über Kredite ausgeglichen worden waren, aber mit Colleys Etat wurde die Verschuldung als Einnahmequelle eingeplant. Hinzu kamen zwischen 1969 und 1972 Zahlungsbilanzdefizite, die sich im Vergleich mit dem Zeitraum 1961–1968 verdoppelt hatten. Konnte dieser Fehlbetrag früher durch die Kapitaleinkünfte privater Haushalte gedeckt werden, so musste jetzt die öffentliche Hand im Ausland borgen, um die nötigen Devisen aufzubringen. Die Auslandsverschuldung blieb zwar sehr gering, lag aber Anfang der Siebzigerjahre fünfmal höher als im Durchschnitt der Jahre 1961–1968.

Zu der steigenden Arbeitslosigkeit, der wachsenden Nettokreditaufnahme und der Vergrößerung des Zahlungsbilanzdefizits gesellte sich ein starker inflationärer Schub. Der Preisanstieg war zum Teil durch den in diesen Jahren zu registrierenden Verfall des US-Dollar und des Pfund Sterling importiert und auch Folge der ökonomischen Expansion der späten Sechzigerjahre mit ihren investiven und konsumtiven Ausgabensteigerungen der öffentlichen Hand. Insbesondere von den steigenden Bodenpreisen ging inflationärer Druck aus. Der Preisanstieg betrug zwischen 1968 und 1972 8,2% mit der Folge zunehmender gewerkschaftlicher Militanz. Seit Beginn der Sechzigerjahre hatte die Regierung versucht, in tripartistischen, von Regierung, Unternehmern und Gewerkschaften beschickten Planungsräten u. a. auch dem volkswirtschaftlichen Wachstum dienliche Lohnleitlinien zu definieren. Für 1970 sah das entsprechende Abkommen Lohnerhöhungen in Höhe von 18% bei einer Laufzeit von 18 Monaten vor, während für 1971 sogar 21% für 18 Monate beschlossen wurden. So kam eine verhängnisvolle Lohn-Preis-Spirale in Gang, die die wirtschaftliche Entwicklung bedrohte. T. K. Whitaker, der es inzwischen vom Staatssekretär im Finanzministerium zum Präsidenten der irischen Zentralbank gebracht hatte, kritisierte diese Stagnation, die auch eingetreten war, weil im Gegensatz zu seinem keynesianischen Programm die öffentliche Verschuldung nicht nur in produktive Investitionen geflossen war, sondern den Ausbau des irischen öffentlichen Dienstes, sozialpolitische Verbesserungen und Steuersenkungen finanziert hatte. Die Stärkung der privaten Nachfrage trug aber erheblich zum inflationsfördernden Zahlungsbilanzdefizit bei.

Diese sich eintrübende wirtschaftliche Entwicklung setzte Fianna Fáil unter besonderen Druck, zumal Fine Gael sich seit Mitte der Sechzigerjahre personell verjüngt und programmatisch erneuert hatte. Die Wahlen von 1969 brachten der Partei Lynchs aber sogar noch einmal bei leichten Stimmverlusten von 2% die absolute Mehrheit der Dáil-Mandate. Diese Diskrepanz zwischen Stimmen und Mandatsanteil war Konsequenz des relativen personalisierten Verhältniswahlrechts. Hier kommt es allein darauf an, Abgeordneten-Mandate in den Wahlkreisen zu gewinnen, wobei die landesweit summierte Stimmenzahl keine Rolle spielt. Da es aber Labour und Fine Gael bei dieser Wahl nicht verstanden hatten, in den Wahlkreisen taktische Bündnisse gegen die Bewerber Fianna Fáils zu schlie-ßen, konnten diese ihre Mehrheit noch einmal verteidigen. Besonders die Führung der Labour Party trug mit ihrer vor der Wahl verkündeten Weigerung, an einer Koalition teil-zunehmen, dem Umstand keine Rechnung, dass überhaupt nur Koalitionsregierungen in der Lage waren – und bis heute geblieben sind –, Fianna Fáil abzulösen. Entsprechend enttäuschend war dann auch für Fine Gael mit 50 Sitzen und der Labour Party mit 18 Sit-zen der Wahlausgang. Die Distanz der Arbeiterpartei zu Fine Gael entsprach den alten Trennungslinien der Parteien, die auch in den vorhergegangenen Koalitionsregierungen 1948–1951 und 1954–1957 nur mühsam überbrückt werden konnten. Doch seit Mitte der Sechzigerjahre war es zu einer Annäherung junger Parteifunktionäre gekommen, die bei der folgenden Wahl 1973 praktische Konsequenzen haben sollte, gingen doch nun die po-tenziellen Regierungspartner besser vorbereitet ins Rennen. Lynch versuchte noch durch eine „snap election" im Februar 1973, 15 Monate vor Ende der Legislaturperiode, Fine Gael in Verlegenheit zu bringen. Ursprünglich hatte der Ministerpräsident die Parla-mentsauflösung für Ende 1972 geplant, aber die Bombenanschläge der IRA ließen ihn von diesem Plan Abstand nehmen, da die Wahl zur Manifestation der durch Fianna Fáil gesicherten Einigkeit der Republik angesichts der nordirischen Krise werden sollte und deshalb vorher ein Fine Gael ausschließender Kurs festgelegt werden musste. Fine Gael war nämlich in der Frage der Einführung und Verschärfung der „Offences against the State Act" gespalten. Zwar übte die Partei deutliche Kritik an der IRA, aber ihr liberaler Flügel wollte keine Verschärfung der Anti-Terror-Gesetze mittragen. Ein weiterer Grund für die Vorverlegung bestand im Ausschluss von ca. 140 000 Jungwähler zwischen 18 und 21 Jahren, denen ein Referendum die zukünftige Wahlberechtigung zugebilligt hatte. Da-rüber hinaus sollte eine zu große Nähe zu den für 1973 anstehenden Präsidentenwahlen vermieden werden.

Doch Lynchs Hoffnungen erfüllten sich nicht. Fianna Fáil hatte bei Wahlen immer dann gut abgeschnitten, wenn es der Partei gelungen war, gesellschaftlich breit verankerte Interessenkoalitionen zu schmieden. Unter den Bedingungen der ökonomisch bedingten Brüche, der Entkatholisierung und des Nordirlandkonflikts gelang ihr das zu Beginn der Siebzigerjahre nicht mehr. Demgegenüber wurde eine Wahlabsprache zwischen Labour und Fine Gael in einem vierzehn Punkte umfassenden Programm einer „National Coali-tion" niedergelegt. Fianna Fáil gewann sogar 0,5% an Stimmen hinzu, während Fine Gael einen Zuwachs von 1% verbuchen konnte und die Arbeiterpartei 3,3% verlor. Sehr gut schnitt der Fianna-Fáil-Dissident Blaney ab, der als Unabhängiger gewählt wurde, und auch das überragende Einzelergebnis für Charles Haughey drückte die Sympathie eines Teils der Wählerschaft mit den Waffenlieferanten aus. Trotz der leichten Stimmengewinne verlor Fianna Fáil sechs Mandate und brachte 69 Abgeordnete in den Dáil. Fine Gael ent-sandte 54 (plus vier), und Labour gewann trotz der Stimmenverluste ein Mandat hinzu und kam auf 19 Abgeordnete. Hier wirkte sich das Wahlrecht positiv für die Oppositions-kandidaten aus. Besonders in Wahlkreisen, die drei Abgeordnete ins Parlament entsand-ten, war die taktische Stimmabgabe gegen Fianna Fáil erfolgreich, während in Wahlkrei-sen mit vier Abgeordneten Fianna Fáil überdurchschnittlich gut abschnitt. Damit stellte die Koalition aus Fine Gael und Labour 73 von 148 Abgeordneten. Die fehlenden zwei Stimmen konnten durch die Unterstützung unabhängiger Abgeordneter gewonnen werden, und nach sechzehn Jahren der politischen Herrschaft Fianna Fáils wählte der Dáil wieder einmal einen Politiker der Fine Gael zum Regierungschef. Gut fünfzig Jahre nachdem sein Vater als Ministerpräsident des Freistaates amtiert hatte, rückte Liam Cosgrave in die Position des Taioseach. Und ähnlich wie sein Vater sah er sich mit vielfältigen Bedrohungen der politischen, gesellschaftlichen und wirtschaftlichen Stabilität der Republik konfrontiert.

7. Der Keltische Tiger
(1973–2002)

1973–1977 Koalitionsregierung zwischen Fine Gael und Labour unter Liam Cosgrave, Beginn der lang anhaltenden Wirtschaftskrise

1977–1981 Regierung der Fianna Fáil durch Jack Lynch (bis 1979) und Charles Haughey, Verschlechterung der wirtschaftlichen Lage

1979 Besuch des Papstes manifestiert Bedeutung des Katholizismus

1981–1982 Phase der Instabilität: Drei Parlamentswahlen in 18 Monaten führen jeweils zu Regierungswechseln

1982–1987 Koalition aus Fine Gael und Labour unter Garret Fitzgerald, höchster Stand der öffentlichen Verschuldung

1983 Aufnahme eines ausdrücklichen Abtreibungsverbotes in die irische Verfassung

1984 Das New Ireland Forum weist neue Wege in der Nordirlandpolitik

1985 Im Anglo-Irish Agreement erkennt Großbritannien die Sonderstellung der Republik in Nordirlandfragen an

1987 Fianna-Fáil-Regierung unter Charles Haughey beginnt Konsolidierung der Staatsfinanzen, Beginn korporatistischer Drei-Jahres-Planungen

1995 Referendum hebt verfassungsrechtliches Verbot der Ehescheidung auf

1998 Volksabstimmung bejaht Verzicht auf Allgemeinvertretungsanspruch der Republik gegenüber dem Norden

2001 Irische Wähler lehnen EU-Vertrag von Nizza ab

2002 Regierungskoalition zwischen Fianna Fáil und Progressive Democrats kann Mehrheit ausbauen, Annahme des Nizza-Vertrages in 2. Abstimmung

Koalitionsregierung unter Liam Crosgrave

Die nach 1948 dritte Anti-Fianna-Fáil-Koalition war auf gesellschaftspolitischem Gebiet ähnlich selbstwidersprüchlich wie ihre beiden Vorgängerinnen. Einerseits gab es immer wieder Reformansätze im Bereich der Gesundheits- und Familienpolitik, andererseits versandeten viele Erneuerungsbemühungen im konservativen Widerstreben eines Teils Fine Gaels und in einem schlechten Politikmanagement. Die inhärenten Beharrungskräfte zeigten sich schon bald nach Antritt der Regierung Cosgraves im Bereich der Geschlechterpolitik. Auf der einen Seite versuchte die neue Regierung, die Gleichstellung von Frauen zu fördern. Dabei stellte der Beitritt zur EWG/EG eine entscheidende Rahmenbedingung dar, mussten doch die entsprechenden Initiativen der Brüssler EG-Kommission in

das irische Recht übernommen werden. So kam es ab 1974 zu wichtigen Antidiskriminie-
rungsgesetzen im Bereich der Erwerbsarbeit. Ende der Siebzigerjahre kam die Regierung
nicht umhin, das Militärwesen für Frauen zu öffnen. Die relative Widerständigkeit der irischen Verhältnisse drückte sich aber darin aus, dass erst Mitte der Achtzigerjahre Frauen
durch den Social Welfare Act in den Genuss derselben Sozialleistungen wie Männer
kamen.[1] Trotz dieser vor allem in den Regierungszeiten Fine Gaels mühsam durchgesetz-
ten Verbesserungen stieg die Frauenerwerbsarbeit nur langsam an. Waren 1960 29,7% der
erwerbsfähigen Frauen beschäftigt gewesen, so lag dieser Anteil 1993 bei 33,5% und wird
nach Schätzungen der OECD erst 2020 das Niveau der anderen westeuropäischen Indust-
riestaaten erreichen.[2] Doch die Ausweitung der gesellschaftlichen Teilhabe von Frauen
bezog sich nicht nur auf die Arbeitswelt. Sei den Siebzigerjahren überwanden sie zunehmend die traditionellen geschlechtsspezifischen Einhegungen. Mehr als von symbolischer
Bedeutung war dabei die, durch vehementes Vorgehen der späteren Staatspräsidentin
Mary Robinson, 1977 durchgesetzte Öffnung des Schöffenamtes für Frauen, die bis dahin
nur nach ausdrücklicher Bewerbung und Nachweis ihrer Steuerzahlungen Schöffinnen
werden konnten, während Männer ohne weiteres verpflichtet wurden. Entsprechend gering war die Zahl der weiblichen Geschworenen: Zwischen 1963 und 1973 gab es in der
Republik insgesamt überhaupt nur drei Schöffinnen. Ähnlich gering war die Zahl weib-
licher Parlamentsabgeordneter. Zwischen 1922 und 1972 waren im Durchschnitt 3% der
Dáil-Abgeordneten Frauen. Danach stieg die Zahl der Kandidatinnen bis 2002 auf knapp
20% und der Abgeordneten auf 12% (Anteil der weiblichen Abgeordneten im Deutschen
Bundestag nach der Wahl 2002: 31,5%).

Anfang der Siebzigerjahre stellte die Neuregelung des Empfängnisverhütungsrechts
eine Hauptaufgabe der Gleichstellungspolitik dar. Tätig werden musste die Regierung,
weil 1973 der irische Verfassungsgerichtshof festgestellt hatte, dass das seit 1935 geltende
Verbot des Imports von Verhütungsmitteln verfassungswidrig sei. Das daraufhin von der
Regierung Cosgraves 1974 in den Dáil eingebrachte Gesetz sah die legale Einführung von
Kontrazeptiva vor, lizenzierte aber den Verkauf streng, verbot die Werbung für solche
Mittel und ihre Abgabe an Unverheiratete. Schon gegen diese vorsichtige Liberalisierung
protestierte die Führung der katholischen Kirche, und Ministerpräsident Cosgrave
stimmte schließlich gegen den eigenen Gesetzesvorschlag, der dann auch keine Mehrheit
im Dáil fand. Die Parallelen zur 1951 gescheiterten Gesundheitsreform drängen sich auf,
denn es war schließlich auch wieder eine von Fianna Fáil geführte Regierung, die an der
von Fine Gael und Labour hinterlassenen Gesetzesruine weiterarbeitete und sechs Jahre
später eine moderate Reform durchsetzte. 1979 gelang es Gesundheitsminister Charles
Haughey, der seit Mitte der Siebzigerjahre seine durch die Waffenaffäre 1970 unterbrochene Parteikarriere erfolgreich fortgesetzt hatte, eine Regelung durchzusetzen, die die
ärztliche Verschreibung von Verhütungsmitteln freigab, wobei aufgrund der schwierigen,
zwischen Kirche und Staat umstrittenen Definition des Verheiratetenstatus auf eine Beschränkung auf Ehepaare verzichtet wurde, sodass de facto alle Volljährigen in den Besitz
von Kondomen gelangen konnten. 1985 fiel die bis dahin für den Kondomerwerb vorge-
sehene Rezeptpflicht, und seit 1992 können auch Siebzehnjährige bei bestimmten Abga-
bestellen Kondome erwerben.

Bereitete schon die Beantwortung der Frage des Zugangs zu Verhütungsmitteln den politischen Akteuren erhebliche Probleme, so stellte die Reform des Schwangerschaftsrechts eine fast unüberwindliche Hürde dar. Erfolgreiche Initiativen zum Abtreibungsrecht unternahmen vor allem konservative Gruppierungen, die an einer Verschärfung des seit 1861 bestehenden Verbotes (Offences Against the Person Act) interessiert waren. Da es in diesem Bereich eine strafrechtliche Bewehrung gab, hatte de Valera 1937 darauf verzichtet, ein besonderes Verfassungsverbot des Schwangerschaftsabbruches vorzusehen. 1983 setzten sich nun Befürworter eines verfassungsrechtlichen Verbots der Abtreibung, zu denen auch Haughey gehörte, mit dem Versuch durch, in die Verfassung ein Abtreibungsverbot aufzunehmen. Danach erkennt der irische Staat das Recht des ungeborenen Lebens ausdrücklich an: „Der Staat erkennt, unter Berücksichtigung des gleichen Lebensrechtes der Mutter, das Recht des ungeborenen Lebens an und garantiert mit seiner Gesetzgebung, soweit es möglich ist, den Schutz und die Verteidigung dieses Rechts." Radikalere Abtreibungsgegner fordern bis in die Gegenwart eine noch restriktivere Formulierung, die das Existenzrecht der Mutter auf Situationen unmittelbarer Lebensgefahr eingrenzt. Nach einem erbittert geführten Abstimmungskampf, der gegen die damals wieder regierende Koalition aus Fine Gael und Labour geführt wurde, entschieden sich 66,9% der Abstimmenden für die Aufnahme des Abtreibungsverbotes in die Verfassung. Dabei zeichnete sich im Abstimmungsverhalten eine deutliche Teilung Irlands ab. Während das Ergebnis in Dublin sehr knapp zugunsten der Verfassungserweiterung ausging und fünf Wahlkreise in Dublin sogar mehrheitlich mit Nein gestimmt hatten, war die Annahme außerhalb Dublins einmütig. Im Gegensatz zur katholischen Kirche votierten die protestantischen Kirchen und die regierende Fine Gael/Labour-Koalition gegen die Verfassungsänderung, da ja das strafrechtliche Verbot ohnehin gegeben war.

Doch ging es den Referendumsbetreibenden bei der „Pro Life Amendment Campaign" (PLAC) nicht nur um die Verhinderung von Abtreibungen und die Erschwerung zukünftiger Gesetzgebung in diesem Bereich, die nun immer mit einem Verfassungsreferendum verbunden sein muss. Vielmehr artikulierte sich hier ein gesellschaftlich-kultureller Protest gegen die Modernisierung der Republik. Für die Führung der katholischen Kirche war es eines der letzten Gefechte um den Erhalt der moralischen Definitionsmacht.[3] Auch Hinweise auf das Verhältnis zum Norden, wo andere Abtreibungsregelungen galten, konnten an der Entschlossenheit von PLAC nichts ändern. Die Verteidigung des moralischen Monopols in der Republik war wichtiger als alle Wiedervereinigungsüberlegungen, die ohne eine Reflektion der notwendigen Pluralisierung Irlands nicht auskommen konnten. Im Referendum manifestierte sich eine Rückwärtsgewandtheit, die deutlich die Leerstellen im Zukunftsszenario des Südens hervortreten ließen. Doch auch diese Politik der Illusion einer möglichen homogenen Wertintegration der irischen Gesellschaft sah sich immer wieder durch die Wirklichkeit herausgefordert. So scheiterte das in Irland geltende Verbot von Informationen über Abtreibungsmöglichkeiten im Ausland vor dem Gerichtshof der Europäischen Union. Zwar ließ die irische Regierung in allen Verträgen zur weiteren Integration der EU mit Blick auf eine rechtliche Angleichung Ausnahmeklauseln für die Republik aufnehmen, aber eine grundsätzliche Debatte über das Lebensrecht von

Mutter und Kind wurde von einem innenpolitischen Problem ausgelöst. Das unter dem Pseudonym „The X-Case" bekannt gewordene Schicksal einer Vierzehnjährigen, die 1992 durch einen Verwandten vergewaltigt, dabei geschwängert worden und nach Großbritannien ausgereist war, um dort einen Abort vornehmen zu lassen, rief das irische Verfassungsgericht auf den Plan.[4] Nach irischem Recht war ihr die Ausreise verboten, ungeachtet der ärztlich bescheinigten akuten Suizidgefahr des Mädchens, das mit strafrechtlichen Konsequenzen rechnen musste. Der Supreme Court entschied, dass das bestehende Abtreibungsverbot nicht die Verhinderung einer Ausreise legitimiere, wenn eine konkrete Selbstmordgefahr vorliege. Gegen diese Einschränkung des Abtreibungsverbotes votierten konservative Gruppierungen, die sich jedoch nicht mit einem Referendum durchsetzen konnten, das die Selbstgefährdung der Mutter ausdrücklich als Abtreibungsgrund verfassungsmäßig ausschließen wollte. Im März 2002 scheiterte ein entsprechender Verfassungsentwurf mit 50,42% zu 49,58%. Trotz der geringen Wahlbeteiligung von knapp 43% manifestierte sich in dem Ergebnis die Gespaltenheit der irischen Gesellschaft, in der Abtreibung grundsätzlich verboten bleibt. Durchschnittlich lassen jedoch ca. 5000–7000 irische Frauen jährlich in Großbritannien einen Abbruch vornehmen. Für diejenigen, die sich diese Kosten leisten können, gilt das Verbot also de facto nicht. Damit bestätigt sich auch in der Frage des Schwangerschaftsabbruchs das irische Politikmuster der Auslagerung bestimmter gesellschaftlicher Probleme, deren innenpolitische Lösung den sozialen Konsens erheblich belasten würde. In diesem Sinne ist die Politik des gleichzeitigen Verbietens und Ermöglichens in den Bereichen der Verhütung, der Abtreibung und der Ehescheidung, wie Charles Haughey einmal formulierte, eine „irische Lösung für ein irisches Problem".

Im Unterschied zur Abtreibung war die Ehescheidung seit 1937 auch verfassungsmäßig verboten. Im Alltag führte dieses Verbot zur Unklarheit des eherechtlichen Status eines zunehmend größer werdenden Teils der Bevölkerung. So erteilt die Kirche bis heute in wenigen Fällen die Erlaubnis, eine bestehende Ehe aufzulösen, die nach kirchlichem Recht damit aber nie existiert hat, was zu erheblichen Unterhalts- und Nachlassstreitigkeiten führen kann. In Irland existierte seit Mitte des 19. Jahrhunderts die Möglichkeit, eine Ziviltrauung vorzunehmen, doch das entwürdigende bürokratische Verfahren nahmen nur wenige in Kauf, sodass die Kirchen quasi ein faktisches Trauungsmonopol ausübten. Obwohl es das Recht auf Ziviltrauung gab, existierte aber kein öffentliches Scheidungsrecht und der Staat erkannte auch die kirchlichen Annullierungen nicht an. Für ihn bestanden diese Ehen fort, Neuverheiratungen erfüllten den Straftatbestand der Bigamie. Demgegenüber akzeptierte der irische Staat Scheidungen von Iren im Ausland, was wiederum von der katholischen Kirche nicht gebilligt wurde. Seitdem die Bevölkerungszählung 1979 erstmals die Kategorie „getrennt lebend" vorsah, zeigte sich eine Zahl von 40 000 bis 60 000 de jure Verheirateten, aber de facto Geschiedenen. Wiederum versuchte eine erneut zwischen 1982 und 1987 regierende Fine Gael/Labour-Koalition unter Garret Fitzgerald eine Reform, die eine Scheidung nach unversöhnlicher, fünfjähriger Trennungsphase und entsprechende Versorgungsregelungen vorsah. Doch ein Referendum zur Aufhebung des verfassungsrechtlichen Scheidungsverbots scheiterte an der durch die spätere Staatspräsidentin Mary MacAleese organisierten konservativen Opposition, zu der insbesondere auch wieder die katholische Kirche gehörte.[5] Gegenüber dieser Bürgerinitiative zur Beibehaltung des Scheidungsverbotes geriet die Regierung in die Defensive. Im Juni 1986 stimmten 63,5% gegen die Veränderung der Verfassung und nur 36,5% dafür. Damit ergaben sich bei der Abstimmung über die Aufhebung des Scheidungsverbotes ähnliche Mehrheiten wie beim Plebiszit über die Abtreibung. Aber im Gegensatz zu dieser Frage haben sich die Iren 1995 schließlich doch noch in einer erneuten Volksabstimmung mit knapper Mehrheit für eine Revision entschieden. Seitdem gibt es die Möglichkeit der Ehescheidung.

Diese vor allem von der konservativen Mehrheit mit sexualmoralischen Argumenten geführten Auseinandersetzungen zeigen an, wie lange der Gestaltwandel Irlands vom katholischen Staat für ein katholisches Volk zur modernen pluralistischen Gesellschaft dauerte. In diesem Prozess markierten der Tod McQuaids (1973) und de Valeras (1975) das Ende einer Epoche, ohne dass das Neue in Kirche und Politik schon hinreichend deutlich geworden wäre. Die Wirren in der Nachfolge des Staatspräsidenten de Valera waren dafür ein Beispiel. Nachdem Erskine Childers, seit 1973 der unmittelbare Nachfolger de Valeras im Amt des Staatspräsidenten, schon im November 1974 verstarb, löste dessen Nachfolger Cearbhall Ó'Dálaigh eine Verfassungskontroverse über die Kompetenzen des Staatspräsidenten (An tUachtarán) aus. Nach der Ermordung des britischen Botschafters in Irland Christopher Ewart-Briggs durch die IRA rief die Regierung Cosgraves den Notstand aus und verabschiedete ein verschärftes Staatsschutzgesetz, das u. a. erlaubte, Verdächtige sieben Tage ohne Anklageerhebung festzusetzen. Die Absicht des Staatspräsidenten, diesen Offences against the State Act erst nach einer Prüfung durch das Verfassungsgericht in Kraft zu setzen, und die sich daran festmachende Kritik eskalierten bis zum Rücktritt Ó'Dálaighs, dessen Nachfolger Patrick Hillery im Konsens von Cosgrave und Lynch nominiert wurde und bis zur Wahl Mary Robinsons 1990 amtierte. Dass ein Konflikt zwischen dem der Fianna Fáil angehörendem Staatspräsidenten und einer von Fine Gael dominierten Regierung in der Frage der Bekämpfung der IRA ausbrach, war bei allen Zufälligkeiten und Missverständnissen, die mit der Affäre verbunden waren, symptomatisch für die unterschiedliche Rhetorik der beiden Parteien im Angesicht des entartenden Nordirlandkonfliktes. Nicht nur Verteidigungsminister Paddy Donegan, der den Streit mit Ó'Dálaigh eröffnet hatte, sondern vor allem der zum Postminister aufgestiegene Conor Cruise O'Brien übten heftige Kritik am bewaffneten Republikanismus, dessen Haltung gegenüber dem Nordstaat O'Brien als imperialistisch geißelte. Für Aufregung sorgte seine Entscheidung, in den elektronischen Massenmedien ab 1976 die Ausstrahlung von Interviews oder Reden von IRA-Sympathisanten und -Aktivisten zu verbieten. Die irische Regierung ging hier konsequenter gegen die IRA vor als die britische Regierung, die diese Maßnahme erst einige Jahre später ergriff. An der Entschlossenheit der Regierung Cosgraves, gegen die IRA vorzugehen, bestanden in der irischen Öffentlichkeit keine Zweifel. Dass die Administration hier einen gewissen Handlungsrahmen ausschöpfen konnte, lag auch an der sich im Lauf der Siebzigerjahre langsam ändernden Einstellung eines großen Teils der südirischen Bevölkerung zum Problem der Teilung. War 1968 nur eine Minderheit der Iren bereit, die Wiedervereinigung von einer Zustimmung der (protestantischen) Mehrheit im Norden abhängig zu machen, so stieg dieser Anteil bis 1978 auf 60% an. Zwar sollte innerhalb Fianna Fáils die traditionelle nationalistische Befreiungssemantik Ende der Siebziger- und Anfang der Achtzigerjahre nochmals eine Hauptrolle spielen, aber auf der politischen Prioritätenliste rückte die Überwindung der Zweistaatlichkeit immer weiter in den Hintergrund.[6]

Europäische Integration

Eine Rahmenbedingung dafür war die irische Migliedschaft in der EU, die nicht nur ökonomische Effekte hatte, sondern den anglophobischen Insularismus mit seinen Wahrnehmungsstereotypien nach und nach aufweichte. Vor allem die jüngeren Generationen blickten nach Europa. Diese kontinentale Orientierung und die damit einhergehende Relativierung der traditionellen kulturellen Deutungsmuster einer irischen Viktimisierung drückte sich deutlich in den Außenhandelsbeziehungen aus. Waren 1960 noch 75% aller irischen Exporte nach Großbritannien gegangen und die Hälfte aller Einfuhren von dort bezogen worden, so sank der Exportanteil bis 1980 auf 43%, während der Importanteil unverändert hoch blieb. Mitte der Neunzigerjahre machten dann die 25% Exporte in das Vereinigte Königreich nur noch etwas mehr als die Hälfte der irischen Exporte in andere EU-Länder aus, die sich insgesamt auf 47% beliefen. Mit insgesamt 72% stellte die Europäische Union den wichtigsten irischen Absatzmarkt dar. Die Importe stammten nur noch zu einem guten Drittel aus Großbritannien und nahmen seit Anfang der Siebzigerjahre aus den anderen EU-Ländern um 33% und aus den Vereinigten Staaten sogar um das Zweieinhalbfache zu. Einen entscheidenden Schritt für die Ablösung von Großbritannien stellte der 1979 gefällte Entschluss Dublins dar, dem Europäischen Währungsverbund (EMU) beizutreten. Mit der zum ersten Mal seit 1826 vollzogenen Trennung des irischen Punt vom britischen Pfund emanzipierte sich die irische Volkswirtschaft von jeder institutionellen britischen Stützung bis hin zur Einführung des Euro. Dass die Europäische Union diese Loslösung mit Beihilfen und Krediten absicherte, um möglichen Zahlungsbilanzproblemen zuvorzukommen und einen Abwertungsdruck vom Punt zu nehmen, trug zur Hinwendung Irlands nach Europa bei.

Die Akzeptanz eines neuen politischen Koordinatensystems, das nicht mehr allein auf London genordet war, wurde in den ersten Jahren der Teilnehmerschaft auch durch die europäischen Agrarsubventionen verstärkt. Bis Ende der Siebzigerjahre erhielten die irischen Landwirte allein aus der gemeinsamen Agrarpolitik Einnahmen in Höhe von 365 Millionen Pfund. Dies änderte sich erst mit einer Umstellung der Brüssler Subventionspolitik, die den Farmern Anfang der Achtzigerjahre Einkommensverluste um 30% zumutete. Doch die einsetzende Ernüchterung in der Agrarwirtschaft konnte die insgesamt guten Erfahrungen der irischen EU-Mitgliedschaft nicht ins Negative kehren. Bis heute flossen insbesondere aus den entsprechenden Fonds für regionale Strukturhilfen ca. 23 Milliarden Pfund aus EU-Mitteln nach Dublin, was einen Anteil von knapp 4% des BIP bedeutet. Irland ist nach wie vor der größte Nettoempfänger von EU-Geldern. Entsprechend groß war bisher die Bejahung der EU-Teilnahme in der Öffentlichkeit; die Volksabstimmungen über den Beitritt und die weiteren Integrationsschritte (Einheitliche Europäische Akte 1986, Maastricht-Vertrag 1992, Amsterdam 1997) fanden zum Teil große, aber abnehmende Zustimmung.[7]

Diese europäische Orientierung verweist auf eine neue weltoffenere Kultur, wobei die Opposition gegen die irische Mitgliedschaft in der EU und die weiteren Integrationsschritte, die anfänglich die Labour Party übte, heute vor allem von den Parteien des traditionellen republikanischen Nationalismus, wie Sinn Féin und ihren diversen Abspaltungen, und den Grünen ausgeht. Zusammen mit klerikal-konservativen Interessengruppen, denen eine weitergehende Integration aus sexualmoralischen Gründen suspekt ist, manifestiert sich hier das Festhalten an alten Vorstellungen nationaler Souveränität, die wiederum mit einer Fixierung auf die überkommenen Konfliktlagen im britisch-irischen Verhältnis korrespondieren. Dieses minoritäre parochiale Milieu kann immer dann relative Mehrheiten mobilisieren, wenn die moderneren Teile der irischen Gesellschaft nur geringe politische Aktivitäten entfalten. Das hatte sich schon bei der recht geringen Beteiligung an den Scheidungs- und Abtreibungsreferenda gezeigt und wurde 2001 bestätigt, als es einer eher linkspopulistisch orientierten Koalition um Sinn Féin und die irischen Grünen gelang, den die Osterweiterung der EU vorbereitenden Vertrag von Nizza zu Fall zu bringen. Für die Kritiker ging es dabei aber nicht um die Verhinderung des Beitritts osteuropäischer Staaten, sondern um die Ablehnung weiterer europäischer Tiefenintegration im Bereich öffentlicher Dienstleistungen und der Reduzierung des politischen Gewichts der Kleinstaaten in der vergrößerten EU. Dass die Europaeuphorie eines großen Teils der irischen Bevölkerung nachgelassen hat, liegt vor allem an dem quasi schon alltäglich-bürokratischen Vollzug der EU-Regularien, die ohne Beteiligung des Dáil in das irische Recht übernommen werden. Die europäische Integration ist so zu einer technischen Angelegenheit geworden, die nur noch wenig gesellschaftliches Engagement freisetzt. In dieses partizipatorische Vakuum stoßen die aktiven EU-kritischen Minderheiten hinein. Gleichwohl kann nicht von einer Abkehr von Europa gesprochen werden, dafür waren und sind allein die ökonomischen Vorteile der irischen Mitgliedschaft zu groß.[8]

Wirtschaftliche Entwicklung

An dieser Betonung des wirtschaftlichen Aspekts der europäischen Integration lässt sich die Dramatik der ökonomischen Entwicklung Irlands seit Beginn der Siebzigerjahre ablesen, wobei die 1973 einsetzende erste Ölkrise eine besondere Belastung darstellte.[9] Irland deckte in diesen Jahren seinen Primärenergiebedarf zu 70% durch Erdöl und die Vervierfachung des Ölpreises führte zu großen Zahlungsbilanzdefiziten und einer galoppierenden Inflation. Doch der grassierende Preisanstieg lag nicht nur an der Rohstoffverteuerung, sondern auch an der Stärke der irischen Gewerkschaften, insbesondere im öffentlichen Dienst, deren Lohnforderungen schon vor dem Einsetzen der Ölkrise die irische

Inflationsrate auf 11% getrieben hatten. 1974 stieg sie um 17% und ein Jahr später sogar um 21% an. Ähnlich hohe Geldentwertungsraten gab es europaweit nur noch in Italien und Großbritannien. Dort waren auch die Lohnerhöhungen entsprechend hoch, lagen zum Teil weit über der Inflationsrate und korrespondierten mit einer anarchisch struktu-rierten, betrieblich militanten Gewerkschaftsorganisation. Der Anstieg der Nominallöhne in Irland seit Ende der Sechzigerjahre lag häufig über der Preissteigerung und erreichte 1974 mit 29,4% (was einer Reallohnsteigerung um 12,4% entsprach) einen Höhepunkt. Erst 1975 pegelten sich die Lohnerhöhungen auf das Inflationsniveau ein oder lagen sogar leicht darunter. Dass die Verhandlungsmacht der Gewerkschaften zu diesem Zeitpunkt nachließ, war dem Anstieg der Arbeitslosigkeit zuzuschreiben. Parallel zum starken Preis-anstieg wuchs der Anteil der Arbeitslosen von 7,9% (1973) auf 12,5% (1977).

Irland litt während der Regierung Liam Cosgraves unter einer Stagflation, die auch viele andere Volkswirtschaften in diesen Jahren erfasste, aber in der Republik besonders bedrohliche Formen annahm. Die von der Regierung unterstützte expansive Lohnpolitik sollte einen Anstieg der Arbeitslosigkeit verhindern. Letztlich ging dieses Kalkül, über eine lohninduzierte Stärkung der privaten Nachfrage genügend beschäftigungssicherndes Wirtschaftswachstum zu erzielen, nicht auf. Neben der Preissteigerung waren die hohen Lohnforderungen auch für die zunehmende Verschuldung der öffentlichen Hand ursäch-lich. Die irische Staatsquote stieg von 42,2% (1973) auf 50% (1975) und fiel erst am Ende der Fine Gael/Labour-Koalition 1976 auf 48,5%. In diesem zunehmenden Staatsanteil am BIP verbarg sich vor allem eine stärker werdende Verschuldung. Die Bedienung von Kre-diten und die Ausgaben für Renten und Löhne der öffentlich Beschäftigten machten einen immer größeren Teil des BIP aus, sodass 1977 über 20% des Sozialprodukts in diese Bereiche wanderte. Im gleichen Zeitraum stiegen die Sozialausgaben von 6,5% am BIP auf 10,5%. Die irische Regierung versuchte nach dem Ölschock, einen Einbruch des Sozi-alleistungs- und Lohnniveaus zu verhindern, und war deshalb neben der Akzeptanz hoher Inflationsraten auch zu einer erheblichen Kreditaufnahme bereit, die vor allem Konsum und Lebensstandard sichern sollte.

Dieser ökonomische Illusionismus fand den Zuspruch der irischen Bevölkerung, denn Cosgraves Administration schnitt bei den ab 1973 stattfindenden Nachwahlen zum Dáil gut ab und erwartete einen sicheren Sieg bei den 1977 angesetzten Parlamentswahlen, zumal der der Labour Party angehörende Regionalminister Tully durch geschickte Zu-schneidungen von Wahlkreisgrenzen die Chancen für Fianna Fáil verschlechterte und die Regierungsparteien ein förmliches Wahlbündnis schlossen. Doch überraschenderweise entpuppten sich nicht nur diese Manipulationen als kontraproduktiv und vergrößerten schließlich sogar die Mandatszahl Fianna Fáils. Darüber hinaus übertrumpfte Jack Lynch die in ihrem Expansionismus gegen Ende der Legislaturperiode vorsichtig werdende Fine Gael/Labour-Koalition mit Versprechungen der Ausgabensteigerung, Steuersenkung und hoher volkswirtschaftlicher Wachstumsraten. Hinzu kam, dass sich Fianna Fáil nach ihrer 1973 erlittenen Niederlage organisatorisch modernisiert hatte, als erste irische Partei mit US-amerikanischen Politikberatungsfirmen zusammenarbeitete und systematische Demoskopie betrieb, um nahe an den politischen Wünschen der irischen Bevölkerung operieren zu können. Entsprechend stand die Ankündigung, 80 000 neue Arbeitsplätze zu schaffen, im Mittelpunkt ihrer Kampagne. Am Rande spielte auch die Anti-IRA-Haltung der Cosgrave-Regierung eine Rolle, auf die Fianna Fáil mit Erfolg deutete: Die ausgesprochenen IRA-Gegner Conor Cruise O'Brien und Patrick Cooney verloren ihre Mandate. Mit 50,4%, einem Zugewinn von 4,4%, gewann die Partei Lynchs nicht nur eine in der irischen Wahlgeschichte sehr selten erreichte absolute Stimmenmehrheit. Die 84 (von 148) von Fianna Fáil 1977 errungenen Sitze bedeuteten die größte jemals von einer Partei erreichte Mehrheit, während Fine Gael mit 30,5% und 43 Sitzen auf das schlechteste Ergebnis seit 1957 kam. Für die Labour Party führte der Rückgang auf 11,6% und 17 Sitze zu einer grundlegenden Änderung ihrer Bündnisstrategie. Seit diesem Desaster lehnt sie Wahlabsprachen ab und ist allenfalls nach der Wahl zu Koalitionsgesprächen bereit.

Regierung Fianna Fáils

Jack Lynch konnte sich in seiner Wahlkampfführung die Unzufriedenheit der Stammwählerschaft von Fine Gael und Labour zunutze machen. Angesichts der steigenden Staatsverschuldung hatten die Koalitionspartner vorsichtig versucht, die Expansionsdynamik zu dämpfen. Diese finanzpolitische Restriktion wurde von den Gewerkschaften kritisiert, während die mit dem Versuch der Einnahmenerhöhung der öffentlichen Hand verbundenen Steuererhöhungen Wohlhabendere und Landwirte belasteten und dem Fine-Gael-Finanzminister Richard Ryan den Spitznamen „Red Richie" oder auch „Richie Ruin" einbrachten. Demgegenüber bot Fianna Fáil ein ökonomisches Programm an, das quasi allen Schichten zugute kommen sollte. Tatsächlich gelang der Regierung bis 1979 eine Reduzierung der Arbeitslosigkeit von 106 000 auf 90 000 Arbeit Suchende. Die den Kommunen als Einnahmequelle dienende Grund- und Gebäudesteuer wurde ebenso abgeschafft wie die KFZ-Steuer für kleinmotorige PKW. Neben weiteren Steuersenkungen für besser Verdienende kam es auch zur Reduzierung der Sozialabgaben für Kleinverdiener. Besonders populär war die Einführung der kostenlosen Benutzung des öffentlichen Nahverkehrs für Rentner.

Wieder einmal stellte sich Fianna Fáil als die authentische irische Volkspartei dar, die keiner Gruppe besondere Leistungen abverlangte. Wirtschaftswissenschaftler sprachen angesichts dieses Programms der Einnahmesenkungen bei gleichzeitiger Ausgabensteigerungen, das sich überhaupt nur bei der Erreichung exorbitanter Wachstumsraten des Bruttoinlandprodukts ohne explodierende Verschuldung hätte finanzieren lassen, von „Voodoo Economics". Andere sprachen von der Ankündigung eines Wirtschaftswunders, welches allerdings nie eintrat. Das vom neuen Superminister für Economic Development and Planning, Martin O'Donoghue, konzipierte expansionistische Programm schien kurze Zeit sogar erfolgreich zu sein. 1978, im so genannten Bonanza-Jahr der Regierung Lynch, lag der Anstieg des BIP mit 7% höher als in Japan, aber dieses vor allem durch private und öffentliche Verschuldung entflammte Strohfeuer brach mit der zweiten Ölkrise 1979 endgültig zusammen und entwickelte ganz unabhängig von der Rohstoffverteuerung gefährliche Langzeitkonsequenzen. Mit der zunehmenden Verschuldung mussten Steuererhöhungen vorgenommen werden, um überhaupt die politische Handlungsfähigkeit jenseits der Bedienung von Krediten und konsumptiven Ausgaben zu erhalten. So wurde die Steuer auf landwirtschaftliche Einkommen von 1% auf 2% erhöht (bei einem Steuersatz auf Einkommen aus Industriearbeit von 16%), was für Fianna Fáil eine Kulturrevolution bedeutete. Trotz dieser Steuererhöhungen stieg die Nettokreditaufnahme von 2,4% des BIP auf 10,1%. Das Fazit dieser ökonomischen Planungen fällt eindeutig aus. Im Weißbuch der Regierung „National Development 1977–1980" war neben dem Anstieg der Arbeitsplätze um 80 000 ein Rückgang der Inflation auf 8%, ein Wachstum des BIP von 7% pro Jahr und ein Rückgang der Nettoneuverschuldung auf 8% des BIP vorgesehen. Stattdessen lag die Inflationsrate 1980 bei 18,2%, das Wachstum des BIP betrug 2,2% und die Neuverschuldung stieg auf 13,5% des BIP. Für 1981 war geplant: ein Wachstum von 5% (erreicht: 2,6%), eine Inflationsrate unter 5% (erreicht: 20,4%), 50 000 Arbeitslose (erreicht: 147 000), Staatsquote 48,5% (erreicht: 65,4%). Mit dieser Politik Lynchs gewann die Fahrt irischer Regierungen in eine katastrophale Überschuldung an Tempo, die erst Mitte der Achtzigerjahre kurz vor dem Staatsbankrott beendet werden konnte.

Zu den konstruktiven Reformen, die Fianna Fáil nach 1977 unternahm, gehörte die Einrichtung eines Parlamentsausschusses zur zukünftigen Wahlkreiseinteilung und -anpassung. Damit war den vorher immer wieder und von allen Regierungen unternommenen Manipulationsversuchen ein Riegel vorgeschoben, der bis heute gehalten hat. Doch die Erinnerung an Jack Lynch wird nicht mit diesem institutionellen Detail verbunden, sondern vor allem mit dem politischen Triumph von 1977, dem ökonomischen Expansionismus und der Geschwindigkeit seines persönlichen Machtverfalls. Die Regierung versuchte eine vorsichtige Konsolidierung der Staatsfinanzen nicht nur durch Steuererhöhungen zu erreichen, sondern widersetzte sich 1978 zum ersten Mal in Zusammenhang mit horrenden Lohnforderungen der Postbediensteten ernsthaft den Ansprüchen der Beschäftigten des öffentlichen Dienstes. Die mit beiden Maßnahmen verbundene Unpopularität, welche durch die aufgrund der Veränderungen der Brüssler Agrarsubventionen stark zurückgehenden bäuerlichen Einkommen noch vergrößert wurde, führte bei den im Juni 1979 stattfindenden Wahlen zum Europaparlament zu einem Fiasko für Fianna Fáil, die gerade noch 35% der Stimmen erhielt und im Vergleich zu den Dáil-Wahlen von 1977 ganze 15% verloren hatte. Insbesondere der Gewinn eines Mandates durch den von Fianna Fáil abtrünnigen ehemaligen Minister Blaney, der sich mit seiner republikanisch-nationalistischen Rhetorik Gehör verschaffte und in seinem Heimatwahlkreis unschlagbar war, alarmierte jene in der Partei, die für eine härtere Gangart gegenüber der britischen Nordirlandpolitik eintraten.

Die nach dem Mordanschlag auf Lord Mountbatten durch die IRA im August 1979, dem auch ein irischer Bediensteter zum Opfer fiel, vereinbarte engere angloirische polizeiliche Zusammenarbeit stieß innerparteilich auf heftige Kritik. Besonders das britischen Helikopterbesatzungen eingeräumte Überflugrecht über einen fünf Kilometer breiten Streifen entlang der Republikgrenze führte zur Formierung einer Gruppe von parlamentarischen Hinterbänklern, die gegen Lynch opponierten. Zu ihnen gehörte Síle de Valera, eine Enkelin de Valeras und neu gewählte Abgeordnete, die während einer Gedächtnisveranstaltung für den von der Freistaatsregierung während des Bürgerkrieges getöteten IRA-Führer Liam Lynch dem Regierungschef vorwarf, er betreibe „Kollaboration" mit den Briten. Ende des Jahres trat Jack Lynch schließlich zurück. Die Fraktion Fianna Fáils wählte Charles Haughey, der sich systematisch um den Sturz seines Vorgängers bemüht hatte und mit Verweis auf den Waffenschmuggel von 1970 die nationalistische Karte spielte, mit 53% zum neuen Taoiseach. Die Fianna-Fáil-Fraktion war gespalten und 47% ihrer Mitglieder votierten für den von Lynch als Nachfolger vorgeschlagenen Finanzminister Colley. Im Kabinett stieß Haughey auf erheblichen Widerstand, als sieben von neun Ministern ihm ihre Missbilligung aussprachen. Hier entstand eine innerparteiliche Opposition, aus der sich sechs Jahre später eine neue Partei, die Progressive Democrats, entwickelte. Versagte sich das Parteiestablishment dem neuen Vorsitzenden, so baute dieser seine innerparteiliche Macht auf den größten Teil der einfachen Abgeordneten in der Fraktion Fianna Fáils, die ihre jeweiligen lokalen Wahlkreisinteressen durchsetzen wollten. Haughey verstand es geschickt, durch Vergrößerung des Kabinetts und Schaffung zahlreicher neuer Posten in den Führungsstäben der Ministerien ein Netzwerk loyaler Gefolgsleute zu installieren. Zu Beginn seiner Amtszeit wurde allein der Beraterstab des Ministerpräsidenten von 15 auf 44 Stellen erhöht.

Allerdings stieß die rhetorische Akzentverschiebung in der Nordirlandpolitik bald an ihre Grenzen. Mitte der Siebzigerjahre hatte der damalige Schattenaußenminister Fianna Fáils, Michael O'Kennedy, noch einen geordneten Rückzug britischer Truppen aus den sechs Counties des Nordens gefordert und damit die Interpretation einer Besetzung Nordirlands durch Großbritannien fortgeschrieben. Haughey arbeitete an diesem Mythos der Teilung als Folge britischer Übelwilligkeit weiter, aber praktisch kam auch er nicht an einer Kooperation mit der Londoner Regierung vorbei. Die Versuche der Regierung, im Mai 1980 unter Umgehung der nordirischen Unionisten mit der britischen Administration unter der gerade ins Amt gewählten Margaret Thatcher Gespräche über die Zukunft des Nordens zu beginnen, entsprachen diesem Konfliktverständnis, in dem ein originärer politischer Wille einer Mehrheit der nordirischen Bevölkerung geleugnet wurde. Unter der Voraussetzung der Anerkennung der grundsätzlichen politischen Souveränität der irischen Regierung sollten die dortigen Protestanten allenfalls in den Genuss gewisser Sonderklauseln kommen.

Doch die Realität der terroristischen Bedrohung der Republik durch Aktionen der IRA, die auch den Süden zu ihrem Operationsgebiet machte, zwang Haughey nicht nur zu sicherheitspolitischen Absprachen mit der britischen Regierung, sondern auch zu Kritik an nordamerikanischen Unterstützungsgruppen für die IRA, wie Noraid, einer Spendensammelvereinigung, die erheblichen Zuspruch in der iroamerikanischen Bevölkerung erfuhr und Waffenkäufe finanzierte. Mit der Eskalation des Nordirlandkonfliktes funktionierte diese ambivalente Haltung der rhetorischen Nähe und praktischen Distanzierung Fianna Fáils gegenüber dem gewaltbereiten Republikanismus immer weniger. Dabei muss berücksichtigt werden, dass für Haughey die Anlehnung an republikanisch-nationalistische Gruppen um Síle de Valera und andere auch eine Reaktion auf die schlechte ökono-

mische Lage darstellte. Ihm ging es weniger um die Sache als solche, sondern vor allem
um Gefolgschaftsbildung in Partei und Regierung. Die Rechnung ging 1981 nicht mehr
auf, als die Regierung im Juni vorgezogene Neuwahlen zum Referendum über die richtige
Nordirlandpolitik machen und dabei von einem weit über Irland hinaus beachteten Hungerstreik zahlreicher IRA-Gefangener in nordirischen Haftanstalten profitieren wollte.
Allerdings kandidierten neun der Hungerstreikenden selbst für den Dáil und banden
Stimmen des republikanischen Lagers, auf die Fianna Fáil spekuliert hatte. Zwei der Hungerstreikenden errangen sogar Mandate.

Die Wahlniederlage der Regierung lag aber nur zu einem kleinen Teil an der nationalistischen Konkurrenz. Entscheidender war, dass selbst die Aktualisierung der Teilung und
das Auflodern eines antibritischen Befreiungsromantizismus die Ökonomie als bestim-
mendes politisches Thema nicht verdrängen konnte. Und auf diesem Gebiet war die Bilanz der Regierung schwach. Haughey hatte 1980 in einer viel beachteten Brandrede das
Ende der Verschuldungspolitik angekündigt: „Als Gemeinschaft leben wir über unsere
Verhältnisse, auf einem finanzellen Niveau, das durch die von uns produzierten Güter
und Dienstleistungen nicht erwirtschaftet werden kann. Um die Lücke zu schließen borgen wir enorme Geldsummen, in einem Maße, das nicht fortgesetzt werden kann [...]
Wir müssen die Ausgaben der Regierung kürzen."[10] Doch tatsächlich erfolgten keine gravierenden Änderungen, die über Versuche, die Gehälter des öffentlichen Dienstes einzu-
frieren und den Kostenanstieg im Gesundheitswesen zu begrenzen, hinausgingen. Die
Furcht, bei vernünftiger Haushaltspolitik politischen Ruin zu ernten, war zu groß, und so
blieb Fianna Fáils Finanz- und Wirtschaftspolitik widersprüchlich. Einerseits wurden die
Gefahren der Überschuldung gesehen, andererseits reduzierte die Regierung zwar ein
wenig die konsumptiven Ausgaben, um gleichzeitig die investiven Ausgaben zu erhöhen.
Insgesamt blieb es bis 1983 bei einem ungebremsten Ausbau des öffentichen Dienstes,
dessen Planstellen von 36 000 (1970) auf 66 000 (1983) um 83,3% zunahmen. Die Absicht, sich klassisch keynesianisch aus der volkswirtschaftlichen Wachstumsschwäche he-
rauszuschulden, wurde in den Siebzigerjahren durch die negativen Zinsen auf den internationalen Kreditmärkten begünstigt. Lange Zeit überstieg die Inflation des irischen Punt
die Zinshöhe, Schulden wurden dadurch entwertet. Was schlecht für Gläubiger und gut
für Schuldner war, führte zu einem verhängnisvollen Weg in die Schuldenfalle. Spätestens
als die US-amerikanische Zentralbank Ende der Siebzigerjahre Zinserhöhungen vor-
nahm, dadurch den Dollar stärkte und es wieder zu realen Zinsen im Verhältnis zur Geld-
entwertung kam, sah sich Irland mit einer Schuldenlawine konfrontiert, die jetzt nicht
mehr über Inflation abgetragen werden konnte. Die 1979 einsetzende zweite Ölkrise be-
hinderte aber das ökonomische Wachstum erheblich, sodass den stark steigenden staatlichen Ausgaben zur Kreditbedienung geringere steuerliche Einnahmen gegenüberstanden. Steuererhöhungen, die schließlich vorgenommen werden mussten, um den Staatsbankrott zu verhindern, dämpften alle Wachstumshoffnungen. Auf dem Höhepunkt der
irischen Krise lag der Steueranteil am BIP bei 42%, davon wurde die Hälfte durch indi-
rekte Steuern erzielt, was von großen Teilen der Bevölkerung als ungerecht wahrgenommen wurde. Der hohe Anteil von Auslandsschulden, die 1981 75% des gesamten Schul-

denstandes ausmachten (1971: 16%), und das damit gegebene erhebliche Wechselkurs-risiko waren eine weitere Bedrohung für die irische Haushaltspolitik.

Phase der Instabilität

Fast folgerichtig verlor Fianna Fáil die Wahlen des Jahres 1981. Während Haugheys Partei 5,3% einbüßte, gewann die seit 1977 stark modernisierte und unter anderem mit einem eigenen Jugendverband ausgestattete Fine Gael 6% hinzu. Erheblichen Vertrauensvor-schuss genoss der Nachfolger Liam Cosgraves, der Ökonomieprofessor Garret Fitzgerald, welcher sich trotz seiner Intellektualität großer Beliebtheit erfreute. Er genoss große inter-nationale Reputation, hatte er sich doch als Außenminister zwischen 1973 und 1977 nicht nur europaweit Achtung verschafft. Trotz leichter Verluste der Labour Party (−1,7%) ver-fügte die klassische Anti-Fianna-Fáil-Koalition aus Fine Gael und Labour über 80 Sitze im auf 166 Sitze vergrößerten Parlament.[11] Dem standen 78 Abgeordnete Fianna Fáils gegenüber. Um zu einer absoluten Mehrheit zu kommen, mussten sich 84 Abgeordnete zusammenfinden. Von den im Parlament vertretenen acht Unabhängigen gewann die Ko-alition schließlich vier für die Wahl Fitzgeralds zum Ministerpräsidenten, doch alle Ak-teure erwarteten aufgrund der instabilen Mehrheitsverhältnisse baldige Neuwahlen. Ein vom neuen Finanzminister John Bruton eingebrachter Sparhaushalt, der Steuererhöhun-gen vorsah, die höchste Stufe der Einkommenssteuer auf 65% festlegte und keine Auswei-tung der Progressionszonen zuließ, belastete die Koalition, weil damit viele Haushalte mit geringeren Einkommen keine Kompensation für die mit der grassierenden Inflation ver-bundenen Geldwertverluste erhielten. Hinzu kam eine Anhebung der Mehrwertsteuer um 5%, ein Einstellungsstopp im öffentlichen Dienst und Einsparungen bei regionalen Inves-titionen. Fitzgeralds Regierung verlor die Unterstützung der Parteilosen und wurde schon Ende 1981 wieder gestürzt. Gerade die letztgenannten Kürzungen hatten die labile Parla-mentsmehrheit bedroht, weil das irische Wahlrecht lokale Sonderinteressen privilegiert.

Die Intention des Präferenzstimmenwahlrechts (Single Transferable Vote/STV), lokal starken Kandidaten Beteiligungschancen im Dáil zu eröffnen, hat zur Folge, dass das System diejenigen Abgeordneten bevorzugt, die wenig Zeit in Dublin mit der Formulie-rung von allgemeinwohlorientierten politischen Vorstellungen verbringen, sondern sich stattdessen intensiv mit den Fragen und Problemen ihres Wahlkreises beschäftigen, um dort Mehrheiten zu finden. Das wiederum bedingt, dass oft Beamte und Regierungs-behörden verpflichtet werden, strategische Visionen für die Politik zu entwickeln. In kei-nem anderen Land der EU nehmen Parlamentarier so wenig Einfluss auf die Formulie-rung von strategischen Politikzielen wie in Irland. Die Unterentwicklung des parlamenta-rischen Ausschuss-Systems ist dafür ein Hinweis. Die Vorstellung, dass alle Politik lokal ist, hat sich so sehr eingebürgert, dass Irland Entwicklungen der internationalen Ökono-mie und Politik, nicht zuletzt innerhalb der EU, zu verpassen droht. Ein zweiter wesent-licher Nachteil ist das politische Gewicht, das das STV den Unabhängigen gibt. Unab-hängige Abgeordnete, „Local Heroes", haben ein Mandat, das keine weiteren Interessen als

die der unmittelbaren Unterstützer in den jeweiligen Wahlkreisen enthält. Keiner der Unabhängigen, die die Minderheitsregierung Fitzgerald erst stützten und dann, wegen Aus-
bleibens lokaler Förderungen und der geplanten Ausweitung der Mehrwertsteuer auf die
bis dahin steuerfreie Kinderbekleidung und -schuhe, stürzten, war auch nur durch ein
halbes Prozent der nationalen Erstpräferenz-Stimmen legitimiert. Kein anderes Land der
EU hat Strukturen institutionalisiert, die einzelnen Individuen, die einen so kleinen Teil
des Elektorates repräsentieren, so viel Macht einräumen.[12]

Die im Februar 1982 stattfindende Neuwahl stärkte Haugheys umstrittene Position
innerhalb Fianna Fáils, obwohl dieser beim Versuch, Staatspräsident Hillery von einer
Parlamentsauflösung abzuhalten, erfolglos geblieben war. Haughey wollte einen Handel
mit den Unabhängigen machen und ohne Parlamentswahl zum Ministerpräsidenten gewählt werden. De jure liegt die Auflösungskompetenz beim Präsidenten, aber eine Kon-
ventionalregel besagt, dass der Staatspräsident den Wünschen des Taoiseach nach Neuwahlen folgt. Obwohl Fine Gael und Labour bei der Februarwahl nicht schlecht abschnitten, verbesserte sich Fianna Fáil auf 81 Sitze, gegenüber 78 von Fine Gael und Labour.
Von den sieben Unabhängigen bzw. Kandidaten kleinerer Parteien unterstützten drei Mitglieder der von Sinn Féin abgespaltenen Worker's Party und der Parteilose Tony Gregory
Haugheys Wahl zum Ministerpräsidenten. Gregory, der als Parteiloser in Dublin-Central,
einem der ärmsten Wahlkreise des Landes, gewählt worden war und sich als unermüd-
licher Streiter für die Anliegen der sozial Deklassierten in der irischen Gesellschaft hohe
Anerkennung erwarb, wurde mit einem 50-Millionen-Pfund-Programm zur Infrastruk-
turverbesserung seines Wahlkreises bedacht. Seitdem ist der Begriff „Gregory Deal" ein
Synonym für die Saturierung partikularer Interessen im politischen System Irlands, die
auch nicht an Sparhaushalten oder ähnlichen finanziellen Strategien scheiterte und
meistens nicht von einer Ethik des Helfens bestimmt war wie im Fall Gregory.

Die Minderheitsregierung Fianna Fáils musste sich ständig weiterer parlamentarischer
Stützung versichern, doch trotz aller Manöver Haugheys, der sogar den Fine-Gael-Abge-
ordneten Richard Burke zum irischen EU-Kommissar machte, um dessen Wahlkreis in
der folgenden Nachwahl durch seine Schwägerin Eileen Lemass erobern zu lassen, kam es
im November 1982 zu seinem Sturz und erneuten Wahlen. Nicht nur dieser Schwägerin-
Coup scheiterte. Haugheys neunmonatige Regierungszeit war von zahlreichen Affären
überschattet; Journalisten und selbst Kabinettsmitglieder wurden – wie allerdings nie ge-
richtsnotorisch bewiesen werden konnte – auf seinen Wunsch hin illegal abgehört. Dass
in der Wohnung des Generalstaatsanwaltes ein sich dort verbergender, gesuchter Mörder
festgenommen wurde, hatte zwar mit dem Generalstaatsanwalt und der Regierung selbst
nichts zu tun, fiel aber trotzdem auf diese zurück. Es passte einfach zu gut in das Wahr-
nehmungsschema, es mit einer mafiosen Regierungspartei und dubiosen Machenschaften
zu tun zu haben. Haugheys Anstrengungen, bei den radikalen Nationalisten innerhalb
und außerhalb seiner Fraktion Unterstützung zu finden, führten zwar zu einer Verstärkung antibritischer Ressentiments in der irischen Politik, aber zu keiner Stabilisierung der
Regierung. Als es in Folge der argentinischen Invasion der Falklandinseln zu einem kurzen angloargentinischen Krieg kam (April bis Juli 1982), setzte der Taoiseach ganz auf

traditionelle antikolonialistische Semantik, indem er die argentinischen Ansprüche auf die Inselgruppe als legitimen Anspruch einer um volle staatliche Souveränität kämpfenden Nation bezeichnete, über den verhandelt werden müsse. Damit isolierte Irland sich innerhalb der EU, unterlief es doch die zwischen den Mitgliedsstaaten vereinbarten Strafmaßnahmen gegen Argentinien.

Trotz dieser Aktualisierung der Erinnerung an den irischen Unabhängigkeitskampf konnte sich Fianna Fáil nicht retten. Neben der anrüchigen Regierungstätigkeit, für die sich der Begriff „GUBU-Government" einbürgerte[13], trug auch die im Regierungsprogramm „The Way Forward" angekündigte Austeritätspolitik zum Zusammenbruch der Regierung bei. Wie schon in den Fünfzigerjahren zeigte sich bei den drei Wahlen in den Jahren 1981 und 1982, dass die Wähler vor allen Dingen ökonomische Interessen anmeldeten und Einschnitte in ihren sozialen Besitzstand nicht hinzunehmen bereit waren.[14] Folgerichtig gelang der Koalition aus Fine Gael und Labour im November 1982 eine Rückkehr an die Macht, wobei sie mit zusammen 86 Mandaten eine Mehrheit aus eigener Kraft errang. Ministerpräsident Garret Fitzgerald, der seiner Fine Gael mit 70 eroberten Mandaten das beste Wahlergebnis aller Zeiten bescherte, stieß jedoch schnell an die Grenzen der von ihm befürworteten Konsolidierungspolitik. Das Regierungsprogramm „Building on Reality" benannte mit der Inflation, der Arbeitslosigkeit, den hohen Staatsausgaben und der Verschuldung die Hauptprobleme der Wirtschaftspolitik, aber die Formulierung einer restriktiven Finanzpolitik („Proposals for Plan 1984–1987") kostete den neu installierten „National Planning Board" eineinhalb Jahre Zeit. Da die Labour Party Kürzungen bei den konsumptiven Ausgaben ablehnte und der Etat in diesem Bereich sogar noch anstieg, blieben allein Streichungen bei den Investitionen, sollte mit der Konsolidierung der öffentlichen Finanzen überhaupt begonnen werden. Es wurde zu wenig gespart und das noch an den falschen Stellen. Trotz eines Sinkens der Investitionsausgaben von 18,4% auf 16,9% am BIP stieg der Schuldenstand weiter an. 1986 erreichte er schließlich eine Höhe von 128% des irischen BIP. Die Schulden der öffentlichen Hand überstiegen also die Summe aller irischen Güter und Dienstleistungen, die während eines Jahres erwirtschaftet worden waren, um mehr als ein Viertel. Eine solche Verschuldung wäre nur über ein hohes Wirtschaftswachstum zu finanzieren gewesen. Doch zwischen 1980 und 1985 lag das durchschnittliche Wachstum des BIP in Irland nur knapp über einem Prozent. Die fiskalpolitische Expansion erfüllte die in sie gesetzten Wachstumshoffnungen nicht.

Diese Wachstumsschwäche zeigte deutlich auf, dass das seit den Fünfzigerjahren praktizierte Industrialisierungsmodell der Anziehung ausländischen Kapitals (Industrialization by Invitation) seine Dynamik verloren hatte. Wie ein vom „National Economic and Social Council" (NESC) in Auftrag gegebener Prüfbericht („A Review of Industrial Policy") der amerikanischen Beratungsfirma Telesis ergab, hatte die Industrial Development Agency (IDA) ihre Förderungspolitik zu stark auf ausländische Firmen konzentriert. Irlands seit Ende der Fünfzigerjahre forcierte Öffnung zum Weltmarkt war mit einer Vernachlässigung der inländischen, exportfähigen Industrie einhergegangen. Die ausländischen Unternehmen hatten aber nicht nur ihre Gewinne repatriiert, sondern auch in Irland wenig in die Bereiche Forschung und Entwicklung investiert. Die Unternehmen waren kaum in die irische Ökonomie eingebettet und diese profitierte nicht von einem Wissenstransfer. Die irischen Töchter ausländischer Firmen und irische Zulieferer bauten überwiegend vorgefertigte Teile zusammen und besorgten die Verpackung. Für diese Art der unqualifizierten Produktion waren die den ausländischen Investoren gewährten Zuschüsse zu großzügig gewesen. Die Summen, mit denen sie gefördert worden waren, hatten zur Verschuldung der öffentlichen Hand beigetragen, aber die erhofften Arbeitsplätze nicht erbracht. Trotz einer Subventionierung jedes eingerichteten Arbeitsplatzes mit fast 15 000 Pfund wurden bis Anfang der Achtzigerjahre nur 30% der 1970 prognostizierten Arbeitsplätze tatsächlich geschaffen.[15]

Offensichtlich musste die heimische exportfähige Industrie stärker durch massive Investitionen im Bereich Forschung und Produktentwicklung gefördert werden. Doch der überschuldete irische Staat verfügte über immer weniger Mittel, um solche Empfehlungen umsetzen zu können. Eine Konsolidierung der Staatsfinanzen war also eine grundlegende Voraussetzung, um überhaupt Handlungsfähigkeit zurückzugewinnen. Die Regierung Fitzgeralds erzielte dabei auch erste Erfolge, so ging die grassierende Inflation von 14,7% (1981) auf 3% zurück und das Tempo der Verschuldung wurde gedrosselt. Allerdings zerbrach die Koalition 1987 an weitergehenden Sparplänen, die die Labour Party nicht mittragen wollte. Fine Gael und Labour scheiterten an den ökonomischen Problemen, die bis Mitte der Achtzigerjahre wieder die alten irischen Krisensymptome wie Rückgang von Heiraten, Geburten, des Bevölkerungswachstums und Zunahme der Emigration hervorgerufen hatten. Trotz horrender Verschuldung hatte Irland die zweithöchste Arbeitslosigkeit aller OECD-Staaten, wobei geschönte Statistiken und die sich zwischen 1983 und 1986 von 13 000 pro Jahr auf 26 000 pro Jahr verdoppelnde Auswanderung die reale Arbeitslosigkeit noch verdeckten. Bis Mitte der Achtzigerjahre erhöhte sich die Pro-Kopf-Verschuldung von 4 Pfund (1975) auf 2269 Pfund. Neue Kredite wurden benötigt, um die Zinsen für die alten Kredite bezahlen zu können, wobei sich der zwischen 1980 und 1985 sich verfünffachende Abfluss der Gewinne ausländischer Investoren drastisch bemerkbar machte. Die 1985 so verlorenen 1,3 Milliarden Pfund machten 22% des Wertes der irischen Exporte aus. Die Regierung versuchte mit Steuererhöhungen, diese Verluste auszugleichen, und als Folge sank das verfügbare private Einkommen in Irland in diesen Jahren um 12%.[16]

Blieb die Regierung Fitzgeralds gesellschaftspolitisch (Scheitern der Reformen im Bereich Scheidungs- und Abtreibungsrechts) und ökonomisch weit hinter den Erwartungen zurück und erwies sich der Regierungschef bei aller intellektuellen Brillanz als unglücklich agierender Taoiseach, so entwickelte sie im Bereich der Nordirlandpolitik wegweisende Initiativen. Dazu gehörte die Mitarbeit im 1983 auf Initiative des nordirischen Führers der katholischen Social-Democratic Labour Party, John Hume, gegründeten „New Ireland Forum", auf dem Parteien, Gruppen und Individuen, die angesichts des Nordirlandkonfliktes institutionelle Arrangements für eine Kooperation des Nordens mit dem Süden und der Beteiligung der katholischen Minderheit am politischen System Nordirlands diskutieren sollten. Unionistische Parteien lehnten die Einladung ab, aber einzelne unionistische Politiker nahmen teil. In dem ein Jahr später vorgelegten Abschlussbericht wurde die Notwendigkeit einer Neuorientierung der Nordirlandpolitik der irischen Regierung betont. Insbesondere Fianna Fáils exklusiver Wiedervereinigungsnationalismus sah sich ebenso heftig kritisiert wie die im Süden lange gepflegte Rhetorik der Vereinigung, die ohne die Anerkennung der politischen Interessen der Unionisten auskommen zu können glaubte. Demgegenüber wies das Forum auf die größeren zivilen und religiösen Freiheiten in Nordirland hin.

Haughey lehnte die Ergebnisse des Forums ab und betonte in konsequenter Fortführung seiner innerparteilichen Bündnispolitik gegenüber dem traditionell nationalistischen Flügel, dass Fianna Fáils Politik der Wiedervereinigung der einzige mögliche Weg der Befriedung der Insel sei. Demgegenüber war die Fine Gael/Labour-Regierung bereit, die Zugehörigkeit des Nordens zum Vereinigten Königreich anzuerkennen, um auf dieser Basis Institutionen der staatlichen Kooperation aufzubauen. Die Idee einer Föderalisierung Irlands, die sich hier abzeichnete, wurde von einer Mehrheit Fianna Fáils zurückgewiesen. Eine Minderheit in der Partei scharrte sich um den Haughey-Kritiker Desmond O'Malley, der sowohl in der Nordirlandfrage als auch bei einer Dáil-Abstimmung über den Zugang zu Verhütungsmitteln gegen die Parteilinie stimmte und im Februar 1985 aus der Partei verbannt wurde. Zusammen mit einer ebenfalls ausgeschlossenen Parteidissidentin, Mary Harney, zwei weiteren Abgeordneten Fianna Fáils und dem Fine-Gael-Politiker Michael Keating gründete O'Malley Ende 1985 die Partei Progressive Democrats, die sich im Parteiensystem bis heute behaupten konnte. Die Progressiven Demokraten vertreten auf dem Gebiet der Wirtschaftspolitik neoliberale marktorientierte Vorstellungen, nehmen in vielen gesellschaftspolitischen Fragen liberale Positionen ein, plädieren für eine stärkere Distanz von Kirche und Staat und neue Initiativen gegenüber Nordirland. Die Partei trug auch das 1985 zwischen Dublin und London ausgehandelte Anglo-Irish Agreement mit, das wegen des Verhandlungsortes auch als Hillsborough Agreement bekannt ist.[17] Dort hatten sich Garret Fitzgerald und Margaret Thatcher auf die beratende Beteiligung der irischen Regierung an nordirischen Angelegenheiten geeinigt. Im Gegenzug anerkannte die irische Regierung die Zugehörigkeit Nordirlands zu Großbritannien. Sinn Féin, Fianna Fáil und die nordirischen Unionisten lehnten die Übereinkunft ab, die gleichwohl als Markstein einer angloirischen Annäherung in nordirlandpolitischen Fragen gewertet werden muss. Allerdings reichte diese neue Nordirlandpolitik nicht aus, um das innenpolitische Ansehen der Regierung zu steigern. Bei den 1987 stattfindenden Parlamentswahlen mussten Fine Gael und Labour eine schwere Niederlage hinnehmen. Während Fianna Fáil sich auf für ihre Verhältnisse niedrigem Niveau stabilisierte und die Progressive Democrats auf Anhieb 12% der Stimmen und 14 Sitze gewannen, verlor Fine Gael 19 Sitze und verzeichnete mit 51 Mandaten das schlechteste Ergebnis seit 1961. Noch schlimmer traf es die Labour Party, die mit 12 Sitzen ihr schlechtestes Ergebnis seit 1933 zu verkraften hatte. Ähnlich wie Haughey 1981 musste auch Fitzgerald zur Kenntnis nehmen, dass mit nordirlandpolitischen Akzenten keine Wahl gewonnen werden konnte, selbst dann, wenn – im Gegensatz zum Traditionalismus Fianna Fáils – diese Politik Grundsteine für eine Befriedung legte.

Wirtschaftliche Erholung

Die neue Fianna-Fáil-Regierung unter Charles Haughey sah sich mit einer Zerrüttung der Staatsfinanzen konfrontiert, die eine Fortsetzung der Politik des Durchwurstelns unmöglich machte. Am Ende der Koalition von Fine Gael und Labour lag die Staatsverschuldung bei 25 Milliarden Pfund, für die jährlich 2 Milliarden Pfund Zinsen fällig wurden. 1987 nahm Haugheys seine Jeremiaden des Jahres 1980 ernst und begann mit einer radikalen Sparpolitik („Programme for National Recovery, 1987–1990"). Als erste Maßnahme wurde das Budget um 485 Millionen Pfund gekürzt. Damit kam es zum ersten Mal seit den Fünfzigerjahren zu einem realen Rückgang des Staatshaushaltes, was u. a. aufgrund der Streichungen im Bildungsetat in der Primarstufe zu einem Abbau von Lehrerstellen und einer Zunahme der Klassengrößen führte. Darüber hinaus wurden weitere staatliche Ausgaben vor allem im Gesundheitswesen reduziert, mit der Folge vieler Hospitalschließungen. Durch Programme zur Förderung von Frühpensionierung und Abfindungen beim freiwilligen Ausscheiden aus dem öffentlichen Dienst drückte die Regierung den Beschäftigungsstand erheblich. Das wissenschaftliche Forschungs- und Beratungsinstitut des irischen Staates, An Foras Forbatha, musste seine Arbeit einstellen. Auf der Einnahmenseite schlugen die Einführung einer Sondersteuer auf vom Staat bezahlte medizinische, rechtliche oder finanzielle Dienstleistungen und die Nichtanhebung der steuerlichen Progressionsstufen zu Buche. Insgesamt gelang Finanzminister Mac Sharry, der eine eigene Abteilung für die Streichung von Ausgabeposten bis 1000 Pfund einrichtete (Expenditure Review Commission, umgangssprachlich: An Bord Snip) eine Senkung der Nominalausgaben um 6%.[18] Darüber hinaus erwirtschaftete die Administration durch geschickte Schuldenverwaltung mithilfe des privatwirtschaftlich strukturierten National Treasury Management allein bis 1997 Zinseinsparungen von 490 Millionen Pfund.

Diese Konsolidierungserfolge waren nur möglich, weil es einen gesellschaftlichen Konsens über Einschnitte in die Leistungen und Ausgaben der öffentlichen Hand gab. Die Republik verfügte seit den späten Fünfzigerjahren nicht nur über ein Netzwerk von Politikberatungsinstitutionen, sondern hatte mit dem 1963 durch Staat, Gewerkschaften und Unternehmern gegründeten National Industrial and Economic Council, der 1973 um Agrarinteressen erweitert und in National Economic and Social Council (NESC) umbenannt wurde, die Grundlage für einen produktivitätsorientierten Korporatismus gelegt. Die Lohnabkommen der Siebzigerjahre wurden im Rahmen der hier stattfindenden Beratungen ausgehandelt. Auf Grund der anarchischen Struktur des irischen Gewerkschaftswesens mit ca. 50 Gewerkschaften, von denen die Hälfte weniger als 2500 Mitglieder hatten, blieb dieser erste korporatistische Steuerungsversuch allerdings relativ erfolglos, wie die hohe Inflation dieser Jahre bewies. Dass sich die Tarifparteien und die Regierung ab 1987 zu einem erfolgreicheren Bündnis zur Rettung der irischen Volkswirtschaft zusammenfanden, lag an den veränderten ökonomischen Rahmenbedingungen, die insbesondere zu einer Schwächung der Gewerkschaften beigetragen hatten. Die hohe Arbeitslosigkeit und der drohende Staatsbankrott verschlechterten ihre Kampfposition erheblich, während die zielorientierte Teilnahme am korporatistischen Bündnis ihnen wenigstens einen direkten Zugang zur Administration sicherte. Fianna Fáils „Programme for National Recovery 1987–1990" griff Vorschläge des NESC auf und sah neben umfassenden Budgetkürzungen Steuererleichterungen vor. Bei einer gewerkschaftlichen Akzeptanz von 2,5%igen Lohnsteigerungen, die unter der Inflationsrate lagen und somit Reallohnsenkungen bedeuteten, verpflichtete der Staat sich, die Sozialausgaben gleichzeitig in der Planungsperiode um 225 Millionen Pfund zu erhöhen.

Die Lohnzurückhaltung verbesserte die außen- und binnenwirtschaftliche Konkurrenzfähigkeit der irischen Industrie. Da der Staat selbst erhebliche Lohnkosten zu tragen hatte, gehörte diese Einbindung der Gewerkschaften in ein Wachstums- und Konsolidierungsbündnis zum wichtigsten Teil der Strategie der Schuldenreduzierung. Von großer Bedeutung war auch die Einrichtung eines Gremiums, das die Implementation des Programms überwachte und den Partnern während der Planungsperiode Einwirkungsmöglichkeiten bot. Das erste sozialpartnerschaftliche Programm erwies sich schließlich als so erfolgreich, dass bis heute vier weitere folgten, in denen zunehmend auch sozialpolitische Fragen behandelt wurden. Im „Programme for Economic and Social Progress 1990–1993" stand die fiskalische und monetäre Stabilisierung im Mittelpunkt. Grundzüge einer Steuerreform wurden definiert und für einzelne volkswirtschaftliche Sektoren Wachstumsziele beschrieben. Das „Programme for Competitiveness and Work 1994–1996", die „Partnership 2000: 1997–2000" und das „Programme for Prosperity and Fairness 2001–2004" waren mit höheren Lohnabkommen, die von einigen Gewerkschaften auch mit Streikdrohungen durchgesetzt wurden, verbunden. Aber die Arbeitnehmervertretungen fielen nicht in die Militanz der späten Sechziger- und frühen Siebzigerjahre zurück. Als Gegenleistung für die im Großen und Ganzen gewahrte Lohnbescheidenheit führte die Regierung arbeitnehmerfreundliche Steuerreformen durch, die das private Realeinkommen erhöhten und so den Abstand zwischen den unteren Lohngruppen und der Sozialhilfe vergrößerten. Damit entstand in Irland ein Niedriglohnbereich, der attraktiver war als der Verbleib in der Arbeitslosen- bzw. Sozialhilfe. Darüber hinaus kam es zu einer vorsichtigen Privatisierung der in Irland stark verbreiteten quasistaatlichen Betriebe (State Sponsored Bodies).

Inzwischen ist nicht nur der Teilnehmerkreis dieses Bündnisses für die wirtschaftliche Entwicklung um Vertreter von Arbeitsloseninitiativen und Frauenverbänden erweitert worden. Neben die ökonomische Planung im Sinne der Definition von Wachstumszielen und Lohnabkommen sind qualitative gesellschaftliche Aspekte wie Bildung, Erziehung, Gesundheit, Armut und Exklusion von Minderheiten getreten. Der Ausbau der Beteiligung von Arbeitnehmervertretern im Aufsichtsrat ihrer Firmen gehört ebenfalls zu den Konsequenzen des Tripartismus. Im Kern geht es um die Stabilisierung längerfristiger Erwartungen aller politisch-ökonomischen Akteure durch Einigung auf bestimmte Zielrahmen wie Lohnsteigerungen, öffentliche Ausgaben, Investitionen usw.

Der Zwang zur Konsensfindung war durch die verheerende wirtschaftliche Lage Irlands mit seiner riesigen Verschuldung herbeigeführt und grundiert worden durch einen appellativen Nationalismus der jeweiligen Regierungen, die die Lösung der irischen Krise zur moralischen Verpflichtung von Gewerkschaften und Unternehmern erklärte. Seán Lemass hatte schon während seiner Regierungszeit diesen Zusammenhang von Korporatismus und Nationalismus betont, als er vor Vertretern der irischen Wirtschaft erklärte, dass der „Industriemanager unvermeidbare Verantwortung, die über seine ihm von seinem Arbeitgeber übertragene Verantwortung hinausgeht, trägt. Er sollte als Diener der Öffentlichkeit in der höchsten Bedeutung des Wortes gesehen werden und sich selbst so sehen."[19] Diese Integration durch Erinnerung an das nationale Erbe ging über salvatorische Klauseln einer sozialen Verpflichtung des Eigentums hinaus und entfaltete insbesondere in Krisenzeiten seine Wirkung. In diesem Zusammenhang ist an die Übereinstimmung der großen Parteien in der Frage der Neutralität während des Zweiten Weltkriegs zu erinnern.

Neben diesem irischen Konsensualismus war der Erfolg der Sparpolitik der zwischen 1987 und 1989 amtierenden Fianna-Fáil-Minderheitsregierung auch von einer bestimmten parlamentarischen Konstellation abhängig. Sie wurde möglich, weil die parlamentarische Opposition in sich zerstritten war und es zu keiner Mehrheit gegen Haughey kam. Im Gegensatz zu 1982 hatte keiner der Akteure 1987 Interesse an einer schnellen Neuwahl. Labour und Fine Gael standen vor einem personellen Neuanfang und die Progressive Democrats hatten sich gerade erst parlamentarisch behauptet und mit Fine Gael und Labour kaum inhaltliche Berührungspunkte. Dass es zu keiner Frontbildung gegen Fianna Fáil kam, lag letztlich an der Entscheidung der Führung Fine Gaels, die Sparpolitik mitzutragen. In einer Rede vor der Handelskammer in Tallaght formulierte der damalige Fine-Gael-Vorsitzende, Alan Dukes, die nach diesem Ort benannte „Tallaght Strategy" einer Stützung der Regierung in den grundsätzlichen Fragen der Rettung der irischen Volkswirtschaft. Insgesamt stimmte Fine Gael in den folgenden Monaten 42-mal mit der Regierung und nur 12-mal gegen sie, und Haugheys Minderheitsregierung musste bei allen Abstimmungen über die einzelnen Sparmaßnahmen nur fünf Niederlagen in marginalen Fragen hinnehmen. Der Preis dieser Mitarbeit für Fine Gael bestand in einem langsamen Erosionsprozess, konnte sie sich doch gegenüber Fianna Fáil in einem entscheidenden Politikfeld nicht mehr genügend absetzen. Zwar gelang ihr nochmals zwischen 1994 und 1997 die Formierung einer Koalitionsregierung mit Labour und der Democratic Left, aber seit 1987 schaffte sie es zunehmend weniger, sich als die eigentliche Oppositionspartei und Regierung im Wartestand zu behaupten. Die Wahlen 2002 haben Fine Gael gerade noch 22,5% der Stimmen und 31 Sitze gebracht, das zweitschlechteste jemals erzielte Ergebnis (Verlust von 23 Sitzen im Vergleich zu 1997). Für einige Jahre während und nach Dukes' Tolerierungsangebot konnte sich demgegenüber die Labour Party in der Opposition profilieren und mit der Wahl des zeitweiligen Parteimitglieds Mary Robinson zur Staatspräsidentin der Republik einen Stempel aufdrücken,[20] aber diese Stärkephase war Ende der Neunzigerjahre beendet, und Fianna Fáil konnte die politische Belohnung für die historisch beispiellose wirtschaftliche Aufwärtsentwicklung Irlands zum europäischen „Tigerstaat" einstreichen.[21] Die Wahl Mary Robinsons darf hingegen in ihrer gesellschaftlichen Bedeutung und Prägekraft nicht unterschätzt werden, denn sie repräsentierte seit dem Beginn ihres gesellschaftlich-politischen Engagements in den Sechzigerjahren den Partizipationswillen einer unabhängigen, an der bürgerrechtlichen Erweiterung des politischen Systems interessierten Frau, die als Juristin, Rechtsprofessorin und Senatsmitglied an allen wichtigen Auseinandersetzungen im Bereich Frauengleichstellung, Empfängnisverhütung, Scheidungsrecht und einer neuen Nordirlandpolitik beteiligt war. Sie personifizierte ein modernes, tolerantes und weltoffenes neues Irland. Entsprechend enthusiastisch wurde ihre Präsidentschaft von der jüngeren Generation begleitet.

Die mit Robinson verbundene Aufbruchsstimmung entsprach einer starken wirtschaftlichen Erholung. Besonders die korporatistisch vereinbarten, großzügigen Steuersenkungen, deren letzte Stufe die Körperschaftssteuer 2003 auf 12,5% senken soll, beflügelten die Ökonomie. Der Spitzensteuersatz sank von 65% auf 46% und der durchschnittliche Steuersatz von 35% auf 24%. Im internationalen Vergleich ist Irland im Bereich der persönlichen Einkommensteuern kein Niedrigsteuerland, was deutlich macht, dass allein die Höhe des Einkommensteuersatzes nur wenig über die weltwirtschaftliche Konkurrenzfähigkeit aussagt. Der Anteil der Steuerzahlungen am BIP schrumpfte von 44,3% im Jahr 1987 auf 40% am Ende des Jahrtausends. Aber mit diesen Steuerkürzungen war eine Effektivierung der Steuererhebung verbunden. Auf Grund der vielfältigen Abschreibungsmöglichkeiten hatte die hohe Körperschaftssteuer Mitte der Achtzigerjahre nur 1,5% zum BIP beigetragen. Eine Reduzierung dieser bis zu 100% gehenden Abschreibungen auf 50% bei gleichzeitiger Senkung der allgemeinen Steuersätze und die Amnestierung von Steuerflüchtlingen stellten wichtige Instrumente der Wirtschaftsförderung dar. Erst die radikale Entschuldung des Staates aber machte diesen Verzicht auf Steuereinnahmen möglich. Weil die irische Volkswirtschaft nach 1987 erheblich wuchs, löste die Austeritätspolitik keine Deflation aus, sondern ermöglichte erst weiteres Wachstum. Irland hat mit dieser Politik einer expansiven fiskalischen Kontraktion modellbildend für die Überwindung von Verschuldungs- und Wachstumskrisen gewirkt. Ohne begünstigende internationale Umstände wäre der irische Tiger aber nicht auf die Sprünge gekommen. Neben den umfangreichen Geldern der Europäischen Union ist hier vor allem das sinkende internationale Zinsniveau zu nennen, das in den Neunzigerjahren die Kredittilgung erleichterte und den Aufschwung verstärkte.

Die Erfolge dieser Wirtschaftspolitik sind eindrucksvoll, nicht nur mit Blick auf die irische Vergangenheit. Nach der verhängnisvollen Langzeitwirkung des Protektionismus, dessen begrenzte arbeitsplatzsichernde Wirkungen sich schnell ins Gegenteil verkehrten, und der weltwirtschaftlichen Öffnung Ende der Fünfzigerjahre hatte ein Verfall irischer Unternehmen eingesetzt, die allein zwischen 1973 und 1983 fast 7% der Beschäftigten verloren, was auch nicht durch die Öffnung des irischen Marktes für ausländische Investoren wettgemacht werden konnte. Die Schrumpfung der wirtschaftlichen Basis drückte sich in einem sinkenden BIP der Jahre 1982, 1983 und 1987 aus, das mitverantwortlich war für die Überschuldung. Demgegenüber betrug das von 1988 bis 1995 erreichte Wachstum des Bruttoinlandsprodukts 5,1% bis 10% und lag für die Jahre bis 2002 bei fast 8%. In der mit der Regierungsübernahme durch Haughey und der Tolerierung dieser Politik durch Fine Gael begonnenen Konsolidierung der öffentlichen Haushalte wurde das Fundament für einen Wirtschaftsaufschwung gelegt, der nicht nur in Europa seinesgleichen suchte.

Von 1993 bis 1997 wuchs die irische Wirtschaft um 40%, dreimal so stark wie die der anderen industrialisierten Staaten. Die Nettokreditaufnahme sank ab 1986 innerhalb von nur vier Jahren um 7,6% und erreichte 1990 nur noch 0,7% des BIP. Danach erwirtschaftete die öffentliche Hand erhebliche Überschüsse. Allerdings sind hier schon Erhöhungen der Mehrwertsteuer auf 21% und der Tabak- und Benzinsteuer eingerechnet. Das Bruttoinlandsprodukt pro Kopf erreichte 1987 gerade einmal 4200 Pfund und verdoppelte sich seither nahezu. Es betrug zu Beginn der EU-Mitgliedschaft 57% des EU-Durchschnitts und unterschritt deutlich das Kriterium der umfassendsten Strukturhilfenbedürftigkeit von 75%. Heute erreicht die Republik 120% des EU-Durchschnitts und wird ab 2006 nur noch für wenige Regionen im Westen und der Mitte der Insel Fördermittel erhalten.[22] Im gleichen Zeitraum nahm die Beschäftigung um durchschnittlich 4% pro Jahr zu. In den Sektoren Elektronik, Computerhardware und -software, Kommunikationsdienstleistungen und Pharmazie konnten 30 000 neue Arbeitsplätze geschaffen werden. Insgesamt stieg die Beschäftigtenzahl um mehrere Hunderttausend. Mehr als 1000 ausländische Unternehmen haben sich in Irland angesiedelt, 40% davon kommen aus den USA, das damit mehr als zweimal so viele Investitionen in Irland tätigt wie der zweitgrößte Investor, Deutschland. Zum Boom trägt auch die Tourismusindustrie bei, die zwar je nach Konfliktlage im Norden Abschwünge hinnehmen musste, aber bis zu 6% des BIP erwirtschaftet. Dublin gehört inzwischen zu den meistbesuchten Städten Westeuropas.

Die Produktivität der irischen Wirtschaft und die internationalen Einflüsse ermöglichten eine umfassende Entschuldung der öffentlichen Hand. Der Gesamtschuldenstand ging von 128% am BIP in 1986 auf 43% im Jahr 2001 zurück. Irland erfüllte in den Bereichen Gesamtverschuldung und Neuverschuldung die Stabilitätskriterien der Euro-Währungsgemeinschaft, während etwa die Bundesrepublik bei der Gesamtverschuldung mit 61,5% am BIP die Grenzen leicht überschritt und das Neuverschuldungslimit von 3% 2002 nicht einhalten konnte. Gerade die restriktiven Kriterien der Europäischen Währungsunion haben irische Regierungen zur Haushaltskonsolidierung verpflichtet. Dagegen hat die Überhitzung der Konjunktur in Irland zur höchsten Inflationsrate in der EU geführt und die EU-Kommission zu einer öffentlichen Maßregelung der irischen Regierung veranlasst.

Mit dem ökonomischen Erfolg verband sich eine weitere gesellschaftliche Modernisierung und Differenzierung. An erster Stelle ist die Ausweitung der Sekundarbildung zu beobachten. Nachdem im Rahmen der Sparpolitik Fianna Fáils Ende der Achtzigerjahre die Ausgaben im Bildungswesen zurückgingen, entwickelte ein Weißbuch der Regierung 1992 Pläne zur finanziellen Expansion. Dabei wurden der Rückgang der Schülerzahlen in den weiterführenden Schulen, Defizite im Bereich der Förderung benachteiligter Schüler und Schwächen in der Schulverwaltung festgestellt. Die daraufhin im Rahmen der korporatistischen Planungen vorgenommenen Investitionen erhöhten die Schülerzahlen in der Sekundarstufe auf fast 400 000, von denen durchschnittlich 40% anschließend Universitäten besuchen. Mitte der Sechzigerjahre kamen demgegenüber 25% eines Jahrgangs in den Genuss einer hochschulqualifizierenden Schulbildung, Ende der Neunzigerjahre waren es 83%. Hatten sich 1965 15 000 Studierende an irischen Universitäten immatrikuliert, so verdreifachte sich diese Zahl bis Ende der Neunzigerjahre. Mitte der Sechzigerjahre erhielten 5% aller Studenten ein Stipendium, Ende der Neunzigerjahre waren es 55%.

Aus diesen Zahlen darf aber nicht geschlossen werden, dass die irischen Regierungen bevorzugt in die Bildung investiert hätten, denn die volkswirtschaftlichen Gewinne der Boomjahre waren ja in Form von Steuersenkungen privatisiert worden. Vielmehr ergibt sich bei näherem Hinsehen das paradoxe Bild einer Entschuldung der öffentlichen Hand bei steigender Bruttokreditaufnahme. So wuchs der Gesamtschuldenstand zwischen 1990 von 25,1 Milliarden Pfund (99,4% BIP) bis 1998 auf 29,5 Milliarden Pfund (58% BIP) an. Doch diese 4,4 Milliarden Pfund höhere, durch Verlängerung der Tilgungszeiten hervorgerufene Verschuldung stellte relativ gesehen einen Rückgang um fast 40% dar. Auf Grund des exorbitanten Wachstums konnte die öffentliche Hand etwa im Bildungs- oder Gesundheitsbereich investieren und sich gleichzeitig entschulden. Überschüsse konnten so in bestimmte Politikbereiche investiert werden, anstatt zur Schuldentilgung eingesetzt werden zu müssen. Regelmäßig haben alle Regierungen in den Neunzigerjahren die geplanten Steigerungen des Budgets von durchschnittlich 2% real weit überschritten, doch diese Expansion wurde durch das starke Wirtschaftswachstum abgepuffert. Mit der weltwirtschaftlichen Verdüsterung ab der Jahrtausendwende verengten sich jedoch auch die Handlungsspielräume der Regierung. 2001/02 musste die irische Regierung wieder ein Etatdefizit verbuchen, das erhebliche Streichungen im Bereich geplanter Infrastrukturmaßnahmen und im Sozial- und Gesundheitswesen zur Folge hatte. Bei allen günstigen wirtschaftspolitisch gesetzten Rahmenbedingungen hängt die Fortsetzung der Konsolidierung vor allem von der weltwirtschaftlichen Entwicklung ab.

Mit der ökonomischen Entwicklung gingen gesellschaftliche Veränderungen einher, die vor allem das moralische Sinnstiftungsmonopol der katholischen Kirche betrafen. Noch 1979 feierten 2,3 Millionen Iren, immerhin 70% der südirischen Bevölkerung, Papst Johannes Paul II. während seines Inselbesuchs. Doch diese Manifestation der katholischen Nation am keltischen Rand Europas verdeckte einen seit den Fünfzigerjahren latent verlaufenden Erosionsprozess, der auch durch die Mobilisierung im Vorfeld der Anti-Scheidungs- und Anti-Abtreibungs-Referenden nicht gestoppt werden konnte. Zwar gehören nach wie vor ca. 92% der Iren der katholischen Kirche an (2,5% sind Angehörige der Church of Ireland, 0,3% sind Presbyterianer, 0,2% Methodisten und 0,1% Juden). Ein sinkender gesellschaftlicher Einfluss der Kirche zeigt sich jedoch institutionell am Rückgang des ordinierten und nichtordinierten kirchlichen Personals. Von 1966 bis 1996 ging die Zahl der Priesterberufungen um über 92 Prozent zurück.[23] Beispielsweise 1997 verlor die Kirche 100 Priester durch Pensionierung und Todesfälle, während lediglich 47 neue Priester ordiniert wurden. Trotz des Rückgangs der Berufungen hat Irland zu Beginn des 21. Jahrhunderts aber deutlich mehr Priester als ein Jahrhundert zuvor. Die Zahl der Priester pro Kopf der Bevölkerung liegt sehr viel höher als im internationalen Durchschnitt. Immer noch gehen über 60% aller Katholiken wöchentlich zur Messe, was im internationalen Vergleich wiederum eine Spitzenposition markiert. Doch die Zahl der regelmäßigen Gottesdienstbesucher nimmt deutlich ab.

Die Schwächung der kirchlichen Bindungskraft ist nicht auf die ökonomischen Konsequenzen der volkswirtschaftlichen Prosperität im engeren Sinne zurückzuführen, denn der Aufstieg der katholischen Kirche war im späten 19. Jahrhundert mit dem Erstarken einer katholischen Mittelschicht verbunden, die für den Anstieg des Messebesuchs von ca. 35% in der Mitte des Jahrhunderts auf über 90% um die Jahrhundertwende ursächlich war, während gerade in den ärmsten Gemeinden die Kirchgangsraten sehr niedrig waren und sind. Die Vorstellung, dass die katholische Kirche der Anwalt des pauperisierten Irlands gewesen sei und jetzt von den einstigen Schutzbefohlenen Undankbarkeit ernte, ist Teil einer gewissen Selbstmystifizierung. Eher ist die mit der Modernisierung Irlands einhergehende Urbanisierung, Individualisierung und Anonymisierung entscheidend. Der Verlust des moralischen Monopols der katholischen Kirche selbst über zentrale Glaubensfragen zeigt sich symbolisch in der Interkommunion der neu gewählten Präsidentin und Nachfolgerin Mary Robinsons, McAleese, in der anglikanischen Christ Church Cathedral in Dublin am 7. Dezember 1997. Diese Geste zeigt, dass Frömmigkeit und Spiritualität der Iren nicht mehr so stark durch Kirchendekrete oder Verhaltenscodes reguliert werden können, sondern mehr und mehr eine private Gewissensfrage werden, die etwa auch die – von der irischen Bischofskonferenz verbotene – Interkommunion zulässt.

Die Spiritualität der Iren verschwindet nicht, sondern wendet sich lediglich von institutionell festgelegten Formen ab. Zu dieser Offenheit haben die Veränderungen in der Zusammensetzung der Lehrerschaft der irischen Schulen, die bis in die Gegenwart hinein zu 95% durch die katholische Kirche bestimmt wird (bei einem staatlichen Finanzierungsanteil von 85%), beigetragen. Auf der Schulleitungsebene sind inzwischen nur noch 66% der Rektoren Pfarrer, während der Lehrkörper sich zu 90% aus katholischen Laien rekrutiert (1960: 50%). Nicht unterschätzt werden darf in dem Kontext des zurückgehenden Einflusses der katholischen Amtskirche eine Vielzahl seit Beginn der Neunzigerjahre bekannt gewordener Fälle sexueller Vergehen von Priestern an Kindern und Jugendlichen, menschenunwürdiger Behandlung in kircheneigenen Heimen usw.

Parteienlandschaft

Sowohl die Verstetigung des Ende der Achtzigerjahre einsetzenden Aufschwung als auch die sozialen Veränderungen stellten die politischen Parteien vor Probleme, auf die es kaum stark differierende Antworten geben konnte. Diese säkularen Entwicklungen haben die ideologische Annäherung nicht nur Fine Gaels und Fianna Fáils weiter verstärkt. Während der Tolerierungsphase der Minderheitsregierung Haugheys zwischen 1987 und 1989 war es der Labour Party unter Führung Dick Springs gelungen, in die Rolle der eigentlichen Oppositionsführerin zu schlüpfen. Davon konnte sie zwar bei den von Haughey 1989 angesetzten Wahlen noch nicht profitieren, aber diese Parlamentswahl stellte für Irland eine politische Wasserscheide dar, die wenige Jahre später auch die Einflusschancen Labours beträchtlich erhöhte. Für Fianna Fáil war es die vierte Niederlage in Folge, denn wieder konnte keine Regierung aus eigener Kraft bzw. mit der Unterstützung einiger Unabhängiger gebildet werden. Haughey, der Houdini der irischen Politik (Keogh), brach nun mit der bisherigen Weigerung Fianna Fáils, Koalitionen zu bilden, sondern fehlende Stimmen unter den unabhängigen Einzelabgeordneten zu besorgen, und schloss

mit den auf vier Sitze geschrumpften Progressive Democrats ein förmliches Regierungsbündnis.[24] Das schlechte Wahlergebnis für Fianna Fáil hatte einen Grund in der nicht
sehr populären Sparpolitik von Finanzminister Mac Sharry. Dazu kamen Gerüchte über
weit reichende Korruption im Zusammenhang mit der Förderung irischer Agrarunter-
nehmen. Nach der Wahl nahmen die Presseberichte über eine illegale Unterstützung der
Goodman Beef Company zu, die EU-Subventionen erschlichen hatte und von der Regierung mit hohen Millionensummen bei dem Versuch unterstützt worden war, ein Mono-
pol im Bereich der Fleisch- und Zuckerindustrie aufzubauen. Als bekannt wurde, dass ein
Fianna Fáil angehörender Minister in Haugheys Kabinett Miteigentümer der Goodman
Company war und weitere finanzielle Verstrickungen des Ministerpräsidenten selbst
ruchbar wurden, zwangen die Progressive Democrats Haughey zum Rücktritt.[25]

In den folgenden Jahren sollte sich eine Reihe von Untersuchungskommissionen mit
der Korrumpierung des irischen politischen Systems beschäftigen.[26] Seinem Nachfolger
Albert Reynolds hingen diese Affären allerdings weiter an, war er doch als Haugheys Finanzminister an allen Subventionsentscheidungen beteiligt gewesen. Die Parlamentswahl
von 1992 endete für Fianna Fáil dann auch mit dem schlechtesten Ergebnis seit 1927. Obwohl die Progressiven Demokraten sich auf zehn Mandate verbessern konnten, kam es in
diesem Jahr zu einer grundsätzlichen koalitionspolitischen Öffnung des irischen Parteiensystems, weil die von Reynolds weiterhin geführte Fianna Fáil mit der Labour Party, die
mit 19,3% der Stimmen und 33 Sitzen den größten Erfolg seit 1922 verbuchen konnte,
koalierte. Dieses unwahrscheinliche Bündnis brach die traditionellen Konfliktlinien zwischen Fianna Fáil einerseits und einer durch Fine Gael geführten Koalition andererseits
auf. Doch das spektakulär geschlossene Bündnis überstand schon die erste größere Be-
währungsprobe nicht, als 1994 Labour gegen die Entscheidung Reynolds' protestierte,
Harry Whelehan zum Generalstaatsanwalt zu ernennen. Whelehan hatte kurz zuvor Kritik auf sich gezogen, weil er die Auslieferung eines katholischen Priesters an die nordirische Polizei monatelang verzögerte, der dort wegen vielfachen Kindesmissbrauchs
gesucht wurde.

War schon die Bildung der Fianna Fáil/Labour-Koalition eine Novität, so stand auch
Reynolds' Sturz für eine stille Revolution der Spielregeln des politischen Systems, weil es
zum ersten Mal in der Geschichte des Dáil gelang, ohne vorhergehende Parlamentswahlen eine neue Koalition zwischen Labour, Fine Gael und dem von der Worker's Party abgespaltenen demokratisch-sozialistischen Bündnis Democratic Left zu installieren. Der
neue Taoiseach John Bruton (Fine Gael) führte die restliche Zeit der 1997 ablaufenden
Legislaturperiode seine umgangssprachlich wegen der in ihr kooperierenden gesellschaftlichen Gruppen „Rainbow Coalition" genannte Regierung insbesondere auf wirtschafts-
politischem Gebiet sehr erfolgreich. Die Koalitionsparteien setzten die korporatistische
Konsolidierungs- und Wachstumsstrategie fort, und unter dem der Labour Party angehö-
renden Finanzminister Ruarí Quinn gewann der Lauf des Tigers an Geschwindigkeit. So
wurden in seiner Amtszeit 120 000 neue Arbeitsplätze geschaffen; das BIP stieg in diesen
Jahren um bis zu 10%. Irland wurde zum Einwanderungsland. Hatte in den Achtzigerjahren die Auswanderung – auch in die USA – wieder stark zugenommen, wurde aus dem

Emigrationsland ein Land der Immigranten. 1997 und 1998 kehrten 13 000 Iren mehr auf die Insel zurück, als auswanderten. Der zu registrierende Bevölkerungszuwachs speiste sich darüber hinaus aus der Zuwanderung von mehr als hunderttausend Arbeit Suchenden, von denen über 50% aus der EU und 20% aus Osteuropa stammten. Die große Anziehungskraft Irlands zeigt sich auch in der Zunahme der illegalen Einwanderung und der Asyl Suchenden.

Die Zuwanderung machte die internationale Einbindung Irlands deutlich, und so überrascht es nicht, dass Mitte der Neunzigerjahre außenpolitische Konzeptionen verstärkt in den jeweiligen Kabinetten diskutiert wurden. 1996 erschien mit dem Weißbuch „Challenges and Opportunities Abroad" das erste grundlegende Regierungspapier zur Außenpolitik Irlands seit 1922. War noch die Öffnungspolitik ab den Fünfzigerjahren eher unkoordiniert zwischen den einzelnen Ministerien abgelaufen und ohne politische Reflektion geblieben, wurde jetzt die irische Außenpolitik einer systematischen Analyse unterzogen, wobei allerdings Nordirland und die Beziehungen zu Großbritannien unberücksichtigt blieben. Vielmehr ging es um die Bestimmung der irischen Position zur weiteren europäischen Integration, die erhebliche Konsequenzen für die sozial-, rechts- und neutralitätspolitische Sonderrolle Irlands ankündigte. Der von den Grünen und Sinn Féin bekämpfte Vertrag von Nizza scheiterte in der Volksabstimmung 2001, unter anderem, weil die Mehrheit eine Aufweichung der irischen Neutralitätsposition befürchtete. Über die zukünftige Rolle Irlands musste aber auch deshalb nachgedacht werden, weil die mit der Osterweiterung der EU verbundene Veränderung der Entscheidungsstrukturen und -mechanismen die Vetorolle der Kleinstaaten beschneiden wird.[27] So büßte Irland seinen Anspruch ein, einen EU-Kommissar stellen zu können. Mit diesen Neuerungen verlöre die Irische Republik wichtige Instrumente der Interessendurchsetzung, die bisher mit dazu beigetragen hatten, dass Irland bis heute die höchsten Pro-Kopf-Zahlungen aller EU-Mitgliedsstaaten erhält.

Doch die außenpolitische Renovierung und der ökonomische Erfolg konnten eine Niederlage der Regierungskoalition 1997 nicht verhindern. Fine Gael schnitt zwar relativ erfolgreich ab, aber der Einbruch der Labour Party, die nur noch 12,9% der Erstpräferenzen erhielt und zwölf Mandate verlor, verhinderte ein Weiterregieren der Regenbogenkoalition. Offensichtlich hatten viele Wähler, die 1992 Labour gewählt hatten, um eine Ablösung Fianna Fáils zu erreichen, das Regierungsbündnis mit dem durch Korruptionsaffären belasteten Reynolds übel genommen und der Partei den Rücken gekehrt. Fianna Fáil stellte zudem mit dem Dubliner Bertie Ahern, der in früheren Kabinetten als Finanzminister tätig gewesen war, einen populären Politiker an die Spitze, der mit an den Fundamenten des erfolgreichen korporatistischen Modells gearbeitet hatte und die großstädtische Akzentuierung Fianna Fáils im Osten betrieb.[28] Zwar war er auf eine Koalition mit den Progressive Democrats und die Unterstützung von drei Unabhängigen im Dáil angewiesen, aber die Regierung bewies eine hohe Stabilität, die auch durch Veränderungen in der Nordirlandpolitik nicht gefährdet wurde. So verstand es Ahern, eine Bevölkerungsmehrheit für eine Änderung des republikanischen, in der Verfassung 1937 niedergelegten Machtanspruchs auf den Norden zu gewinnen. Diese Verfassungsrevision galt als eine der

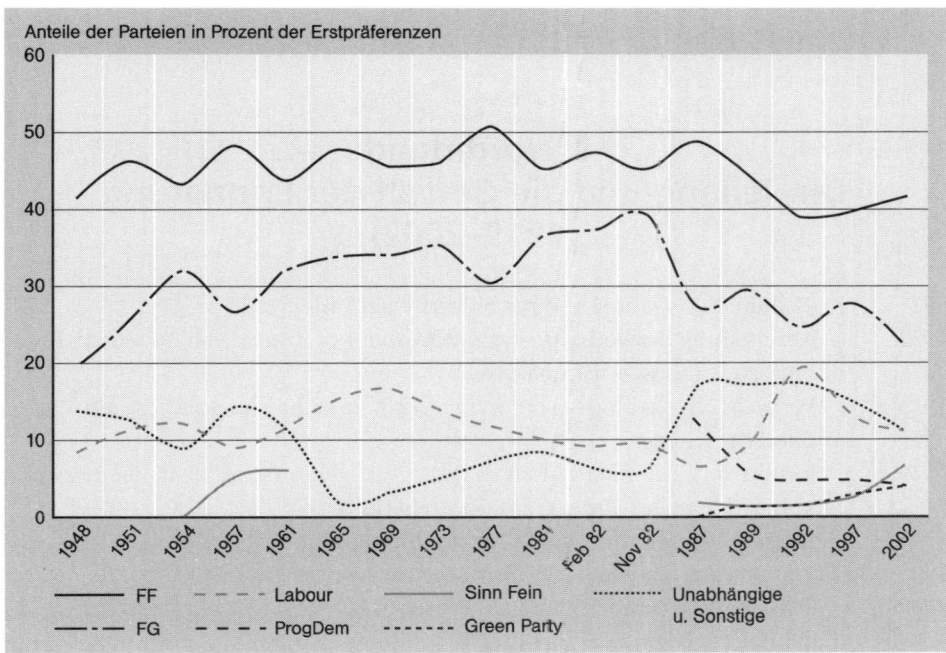

Wahlergebnisse zum Dáil: 1948–2002.

Voraussetzungen für die Einrichtung einer politischen, die katholische Bevölkerung einschließenden Reform des nordirischen Systems.

Die Koalition aus Fianna Fáil und den Progressive Democrats erhielt 2002 eine eindrucksvolle Bestätigung und kann seitdem ohne Unterstützung Unabhängiger regieren, während das Oppositionsspektrum aufgrund der Schwäche Fine Gaels und des Erstarkens Sinn Féins, die 2002 mit 6,5% der Stimmen 2% mehr erhielt als die Progressive Democrats und mit 5 Sitzen im Dáil vertreten ist, ausfranst und an Konturen verliert. Dazu trägt auch die Verdoppelung der Zahl der Unabhängigen, die jetzt mit 13 statt wie 1997 mit 6 Abgeordneten vertreten sind, bei. Es gehört zur Ironie der irischen Geschichte, dass am Beginn des 21. Jahrhunderts mit der sich als Anwalt der Unterprivilegierten wahrnehmenden Sinn Féin der traditionelle nationalistische Republikanismus des 20. Jahrhunderts zum politischen Wiedergänger geworden ist. Ob mit dieser Restabilisierung Fianna Fáils durch Schwächung der Opposition die Probleme der zunehmenden gesellschaftlichen Anomie, des Multikulturalismus, der ökologischen Bedrohung, der Bekämpfung der immer noch bestehenden Langzeitarbeitslosigkeit und der außenpolitischen Neubestimmung besser bearbeitet werden können, erscheint zweifelhaft.[29] Aber solange der produktivitätsorientierte Korporatismus ähnlich erfolgreich bleibt, die weltwirtschaftliche Expansion anhält und der Keltische Tiger auf dem Sprung ist, wird sich das nicht negativ bemerkbar machen.

8. Nordirland:
Die Teilung und die Gewalt der Erinnerung
(1919–2002)

1921	22. Juni: Konstituierung eines nordirischen Parlamentes
1922	Abschaffung des Verhältniswahlrechts bei Kommunalwahlen reduziert den Einfluss katholisch-nationalistischer Gruppen
1923	Versuch, ein säkularisiertes Schulsystem aufzubauen, scheitert am Widerstand der Kirchen
1929	Einführung des Mehrheitswahlrechts auf gesamtstaatlicher Ebene sichert Vorherrschaft der Ulster Unionist Party (UUP)
1941	Deutsche Luftangriffe auf Belfast zerstören große Teile der Stadt
1963–1969	Premierminister Terence O'Neill scheitert bei Reform Ulsters
1968	Schwere Auseinandersetzungen zwischen katholischen Bürgerrechtlern und der Polizei, Beginn der „Troubles"
1970	Gründung der Social Democratic and Labour Party (SDLP), einer katholischen, gemäßigt nationalistischen Partei
1972	30. Januar: „Bloody Sunday", 21. Juli: „Bloody Friday" Aufhebung der Selbstständigkeit Nordirlands und Direktverwaltung durch britische Regierung
1974	Sunningdale Agreement scheitert
1981	Zehn IRA-Häftlinge sterben an den Folgen eines Hungerstreiks, schwere Unruhen sind die Folge
1985	Erste Geheimgespräche John Humes mit Sinn Féin und IRA
1991–1992	Gespräche zwischen nordirischen Parteien über eine Rückkehr zur Selbstverwaltung versanden
1994	IRA und loyalistische Terroristen erklären Waffenstillstand
1996	Wahlen zum Northern Ireland Forum, das eine neue Verfassung für den Norden erarbeiten soll
1998	Karfreitagsabkommen legt neue Verfassung fest, Wahlen zum neuen nordirischen Parlament
1999	Dezember: Nordirische Selbstbestimmung hergestellt, Ende der Direktverwaltung
2002	Suspendierung der nordirischen Regierung, temporäre Direktverwaltung durch die britische Regierung

Die Teilung

In den Unterhauswahlen von 1918 drückte sich die kulturell-politische Teilung Irlands deutlich aus. Während im Süden Sinn Féin zur dominierenden Kraft wurde und konsequent den Weg der Unabhängigkeit von Großbritannien beschritt, errangen im Norden unionistische Kandidaten die Mehrzahl der Mandate. Der Government of Ireland Act der britischen Regierung reagierte Ende 1920 auf diese unterschiedliche Entwicklung mit einem Teilungsplan, der die Einrichtung zweier weitgehend politisch selbstbestimmter Systeme in Irland vorsah. Die Umsetzung dieser Pläne schritt in den sechs Counties des Nordens, die das klassische Ulster allerdings nicht vollständig umfassten (Derry/Londonderry, Antrim, Down, Armagh, Fermanagh, Tyrone), zügig voran, sodass König Georg V. am 22. Juni 1921 die konstituierende Sitzung des neuen, zwei Kammern umfassenden nordirischen Parlamentes eröffnen konnte. In den Gebieten mit einer katholischen Mehrheit hatte bei den Unterhauswahlen von 1918 und den Kommunalwahlen von 1920 Sinn Féin Erfolge erzielt. Doch die ersten Parlamentswahlen im Mai 1921 hatten wegen des die protestantische Bevölkerung bevorzugenden Zuschnitts der Wahlkreise den Unionisten 40 der 52 Sitze des gesetzgebenden Unterhauses verschafft. Vier von acht Mandaten in den mehrheitlich von Katholiken bewohnten Grafschaften Fermanagh und Tyrone fielen an die Unionisten, die dort allerdings nicht mehr als 43% der abgegebenen Stimmen auf sich vereinigen konnten. Sechs Abgeordnete Sinn Féins und sechs Anhänger eines konstitutionellen Weges zur irischen Unabhängigkeit komplettierten das Parlament, nahmen aber ihre Sitze nicht ein, sodass die unionistische Mehrheit unter dem neuen Ministerpräsidenten James Craig, der das Amt bis 1940 ausübte, bei ihrer Inbesitznahme des Teilstaates auf keine parlamentarische Opposition Rücksicht nehmen musste. Die bis 1969 abgehaltenen 12 Wahlen wurden zu einer Farce, da in vielen der für die Unionisten sicheren Wahlkreise jeweils nur ein unionistischer Kandidat nominiert wurde. In der zweiten Kammer, dem vom Unterhaus zu wählenden Senat, war ein Teilungsgegner aus dem katholisch-nationalen Lager vertreten, der aber ebenfalls auf eine Mitarbeit in diesem Gremium verzichtete.

Mit der Installierung eines nordirischen Staates, der bei aller Unabhängigkeit in vielen innenpolitischen Fragen Teil des Vereinigten Königreiches blieb und weiterhin im Londoner Unterhaus durch zwölf Wahlkreise vertreten war, erfuhr die Diskussion über die Unabhängigkeit der irischen Insel eine Vorentscheidung, denn Craig machte gegenüber der britischen Regierung immer wieder deutlich, dass die nordirische Administration ihre Auflösung und Eingliederung in ein unabhängiges, durch die katholischen Nationalisten des Südens dominiertes irisches politisches System nicht hinnehmen würde. Mit der Konstituierung Nordirlands war die Teilung der Insel entschieden worden. Dabei gerieten mehrere hunderttausend im Norden wohnende Katholiken in die Lage einer Minderheit, ohne größere Möglichkeiten der politischen Teilhabe.

Bedrohlicher für die Erhaltung unionistischer Macht als die republikanisch-nationalistisch-katholische Opposition erwiesen sich jedoch Friktionen in der unionistischen Bewegung selbst. Schon in der Formierungsphase der nordirischen protestantischen Opposition gegen die Home-Rule-Gesetzgebung der britischen Regierung zu Beginn des 20. Jahrhunderts stellte die Integration von abweichenden politischen Strömungen innerhalb des auf Fortführung der Union zielenden Lagers der Ulster Unionist Party (UUP) eine Hauptaufgabe der Führungsgruppe um Edward Carson und James Craig dar, die nicht immer erfolgreich bewältigt wurde. Bei den Kommunalwahlen von 1920 halbierte sich die Zahl der Ulster Unionists, oder auch Loyalists, wie sich die Unionisten aufgrund ihrer Selbstwahrnehmung als loyale Gefolgsleute des nordirischen konstitutionellen Status quo nannten,[1] im Belfaster Stadtrat gerade auch durch Konkurrenz von unionistischen Gruppen, die die Mittelschichtorientierung der UUP ablehnten. Insbesondere die Anziehungskraft einer nordirisch-unionistischen Arbeiterbewegung setzte die UUP-Aktivisten unter Druck, der sich erst mit den Erfolgen der parteieigenen Labour Association milderte, die bei den Wahlen von 1922 auf fünf Sitze kam und für die Bindung eines großen Teils der protestantischen Arbeiterschaft an die Official Unionists sorgte. Wie problematisch dieser Zusammenhalt des antikatholisch/antirepublikanischen Lagers blieb, zeigte aber schon die Parlamentswahl von 1925. Zwar schafften 32 Kandidaten der Ulster Unionist Party den Einzug ins Parlament, aber immerhin gewannen insgesamt 16 protestantische Dissidenten ebenfalls Mandate. Die 1929 vollzogene Aufhebung des Verhältniswahlrechts durch die unionistische Mehrheitspartei richtete sich denn auch in erster Linie gegen diese Abweichler im eigenen Lager. Unionistische Perzeptionen gruppieren sich bis heute um den Mythos des Verräters in den eigenen Reihen. Historischer Bezugspunkt ist dabei vor allem das belagerte Derry/Londonderry des Jahres 1689, als der protestantische Gouverneur der Stadt, Robert Lundy, versuchte, sie an den katholischen König James II. zu übergeben, anstatt auf die Ankunft der protestantischen Truppen Williams III. zu warten. „Lundyism" ist seitdem die Metapher für den Loyalitätsbruch im eigenen Lager der bedrängten Unionisten.[2]

Die Ulster-Identität fußt eben nicht nur auf dem demonstrierten Bewusstsein von Überlegenheit über die katholische Bevölkerung, sondern speist sich vor allem aus der Selbstwahrnehmung, aus einer bedrängten, belagerten Stellung heraus kämpfen zu müssen. Die insbesondere durch den Orange Order seit Ende des 18. Jahrhunderts immer wieder auch gewalttätig manifestierte kulturelle Hegemonie entspringt aus dieser tief gehenden Verunsicherung, die aggressiv gegen die katholische Minderheit gekehrt wird. Gerade die gewalttätigen Märsche durch katholische Wohnviertel erinnern ja an das Standhalten gegenüber einer inselweit eigentlich überlegenen Mehrheit. Die unionistischen politischen Parolen „No surrender", „Not an inch", „We're Ulster's Past Defenders" etc. verdeutlichen diese Verteidigungsposition, die in ihrer Defensivität erhebliche Aggressivität entbinden kann. Insbesondere ziehen die britischen Administrationen seit dem Eingehen auf Forderungen der irischen Nationalbewegung nach staatlicher Unabhängigkeit Vorwürfe des „Lundyism" auf sich. Dieser Verratsvorwurf traf Regierungen jeder politischen Richtung.

Gegenüber der Bekämpfung des inneren Feindes rückten die katholisch-nationalistischen Gruppen, die ohnehin im politischen System marginalisiert waren, in den Hintergrund. Die lokale Stärke der katholischen Nationalisten war ohnehin schon im September

1922 durch Einführung des Mehrheitswahlrechts und der damit verbundenen Manipulationen von Wahlkreisgrenzen für Kommunalwahlen weitgehend neutralisiert worden. Vorher war es Sinn Féin und den konstitutionellen Nationalisten gelungen, in einigen Grafschaften und Städten – wie z. B. Derry/Londonderry – katholische Oberbürgermeister zu wählen. Nach der Veränderung des Kommunalwahlrechts sank beispielsweise die Zahl von katholischen Abgeordneten in den Kommunalparlamenten Fermaghs von 52% auf 36,8%, bei einem katholischen Bevölkerungsanteil von 56%.

Der angloirische Guerillakrieg zwischen 1919 und 1921 ging am Norden nicht vorbei und trug zur Spaltung der dortigen Gesellschaft erheblich bei. In diesen Jahren kam es angesichts der militärischen Eskalation im Süden und spektakulären Anschlägen der IRA im Norden vor allem in Belfast immer wieder zu pogromartigen Angriffen auf Katholiken, die vielfach von ihren Arbeitsplätzen und Wohnorten vertrieben wurden. Bis zur Ende 1922 einsetzenden Beruhigung der Lage kamen 455 Menschen um, fast 2000 erlitten schwere Verletzungen; fast 70% der Opfer waren Katholiken. Ein von der Revolutionsregierung des Dáil Éireann verhängter Boykott von Waren aus Belfast heizte die Stimmung zusätzlich an. Trotz der Fortexistenz grenzüberschreitender Organisationen, wie der katholischen, anglikanischen und presbyterianischen Kirche, von Gewerkschaften, Banken und Sportverbänden rückten die beiden Irlands voneinander weg. Im Norden entstand ein protestantisch dominierter Einparteienstaat, in dem die protestantische Zwei-Drittel-Mehrheit die katholische Ein-Drittel-Minderheit von jeder zentralen politischen Mitwirkung ausschloss. Für James Craig war diese Exklusion der katholischen Bevölkerung, die die Grundlage bildete für eine Integration des protestantischen Lagers, kein Argument gegen die demokratische Verfasstheit Nordirlands. Ganz im Gegenteil sah er in ihm das „Musterbeispiel eines demokratischen Staates"[3]. Im Süden konstituierte sich gleichzeitig ein „katholischer Staat für eine katholische Nation". Spiegelsymmetrisch vergaßen beide irische Staaten die jeweiligen religiös, kulturell und politisch definierten Minderheiten.

Obwohl es im Norden nicht zu einer mit dem Süden vergleichbaren militärischen Eskalation kam, verübte die IRA auch dort Anschläge auf Polizei- und Armeeposten und Attentate auf prominente unionistische Politiker. Besondere Brisanz erhielt das Vorgehen gewaltbereiter Republikaner, weil in den sechs Grafschaften des neuen Staates die sich im Süden feindlich gegenüberstehenden Befürworter und Gegner des angloirischen Vertrages vom Dezember 1921 unter maßgeblicher Leitung Michael Collins' gemeinsam kämpften. Erst der offene Ausbruch des irischen Bürgerkriegs Mitte 1922 beendete diese terroristische Kooperation im Norden. Die Regierung Craigs nutzte die Bedrohung zu einer weit reichenden Militarisierung der nordirischen Polizei und rekrutierte eine freiwillige, unbesoldete, aber durch den Staat bewaffnete 20 000 Mann starke Sondereinheit (Special Constabulary),[4] die zum Sammelbecken ehemaliger Angehöriger der Ulster Volunteer Force und damit des antikatholischen Pöbels wurde. Viele Übergriffe auf Katholiken gingen von Angehörigen dieser erst 1970 aufgelösten Miliz aus, während gleichzeitig die Royal Ulster Constabulary (RUC) immer stärker zu einer protestantischen Polizei wurde. Waren bei der Gründung Nordirlands 33% der Stellen bei der RUC für Katholiken reserviert worden, so betrug der Anteil katholischer Polizisten 1936 gerade einmal 17,1%. Von den 55 leitenden Beamten in der Provinz waren neun Katholiken (16,4%), wobei das robuste protestantische Milieu der RUC und der in der nationalistisch-katholischen Gemeinschaft bestehende, die Polizei ablehnende, Gruppendruck manch interessierten Katholiken von einer Bewerbung abhielt.[5] Die Existenz der Sonderpolizei und weitere Maßnahmen zur politisch-publizistischen Unterdrückung systemoppositioneller Gruppen regelte der 1922 zeitlich befristete und 1933 auf Dauer eingeführte Special Powers Act, der Nordirland einem permanenten Ausnahmezustand unterwarf.

Gleichwohl gab es zeitgleich zu dieser Einbunkerung Ulsters auch Versuche, zu einer Nord-Süd-Kooperation zu gelangen. So regelte ein im März 1922 zwischen Collins und Craig abgeschlossener Pakt die Wiedereinstellung entlassener katholischer Arbeiter im Norden, eine paritätische Besetzung der Polizei mit Katholiken und Protestanten in katholischen Wohnvierteln Belfasts, die Freilassung Gefangener und die Einsetzung einer Kommission zur Aufklärung der Unruhen zwischen 1920 und 1922. Doch dieses Abkommen löste selbst wiederum im Norden Unruhen aus, die nicht von der Kommission untersucht wurden, was die Regierung des Freistaates dazu veranlasste, das Agreement aufzukündigen. Alle Kooperationen mit dem Norden, etwa in Fragen gemeinsamen Eisenbahnbetriebs und gemeinsamer Energieversorgung, endeten, als Collins die Ministerien des Freistaates aufforderte, „für Nichtkooperation mit dem nördlichen Parlament in allen möglichen Politikbereichen zu sorgen und darüber hinaus einen Plan zu entwickeln, der es ihnen [den Unionisten] unmöglich macht, weiterzubestehen"[6]. Diese Konfrontationsstrategie fruchtete nichts, sondern verstärkte die Wagenburgmentalität der nordirischen Führung noch, was wiederum die katholische Bevölkerung zu spüren bekam. Ungeachtet aller Wiedervereinigungsrhetorik verfügte der Freistaat dabei nicht über Instrumente, um den Norden in die Knie zu zwingen oder die Situation der dort lebenden Katholiken zu verbessern. Mit der Zeit wurde darüber hinaus immer deutlicher, dass die Teilung für den Freistaat bzw. die Republik höchst funktional war, weil sie es erlaubte, politische Probleme wie die Integration des Unionismus in ein gesamtirisches System, die Bindung zu Großbritannien und die außenpolitische Neutralität nach Norden abzuschieben.

Einem großen Teil der katholischen Bevölkerung Nordirlands blieb nichts anderes übrig, als sich in der doppelten Exklusion – im Norden marginalisiert, vom Süden verlassen – einzurichten.[7] Diese innere Emigration führte zu einem politischen Quietismus, der auch der IRA bis Ende der Sechzigerjahre keine Anschlussmöglichkeit bot, wie die mangelnde Unterstützung der katholischen Minderheit für die Kampagnen der IRA 1939, als sie innerhalb eines halben Jahres in Großbritannien über 130 Bombenanschläge verübte, und die mit Angriffen auf Polizeikasernen verbundene „Border Campaign" der Terroristen, die zwischen 1956 und 1962 insgesamt 19 Todesopfer forderte, zeigte. Vielmehr zogen sie sich gegenüber den nordirischen Institutionen auf ihre religiös definierte kulturelle Besonderheit zurück. Nicht zufällig lehnte gerade auch die katholische Kirche die Anfang der Zwanzigerjahre auf britischen Druck hin geplante Einführung eines säkularisierten Schulunterrichts im Norden ab. Anstrengungen zu einer Integration der katholischen Bevölkerung in das politische System Nordirlands, die der Führer der Nationalisten, Joseph Devlin, Ende der Zwanzigerjahre unternahm, stießen auf unionistisches Desinteresse und verfestigten die Orientierung der Minderheit auf kulturelle Identitätsmanifestationen, wie sie in den jährlichen Prozessionen des Ancient Order of Hibernians (AOH), einer Mitte des 19. Jahrhundert in Amerika und Irland in Opposition zu den Feniern und mit starker Unterstützung der katholischen Kirche gegründeten Organisation, zum Ausdruck kamen. Im Gegensatz zu den rituellen Demonstrationen protestantisch-unionistischer Überlegenheit artikulierte sich im AOH kein Herrschaftsanspruch über die protestantische Bevölkerung.

Die Unionisten konstruierten dagegen eine spezifische protestantische Ulster-Identität. In dieser Attribution steckt eine gewisse Brisanz, weil das historische irische Ulster mehr als die sechs nordirischen Counties umfasste (zusätzlich Donegal, Cavan, Monaghan). Diese spezifische historische Traditionsbildung fand und findet ihren symbolischen Ausdruck in den jährlichen Märschen, in denen die militanten protestantischen Organisationen historische Siege im 17. Jahrhundert und die Beteiligung am Ersten Weltkrieg feiern und ihre Überlegenheit über die katholische Bevölkerung der Provinz manifestieren. Zwangsläufig haben diese Erinnerungsmärsche immer wieder gewalttätige Auseinandersetzungen ausgelöst, weil hier die zwei in Nordirland konfligierenden kulturellen und historiographischen Identitätsmuster ständig aktualisiert wurden.[8] Zur Selbstsuggestion unionistischer Macht gehörte auch die wuchtige, düstere Architektur des 1932 neu eröffneten nordirischen Parlamentes, des Stormont, das die Ewigkeit der protestantischen Herrschaftsansprüche zementieren sollte und bis in die Sechzigerjahre hinein als eine in Stein gefasste Metapher der Stabilität des unionistischen Staates galt. Zu dessen Fortbestehen hatte ironischerweise die Proklamation Éires, wie sich der Freistaat seit de Valeras Verfassung von 1937 nannte, zur Republik im Jahr 1949 beigetragen.

Auf den Austritt aus dem Commonwealth reagierte die britische Regierung mit einem neuen Ireland Act, der die Zugehörigkeit des Nordens zum Vereinigten Königreich betonte und jede Neuregelung des Verhältnisses der beiden irischen Staaten an die Zustimmung des nordirischen Parlamentes band. Der Norden kam in den Genuss der wohlfahrtsstaatlichen Erneuerung Großbritanniens; und insbesondere die Einführung des staatlichen Gesundheitsdienstes (National Health Service, NHS) verbesserte die Lebensbedingungen auch der katholischen Bevölkerung erheblich und markierte im Vergleich zu den südlichen Nachbarn einen sozialpolitischen Vorsprung. Dass Ulster jedoch bald nach Ende des Weltkriegs zu der am höchsten subventionierten britischen Region – vor Schottland, Wales und England – wurde, verwies indes nicht auf eine Art Systemkonkurrenz mit der Republik, sondern entsprach der Verschlechterung der wirtschaftlichen Entwicklung. Die traditionellen Industrien des Nordens, Textilverarbeitung und Schiffbau, gerieten Mitte der Zwanzigerjahre in eine Krise, von der sie sich nicht mehr grundlegend erholen sollten. Bis auf die Herstellung von Flugzeugteilen konnte sich keine moderne Industrie längerfristig etablieren. Zwar prosperierte die meist von kleinen Familienbetrieben verrichtete Agrarproduktion wegen privilegierter Handelsbeziehungen zu Großbritannien (im Gegensatz zum Freistaat, der unter dem angloirischen Handelskrieg litt), aber die Arbeitslosigkeit im Norden blieb in der Zwischenkriegszeit hoch und stieg auf über 25% an. Nordirland wurde zur ärmsten Region des Vereinigten Königreichs und stieß doch in London auf allgemeines Desinteresse. Erst die Teilnahme am Zweiten Weltkrieg verbesserte – bei allen, etwa durch die schweren Bombardierungen Belfasts ausgelösten Belastungen – die Bindungen zur britischen Regierung. Ulster trug erheblich zur Produktion von Schiffen, Flugzeugen, Panzern usw. bei, 10% der gesamten britischen Handelsmarine dieser Jahre wurden auf den Werften Ulsters hergestellt.

Im Gegensatz zum Freistaat sah sich Nordland am Ende des Kriegs gegen die Achsenmächte ökonomisch und politisch gestärkt. War der Lebensstandard von Norden und Süden Anfang der Dreißigerjahre noch ungefähr gleich gewesen, so lag er Ende der Vierzigerjahre im Norden um ca. 75% höher.[9] Doch der Boom der Kriegsjahre ging schnell zu Ende und schon Mitte der Fünfzigerjahre zeigten sich wieder die alten strukturellen, ökonomischen und gesellschaftlichen Schwächen. Der aufgeblähte Sicherheitsapparat mit seiner personell und sachlich gut ausgerüsteten Royal Ulster Constabulary und den Spezialkräften verschlang einen großen Teil der öffentlichen Ausgaben. Hatte der Ireland Act von 1920 eine Beteiligung der Nordprovinz an den gesamtstaatlichen Ausgaben Britanniens in Höhe von 8 Mill. Pfund vorgesehen, so reduzierte sich dieser Betrag schon seit Mitte der Zwanzigerjahre auf wenige Tausend Pfund, bis Ulster für die britische Regierung schließlich finanziell zu einem Fass ohne Boden wurde.

Unruhen

Von der Regierung eingesetzte Expertenkommissionen wiesen seit Mitte der Fünfzigerjahre auf den Modernisierungsbedarf Nordlands hin, der jedoch ohne gesellschaftliche Liberalisierung und Einbeziehung des katholischen Bevölkerungsteils nicht zu befriedigen war. Der 1963 zum Ministerpräsidenten gewählte Terence O'Neill bemühte sich um den Aufbau eines „New Ulster", das die Strukturen eines modernen Wohlfahrtsstaates erhielt. Teil dieses vorsichtigen Reformismus war auch die Besserstellung der katholischen Bevölkerung und eine Kooperationsbereitschaft mit der Dubliner Regierung, die sich in den Treffen zwischen O'Neill und den irischen Ministerpräsidenten Lemass und Lynch niederschlug. Die Versprechungen einer umfassenden Beteiligung der katholischen Bevölkerung blieben aber uneingelöst. Zwar verbesserte sich der gesellschaftliche Status dieser Gruppe in den Sechzigerjahren insbesondere in den Bereichen Beschäftigung, Wohnverhältnisse und Ausbildung, doch dies ging nicht mit der Beendigung der politischen Diskriminierung einher. So kam es zu einem Ausbau des sozialen Wohnungsbaus, von dem in geringem Maße auch Katholiken profitierten, aber eine Beteiligung an den Vorständen solcher Wohnungsgenossenschaften war ihnen ebenso verwehrt wie die Mitarbeit in den Räten der in diesen Jahren neu gegründeten Universitäten. Die Rhetorik des neuen Ulster, das allen seinen Bürgern Prosperität und politische Teilhabe versprach, bezog zwar die katholische Bevölkerung ein, richtete sich aber primär an jene oppositionelle Kräfte, wie die Northern Ireland Labour Party, die bei aller Verfangenheit in den Konfliktmustern zwischen Unionisten und Nationalisten eine dritte Position markierten, die für manche Anhänger der UUP eine starke Anziehungskraft hatte. Für wenige Jahre gelang die Schwächung dieser systeminternen Opposition, aber O'Neills Reformismus ging vielen Mitgliedern der Unionistischen Partei zu weit und den Nationalisten nicht weit genug. Terence O'Neill war zu schwach, um den Widerstand seiner Kabinettskollegen gegen tief gehende Veränderungen im politischen System überwinden zu können, die insbesondere dem Zugehen auf die katholische Nationalpartei, die nach den Lemass-O'Neill-Gesprächen ihren parlamentarischen Abstentionismus aufgab und zum Akteur im politischen System Nordirlands werden wollte, ablehnend gegenüberstanden. Allerdings konnte die National Party mit ihrer sozialkonservativen, ländlichen und katholisch-amtskirchlichen Signatur die städtischen Oppositionsmilieus nicht binden. Doch der ängstliche Reformkurs kam ohnehin zu spät. Weder gelang O'Neill die Wahrung der Einheit der unionistischen Bewegung noch die Saturierung katholischer Partizipationsansprüche. 1964 bildete sich schließlich eine katholische Campaign for Social Justice, die als außerparlamentarische Opposition nicht nur die institutionellen Bemühungen der National Party irrelevant werden ließ, sondern die Legitimation des gesamten Staatsgebildes bestritt. Die Formierung der Northern Ireland Civil Rights Association (NICRA), die nach US-amerikanischem Vorbild der dortigen Bürgerrechtsbewegung agierte, läutete das Ende unionistischer Herrschaft im Norden ein.

Im Sommer 1968 kam es bei Demonstrationen der Bürgerrechtler zu Übergriffen der Polizei, besonders der B-Specials, die wiederum immer größeren Protest hervorriefen. Rechtlicher Anlass für das Vorgehen der Behörden war das seit dem Flags and Emblem Act von 1954 verbotene öffentliche Zeigen der Flagge der Irischen Republik. Anfang 1969 eskalierten diese Auseinandersetzungen zwischen Demonstranten und der Polizei in gewalttätigen Unruhen in Belfast und Derry/Londonderry, wo es im Anschluss an Aufmärsche unionistischer Gruppen zu schweren Ausschreitungen kam, die Sicherheitskräfte in das katholische Wohnviertel der Bogside eindrangen und schließlich wegen der Ausrufung eines Free Derry durch radikale Teile der Bürgerrechtsbewegung dieses Quartier tagelang belagerten sowie die Bevölkerung bedrohten, Häuser von Katholiken zerstörten. Derry/Londonderry, dessen unterschiedliche Namensgebung schon zum Symbol der nordirischen Spaltung geworden ist, transportiert die Geschichte der Auseinandersetzungen zwischen eingesessenen Katholiken und protestantischen Siedlern, der Beherrschung einer katholischen Mehrheit durch eine protestantische Minderheit, der Verelendung der katholischen Bewohner wie keine andere Stadt Ulsters.[10] Allein in Belfast wurden bei Vergeltungsaktionen des unionistischen Mobs für die Ausrufung des freien Derry zehn Personen ermordet und 2000 verletzt. Erst der Einsatz britischer Truppen beendete die Schlacht um Derry/Londonderry und beruhigte die Lage in Belfast durch die Errichtung der bis heute erhaltenen Mauern (Peace Lines) um katholische bzw. protestantische Wohnviertel. Damit verstärkte sich eine Segregation, die weit reichende Konsequenzen hatte, besteht doch eine besondere Problematik für die Veränderungen der Wahrnehmungen der politischen Akteure in der räumlichen und sozialen Separierung der katholischen und protestantischen Bevölkerung.

Abb. 9: Die zum Schutz der katholischen Bevölkerung eingesetzte britische Armee
wird von Teilen dieser Bevölkerung als prounionistische Besatzungsmacht angesehen.

Nach der aktuellen Volkszählung sind 44% der rund 1,6 Millionen zählenden nordirischen Bevölkerung Katholiken. 53% sind Mitglieder der drei größten protestantischen
Kirchen (Presbyterian, Church of Ireland, Methodist) und sonstigen protestantischen
Glaubensgemeinschaften (darunter Ian Paisleys Free Presbyterian Church mit etwa 12 360
Mitgliedern). 3% gaben keine Konfession an. Nur noch 7% der Nordiren leben in Wohn-
gegenden, in denen das Verhältnis der Religionen ihrem Anteil an der Gesamtbevölkerung entspricht. Die Hälfte lebt in Gebieten, in denen der Anteil von Protestanten bzw.
Katholiken jeweils über 90% der Gebietsbevölkerung ausmacht. Die Auseinandersetzungen insbesondere der späten Sechziger- und frühen Siebzigerjahre hatten ja auch eine
wechselseitige „ethnische Säuberung" der Quartiere von der jeweiligen religiösen Minder-
heitenbevölkerung zum Ziel. Zwischen August 1969 und Februar 1973 wurden allein in
Belfast zwischen 30 000 und 60 000 Personen (6,6% bis 11,8% der Gesamtbevölkerung
der Stadt) aus ihren Wohnungen und Häusern vertrieben. Davon waren 60% bis 80% Katholiken (24 000 bis 40 000).[11] Mit dieser räumlichen Segregation ist eine tief greifende gesellschaftliche Spaltung verbunden. Trotz einer strikten Antidiskriminierungsgesetzgebung
stellen auch heute noch über 250 Firmen mit mehr als 20 Beschäftigten jeweils nur Angehörige einer Religionsgemeinschaft ein, und auch im Kultur- und Freizeitbereich dominieren getrennte Freundeskreise, Vereine, Massenmedien, Veranstaltungen etc. Dieses
Auseinanderrücken der nordirischen Gesellschaft ist eine der wichtigsten Einflussgrößen

für die Zementierung der auf Aufrechterhaltung der Trennung zielenden Lernpathologien in beiden Kulturen, besonders in deren gewaltbefürwortenden Teilen. Es muss konstatiert werden, dass bei der 2001 vorgenommen Volkszählung lediglich 3% der Befragten sich weigerten, Angaben zu ihrer Religionszugehörigkeit zu machen. Es gab und gibt zahlreiche – etwa vom Nordirlandministerium (Northern Ireland Office, NIO) der britischen Regierung geförderte – Versuche, die religiöse Differenzierung der Schulen aufzuheben, aber deren Wirkungen sind gering. So besuchen gerade 1% aller nordirischen Schulkinder interkonfessionelle Schulen. Insbesondere die Kirchen haben ihre Position in dieser Frage seit Beginn der Zwanzigerjahre nicht geändert und lehnen diese Integrationsschulen ab.

O'Neills verzweifelte Warnung vor einem Auseinanderbrechen Nordirlands, die er im Dezember 1969 in einer seiner letzten Reden („Ulster at the Crossroads") vorbrachte, und die Einsetzung von Kommissionen, die sich mit den Ursachen der Unruhen beschäftigten, verpufften. Bei der Suche nach den Gründen für den Beginn der sehr gewalttätigen Phase des Nordirlandkonflikts, der in gemäßigter Form seit Beginn der irischen Teilung bestand, aber erst Ende der Sechzigerjahre in eine heiße Konfliktphase überging, die bis heute 3600 Menschenleben gefordert hat und Zehntausende verletzt und versehrt zurückließ, muss unter die Oberflächenphänomene der Diskriminierung der katholischen Bevölkerung geblickt werden. Unbestreitbar waren Katholiken in ihrer Arbeits- und Lebenswelt vielen Beeinträchtigungen ausgesetzt. So stellten sie Anfang der Siebzigerjahre 31% der erwerbsfähigen Bevölkerung, aber nur 6% der Maschinenbauingenieure, 7% der Büroangestellten, 8% der Hochschullehrer, 9% der Leiter kommunaler Verwaltungen, 19% der Ärzte und 23% der Rechtsanwälte. Überproportional hoch lag ihr Anteil bei den unqualifizierten Beschäftigten und den Arbeitslosen. Gleichzeitig nahmen die Bildungschancen auch für katholische Jugendliche zu. Waren 1961 22% der Studenten der Queen's University Belfast Katholiken, so stieg deren Anteil bis 1971 auf 32% an. Katholische Jugendliche übertrafen sogar ihre protestantischen Altersgenossen bei den hochschulqualifizierenden Schulabschlüssen. Mit der zunehmenden Bildung stieg das Selbstbewusstsein der nordirischen Katholiken, die nicht länger bereit waren, ihre gesellschaftliche Marginalisierung und ihren Ausschluss aus dem politischen System zu akzeptieren. In dieser Zeit formierte sich auch eine katholisch inspirierte Mittelschicht, die von einer Verbesserung der wirtschaftlichen Lage in den Sechzigerjahren profitierte und umfassende Mitwirkungsrechte einforderte. Hinzu kam eine spezifische Übernahme jugendkultureller Protestformen, die Ende der Sechzigerjahre ganz Europa erfassten und in Nordirland nicht alte Konfliktlinien zwischen Kapital und Arbeit, Faschismus und Antifaschismus aktualisierten, sondern an die in der Wahrnehmung radikaler Republikaner unvollendete nationale Erhebung von 1918 anknüpften.

Gerade die Fraktionierung der unionistischen Bewegung in einen moderaten und einen militanten Flügel trug zur Eskalation der Lage bei. Neben unionistischen Paramilitärs, wie der 1966 wiedergegründeten Ulster Volunteer Force, die im selben Jahr drei Katholiken ermordete, verschärfte Ian Paisley die Spannungen. Der presbyterianische Pfarrer hatte 1951 die Freie Presbyterianische Kirche gegründet, welche in ihrem protestanti-

schen Fundamentalismus und der Stigmatisierung des Papstes zum Antichristen eher Angehörige der Arbeiterschicht und der unteren Mittelschichten ansprach und früh gegen
die Reformpolitik O'Neills Front machte. 1966 gründete Paisley das Ulster-Verteidigungs-
komitee, aus dem heraus Störungen der Veranstaltungen der Bürgerrechtsbewegung organisiert wurden und das sich 1971 mit der Democratic Unionist Party (DUP) zu einer
starken Oppositionskraft im unionistischen Lager formierte. Die DUP lehnte jede Veränderung des gesellschaftlichen und politischen Status quo des Nordens ab und lud die Auseinandersetzungen mit dem erstarkten katholischen Nationalismus durch eine apokalyp-
tische Rhetorik eines Untergangs des irischen Protestantismus auf.

Auch angesichts der zunehmenden Gewalttätigkeit der Auseinandersetzungen zwischen protestantischen Unionisten und katholischen Nationalisten setzte O'Neill seinen
Reformkurs fort. Zwei durch die Regierung eingesetzte Kommissionen untersuchten im
Lauf des Jahres 1969 die Ursachen der Unruhen in Belfast und Derry/Londonderry und
kamen zur Empfehlung einer Änderung des kommunalen Wahlrechts, mit dem die ekla-
tanten Diskriminierungen der katholischen Bevölkerung aufgehoben wurden. Als weitere
Maßnahmen der Konfliktentschärfung löste die Regierung die B-Specials auf, um aller-
dings gleichzeitig mit dem Ulster Defence Regiment eine neue, diesmal unter Kontrolle
der Armee stehende, Bürgermiliz zu schaffen. O'Neill erlebte die Umsetzung dieser De-
eskalationsmaßnahmen schon nicht mehr als Regierungschef. Hatte ein großer Teil der
UUP seinem Öffnungskurs immer kritisch gegenübergestanden, so verlor er mit dem
Ende 1968 deutlich werdenden Scheitern seiner Entspannungspolitik jede Unterstützung.
Dass die Unionisten nicht mehr in der Lage waren, den staatlichen Zusammenhalt des
Nordens zu garantieren, zeigte sich auch am schnellen Wechsel der jeweiligen Regierungen nach 1969. James Craig hatte die Provinz noch 18 Jahre (1922–1940) regiert und nach
einem kurzen Intermezzo des glücklosen Ministerpräsidenten J. M. Andrews (1940–1943)
hielt sich Basil Brooke (ab 1952 geadelt zu Lord Brookeborough) 20 Jahre im Amt
(1943–1963), während es O'Neill nur noch auf eine sechsjährige Regierungszeit (1963–
1969) brachte. Sein Nachfolger James Chichester-Clarke regierte 22 Monate, bis März
1971, und der bis 1998 letzte nordirische Ministerpräsident, Brian Faulkner, war gerade
noch zwölf Monate (von März 1971 bis März 1972) tätig.

Keine der Administrationen bekam die immer wieder aufflackernden Gewalttätigkeiten in den Griff, die mit der seit 1969 anwachsenden IRA erheblich zunahmen. War die
IRA spätestens seit den späten Fünfzigerjahren auch im Norden in die politische und polizeiliche Bedeutungslosigkeit abgesunken, so konnte sie sich nun als Verteidigerin der katholischen Bevölkerung darstellen. Als nordirische Polizei und britische Armee so genannte No-Go-Areas in katholischen Wohngebieten, aus denen heraus sie angegriffen
worden waren, nicht respektierten und dort ohne Rücksicht auf die Bewohner systematische Hausdurchsuchungen durchführten, nahm die Gewalt eine neue Qualität an. Die
Spaltung der IRA in einen gewaltbefürwortenden, nationalistischen und einen sozialistisch orientierten Flügel, der auch zu einer Spaltung Sinn Féins führte, verschärfte die
Konflikte noch, weil er die Kräfte im katholischen Lager schwächte, die an einer politischen Lösung interessiert waren. Aber mit jedem Bombenanschlag und jedem Mord sank

die Chance, zu einem politischen Ausgleich zu kommen. Für die nationalistischen Fundamentalisten war die nordirische Krise die Fortsetzung des antibritischen Kampfes der frühen Zwanzigerjahre. Ihr Ziel blieb die Vertreibung der britischen Armee aus dem Norden, was durch zahlreiche Anschläge auf britische Truppen und Politiker unterstrichen wurde. Jede militärische Eskalation stärkte letztendlich die gewaltbereiten Gruppen, wie die 1971 vorgenommene Einführung der Internierung von Verdächtigen ohne gerichtlichen Beschluss zeigte, die wegen ihre nur katholische Täter betreffende Einseitigkeit den Terrorismus kaum beeinträchtigte, dafür aber der IRA Sympathisanten zutrieb. Die Militanz der IRA hing aber nicht nur mit der politisch und polizeilich verheerend falschen Reaktion der Sicherheitskräfte zusammen, die in den frühen Siebzigerjahren auch vor systematischer Misshandlung und Folterung von Gefangenen nicht zurückscheuten, sondern war auch der Erfahrung zunehmender Isolation innerhalb des irisch-nationalistischen Lagers geschuldet.

Mit Ausnahme der irischen Labour Party gehen alle anderen heute in der Republik Irland existierenden Parteien auf Sinn Féin (SF) zurück. Die Abspaltungen Fianna Fáils und Fine Gaels hatten Sinn Féin und die IRA allerdings von der einstigen Sammlungsbewegung des irischen Nationalismus und Unabhängigkeitsstrebens zur marginalen Kleinstpartei gemacht, in der sich diejenigen zusammenfanden, die den Teilungsvertrag von 1921 (Anglo-Irish Treaty) und den so entstandenen Irischen Freistaat nicht akzeptierten und für eine Fortsetzung des Kampfes gegen protestantische Milizen und britisches Militär votierten, während die Irische Republik die Teilung offensichtlich akzeptierte. Die Mitglieder und Führer von Sinn Féin sehen sich also mit ihrer Randständigkeit in der Irischen Republik und im Norden konfrontiert. Damit ergibt sich für sie die paradoxe Situation, dass sie mit aller Radikalität für die Vereinigung von Norden und Süden streiten, damit aber im Süden bislang nur geringe Unterstützung mobilisieren konnten. Entsprechend distanziert ist die Stellungnahme von SF-Funktionären zur Republik und entsprechend stark die Vorstellung vertreten, nur auf die eigene Gewaltbereitschaft vertrauen zu können.

So sah sich Sinn Féin in einer doppelten Konfliktorientierung stehend gegen den für illegitim gehaltenen Staat im Süden und gegen die britische Herrschaft im Norden. SF/IRA stiegen in ihrem Selbstbild damit zu den eigentlichen und letzten irischen Nationalisten auf. Sie fühlten und fühlen sich als die eigentlichen Träger der irischen Geschichte, des Leidens, des Heroismus. Auffallend ist die enge Verbindung von irischem Nationalismus und personaler Identität; die Mitglieder von SF/IRA sind in spezifischer Form über die Generationen hinweg in diesem Konflikt um die staatliche Ordnung Irlands sozialisiert worden. Viele kommen aus Familien mit einer langen Tradition des gewalttätigen Republikanismus. In ihren Lebensgeschichten kristallierte sich seit dem Beginn der Bürgerrechtsbewegung immer stärker eine Identität als Opfer britisch-protestantischer Unterdrückung heraus, die durch die Polizeibrutalität, die rücksichtslosen Hausdurchsuchungen und die Internierung bestätigt werden konnte. Diese enge Verzahnung von politischer Lage und persönlichem Schicksal ist zu einem großen Teil darauf zurückzuführen, dass bei der relativ geringen Größe von Sinn Féin (ca. 5000 Mitglieder) und

IRA (ca. 500 bewaffnete Kämpfer) die Repressionsmaßnahmen von Militär und Polizei auf beiden Seiten der Grenze zwischen der Republik und Nordirland und die terroristischen Anschläge loyalistischer paramilitärischer Gruppierungen häufig dieselben Familien, Freundeskreise etc. treffen und deren Zusammenhalt weiter verstärken.[12] Diese Selbstwahrnehmung einer isolierten, bedrängten, verratenen Schicksalsgemeinschaft produziert offensichtlich bestimmte Lernpathologien, die noch durch die Unterstützung des militanten irischen Diaspora-Nationalismus in den USA verstärkt werden. So fällt auf, dass SF/IRA die sozialen und politischen Veränderungen, die Nordirland seit den Sechzigerjahren durchgemacht hatte, bis Ende der Neunzigerjahre nicht ins politische Kalkül einbezog. Die Manipulation von Wahlkreisen (gerrymandering) zugunsten der Protestanten, die Unterrepräsentation von Katholiken in der Verwaltung Nordirlands (besonders in den Rängen von Polizei und Miliz), ihre gesellschaftliche Benachteiligung im Arbeitsleben, ihr geringerer sozioökonomischer Status, ihre Unterversorgung mit Wohnraum gehören zu einem großen Teil der Vergangenheit an, weil seit Ende der Sechzigerjahre große gesetzgeberische Anstrengungen unternommen worden waren und noch immer unternommen werden, um solche Diskriminierungen abzubauen (Electoral Laws Act 1969, Prevention of Incitement to Hatred Act 1970, Housing Estate 1971, Fair Employment Act 1976/1989, Auflösung der Ulster Special Constabulary, Reform der Royal Ulster Constabulary). Doch diese Anfang der Siebzigerjahre schon erkennbaren Veränderungen des nordirischen Systems änderten an der sich seit Beginn der Siebzigerjahre immer stärker durchsetzenden Gewaltorientierung von Sinn Féin und IRA nichts. Die Ursachen der Entartung des Nordirlandkonfliktes nach 1969 liegen denn auch nicht so sehr in der unleugbaren Diskriminierung der katholischen Bevölkerung, sondern in der durch die Isolation der gewaltorientierten Gruppen des nationalistischen und unionistischen Lagers hervorgerufenen Eskalation der Vergeltungslogik. Denn auch Paisleys Bewegung und die protestantischen Terrorgruppen sahen sich auf ihre Gewaltbereitschaft als einziges Instrument ihrer Interessenwahrung verwiesen, versuchte der offizielle Unionismus doch mehr oder weniger entschlossen, mit der Irischen Republik und den nordirischen Katholiken zu einer Verständigung zu kommen.

Ende der Selbstverwaltung

Hoffnungen auf eine politische Lösung verbanden sich mit der Ende 1970 gegründeten Social Democratic and Labour Party (SDLP), in der sich moderate Katholiken organisierten, die in der Bürgerrechtsbewegung der Sechzigerjahre aktiv gewesen waren und jetzt innerhalb des nordirischen politischen Systems tätig werden wollten. Mit dem Auftreten der SDLP verschwand die traditionelle National Party in der Bedeutungslosigkeit und das katholische Spektrum wurde – wie das unionistische – hinfort von zwei Parteien vertreten, der Sinn Féin (dem politischen Arm der IRA) und der SDLP. Da das nordirische Parteiensystem kulturell gespalten ist, Protestanten vor allem unionistische Parteien und Katholiken vor allem nationalistische Parteien wählen, kommt den jeweiligen radikalen Parteien, der DUP bei den Unionisten und Sinn Féin bei den Nationalisten, erhebliche zentrifugale Kraft zu, die jeweiligen moderaten Parteien von zu großer Kompromissbereitschaft abzuhalten. So war auch der Handlungsraum der von Gerry Fitt und später von John Hume geführten SDLP relativ klein. Als die Partei 1971 aus Protest gegen die Tötung zweier Zivilisten durch die Armee den Stormont verließ, war das Schicksal Nordirlands als eigenständiges politisches System besiegelt, denn offensichtlich war es den Unionisten nicht möglich, solche Verhältnisse herzustellen, die es der SDLP ermöglicht hätten, unter Wahrung ihrer Identität als Interessenvertreterin der katholischen Minderheit sich im System zu engagieren. Die Suspendierung des Stormont im März 1972 durch die britische konservative Regierung und die direkte Verwaltung des Staates durch einen britischen Nordirlandminister beendete nach 50 Jahren die unionistische Selbstherrschaft.

Diese Entmachtung der Unionisten führte aber nicht zu einer Befriedung. Ganz im Gegenteil: 1972 wurde zum Krisenjahr des Nordirlandkonfliktes, das am 30. Januar mit dem berüchtigten „Bloody Sunday" begann, als britische Truppen in Derry/Londonderry 13 unbewaffnete Teilnehmer einer verbotenen Demonstration erschossen. Insgesamt wurden in diesem Jahr 472 Personen ermordet und mehrere Tausend verletzt, als sich die IRA und die in der Ulster Defence Association (UDA) zusammengefassten unionistischen Paramilitärs mit immer neuen Mordanschlägen und Vergeltungsaktionen gegenseitig aufschaukelten. Als Initiativen der britischen Regierung, zu einem Waffenstillstand mit der IRA zu kommen, erfolglos blieben und die IRA im Juli 1972 („Bloody Friday") in Belfast innerhalb weniger Stunden 22 Bomben zündete, die neun Menschen töteten, mehrere Hundert verletzten und Belfast zertrümmerten, woraufhin die UDA als Vergeltung fünf Katholiken ermordete, war das Konfliktmuster für die nächsten Jahre festgelegt. Während die IRA durch verheerende, ca. 2200 Tote fordernde Bombenanschläge und Attentate auf führende britische Politiker von sich reden machte, ermordeten unionistische Terrorkommandos in jeweiligen Vergeltungsaktionen wahllos insgesamt ca. 750 katholische Zivilisten.

Die Suspendierung der nordirischen Selbstverwaltung war für die britische Regierung mit immer wieder unternommenen Versuchen verbunden, neben der Stärkung der inneren Sicherheit in der Provinz durch Effektivierung der polizeilichen und militärischen Maßnahmen, zu einer die katholische Bevölkerung einbeziehenden Selbstverwaltung Nordirlands zurückzufinden. Das Anfang 1973 abgehaltene Referendum zum Verbleib Nordirlands im United Kingdom besaß jedoch nur geringe Legitimationskraft, weil bei einer Wahlbeteiligung von 60% zwar 591 820 mit Ja gestimmt hatten und nur 6463 Abstimmende die Union ablehnten, aber die SDLP den Boykott der Abstimmung empfohlen hatte. Doch das Referendum war nicht der einzige Versuch, den nordirischen Konflikt zu demokratisieren. Der britische Nordirlandminister William Whitelaw hatte schon kurz nach Übernahme der Direktverwaltung in dem wegweisenden Weißbuch „The Future of Northern Ireland" erklärt, dass das UK keine Einwände gegen eine Wiedervereinigung der beiden irischen Staaten habe, sofern diese Einheit die Zustimmung der Mehrheit der nordirischen Bevölkerung fände. Diese langfristige Perspektive verband sich mit Versuchen, eine Teilung der politischen Macht in Nordirland zwischen Nationalisten und Unionisten sicherzustellen.

Die Ulster Unionist Party ging aus den Mitte 1973 nach dem Modus des STV-Verhält-niswahlrechts abgehaltenen Wahlen zu einem neuen nordirischen Parlament mit 29,3% als stärkste Kraft hervor und konnte damit Paisleys DUP (10,8%) klar überrunden. Die starke Zersplitterung des unionistischen Lagers zeigte sich in den 21,8%, die andere unionistische Parteien erhielten. Die SDLP wurde zur zweitstärksten politischen Kraft des Nordens, während Sinn Féin die Wahlen boykottierte. Die nichtkonfessionell gebundenen Parteien, die nordirische Labour Party und die kurz vor den Wahlen erst gegründete Alliance Party for Northern Ireland (APNI), kamen auf 2,5% bzw. 9,2%. Nachdem durch den Urnengang die Installation einer nordirischen Versammlung gelungen war, ka-men Ende des Jahres Vertreter der SDLP, der APNI, die britischen und irischen Regie-rungschefs, Heath und Cosgrave, und der ehemalige nordirische Ministerpräsident Brian Faulkner (UUP) im Konferenzzentrum Sunningdale (Buckinghamshire) zusammen, um erstmals in der Geschichte Nordirlands Regierungsstrukturen festzulegen, die eine Tei-lung der Macht zwischen Unionisten und Nationalisten sicherstellten. Neben der Regie-rungsbeteiligung der SDLP sah das Abkommen von Sunningdale die Einrichtung eines Council of Ireland vor, der gemeinsame Angelegenheiten der Republik und Nordirlands regeln sollte. Die irische Regierung sagte die Änderung der in der Verfassung niedergeleg-ten Alleinvertretungsansprüche gegenüber dem Norden zu.

Sunningdale verlangte allen Beteiligten erhebliche Revisionen ihrer bisherigen nord-irlandpolitischen Vorstellungen ab. So akzeptierte Faulkner das „Powersharing" und ein gewisses Mitspracherecht der Irischen Republik bei der Administration des Nordens. Auch die britische Regierung war von ihrer noch zwei Jahre früher formulierten Ableh-nung einer Beteiligung der irischen Regierung an Diskussionen über die Zukunft des Ver-einigten Königreichs oder eines ihrer Teilgebiete abgerückt und akzeptierte seitdem eine Beteiligung des Südens. Die SDLP wiederum akzeptierte wie die irische Regierung das politische System Nordirlands als legitimen politischen Ausdruck des Mehrheitswillens seiner Bewohner und rückte die Auflösung Ulsters in eine Fernperspektive. Hatte der iri-sche Außenminister Hillery noch 1972 erklärt, dass es das Ziel der von Fianna Fáil geführ-ten Regierung in Dublin sei, Britannien aus Irland endgültig herauszudrängen und beide Irlands wieder zu vereinigen, so wurde jetzt die Zugehörigkeit des Nordens zum Vereinig-ten Königreich anerkannt. Eine Schwäche des Abkommens bestand in der wenig präzisen Definition der exekutiven Funktionen des Norden und Süden vereinigenden Inselrates und der Aussparung einer grundlegenden Reform der RUC, die in der katholischen Be-völkerung fast jeden Rückhalt verloren hatte. Der Entschluss der Führung der SDLP, ihren Eintritt in die Regierung von der Aufhebung der Internierung abhängig zu machen, aber schließlich Ministerämter zu übernehmen, ohne dass es zu einer Aufhebung gekommen wäre, erleichterte Sinn Féin, die eine Beteiligung am Friedensprozess abgelehnt hatte, die Kritik am Agreement. Hinzu kam die rechtsstaatlich problematische, aber aufgrund der massiven Einschüchterung von Schöffen und Richtern unumgängliche Einführung so ge-nannter Diplock-Gerichte, wo Einzelrichter ohne Jurybeteiligung auch langjährige Frei-heitsstrafen verhängten, was von Sinn Féin als Nordirlands Marsch in einen Polizeistaat gedeutet wurde. Dass der High Court der Irischen Republik das von der Dubliner Delegation gegebene Versprechen, die Wiedervereinigung nur mit der Zustimmung der Mehrheit der nordirischen Bevölkerung durchzuführen, als unverbindliche Erklärung der Regierung bezeichnete, vergrößerte die ohnehin starke Opposition im unionistischen Lager gegen Faulkners Kurs. Dieser hatte sich schon im Vorfeld der Verhandlungen bei einer Abstimmung über die Beteiligung an den Gesprächen und den Grundzügen eines Abkommens im Parteirat der UUP nur knapp mit 374 zu 362 Stimmen durchsetzen können. Mit dem Erstarken der DUP, die sich zur Sprecherin des protestantischen Ulsters machte und erheblichen Druck auf die UUP ausübte, schwand bei dieser die Bereitschaft, Sunningdale mitzutragen. Bei den britischen Unterhauswahlen des Frühjahrs 1974 gewannen Sunningdale-Gegner elf der zwölf nordirischen Wahlkreise.

Doch der Weg zum Frieden wurde letztlich durch den außerparlamentarischen Protest der gewaltbereiten nationalistischen und unionistischen Gruppen versperrt. Bomben der IRA legten die Stadtzentren von Amagh und Bangor in Schutt und Asche. Ein von unionistischen Hardlinern gebildeter Ulster Worker's Council organisierte im Mai einen Generalstreik, wobei insbesondere der auch durch den Einsatz von Technikern der britischen Armee nicht zu kompensierende Ausfall der Kraftwerke Nordirland lahm legte. Am 28. Mai sah sich die britische Regierung schließlich genötigt, die in Sunningdale gebildete Administration zu suspendieren und Ulster wieder direkt zu verwalten. Loyalistische Terroristen töteten durch Bombenanschläge in Dublin und Monaghan 33 Menschen und machten gegenüber der irischen Regierung ihre Operationsfähigkeit im Süden deutlich. Die Ermordung von protestantischen, aber vor allem katholischen Zufallsopfern, womit die jeweilige Gemeinschaft in Angst und Schrecken versetzt werden sollte, nahm stark zu. Zwar versuchte die britische Regierung 1975 durch die Wahl eines nordirischen Konvents und 1982 durch Wahlen zu einer neuen parlamentarischen Versammlung Raum für eine Verständigung der moderaten nationalistischen und unionistischen Kräfte zu schaffen, aber diese Ansätze versandeten. Bei den Wahlen zeigte sich darüber hinaus ein Anwachsen der radikalen Flügelparteien Sinn Féin und DUP. So steigerte sich Paisleys Partei bei den Wahlen zum Parlament von 1982 auf 23% (UUP: 29,7%) und Sinn Féin auf 10,1% (SDLP: 18,8%). Sunningdale und alle folgenden Bemühungen der Reinstallierung politischer Selbstbestimmung für Nordirland scheiterten an der Nichtbeteiligung der paramilitärischen Gruppen. Deren Integration sollte erst 1996 gelingen.

Nach dem Zusammenbruch aller parlamentarisch-institutionellen nordirischen Lösungen verstärkte die britische Regierung ihre Anstrengungen, mit der südirischen Administration zu bilateralen Abkommen über Nordirland zu kommen. Einen Markstein stellte in diesem Zusammenhang das Anglo-Irish Agreement von 1985 dar, das erstmals der Republik eine beratende Funktion bei der Verwaltung Ulsters zubilligte, doch stießen alle angloirischen Absprachen auf die Ablehnung sämtlicher unionistischer Parteien, die sich von Großbritannien über- und hintergangen fühlten. Dass die nordirische Polizei Demonstrationen von Unionisten gegen den Anglo-Irischen Vertrag mit ähnlicher Brutalität niederschlug, wie sie früher gegen die Bürgerrechtsbewegung üblich war, zeigte den Loyalisten, dass sie ihre Vorherrschaft endgültig verloren hatten, und vertiefte die Distanz zwischen den nordirischen Unionisten und Westminster.[13] Auch im unionistischen Lager erhöhte die Wahrnehmung der Isoliertheit der eigenen Interessen die Gewaltentbindung. Seit dieser Zeit ist eine Zunahme loyalistischen Terrors zu beobachten, der ab und an sogar den Terror der IRA überstieg.

Auf dem Weg zur erneuerten Selbstverwaltung

Initiativen, wie der von Belfaster Frauen 1976 organisierte Protestmarsch gegen die Tötung von zwei Kindern, die von einer IRA-Einheit bei der Flucht vor der Polizei überfahren worden waren, trugen zur Herausbildung einer 1977 mit dem Friedensnobelpreis ausgezeichneten nordirischen Friedensbewegung, der so genannten Peace People bei, konnten aber keine organisatorische Dauer erlangen.[14] Ungeachtet der Wichtigkeit solcher Nachbarschaftsiniativen definierten vor allem die gewaltbereiten Gruppen den Raum für eine Regulierung des Nordirlandkonfliktes, solange sie nicht in eine politische Lösung eingebunden werden konnten. Bevor diese Isolation Sinn Féins und der IRA überwunden wurde, verschärfte sich der Nordirlandkonflikt Anfang der Achtzigerjahre durch die unbeugsame Haltung der britischen Regierung gegenüber Forderungen von inhaftierten IRA-Mitgliedern, als politische Gefangene anerkannt und mit Sonderrechten ausgestattet werden zu wollen, die in einen monatelangen Hungerstreik mündeten. Als Erster von insgesamt zehn Häftlingen starb am 5. Mai 1981 Bobby Sands, der zum Helden des antibritischen Kampfes aufstieg, der IRA zu weltweiter Beachtung verhalf und der Bewegung neue Rekruten zuführte. Wieder eskalierten die Auseinandersetzungen, wobei der von der britischen Regierung 1980 vorgelegte Plan einer Rückkehr zur nordirischen Selbstverwaltung unter Einschluss der katholischen Bevölkerung keine Beachtung fand. Vielmehr beherrschten massive Anschläge der IRA die Szene.

Erst die 1985 geknüpften Geheimkontakte des Vorsitzenden der SDLP, John Hume,[15] der seine politische Karriere in der Bürgerrechtsbewegung in Derry/Londonderry Mitte der Sechzigerjahre begonnen hatte, zum Vorsitzenden Sinn Féins, dem ehemaligen Chef der Belfaster IRA-Brigade, Gerry Adams, ließen langsam die Möglichkeit einer politischen Durchsetzung ihrer Interessen in das Blickfeld der IRA treten. Fast zeitgleich verstärkte die britische Regierung ihre Bemühungen, wieder die nordirischen Parteien an den Verhandlungstisch zu bringen. Darüber hinaus hatte Nordirlandminister Peter Brooke die militärische Unlösbarkeit des Konflikts eingestanden und Gespräche mit Sinn Féin für möglich erklärt, wenn vorher ein umfassender Gewaltverzicht erklärt würde. Mit der nach ihm benannten Brooke-Deklaration von 1990, in der die britische Regierung betonte, kein eigenes ökonomisches oder strategisches Interesse am Norden zu besitzen und sich einer irischen Wiedervereinigung bei Konsens der dortigen Bevölkerung nicht entgegenzustellen, hatte der Nordirlandminister den Nationalisten die Perspektive einer Überwindung der Teilung eröffnet und den Unionisten zugesichert, dass nicht über sie hinweg entschieden würde. Dass dieser Initiative innerhalb der IRA Opposition erwuchs, zeigte der Granatwerferbeschuss des Sitzes der britischen Regierung in London durch ein IRA-Kommando nach Veröffentlichung von Brookes Erklärung. Des ungeachtet begannen 1991 angloirische Gespräche, in denen drei Säulen einer zukünftigen Friedensregelung für den Norden definiert wurden: 1. Säule: Strukturen nordirischer Selbstverwaltung, 2. Säule: Beziehungen zwischen Nordirland und der Republik, 3. Säule: Beziehungen zwischen Großbritannien und der Republik. Ende März 1991 verständigten sich die nordirischen Parteien UUP, DUP, SDLP und APNI, bis Ende 1992 Gespräche über eine Rückkehr zur Selbstverwaltung und die Nord-Süd-Beziehungen führen zu wollen. Diese Diskussionen führten zwar wegen des Rückzugs der unionistischen Parteien im November 1992 nicht zu der erhofften großen Lösung, aber Brookes Vorstoß war es gelungen, die Rahmenbedingungen für eine Befriedung zu definieren, und immerhin hatten UUP und DUP über ein Jahr lang an den zähen Diskussionen teilgenommen. Nach wie vor waren aber weder SF/IRA noch die unionistischen Terrorgruppen an den Verhandlungen beteiligt.

Wieder war es John Hume, der 1993 Gespräche mit Gerry Adams aufnahm, in denen diesem die Einbeziehung Sinn Féins und die Wiedererrichtung eines nordirischen politischen Systems, eingebettet in eine Kooperationsstruktur mit der Republik, bei Abgabe einer Waffenstillstandserklärung zugesichert wurde. In die gleiche Richtung ging eine gemeinsame Erklärung (Downing Street Declaration) des britischen Premiers und Thatcher-Nachfolgers John Major und des irischen Taoiseach Albert Reynolds, die die Souveränität der irischen Bevölkerung bei der Entscheidung über eine Wiedervereinigung betonten und einen Gewaltverzicht der IRA forderten. Doch es dauerte noch ein Jahr, bis im August 1994 zunächst die IRA und einige Wochen danach auch die Führung der unionistischen Paramilitärs Waffenstillstandserklärungen abgaben, an die sich erste Gespräche zwischen Sinn Féin und der britischen Regierung anschlossen. Die Entwaffnung der IRA erwies sich aber als schwerwiegendes, bis heute ungelöstes Problem, das im Juni 1995 zum Rückzug Sinn Féins aus weiteren Gesprächen führte, weil sie ein Junktim zwischen Entwaffnung und Friedensgesprächen ablehnte. Dies verwies auf die Selbstwahrnehmung der IRA, eine ordentliche Armee zu sein, die sich als legitimer Nachfolger des ersten unabhängigen irischen Parlaments von 1918 und als ungeschlagene Befreiungsarmee verstand, die den britischen Besatzer militärisch in die Defensive gezwungen hatte und für die eine Waffenübergabe einer Kapitulation gleichgekommen wäre. Als die Verbindung von Gewaltverzicht und Teilnahme an Friedensgesprächen auch durch den US-amerikanischen Vermittler George Mitchell gefordert wurde, begann die IRA mit Bombenanschlägen in London, die zwei Tote forderten und erheblichen Sachschaden anrichteten. Sinn Féin beschritt den konstitutionellen Weg aber weiter und nahm an den Wahlen zum Northern Ireland Forum teil, aus dem eine von allen im Forum vertretenen Parteien gebildete verfassungsberatende Kommission hervorgehen sollte. Die Partei erzielte mit 15,5% ihr bis dahin bestes Wahlergebnis im Norden (UUP: 24,2%, DUP: 18,8%, andere Unionisten: 9,3%, SDLP: 21,4%, APNI: 6,5%). Allerdings lehnten die nationalistischen Parteien Sinn Féin und SDLP eine förmliche Arbeit des Forums ab, weil sie eine stille Reinstallierung eines nordirischen Parlamentes ohne grundlegende neue Verfassung befürchteten.

Verzögerte dieser Streit zwischen der britischen Regierung und den beiden katholischen Parteien den Friedensprozess, so sorgte die IRA für einen zeitweiligen Ausschluss von Sinn Féin von allen Beratungen, als eines ihrer Kommandos im Juni 1996 während eines Überfalls auf eine Poststelle in der Irischen Republik einen Polizisten erschoss. Die IRA überzog nur eine Woche später Großbritannien mit einer Anschlagswelle, von der die Zerstörung weiter Teile des Zentrums Manchesters während der dort stattfindenden Fußballeuropameisterschaft durch eine 1,5 Tonnen schwere Bombe das aufsehenerregendste Ereignis war. Offensichtlich folgte der gewaltbereite Flügel der nordirischen Nationalisten einer Doppelstrategie von „Bullet and Ballot-Box" (Gewehrkugel und Wahlurne). Allerdings blieb die Gewaltdemonstration rein negativ, denn erst nachdem die IRA im Juli 1997 einen erneuten Waffenstillstand erklärte, erhielt Sinn Féin eine Zulassung zu den Friedensgesprächen. Dass sich schließlich diejenigen durchsetzen konnten, die an einer Teilnahme an den Verhandlungen interessiert waren und die IRA zur Abgabe einer solchen Erklärung veranlassen konnten, hing auch mit der internationalen Anerkennung zusammen, die die Sinn-Féin-Führung um Gerry Adams in diesen Jahren genoss. So hatte die US-Administration Adams ein Visum für eine USA-Reise bewilligt, auf der dieser in der iroamerikanischen Gemeinde für Unterstützung warb. Darüber hinaus traf US-Präsident Clinton, der in diesen Jahren insgesamt fünfmal Nordirland besuchte, Adams mehrmals in Belfast und ließ sich mit ihm in einem Café der katholischen Falls Road fotografieren. Augenscheinlich war die Marginalisierung Sinn Féins endgültig beendet, und diese Wahrnehmung des geglückten Ausbruchs aus dem Ghetto des bewaffneten Republikanismus bestärkte die Parteiführung in ihrem Bemühen, die neuen Spielräume im nordirischen politischen System auszuloten. Zu dieser Integration trug ein Gespräch zwischen den Sinn-Féin-Führern Adams und Martin McGuinness und dem neuen britischen Premierminister Tony Blair bei, dessen Regierung durch rigide Zeitvorgaben Dynamik in den Fortgang der Nordirlandverhandlungen brachte. Doch innerhalb Sinn Féins und der IRA blieb der Integrationskurs umstritten, und während des Friedensprozesses spalteten sich mehrere kleine Gruppen von Sinn Féin und IRA ab, von denen die sog. „Real IRA" am 15. August 1998 in Omagh den mit 29 Toten schwersten Bombenanschlag in der Geschichte des Nordirlandkonfliktes überhaupt verübte.[16]

Die Unionisten standen dem seit Mitte der Achtzigerjahre unumkehrbaren Verständigungsprozess skeptisch gegenüber, aber mit Übernahme des Parteivorsitzes der UUP durch den zuvor als Rechtsanwalt bekannt gewordenen David Trimble[17] artikulierten sich wider Erwarten auch dort Kräfte, die zur Mitarbeit bei den Friedensgesprächen bereit waren, während Paisleys DUP jede gemeinsame Teilnahme mit Sinn Féin ablehnte und die Verhandlungen boykottierte. Die loyalistischen Terrororganisationen der Ulster Volunteer Force und der Ulster Defence Association betonten ihre parteipolitische Eigenständigkeit im loyalistischen Lager und waren durch die Progressive Unionist Party (PUP) bzw. die Ulster Democratic Party (UDP) an den Diskussionen beteiligt. Überraschenderweise waren auch die seit 1966 bestehende interkonfessionelle Frauenpartei Women's Coalition und die ansonsten bedeutungslose Northern Ireland Labour Party in die verfassunggebende Versammlung gewählt worden, was den für vernünftige Kompromisse offenen Mittelblock der Versammlung verstärkte. Durch die Einbeziehung der gewaltbefürwortenden Gruppen (Sinn Féin, PUP, UDP) wurde ein zweites Sunningdale vermieden. Der Preis für diese Integration bestand aber nicht nur in der Öffnung des Parlamentes und der neu zu schaffenden Regierung für ehemalige Kämpfer der IRA, sondern in einer allgemeinen Strafaussetzung für wegen terroristischer Verbrechen verurteilte Häftlinge. Nordirlandministerin Mo Mowlam besuchte im Februar 1998 sogar loyalistische Gefangene im Hochsicherheitsgefängnis Maze, um diese von den Vorteilen eines Abkommens zu überzeugen und um ihre Unterstützung für die Friedensverhandlungen zu sichern. Bis zum Juli 2000 wurden schließlich alle 428 betroffenen Gefangenen beider Seiten entlassen. Besonders die Vereinigungen der Opfer terroristischer Gewalt haben diese Amnestie kritisiert und als moralischen Makel des neuen Friedens bezeichnet. Das Interesse der politischen Sprachrohre der paramilitärischen Gruppen an der Freilassung ihrer Gesinnungsgenossen war so stark, dass es nach langwierigen, vom wieder als Vermittler tätigen George Mitchell vehement betriebenen Verhandlungen zur Unterzeichnung eines von der britischen und irischen Regierung formulierten Abkommens kam, das wegen des Unterzeichnungsdatums als Karfreitagsabkommen (auch: Belfast Agreement, Northern Ireland Agreement) bekannt wurde und die Grundlage für die erneute Selbstverwaltung Nordirlands abgab.[18]

Alle an den Gesprächen teilnehmenden nordirischen Parteien hatten das seit den frühen Neunzigerjahren bekannte Drei-Säulen-Modell unterzeichnet, welches wiederum auf Sunningdale zurückging. Für Seamus Mallon, der mit John Hume als Vertreter der SDLP schon 1973 dabei gewesen war, stellte das Karfreitagsabkommen ein „Sunningdale für Langsamlerner" dar. Für das nordirische Parlament und die Regierungszusammenarbeit wurde ein konkordanzdemokratisches Modell entworfen, wonach alle größeren im Parlament vertretenen Parteien auch Minister in der Regierung stellen. Sinn Féin erhielt dementsprechend zwei Ministerien und gewöhnte sich an gemeinsame Kabinettssitzungen mit den ehemaligen Erzfeinden des unionistischen Lagers. Für Abstimmungen im Parlament gilt, dass sich alle Abgeordneten entweder dem unionistischen, nationalistischen oder neutralen Lager zuordnen müssen. Anträge sind erfolgreich, wenn entweder jeweils mehr als 50% in den unionistischen und nationalistischen Blöcken zustande kommen oder die gesamte Versammlung mit 60% zustimmt, wobei die Ablehnung in einem der zwei Blöcke nicht größer als 40% sein darf. Mit diesen Regelungen sollen die konsensorientierten Kräfte in den jeweiligen Lagern gestärkt werden. Zu der neuen nordirischen Selbstverwaltung, die durch die Einsetzung einer amtlichen Menschenrechtskommission, einer Gleichstellungskommission, durch eine Polizeireform und die umfassende Entwaffnung der terroristischen Gruppen gesellschaftlich unterfüttert werden sollte, traten weitere zwischenstaatliche Institutionen wie ein Nord-Süd-Rat und eine Versammlung der Britischen Inseln hinzu.

Der deutliche Kompromisscharakter des Abkommens fand überraschenderweise im Vorstand der UUP eine Zustimmung in Höhe von 72%, während Paisleys DUP und der Orange Order ihre Mitglieder zur Ablehnung des Vertrages bei der geplanten Volksabstimmung aufforderten. Auch im nationalistischen Lager regte sich Widerstand, der sich in Abspaltungen von Sinn Féin und IRA ausdrückte. Wenige Tage nach Unterzeichnung hatte die IRA zudem erklärt, dass das Abkommen keine solide Basis für ihre Entwaffnung

sei und sie deshalb auch keine Waffen abgeben werde. Die im Norden und Süden abgehaltenen Referenden, die erste gesamtirische Abstimmung seit 1918, zeigten aber die
große Zustimmung der Bevölkerung, die im Norden bei einer Beteiligung von 81,1% mit
71,2% für den Vertrag votierte (Nein: 28,8%) und im Süden den mit dem Abkommen
verbundenen Verzicht auf den in der Republik verfassungsmäßig vorgegebenen Alleinvertretungsanspruch bei einer Wahlbeteiligung von 53,7%, mit 94,39% bejahte (Nein:
5,61%).[19] Bei der Wahl zum neuen nordirischen Parlament erhielt die SDLP mit 22%
erstmals mehr Stimmen als die UUP (21,3%), welche Paisleys DUP (18,1%) nur knapp
überrundete. Sinn Féin setzte ihren Erfolgsweg fort und kam auf 17,6%, was 44% des katholischen Wählerspektrums entsprach. Dass es nichtkonfessionelle Parteien schwer
haben, zeigte das für die APNI enttäuschende Ergebnis von 6,5%. Auf die kleineren Parteien entfielen insgesamt 14,5%. Durch das Single Transferable Vote erhielt die UUP aber
die meisten Sitze (28), während SDLP 24, DUP 20, SF 18, Alliance 5, eine kleine unionistische Dissidentengruppe (United Kingdom Unionist Party), der sich auch das Enfant ter-
rible der irischen Politik, Conor Cruise O'Brien angeschlossen hatte, 5, PUP 2 und die
Frauenpartei ebenfalls 2 Sitze gewannen. Dass die zweite loyalistische Partei aus dem terroristischen Milieu, die UDP, kein Mandat erringen konnte, wurde in den folgenden Monaten zu einer der Ursachen einer innerloyalistischen Fehde, die über zehn Tote forderte.

Die Frage der Entwaffnung aller paramilitärischen Gruppen entpuppte sich nach der
Wahl David Trimbles zum designierten Ersten Minister und Seamus Mallons zu seinem
Stellvertreter am 1. Juli 1998 als größte Herausforderung. So verzögerte sich die Regie-
rungsbildung wegen der von den Unionisten bemängelten Entwaffnungsweigerung der
IRA bis zum 2. Dezember 1999. An diesem Tag erhielt Nordirland seinen 1972 eingebüß-
ten Status weitgehender Selbstverwaltung zurück. Seitdem amtiert eine zehn Ministerien
umfassende Regierung, die von der UUP, der SDLP, Sinn Féin und der DUP gebildet wird.
Bis heute ist die Frage der Entwaffnung für die Unionisten, bei denen David Trimble trotz
der im Dezember 1998 erfolgten Verleihung des Friedensnobelpreises an ihn und John
Hume immer stärker unter Druck geriet und zuletzt bei parteinternen Abstimmungen
nur noch äußerst knappe Mehrheiten errang, entscheidend für eine Zusammenarbeit mit
Sinn Féin. Trimble trat aus Protest gegen die seiner Meinung nach unzureichenden An-
kündigungen der IRA, Waffeninspektionen zuzulassen, im Juli 2001 als Premierminister
sogar zurück. Ein Scheitern des gesamten institutionellen Arrangements und eine Rückkehr zur Direktverwaltung konnte nur durch verfassungsrechtlich problematische Manöver der britischen Regierung verhindert werden, die mit der von ihr mehrmals vorgenommenen befristeten Suspendierung des nordirischen Parlamentes und der jeweils auf wenige Tage befristeten Rückkehr zur Direktverwaltung der seit 1997 tätigen Internationalen
Entwaffnungskommission unter Leitung des kanadischen Generals de Chastelain Zeit
geben wollte, um die IRA zu ersten Entwaffnungsschritten zu veranlassen. Diese ließ
widerwillig im Oktober 2001 erste Inspektionen von ihr ausgewählter Arsenale zu, und
Trimble und sein neuer Stellvertreter Mark Durkan (SDLP) wurden wieder zum Ersten
Minister bzw. dessen Stellvertreter gewählt, wobei nur der kurzzeitige Übertritt von
APNI-Abgeordneten aus dem neutralen Block in das unionistische Lager dort eine knap-

pe Mehrheit für Trimble, von dem sich einige Abgeordnete der UUP abgewandt hatten, erbrachte. Ermutigend ist dagegen die Umsetzung der 1998 ebenfalls beschlossenen Polizeireform. Der im November 2001 geschaffene Police Service of Northern Ireland ersetzt nicht nur die bei der katholischen Bevölkerung verhassten RUC, sondern soll zu 50% aus Katholiken bestehen. Aber auch hier gibt es durch die Weigerung Sinn Féins, in den Polizeikontrollausschüssen mitzuarbeiten, Schwierigkeiten.

Bis heute bleibt die neue politische Ordnung prekär (und Ende 2002 wurde die Administration erneut suspendiert), wobei die IRA darauf beharrt, dass mit ihr alle Gruppen zu entwaffnen seien und insbesondere die allgemeine Verbreitung von Schusswaffen in Nordirland, von denen sich viele seit den Zeiten der Rekrutierung der freiwilligen Verbände der B-Specials und des UDR in Händen von Loyalisten befinden, zu reduzieren sei. Unbestreitbar ist, dass der größte Teil der Nordirland immer noch belastenden alltäglichen Gewalt (Low Level Violence) von loyalistischen Banden ausgeht, aber zu dieser tragen auch Sympathisanten der IRA bei. Diese hat immerhin seit 1998 keine schweren Bombenanschläge mehr verübt, von IRA-Abspaltungen geht aber nach wie vor eine starke terroristische Bedrohung aus. Bleibt eine Prognose über die Zukunft des Karfreitagsabkommens schwierig, so ist die Renaissance Sinn Féins, der einzigen in den beiden Irlands vertretenen Partei, vollendet. Bei den jüngsten Kommunalwahlen überflügelte sie die SDLP, und seit Anfang 2002 nehmen die ins britische Unterhaus gewählten SF-Abgeordneten dort ihre Büros ein, wenn auch eine Beteiligung an den Sitzungen Westminsters aufgrund der notwendigen Eidesleistung auf die britische Monarchin nach wie vor abgelehnt wird. Steht Sinn Féin also als die eigentliche Gewinnerin des Nordirlandkonfliktes im Scheinwerferlicht der (Welt-)Öffentlichkeit, so wären jene Tausende Ermordeten und Versehrten heute vergessene Opfer, hätte ihnen nicht Malcolm Sutton mit seiner berührenden Sammlung „Bear in mind these dead: I can find no plainer words" ein Denkmal gesetzt.[20] Dort finden sich alle Namen der Getöteten und ihre jeweiligen Geschichten, die vom Verlust der Menschlichkeit und der Banalität des Mordes in einer modernen, zivilisierten Gesellschaft des 20. Jahrhunderts erzählen. Bei allem Triumph dieses oder jenes Nationalismus: Dieser Schatten wird nie verschwinden.

Anmerkungen

1. Zwei Nationen? (1595–1695)

[1] Vgl. Lennon, 16th century Ireland; Ross, Britannia et Hibernia.

[2] Vgl. Elliot, Tudor Ireland; Gillespie, Belief and Religion.

[3] Spenser, View, S. 11.

[4] Vgl. O'Faolain, The Great O'Neill; Walsh, An Exile of Ireland.

[5] Zitiert nach Bardon, Ulster, S. 98.

[6] In Brian Friels Historiendrama „Making History" steigt Hugh O'Neill noch 1989 zum gebrochenen Helden irischer Identität auf.

[7] Lydon, Making of Ireland, S. 165.

[8] Clarke, Irish Economy, S. 177, in: New History of Ireland, Vol. 3, S. 168–184.

[9] Um 1600 lag die Bevölkerungsdichte bei ca. sieben Einwohner pro km² (zum Vergleich heute: 51,2 pro km²).

[10] Cullen, Economic Trends, S. 389, in: New History of Ireland, Vol. 3, S. 387–408.

[11] Fitzpatrick, Ireland, S. 214 ff. Machtkampf und theologischer Disput fügten sich hier zusammen. Der gallische Katholizismus betonte die Exklusivität der katholischen Kirche, während der römische Katholizismus die Universalität der Kirche betonte. Das Scheitern dieses Universalitätsanspruches beflügelte nach 1649 als ironische Konsequenz des Versagens des Papstes das Entstehen eines bodenständigen irischen Katholizismus.

[12] Vgl. Gillespie, Colonial Ulster; Doherty, The Williamite War.

2. Anglikanische Dominanz und gescheiterte Integration (1696–1801)

[1] Vgl. Connolly, Religion, Law and Power. Zu den Dissentern vgl. Campbell, The Dissenting Voice.

[2] Zitiert nach Simms, Protestant Ascendancy, 1691–1714, S. 21, in: New History of Ireland, Vol. 4, S. 1–30.

[3] So erhielt William Wood 1722 das Recht, Kupfermünzen (Wood's Halfpence) in Umlauf zu bringen, obwohl Silbermünzen höherer Werte benötigt wurden, ohne dass diese Währungsfrage im irischen Parlament oder dem irischen Privy Council diskutiert worden wäre. Swift prägte in diesem Zusammenhang den berühmten Satz, dass Regierung ohne Zustimmung der Regierten die Definition der Sklaverei sei.

[4] Molyneux, Case of Ireland.

[5] Simms, War and Politics, S. 257.

[6] Schon fünfzig Jahre vor Molyneux hatte das Mitglied des Obersten Rates der Konföderierten Katholiken von Kilkenny, Patrick Darcy (1598–1668), ein solches Recht auf irische Selbstbestimmung propagiert. Hier wird noch einmal deutlich, dass die Aufständischen von 1641 kein unabhängiges Irland anstrebten, sondern innerhalb staatlicher Zugehörigkeit größere Souveränität beanspruchten.

[7] Unter „Ortschaften" sind durchaus neben Städten wie Dublin oder Cork auch Flecken mit bis zu 50 Wahlberechtigten zu verstehen. Zuweilen fiel das Gebiet des Borough mit dem Anwesen lokaler Herrenhäuser zusammen.

[8] Endgültig überflüssig wurde Poyning's Law erst mit der Auflösung eines eigenen irischen Parlaments durch die 1801 erfolgte staatsrechtliche Vereinigung Großbritanniens und Irlands.

[9] Zitiert nach Lydon, Making of Ireland, S. 243.

[10] Man kann für das 18. Jahrhundert von einem Verhältnis von einem katholischen Priester auf 1000 Einwohner ausgehen.

[11] Elvert, Geschichte Irlands, S. 284.

[12] Theobald Wolfe Tone, An Argument on Behalf of the Catholics of Ireland, Dublin 1791; vgl. Bartlett, Wolfe Tone.

[13] Ders., Memorandum, relative to my Life and Opinions (1796), zitiert nach: Elliott, Wolfe Tone, S. 312.

[14] Zitiert nach Lydon, Making of Ireland, S. 388.

[15] Lydon, Making of Ireland, S. 271.

[16] Zitiert nach Foster, Modern Ireland, S. 275.

[17] Gesetz, nach dem Individuen nur aufgrund richterlicher Verfügung ihrer Freiheit beraubt werden dürfen und das Recht haben, in kürzester Zeit nach ihrer Festnahme einem gesetzlichen Richter vorgeführt zu werden. In England gehörte der Habeas Corpus Act von 1679 zu den grundlegenden Freiheitsrechten.

[18] Vgl. Killen, Decade of the United Irishmen; Keogh/Furlong, The Women of 1798; O'Shaughnessy, Rebellion in Wicklow; Pakenham, Year of Liberty; Bartlett/Dawson/Keogh, Rebellion; Whelan, Fellowship of Freedom.

[19] Foster, Modern Ireland, S. 168.

[20] Zitiert nach Elliott, Wolfe Tone, S. 410.

3. Die Erfindung der irischen Nation (1802–1850)

[1] O'Day/Stevenson, Irish Historical Documents, S. 10 f.

[2] Lydon, Making of Ireland, S. 282; vgl. Bartlett, The Fall and Rise of the Irish Nation.

[3] Vgl. O'Donnel, Post-Rebellion Insurgency in Wicklow 1799–1803.

[4] Trotzdem wurde Robert Emmet zum Helden romantischer Revolutionsbegeisterung, rückte er Ende des 19. Jahrhunderts auf einen festen Platz im irischen Nationalpantheon und feierte er schließlich im Osteraufstand 1916 in Patrick Pearse' Rhetorik Auferstehung.

[5] Etwa: Richard Musgraves, Memoirs of the Different Rebellions in Ireland, London 1801, das zu einer Quelle antiklerikaler Verschwörungstheorien wurde und in England den Slogan „no popery" noch populärer machte.

[6] Connolly, Catholic Question, S. 29, in: New History of Ireland, Vol. 5, S. 28–47.

[7] Vgl. MacDonagh, O'Connell; Nowlan/O'Connell, Daniel O'Connell.

[8] Vgl. Grogan, The Noblest Agitator.

[9] Lydon, Making of Ireland, S. 285.

[10] Vorher war die Verabschiedung am in irischen Fragen besonders reaktionär stimmenden House of Lords gescheitert.

[11] Nach dem Scheitern einer ersten englischen Arbeiterbewegung 1834 wurden ihre zentrale Forderungen in Analogie zur Magna Charta von 1215 in eine People's Charta gefasst, die allgemeines

Wahlrecht, Diäten für Abgeordnete, jährliche Wahlen und Sozialreformen vorsah. Schon aus Rücksicht auf die Unterstützung der Repeal-Bewegung durch katholische Mittelschichten und Liberale musste sich O'Connell distanzieren. Das irische Nationalprojekt vertrug keinen inneren Verteilungskampf.

[12] Davis, Young Ireland, S. 173.

[13] Bis in die Zwanzigerjahre des 19. Jahrhunderts war der Kirchenzehnte an den jährlichen Ertrag gekoppelt. Seiner Erhebung gingen komplizierte durch Vertreter der Kirche vorgenommene Schätzungen der Ernte voraus, die immer wieder zu lokalen Unruhen führten.

[14] Bence-Jones, Twilight of the Ascendancy Constable.

[15] Zitiert nach Davis, Young Ireland, S. 40.

[16] Zitiert nach Davis, Young Ireland, S. 192.

[17] Davis, Young Ireland, S. 240.

[18] Zitiert nach Davis, Young Ireland, S. 221.

[19] Zitiert nach Davis, Young Ireland, S. 225.

[20] The Nation, 1843, Nr. 7, S. 5.

[21] Vgl. Boyne, John O'Donovan.

[22] Vgl. Whelan, The Tree of Liberty; Sheely, Rediscovery of Ireland's Past; Watson, Irish Identity.

[23] Zitiert nach Lydon, Making of Ireland, S. 300.

[24] Kiely, The Waterford Rebels of 1849.

[25] Thomas Osborne Davis war 1845 gestorben. Gavan Duffy blieb unbehelligt, spielte eine führende Rolle in den Diskussionen über die irische Landfrage, wurde Mitglied des Unterhauses und ging 1855 nach Australien, wo er es zum Präsidenten der damaligen Kolonie Victoria brachte. John Dillon kehrte nach einem längeren Aufenthalt in den USA 1855 nach Irland zurück. Sein Sohn wurde der letzte Führer der Home Rule Party (siehe Kapitel 4). John Mitchel floh aus der australischen Verbannung in die USA, wo er als Journalist die Sache der Südstaaten im Bürgerkrieg vertrat, und wurde nach seiner Rückkehr nach Irland kurz vor seinem Tod 1875 ins britische Unterhaus gewählt. William Smith O'Brien durfte zehn Jahre nach seiner australischen Verbannung nach Irland zurückkehren, wo er fern jeder politischen Aktivität 1864 starb. James Finton Lalor wurde kurz vor seinem Tod 1849 aufgrund seiner schwachen Gesundheit aus der Haft entlassen. Vgl. Costello, Botany Bay.

[26] Elvert, Geschichte Irlands, S. 334.

[27] Zitiert nach Lydon, Making of Ireland, S. 301.

[28] Elvert, Geschichte Irlands, S. 335.

[29] O'Hagan, The Economy of Ireland, S. 12 ff.; vgl. Conaghan, The Great Famine.

[30] Auch heute noch bewirkt Phytophthora infestans jährliche Kartoffelernteverluste von 15 %, durch die insbesondere die für 30 % der Weltproduktion sorgenden Entwicklungsländer geschädigt werden. FAZ, 10. 06. 1998, S. 123.

[31] Vgl. Killen, The Famine Decade; Kinealy, The Great Calamity; Kennedy/Ell/Crawford/Clarkson, Mapping the Great Irish Famine; Nicholson, Annals of the Famine in Ireland; O'Murchadha, Sable Wings; Póirtéir, The Great Irish Famine.

[32] Vgl. Oehlke, Irland; Söcknick-Scholz, Reisen in Irland; Ryle, Touneys to Ireland.

[33] Vgl. James S. Donelly, The Soup Kitchens, in: New History of Ireland, Vol. 5, S. 307–315.

[34] Vgl. Connolly, Priests and People.

[35] Vgl. Ó Gráda, Ireland Before and After the Famine.

[36] Zitiert nach Davis, Young Ireland, S. 140.

4. Zwischen Emanzipation und Revolution (1850–1919)

[1] Encumbered Estates Act von 1848.

[2] Vgl. Comerford, Churchmen, Tenants, and independent opposition, 1850–1856, in: New History of Irland, Vol. 5, S. 396–414.

[3] Allein zwischen 1847 und 1865 flossen 34 000 000 Pfund nach Großbritannien; ein großer Teil davon nach Irland. Vgl. MacRaild, The Great Famine and Beyond; Fitzpatrick, Irish Emigration 1801–1921.

[4] Vgl. Miller/Wagner, Out of Ireland.

[5] Vgl. Comerford, Fenians in Context.

[6] Das war die letzte öffentliche Hinrichtung in Großbritannien überhaupt.

[7] Vgl. Comerford, Gladstone's First Irish Enterprise (1864–1870), in: New History of Ireland, Vol. 5, S. 431- 450.

[8] Parnell zitiert nach Lydon, Making of Ireland, S. 314.

[9] Foster, Modern Ireland, S. 375.

[10] Solche Vorfälle stiegen von 300 im Jahr 1878 auf 4400 im Jahr 1881 an. Vgl. Bew, Land and the National Question; Boyce, Nineteenth Century Ireland.

[11] Lee, Land Law, in: De Paor, Milestones in Irish History, S. 106–117.

[12] Foster, Modern Ireland, S. 419.

[13] Wie juristische Ahndung von Verratsfällen, Post, Fragen, die die Krone betrafen, Titel/Ehrungen, Entscheidungen über Fremdenstatus und Einbürgerung, Außenhandel, Schifffahrt, Quarantäne, Leuchtfeuer, Leuchttürme, Münzen, Gewichte, Urheberrecht, Zulassung oder Unterstützung von Religionen, nichtkonfessionelle Kontrolle der Schulen.

[14] Congested Districts Act 1890, Land Purchase Scheme 1891, Land Act 1897. Vgl. Clark/Donnelly, Irish Peasants.

[15] Der Protest stärkte den Orange Order, von dem schon 1883 gewalttätige Auseinandersetzungen in Monaghan und Fermanagh ausgegangen waren.

[16] Zitiert nach Patterson, Class Conflict and Sectarianism, S. 23.

[17] Inhalt: Zweikammerparlament, aber Oberhaus nicht mehr teilweise durch Peers besetzt wie noch im Vorschlag von 1886, sondern als gewählte zweite Kammer. 80 irische Abgeordnete in Westminster, Beziehungen zwischen Grundherrn und Pächter für drei Jahre noch Angelegenheiten Westminsters, Steuerhoheit prinzipiell Angelegenheit des irischen Parlaments, aber soll erst nach sechs Jahren in Kraft treten. Irland sollte ein Drittel seiner Staatseinnahmen an die britische Regierung abführen.

[18] Während des Versuchs, die lokalen Parteigliederungen auf seine Seite zu ziehen, starb Parnell am 6. Oktober 1891. 100 000 Trauergäste nahmen an seiner Beerdigung teil.

[19] Zitiert nach Foster, Modern Ireland, S. 450; vgl. Watson, Irish Identity and the Literary Revival.

[20] Garvin, Evolution, S. 102.

[21] Vgl. Larkin, James Larkin.

[22] Vgl. Mitchell, Labour in Irish Politics.

[23] Vgl. Lee, Modernisation.

[24] Zitiert nach Lydon, Making of Ireland, S. 324; vgl. McCracken, MacBride's Brigade.

[25] Foster, Modern Ireland, S. 457.

[26] Zitiert nach Foster, Modern Ireland, S. 453. Nicht zu verwechseln mit der Organisation gleichen Namens, die 1823 gegründet wurde.

[27] Pittock, Celtic Identity and the British Image; Swift/Gilley, The Irish in Victorian Britain.

[28] Zitiert nach Lydon, Making of Ireland, S. 328; English/Walker, Unionism in Modern Ireland.

[29] 42 irische Sitze blieben im britischen Unterhaus erhalten. Für eine Übergangszeit behielt das britische Parlament Gesetzesinitiative für Altersrenten, Sozialversicherung, Arbeitsrecht, Post, Sparkassen, Genossenschaften. Steuereinziehung und Fragen des Bodenrechts sollten auf Dauer reserviert bleiben. Bei der Steuererhebung beinhaltete das auch das Recht, in ganz Britannien geltende, sog. imperiale Steuern zu verändern oder neue zu erheben und Zölle für Güter zu erheben, die mit einem imperialen Zoll belegt waren.

[30] Zitiert nach Lydon, Making of Ireland, S. 327.

[31] Zitiert nach Boyce, Ireland 1828–1923, S. 83.

[32] Lydon, Making of Ireland, S. 328.

[33] Von den 130 000 Iren starben 35 000.

[34] Zitiert nach Foster, Modern Ireland, S. 477.

[35] Vgl. Foy/Barton, Easter Rising; Pearse, Patrick/Edwards, Ruth D.: The Triumph of Failure, Dublin 1990.

[36] Der Titel „The Resurrection of Hungary, a Parallel for Ireland" bezog sich auf die Föderalisierung Österreich-Ungarns. Danach gab es in der österreich-ungarischen Monarchie gemeinsame Außen-, Finanz-, Militärpolitik, bei getrennter Verfassung, Verwaltung und Gesetzgebung. Vgl. Davis, Griffith.

5. Vom Freistaat zur Republik (1919–1949)

[1] Coogan, IRA; Neumann, IRA; Coogan, Collins.

[2] Das irische Wahlrecht verfügt über einige Besonderheiten, die es vom angelsächsischen oder kontinentaleuropäischen unterscheiden. So stellt das STV neben der relativen Mehrheitswahl in Einerwahlkreisen und der Verhältniswahl eine eigene Kategorie dar. Es kann als personalisiertes Verhältniswahlrecht beschrieben werden, weil Personen gewählt werden und keine Parteilisten. Die auffälligste Besonderheit ist die Regelung der übertragbaren Einzelstimme (single transferable vote) auf der Grundlage des Verhältniswahlrechts. Aus jedem Wahlkreis werden zwischen drei und fünf Abgeordnete in den Dáil gewählt. Einem Kandidaten für einen Sitz im Dáil ist es möglich, entweder für eine Partei zu kandidieren oder als sog. Unabhängiger anzutreten. Auf dem Stimmzettel hat der Wähler zunächst die Möglichkeit, seinen favorisierten Kandidaten mit einer 1 zu markieren. Das „System übertragbarer Einzelstimmen" bietet zudem die Möglichkeit, die eigene Stimme auf einen anderen Kandidaten zu übertragen, der mit einer 2 markiert wird, falls der favorisierte Kandidat, der mit der 1 markiert wurde, die Stimme nicht mehr benötigt, um in den Dáil zu gelangen, oder falls er keine Chance besitzt, in den Dáil gewählt zu werden. Es können weitere Präferenzen 3, 4, 5 usw. vergeben werden. Die Übertragung der Stimme durch Nummerierung kann damit auf sämtliche Kandidatennamen des Stimmzettels angewandt werden. Diese Regelung, die zunächst etwas kompliziert aussehen mag, garantiert jedoch jeder einzelnen Stimme eine eigene Wirkung.

Bei der Auszählung wird zunächst eine Quote gebildet, die sich über die Formel

$$\frac{\text{Gesamtzahl der gültigen Stimmen} + 1}{\text{Anzahl der Sitze pro Wahlkreis} \, (+ 1)}$$

berechnet. Beispiel:

$$\frac{\text{Gesamtzahl der gültigen Stimmen } 40\,000 + 1}{\text{Anzahl der Sitze des Wahlkreises } 4 \, (+ 1) = 5}$$

Ein Kandidat benötigt in unserem Beispiel also 8001 Stimmen, um in den Dáil zu gelangen.

Hat ein Kandidat mehr Stimmen erhalten, als für seine Wahl erforderlich sind, so wird der Überschuss auf die Zweitpräferenzen verteilt usw., bis der nächste Kandidat 8001 Stimmen erhalten hat usw., bis alle vier Mandate vergeben sind.

[3] Moynihan, Speeches Eamon de Valera, S. 82.

[4] Vgl. Foster, Modern Ireland, S. 504 ff.

[5] Vgl. Laffan, The Resurrection of Ireland. The Sinn Féin Party.

[6] Lyons, Ireland, S. 467. Über zivile Opfer liegen keine Angaben vor. Vgl. Hopkins, Green against Green, S. 273.

[7] Zu den prominenten Opfern auf Seiten der IRA-Irregulars zählten u. a. Erskine Childers und Rory O'Connor, der sich nach der Besetzung der Four Courts ergeben hatte und ebenso als Vergeltungsmaßnahme für einen IRA-Anschlag hingerichtet wurde wie Liam Mellows, Herausgeber der IRA-Zeitung „An Poblacht". Liam Lynch, Stabschef der IRA, wurde im April 1923 erschossen. Die Getöteten gehörten zu den Führern des Kampfes gegen die britische Regierung zwischen 1919 und 1921.

[8] Moynihan, Speeches Eamon de Valera, S. 113.

[9] Vgl. Curren, The Birth of the Irish Free State; Garvin, 1922. The Birth of Irish Democracy; Garvin, Nationalist Revolutionaries; Costello, Years of Revolt; Williams, The Irish Struggle; Fitzpatrick, Harry Boland's Irish Revolution; Regan, The Irish Counter Revolution.

[10] De Valera war zwar aufgrund seiner Verwicklungen in den Bürgerkrieg zwischen August 1923 und Juli 1924 inhaftiert, hatte aber für die Wahlen noch kandidieren können.

[11] Lee, Ireland 1912–1985, S. 109.

[12] Vgl. Salmon, Neutrality and the Irish Republic; Fanning, Irish Neutrality; Gageby, The Last Secretary General.

[13] Vgl. Valiulis, Almost a Rebellion.

[14] Vgl. Murray, Oracles of God; Cooney, Crozier and the State.

[15] Zitiert nach Lydon, Making of Ireland, S. 365.

[16] Zitiert nach Lee, Ireland 1912–1985, S. 157.

[17] Vgl. Hart, The IRA and Its Enemies.

[18] Foster, Modern Ireland, S. 518.

[19] Howe, Ireland and Empire.

[20] Vgl. O'Halloran, Partition and the Limits of Irish Nationalism.

[21] Vgl. O'Carroll/Murphy, De Valera and his Times; Edwards, Éamon de Valera.

[22] Vgl. Collins, Fianna Fáil; Allen, Fáil Fianna and Irish Labour.

[23] Vgl. Hutchinson, Dynamics of Cultural Nationalism; Lyons, Culture and Anarchy in Ireland: 1890–1939.

[24] Lee, Ireland 1912–1985, S. 170.

[25] Moynihan, Speeches Eamon de Valera, S. 467.

[26] Vgl. Drudy, Ireland and Britain since 1922.

[27] Lee, Ireland 1912–1985, S. 193.

[28] Vgl. Brown, Ireland. A Social and Cultural History.

[29] Foster, Modern Ireland, S. 546.

[30] Vgl. Brown/Miller, Piety and Power in Ireland; Keogh, The Vatican, the Bishops and Irish Politics.

[31] Nach dem Zusammenschluss von Cumann na nGaedheal mit der National Guard und einer weiteren Mittelschicht- und Commonwealth-orientierten Partei zu Fine Gael nahm das parlamentarische System seine bis heute gültige Grundstruktur an.

[32] Vgl. Carroll, Ireland in the War Years; Stephan, Geheimauftrag Irland, O'Donoghue, Hitler's Irish Voices; Raymond, David Gray; McCarron, Step Together; Elvert, Vom Freistaat zur Republik.

[33] Zitiert nach Lee, Ireland 1912–1985, S. 250.

[34] Zitiert nach Lee, Ireland 1912–1985, S. 266.

6. Irlands Öffnung zur Welt (1949–1973)

[1] Nowlan/Williams, Ireland 1939–1951.

[2] Zitiert nach Keogh, Twentieth Century Ireland, S. 193; vgl. Fitzgerald, Irish Unification and N.A.T.O.; McCabe, A Diplomatic History of Ireland; Williams, Irish Foreign Policy; Raymond, Ireland 1949 NATO Decision.

[3] Vgl. Davis, Dublin's American Policy.

[4] Whelan, The European Recovery Program (Marshall Plan) and Ireland.

[5] Zitiert nach Lee, Ireland 1912–1985, S. 301; vgl. O'Halloran, Partition and the Limits of Irish Nationalism.

[6] Zitiert nach Keogh, Twentieth Century Ireland, S. 211.

[7] Browne, Against the Tide.

[8] Zitiert nach Keogh, Twentieth Century Ireland, S. 209; McCullagh, A Makeshift Majority.

[9] Vgl. Cooney, McQuaid.

[10] In den Achtziger- und Neunzigerjahren des 20. Jahrhunderts gab es allerdings zwei Ausnahmen.

[11] Vgl. MacDermott, Clann na Poblachta.

[12] Foster, Modern Ireland, S. 572.

[13] Vgl. Brown, Ireland. A Social and Cultural History; Fallon, Age of Innocence.

[14] Zitiert nach Keogh, Twentieth Century Ireland, S. 228.

[15] Vgl. Smyth/Whelan, Common Ground; Peillon/Slater, Encounters with Modern Ireland.

[16] Vgl. O'Hagan, Economy of Ireland.

[17] Vgl. O'Hagan, Economy of Ireland.

[18] Lee, Ireland 1912–1985, S. 311.

[19] Lee, Ireland 1912–1985, S. 400.

[20] Keogh, Twentieth Century Ireland, S. 247; Salmon, Neutrality and the Irish Republic; Salmon, Unneutral Ireland; Hederman, The Road to Europe.

[21] Vor der erneuten Abstimmung über den Nizza-Vertrag, die im Oktober 2002 stattfand und mit 62% eine deutliche Mehrheit für das Abkommen erbrachte, wurde die Neutralität Irlands ausdrücklich in einem Schriftwechsel zwischen der EU-Kommission und der irischen Regierung betont.

[22] Lee, Ireland 1912–1985, S. 388.

[23] Vgl. Savage, Irish Television.

[24] Lemass, geb. 1899, kämpfte im General Post Office während des Osteraufstandes, wurde danach von der britischen Armee interniert, kämpfte gegen den angloirischen Vertrag und wurde von der irischen Regierung interniert, Mitglied des Dáil für Dublin City 1924–1969. Vgl. Horgan, Lemass.

[25] Zitiert nach Keogh, Twentieth Century Ireland, S. 248.

[26] Vgl. Arnold, Lynch.

[27] Vgl. Whyte, Church and State; Cooney, Crozier and State.

[28] Vgl. Keogh, The Vatican, the Bishops and Irish Politics, S. 236 ff.

[29] Butterfield, The Whig Interpretation.

[30] Vgl. Brady, Interpreting Irish History; Boyce/O'Day, Making of Modern Irish History; O'Mahony/Delanty, Rethinking Irish History; Fennell, Heresy; English/Skelly, Ideas Matter; Morris, Our own Divices; Jacoboen, Chasing Progress in the Irish Republic.

[31] Moynihan, Speeches Eamon de Valera, S. 603 ff.

[32] Vgl. Brown, Arms Crisis.

[33] Vgl. Mullan/Scally, Dublin and Monaghan Bombings.

[34] Mit dem Beitritt Großbritanniens und Irlands wurde die EWG in EG umbenannt.

7. Der Keltische Tiger (1973–2002)

[1] Vgl. Galligan/Ward/Wilford, Contesting Politics.

[2] Sweeney, Celtic Tiger, S. 199.

[3] Hesketh, The Second Partitioning of Ireland; vgl. Brown, Ireland; Inglis, Moral Monopoly.

[4] Um die Anonymität der jungen Frau zu wahren, wurde in allen juristischen Schriftsätzen ihr Name durch ein X ersetzt.

[5] Vgl. McCarthy, Mary McAleese.

[6] MacDonagh, States of Mind.

[7] Vgl. Drudy/McAleese, Ireland and the European Community; Keogh, Ireland and Europe 1919–1989; Aust, Irlands Entwicklung.

[8] Daneben gibt es aber auch Rückwirkungen auf die politische Grundstruktur Irlands durch Stärkung der regionalen und kommunalen Ebene, deren politische Mitwirkungsrechte inzwischen sogar in der irischen Verfassung garantiert werden.

[9] Vgl. Kennedy/Dowling, Economic Growth in Ireland; Litton, Unequal Achievement.

[10] Zitiert nach Finnegan/McCarron, Ireland, S. 103.

[11] Die irische Verfassung sieht zwingend ein bestimmtes Verhältnis von Bevölkerungsgröße und Abgeordnetenzahl vor, und die Wahlkreiskommission hatte einen entsprechenden Reformvorschlag gemacht.

[12] Vgl. Laver, A New Electoral System for Ireland; Dooney/O'Toole, Irish Government Today.

[13] Charles Haughey selbst hatte die Festnahme eines Mörders in der Wohnung des Generalstaatsanwaltes als „grotesque, unbelievable, bizarre and unprecedented" bezeichnet und seinen Kritikern ein Etikett für die gesamte Regierungstätigkeit geliefert.

[14] Vgl. Sinnott, Irish Voters Decide.

[15] Bei allen Defiziten darf der Erfolg der Industrialisierungsstrategie nicht unterschätzt werden. Von 1960 bis 1980 investierten 300 ausländische Firmen 3,6 Mrd. Dollar in Irland, über 100 000 Arbeitsplätze wurden geschaffen, das reale Arbeitnehmereinkommen verdoppelte sich fast. Die Auslandsinvestitionen legten die Basis der Transformation einer Agrarökonomie zu einer exportorientierten Industriegesellschaft.

[16] Lee, Ireland 1912–1985, S. 519.

[17] Vgl. O'Leary, The Anglo-Irish Agreement.

[18] Mac Sharry/White, Celtic Tiger, S. 70.

[19] Lee, Ireland 1912–1985, S. 402.

[20] Gallagher/Marsh, The 1990s Presidential Elections, in: Hill/Marsh, Modern Irish Democracy, S. 62–82; O'Leary/Burke, Mary Robinson.

[21] In Analogie zu dem wirtschaftlichen Erfolg kleinerer asiatischer Staaten in den Achtziger- und Neunziger-Jahren (Hongkong, Singapur, Südkorea, Taiwan), die sich wie in einem Tigersprung modernisierten, spricht man mit Blick auf Irland seit Mitte der Neunzigerjahre vom „Keltischen Tiger". Vgl. O'Hearn, Inside the Celtic Tiger.

[22] Aust, Irlands Entwicklung, S. 236 ff.

[23] Finnegan/McCarron, Ireland, S. 140.

[24] Müller/Kaare, Koalitionsregierungen in Westeuropa.

[25] Vgl. Keena, Haughey's Millions.

[26] Seit dieser Zeit hat sich die Einsetzung von besonderen Tribunalen, deren vorsitzender Richter namensgebend für das jeweilige Tribunal ist, als Untersuchungsinstrument eingebürgert. Seit 1994 hat es elf solcher Tribunale gegeben. Vgl. Collins/Cradden, Irish Politics Today, S. 98.

[27] Vgl. Keatinge, A Singular Stance.

[28] Vgl. Marsh/Mitchell, How Ireland Voted.

[29] Vgl. Waters, An Intelligent Person's Guide to Modern Ireland; Walley, Ireland in the 21st Century; McCarthy, Modernisation.

8. Nordirland: Die Teilung und die Gewalt der Erinnerung (1919–2002)

[1] Vgl. Dudley Edwards, The Faithful Tribe; English/Walker, Unionism in Modern Ireland; McIntosh, The Force of Culture; McKay, Northern Protestants; Taylor, Loyalists.

[2] O'Leary/McGarry, Politics of Antagonism, S. 140.

[3] Boyce, Ireland 1828–1923, S. 104.

[4] Im Unterschied zum professionellen, quasi militärisch organisierten und ausgerüsteten Teil dieser Sonderpolizei, den 2000 Mann umfassenden A-Specials, wurden die Freiwilligenverbände umgangssprachlich B-Specials genannt.

[5] Bardon, Ulster, S. 509; vgl. McGarry/O'Leary, Policing Northern Ireland; Ryder, The RUC 1922–2000.

[6] Zitiert nach Lee, Ireland 1912–1985, S. 61.

[7] Vgl. O'Connor, In Search of a State.

[8] Eine bei diesen Märschen gesungene Liedzeile der Mitglieder des Orange Order feiert das Abschlachten der Katholiken und kündigt für die Zukunft ähnliche Massaker an: „Slaughter, slaughter, holy water/Slaughter the Papists one by one./We will tear them asunder/And make them lie under/. The Protestant Boys who follow the drum." Vgl. Bell, Irish Troubles.

[9] Foster, Modern Ireland, S. 559.

[10] Vgl. Hamilton, 100 Years of Derry.

[11] O'Connor, In Search of a State, S. 160. Allerdings gibt die amtliche Nordirische Menschenrechtskommission in einem 2001 verfassten Bericht an, dass insgesamt 250 000 Protestanten ihren Wohnsitz wegen der Unruhen verlegt hätten. Das schließt Umzüge ein, die nicht auf unmittelbaren Vertreibungsdruck zurückgehen.

[12] Vgl. Adams, Selected Writings; Sharrock/Devenport, Man of War, Man of Peace?.

[13] Vgl. Arthur, Northern Ireland; Cochrane, Unionist Politics; Parkinson, Ulster Loyalism; Hanna, Intertwined Roots; Shirlow/McGovern, Who are „The People"?.

[14] Bloomfield, Peacemaking Strategies in Northern Ireland.

[15] Routledge, John Hume.

[16] Die Schwester Bobby Sands gehört zur Führung dieser Gruppe.

[17] McDonald, Trimble; Godson, Himself Alone.

[18] Mitchell, Making Peace.

[19] Vgl. Irish Political Studies 16/2001, S. 95–111.

[20] http://cain.ulst.ac.uk/sutton/. Siehe dazu auch das vom Opferbeauftragten der neuen nordirischen Regierung, Sir Kenneth Bloomfield, betreute Projekt „We will remember them. The victims of the conflict" unter http://cain.ulst.ac.uk/issues/violence/victims.htm.

Literaturverzeichnis

Adams, Gerry: Selected Writings, Kerry 1994.

Akenson, Donald Harman: The United States and Ireland, Cambridge 1973.

Allen, Kieran: Fáil Fianna and Irish Labour – 1926 to the Present, London 1997.

Armitage, Simon: All Points North, London 1999.

Arnold, Bruce: Jack Lynch. Hero in Crisis, Dublin 2002.

Arthur, Paul: Government and Politics of Northern Ireland, London 1984.

Arthur, Paul: Northern Ireland. The „Unfinished Business" of Anglo-Irish Relations, Cambridge 1986.

Aust, Andreas: Irlands Entwicklung im europäischen Binnenmarkt, (Marburger Univ. Diss.) Wiesbaden 1999.

Bardon, Jonathan: A History of Ulster, Belfast 1992.

Barnard, Toby/Fenlon, Jane (Hrsg.): The Dukes of Ormonde, 1610–1745, Cork 1999.

Barrington, Ruth/Dooge, Jim (Hrsg.): A Vital National Interest – Ireland in Europe 1973–1998, Dublin 1998.

Bartlett, Thomas: The Fall and Rise of the Irish Nation. The Catholic Question 1690–1830, Dublin 1992.

Bartlett, Thomas (Hrsg.): The Life of the Theobald Wolfe Tone, Dublin 1998.

Bartlett, Thomas/Dawson, Kevin/Keogh, Dáire: Rebellion. A Television History of 1798, Dublin 1998.

Basil, Chubb: Government and Politics of Ireland, 3. Aufl., London 1992.

Becket, J. C.: Geschichte Irlands, Stuttgart 1991.

Bell, J. Bowyer: The Irish Troubles – A Generation of Violence 1967–1992, Dublin 1994.

Bence-Jones, Mark: Twilight of the Ascendancy Constable, London 1987.

Berger, Gerhard: Nationalstaatsbildung, Industrialisierung und berufliche Zivilisierung in der Republik Irland. Das Elias'sche Forschungsprogramm auf dem Prüfstand, Frankfurt a.M. 1987.

Bew, Paul: Land and the National Question in Ireland. 1858–1882, Dublin 1978.

Bew, Paul/Patterson, Henry/Teague, Paul: Between War and Peace. The Political Future of Northern Ireland, London 1997.

Bloomfield, David: Peacemaking Strategies in Northern Ireland. Building Complementarity in Conflict Management Theory, London/New York 1997.

Bottigheimer, Karl S.: Ireland and the Irish. A Short History, New York 1982.

Boyce, David George: Nineteenth Century Ireland. The Search for Stability, Dublin 1990.

Boyce, David George: Ireland 1828–1923. From Ascendancy to Democracy, Oxford 1992.

Boyce, David George/O'Day, Alan (Hrsg.): The Making of Modern Irish History: Revisionism and the Revisionist Controversy, London 1996.

Boyne, Patricia: John O'Donovan (1806–1861). A Biography (Studies in Irish Archaeology and History), Kilkenny 1987.

Brady, Ciaran: Interpreting Irish History. The Debate on Historical Revisionism, Dublin 1994.

Brady, Ciaran/Gillespie, Raymond (Hrsg.): Natives and Newcomers. Essays in the Making of Irish Colonial Society 1534–1641, Dublin 1986.

Brown, Stuart J./Miller, David W. (Hrsg.): Piety and Power in Ireland 1760–1960, Cork 2001.

Brown, Terence: Ireland. A Social and Cultural History 1922–1985, London 1985.

Brown, Vincent: Arms Crisis 1970, Dublin 1980.

Browne, Noel: Against the Tide, Dublin 1986.

Butterfield, Herbert: The Whig Interpretation of History, London 1931.

Campbell, Flann: The Dissenting Voice. Protestant Democracy in Ulster from Plantation to Partition, Belfast 1991.

Carey, Tim: Mountjoy – the Story of a Prison, Wilton/Cork 2000.

Carroll, Joseph T.: Ireland in the War Years, Newton Abbot/New York 1975.

Chambers, Liam: Rebellion in Killdare, 1790–1803, Dublin 1998.

Clark, Samuel/Donnelly, James S. Jr. (Hrsg.): Irish Peasants – Violence and Political Unrest 1780–1914, Manchester 1983.

Cochrane, Feargal: Unionist Politics and the Politics of Unionism since the Anglo-Irish Agreement, Cork 1997.

Collins, Neil/Cradden, Terry: Irish Politics Today, 4. Auflage, Manchester 2001.

Collins, Stephen: Fianna Fáil. The Party of Power, Dublin 2002.

Comerford, R. V.: The Fenians in Context. Irish Politics and Society 1848–82, Dublin 1998.

Conaghan, Pat: The Great Famine in South-West Donegal 1845–1850, Aghayeevoge, Donegal 1997.

Connel, Kenneth A.: Irish Peasant Society. Four Historical Essays, Oxford 1968.

Connolly, S. J.: Priests and People in Pre-Famine Ireland 1780–1845, Dublin 1982.

Connolly, S. J.: Religion, Law and Power. The Making of Protestant Ireland 1660–1760, Oxford 1992.

Connolly, S. J. (Hrsg.): The Oxford Companion to Irish History, Oxford 1998.

Connolly, S. J. (Hrsg.): Kingdoms United? Great Britain and Ireland since 1500. Integration and Diversity, Bodmin/Cornwall 1999.

Coogan, Tim Pat: Michael Collins. A Biography, London 1991.

Coogan, Tim Pat: The IRA. A History, London 2000.

Cooney, John: The Crozier and the State. Church and State 1922–1986, Cork 1986.

Cooney, John: John Charles McQuaid. Ruler of Catholic Ireland, Dublin 1999.

Costello, Con: Botany Bay. The Story of the Convicts Transported from Ireland to Australia 1791–1853, Cork 1987.

Costello, Francis: Years of Revolt. The Irish Revolution and its Aftermath, Dublin 1999.

Craig, Patricia (Hrsg.): The Belfast Anthology, Oxford 1999.

Craig, Patricia (Hrsg.): The Oxford Book of Ireland, Oxford 2000.

Cullen, L. M.: An Economic History of Ireland since 1660, 2. Auflage, London 1987.

Cullen, L. M. (Hrsg.): The Formation of the Irish Economy, Cork 1969.

Cullen, Paul: Refugees and Asylum-Seekers in Ireland, Cork 2000.

Culligan, Mathew J./Cherici, Peter: The Wandering Irish in Europe. Their Influence from the Dark Ages to Modern Times, London 2000.

Curran, Joseph M.: The Birth of the Irish Free State 1921–1923, Alabama 1980.

Davis, Richard: Arthur Griffith, Dublin 1976.

Davis, Richard: The Young Ireland Movement, Dublin 1987.

Davis, Troy D.: Dublin's American Policy. Irish American Diplomatic Relations, 1945–1952, Washington D. C. 1998.

De Paor, Liam: Landscape with Figures. People, Culture and Art in Ireland and the Modern World, Dublin 1998.

De Paor, Liam (Hrsg.): Milestones in Irish History, Boulder/Colorado 1986.

Deane, Marion (Hrsg.): Belmont Castle, or Suffering Sensibility by Theobald Wolfe Tone and Divers Hands, Dublin 1998.

Deasy, Liam: Brother against Brother, Cork 1998.

Dickson, Charles: The Wexford Rising in 1798. Its Causes and its Course, London 1997.

Dillen, John: The Dilemma of the Irish Contemporary Historian, Hermathena 1973.

Doherty, J. E./Hickey, D. J.: A Chonology of Irish History since 1500. Dublin 1989.

Doherty, Richard: The Williamite War in Ireland 1688–91. Dublin 1998.

Dooney, Sean/O'Toole, John: Irish Government Today, Dublin 1992.

Douglas, Roy/Liam, Harte/O'Hara, Jim: Drawing Conclusions. A Cartoon History of Anglo Irish Relations 1798–1998, Belfast 1998.

Downey, James: Lenihan. His Life and Loyalties, Dublin 1998.

Drudy, P. J.: Ireland and Britain since 1922, Cambridge 1986.

Drudy, P. J./McAleese, Dermot (Hrsg.): Ireland and the European Community, Cambridge 1984.

Dunne, Seán (Hrsg.): The Ireland Anthology, Dublin 1997.

Dwyer, T. Ryle: Big Fellow, Long Fellow. A Joint Biography of Collins and De Valera, Dublin 1985.

Eagleton, Terry: Scholars and Rebels in Nineteenth Century Ireland. Oxford 1999.

Eaton, Gedge: Introducing Ireland. A Serious Visitor's Guide with Biographies of over 700 Leaders, Dublin 1992.

Edwards, David/Donovan, Brian C.: British Sources for Irish History 1485–1641. A Guide to Manuscripts in Local, Regional and Specialised Repositories in England, Scotland and Wales, Dublin 1997.

Edwards, Owen D.: Eamon de Valera, Cardiff 1987.

Edwards, Ruth D.: James Connolly, Dublin 1981.

Edwards, Ruth D.: The Faithful Tribe. An Intimate Portrait of the Loyal Institutions, New York 2000.

Elliot, Steven G.: Tudor Ireland. Crown, Community and the Conflict of Cultures 1470–1603, London/New York 1985.

Elliott, Marianne: Wolfe Tone. Prophet of Irish Independence, New Haven/London 1989.

Elvert, Jürgen: Vom Freistaat zur Republik. Der außenpolitische Faktor im irischen Unabhängigkeitsbestreben zwischen 1921–1958, Bochum 1989.

Elvert, Jürgen: Geschichte Irlands, 3. Auflage München 1999.

English, Richard: Ernie O'Malley. IRA Intellectual, Oxford 1998.

English, Richard/Skelly, Joseph Morrison (Hrsg.): Ideas Matter. Essays in Honour of Conor Cruise O'Brien, Ms/Co. Dublin 1988.

English, Richard/Walker, Graham (Hrsg.): Unionism in Modern Ireland. The Red Hand and the Winning Hand. New Perspectives on Politics and Culture, London/New York 1996.

Evans, E. Estyn: The Personality of Ireland. Habitat, Heritage and History, Dublin 1992.

Fallon, Brian: The Age of Innocence. Irish Culture 1930–1960, Dublin 1998.

Fanning, Gerard: Working for the Government, Dublin 1999.

Fanning, Ronan: Irish Neutrality – An Historical Review (Irish Studies in International Affairs), Dublin 1982.

Fanning, Ronan, et al. (Hrsg.): Department of Foreign Affairs Documents on Irish Foreign Policy, Vol. 1, 1910–22, Dublin 1998.

Fennell, Desmond: Heresy – The Battle of Ideas in Modern Ireland, Belfast 1993.

Finnegan, Richard B./McCarron, Edward T.: Ireland. Historical Echoes – Contemporary Politics, Boulder u. a. 2000.

Fitzgerald, William: Irish Unification and N.A.T.O., Dublin 1982.

Fitzpatrick, Brendan: Seventeenth Century Ireland. The War of Religions (New Gill History of Ireland, Vol. 3), Dublin 1988.

Fitzpatrick, David: Harry Boland's Irish Revolution, 1887–1922, Cork 2000.

Fitzpatrick, David: Irish Emigration 1801–1921, Studies in Irish Economic and Social History No. 1, Dundalk 1984.

Fitzpatrick, David: The Two Irelands 1912–1939, Oxford 1998.

Forde, Walter (Hrsg.): Memory and Mission – Christianity in Wexford 600 to 2000 AD, Castlebridge 1999.

Foster, R. F.: Modern Ireland 1600–1972, London 1988.

Foster, R. F. (Hrsg.): The Oxford Illustrated History of Ireland, Oxford 1989.

Foy, Michael/Barton, Brian: The Easter Rising, Stroud 1999.

Friel, Brian: Making History, London 1989.

Gageby, Douglas: The Last Secretary General. Sean Lester and the League of Nations, Dublin 1999.

Gallagher, J. F.: The Development of Marine Resources, Dublin 1985.

Gallagher, Tom/O'Connell, James (Hrsg.): Contemporary Irish Studies, Manchester 1983.

Galligan, Yvonne: Women and Politics in Contemporary Ireland. From Margins to the Mainstream, London 1998.

Galligan, Yvonne/Ward, Eilís/Wilford, Rick (Hrsg.): Contesting Politics. Women in Ireland. North and South, Oxford 1999.

Garvey, Rosemary: Kilkenny to Murrisk. A Garvey Family History, Killadoon 1992.

Garvin, Tom: The Evolution of Irish Nationalist Politics, Dublin 1981.

Garvin, Tom: Nationalist Revolutionaries in Ireland, 1858–1928, Oxford 1987.

Garvin, Tom: 1922. The Birth of Irish Democracy, Dublin 1996.

Geoghegan, Patrick M.: 1798 and the Irish Bar, Dublin 1998.

Geraghty, Tony: The Irish War, London 1998.

Gillespie, Raymond: Colonial Ulster. The Settlement of East Ulster, 1600–1641, Cork 1985.

Gillespie, Raymond: Belief and Religion in Early Modern Ireland, Manchester/New York 1997.

Gillespie, Raymond/Kennedy, Brian P. (Hrsg.): Ireland. Art into History, Dublin 1994.

Godson, Dean: Himself Alone. The Life of David Trimble, New York 2000.

Graham, B. J./Proudfoot, L. J.: An Historical Geography of Ireland, London/San Diego 1993.

Griffin, Brian: The Bulkies. Police and Crime in Belfast, 1800–1865, Dublin 1997.

Griffith, Kenneth/O'Grady, Timothy: Curious Journey. An Oral History of Ireland's Unfinished Revolution, Cork 1998.

Grogan, Geraldine F.: The Noblest Agitator. Daniel O'Connell and the German Catholic Movement 1830–1850, Dublin 1991.

Haigh, Christopher (Hrsg.): The Cambridge Historical Encyclopedia of Great Britain and Ireland, Cambridge 1985.

Hamilton, Roy: 100 Years of Derry, Belfast 1999.

Hanna, W. A.: Intertwined Roots. An Ulster Scots Perspective on Heritage, History, Hostility and Hope in Northern Ireland, Mk/C Dublin 2000.

Harding, Jeremy: The Uninvited. Refugees at the Rich Man's Gate, Auckland 2000.

Harrio, Mary: The Catholic Church and the Foundation of the Northern Irish State, Cork 1993.

Hart, Peter: The IRA and its Enemies. Violence and Community in Cork 1916–23, Oxford 1998.

Hederman, Miriam: The Road to Europe. Irish Attitudes 1948–61, Dublin 1983.

Hegarty, Peter: Peadar O'Donnell, Cork 1999.

Hesketh, Tom: The Second Partitioning of Ireland: The Abortion Referendum of 1983, Dublin 1990.

Hill, Ronald J./Marsh, Michael (Hrsg.): Modern Irish Democracy. Essays in Honour of Basil Chubb, Dublin 1993.

Hopkins, Michael: Green against Green. The Irish Civil War, Dublin 1988.

Hoppen, K. T.: Ireland since 1800. Conflict and Conformity, London/New York 1989.

Horgan, John: Sean Lemass. The Enigmatic Patriot, Dublin 1997.

Howe, Stephen: Ireland and Empire. Colonial Legacies in Irish History and Culture, Oxford 2000.

Hutchinson, John: The Dynamics of Cultural Nationalism. The Gaelic Revival and the Creation of the Irish Nation State, London 1987.

Hyams, C. Barry: Irland im 19. Jahrhundert: die Bauern, Hungersnot, Emigration, Marburg 1977.

Inglis, Tom: Moral Monopoly. The Rise and Fall of the Catholic Church in Modern Ireland, Dublin 1998.

Irish Political Studies: Vol. 14, Belfast 1999.

Irish Political Studies: Vol. 15, Belfast 2000.

Irish Political Studies: Vol. 16, Belfast 2001.

Jacoboen, John Kurt: Chasing Progress in the Irish Republic. Ideology, Democracy and Dependent Development, Cambridge 1994.

Jäger, Helmut: Irland. Eine geographische Landeskunde (Wissenschaftliche Länderkunden Band 34), Darmstadt 1990.

Jordan, Donald E.: Land and Popular Politics in Ireland. County Mayo from the Plantation to the Land War, Cambridge 1994.

Keatinge, Patrick: A Place Among the Nations. Issues of Irish Foreign Policy, Dublin 1978.

Keatinge, Patrick: A Singular Stance. Irish Neutrality in the 1980s, Dublin 1984.

Kee, Robert: The Most Distressful Country. The Green Flag, Vol. 1, Harmondsworth 1989.

Kee, Robert: The Bold Fenian Men. The Green Flag, Vol. 2, London 1976.

Kee, Robert: Ourselves Alone. The Green Flag, Vol. 3, London 1976.

Keena, Colm: Haughey's Millions, Dublin 2001.

Kelly, James: Henry Flood. Patriots and Politics in Eighteenth Century Ireland, Dublin 1998.

Keneally, Thomas: The Great Shame. A Story of the Irish in the Old World and the New, London 1998.

Kennedy, Billy: The Scots-Irish in the Carolinas, Belfast 1997.

Kennedy, Kieran A./Dowling, Brendan R.: Economic Growth in Ireland. The Experience since 1947, Dublin 1975.

Kennedy, Liam/Ell, Paul S./Crawford, E. M./Clarkson, L. A. (Hrsg.): Mapping the Great Irish Famine: A Survey of the Famine Decades, Dublin 1999.

Keogh, Daire/Furlong, Nicholas (Hrsg.): The Women of 1798, Dublin 1998.

Keogh, Dermot: The Vatican, the Bishops and Irish Politics 1919–1939, Cambridge 1986.

Keogh, Dermot: Ireland and Europe 1919–1989, Cork/Dublin 1990.

Keogh, Dermot: Twentieth Century Ireland. Nation and State (New Gill History of Ireland, Vol. 6), Dublin 1994.

Kiely, Brendan: The Waterford Rebels of 1849, Dublin 1999.

Killen, John (Hrsg.): The Famine Decade. Contemporary Accounts 1841–1851, Belfast 1995.

Killen, John (Hrsg.): The Decade of the United Irishmen. Contemporary Accounts 1791–1801, Belfast 1997.

Kinealy, Christine: The Great Calamity. The Irish Famine 1845–1852, Dublin 1994.

Laffan, Michael: The Resurrection of Ireland. The Sinn Féin Party, 1916–1923, Cambridge 1999.

Laqueur, Walter/Mosse, George (Hrsg.): Historians in Politics, London 1974.

Larkin, Emmet J.: James Larkin. Irish Labour Leader 1876–1947, London 1989.

Laver, Michael: A New Electoral System for Ireland, Dublin 1998.

Lee, John Joseph: The Modernisation of Irish Society 1848–1918, Dublin 1979.

Lee, John Joseph: Ireland 1912–1985. Politics and Society, Cambridge 1993.

Lee, John Joseph (Hrsg.): Ireland 1945–70, Dublin 1979.

Lennon, Colm: Sixteenth Century Ireland – the Incomplete Conquest (New Gill History of Ireland, Vol. 2), Dublin 1994.

Levin, Ronit/Mc Veigh, Robbie (Hrsg.): Racism and Anti-Racism in Irish Society, Dublin/Portland 2000.

Litton, Frank (Hrsg.): Unequal Achievement. The Irish Experience 1957–1982, Dublin 1982.

Lloyd, David: Ireland After History, Cork 1999.

Loughlin, James: The Ulster Question since 1945, Basingstoke 1999.

Lydon, James: The Making of Ireland. From Ancient Times to the Present, London/New York 1998.

Lyons, F. S. L.: Culture and Anarchy in Ireland. 1890–1939, Oxford/New York 1979.

MacDermott, Eithne: Clann na Poblachta, Cork 1998.

MacDonagh, Oliver: States of Mind. A Study of Anglo-Irish Conflict 1780–1980, London 1983.

MacDonagh, Oliver: O'Connell. The Life of Daniel O'Connell 1775–1847, London 1991.

MacRaild, Donald M. (Hrsg.): The Great Famine and Beyond. Irish Migrants in Britain in the 19th and 20th Centuries, Dublin/Portland 2000.

MacSharry, Ray/White, Padraic: The Making of the Celtic Tiger. The Inside Story of Ireland's Boom Economy, Cork 2000.

Manning, Maurice: James Dillon. A Biography, Dublin 1999.

Marsh, Michael/Mitchell, Paul (Hrsg.): How Ireland Voted 1997, Oxford/Boulder 1999.

McCabe, Ian: A Diplomatic History of Ireland, 1948–1949, Dublin 1991.

McCaffrey, L. J.: The Irish Question. Two Centuries of Conflict, Lexington/Kentucky 1995.

McCarron, Donal: Step Together. The Story of Ireland's Emergency Army as Told by its Veterans, Dublin 1999.

McCarthy, Conor: Modernisation. Crisis and Culture in Ireland, 1969–1992, Dublin 2000.

McCarthy, Justine: Mary McAleese. The Outsider. An Unauthorized Biography, Dublin 1999.

McCartney, Donal: UCD. A National Idea, Dublin 1999.

McCracken, Donal P.: MacBride's Brigade. Irish Commandos in the Anglo-Boer War, Dublin 1999.

McCullagh, David: A Makeshift Majority. The First Inter-Party Government, 1948–51, Dublin 1998.

McDonald, Henry: Trimble, London 2000.

McGarry, John/O'Leary, Brendan: Time For Peace. Explaining Northern Ireland, Oxford 1995.

McGarry, John/O'Leary, Brendan: Policing Northern Ireland. Proposals for a New Start, Belfast 1999.

McIntosh, Gillian: The Force of Culture. Unionist Identities in 20teenth Century Ireland, Cork 1999.

McKay, Susan: Northern Protestants. An Unsettled People, Belfast 2000.

McMahon, Sean: A Short History of Ireland, Cork 1996.

Miller, Kerby/Wagner, Paul: Out of Ireland. The Story of Irish Emigration to America, London 1998.

Mitchell, Arthur: Labour in Irish Politics, 1890–1930. The Irish Labour Movement in an Age of Revolution, Dublin 1974.

Mitchell, George J.: Making Peace, New York, London 1999.

Mitchell, Paul/Wilford, Rick (Hrsg.): Politics in Northern Ireland, Oxford 1999.

Molyneux, William: The Case of Ireland being bound by Acts of Parliament in England Stated, Dublin [1698] 1977.

Moody, T. W./Martin, F. X. (Hrsg.): The Course of Irish History, Revised and Enlarged Edition, Cork 1994.

Moreton, Cole: Hungry for Home. Leaving the Blaskets. A Journey from the Edge of Ireland, London 2000.

Morris, Ewan: Our own Divices. National Symbols and Political Conflict in Twentieth Century Ireland, Dublin 2000.

Moynihan, Maurice (Hrsg.): Speeches and Statements by Eamon de Valera 1917–73, Dublin/New York 1980.

Müller, Wolfgang C./Kaare, Ström (Hrsg.): Koalitionsregierungen in Westeuropa, Wien 1997.

Mullan, Don/Scally, John: The Dublin and Managhan Bombings, Dublin 2000.

Murphy, Detlev: Die Entwicklung der politischen Parteien in Irland. Nationalismus, Katholizismus und agrarischer Konservatismus als Determinanten der irischen Politik von 1823 bis 1977, Opladen 1982.

Murphy, John A. (Hrsg.): The French are in the Bay. The Expedition to Bantry Bay 1796, Dublin 1997.

Murray, Patrick: Oracles of God. The Roman Catholic Church and Irish Politics, 1922–1937, Dublin 2000.

Murray, Raymond: Hard Time. Armagh Goal 1971–1986, Cork 1998.

Neumann, Peter: IRA. Langer Weg zum Frieden, Hamburg 1999.

A New History of Ireland. Vol. 2, Medieval Ireland, 1169–1534, ed. by Art Cosgrove, Oxford 1987.

A New History of Ireland. Vol. 3, Early Modern Ireland. 1534–1691, ed. by T. W. Moody/F. X. Martin/F. J. Byrne, Oxford 1976.

A New History of Ireland. Vol. 4, Eighteenth-Century Ireland, 1691–1800, ed. by T. W. Moody/W. E. Vaughan, Oxford 1986.

A New History of Ireland. Vol. 5, Ireland Under the Union, Part I, 1801–70, ed. by W. E. Vaughan, Oxford 1989.

A New History of Ireland. Vol. 6, Ireland Under the Union, Part II, 1870–1921, W. E. Vaughan, Oxford 1996.

A New History of Ireland. Vol. 8, A Chronology of Irish History to 1976. A Companion to Irish History Part I, ed. by T. W. Moody/F. X. Martin/F. J. Byrne, Oxford 1982.

A New History of Ireland. Vol. 9, Maps, Genealogies, Lists. A Companion to Irish History Part II, ed. by T. W. Moody/F. X. Martin/F. J. Byrne, Oxford 1984.

Nicholson, Asenath: Annals of the Famine in Ireland, ed. by Maureen Murphy, London 1850.

Nowlan, Kevin B./O'Connell, Maurice R. (Hrsg.): Daniel O'Connell. Portrait of a Radical, Belfast 1984.

Nowlan, Kevin B./Williams, T. Desmond: Ireland in the War Years after 1939–1951, Dublin 1969.

O'Brien, Conor Cruise: Introducing Ireland, ed. by Owen Dudley Edwards, London/Dublin 1969.

O'Brien, Conor Cruise: Memoirs. My Life and Themes, Dublin 1999.

O'Broin, Art: Beyond the Black Pig's Dyke. A Short History of Ulster, Dublin 1995.

O'Callaghan, Sean: To Hell or Barbados. The Ethnic Cleansing of Ireland, Dingle 2001.

O'Carroll, John/Murphy, John A. (Hrsg.): De Valera and his Times, Cork 1986.

O'Clery, Conor: Ireland in Quotes. A Political History of the Twentieth Century, Dublin 1999.

O'Connor, Fionnuala: In Search of a State. Catholics in Northern Ireland, Belfast 1993.

O'Day, Alan/Stevenson, John (Hrsg.): Irish Historical Documents since 1800, Dublin 1992.

O'Donnell, Ruan: Aftermath. Post-Rebellion Insurgency in Wicklow 1799–1803, Dublin/Portland 2000.

O'Donnell, Ruan: The Rebellion in Wicklow 1798, Dublin, Portland 1998.

O'Donoghue, David: Hitler's Irish Voices. The Story of German Radio's Wartime Irish Service, Belfast 1998.

O'Faolain, Sean: The Great O'Neill. A Biography of Hugh O'Neill Earl of Tyrone 1550–1616 (1942), Dublin 1992.

Ó Gráda, Cormac: Ireland Before and After the Famine. Explorations in Economic History, 1800–1925, 2. Aufl., Manchester/New York 1993.

Ó Gráda, Cormac: Ireland. A New Economic History 1780–1939, Oxford 1995.

Ó Gráda, Cormac: A Rocky Road. The Irish Economy Since the 1920s, Manchester 1997.

Ó Gráda, Cormac: Black '47 and Beyond: The Great Irish Famine in History, Economy and Memory, Princeton 1999.

O'Hagan, J. W. (Hrsg.): The Economy of Ireland. Policy and Performance of an European Region, Dublin 2000.

O'Halloran, Clare: Partition and the Limits of Irish Nationalism. An Ideology under Stress, Dublin 1987.

O'Hara, Patricia: Partners in Production? Women, Farm and Family in Ireland, New York 1998.

O'Hearn, Denis: Inside the Celtic Tiger. The Irish Economy and the Asian Model, London 1998.

O'Heithir, Breandán: A Pocket History of Ireland, Dublin 1989.

O'Leary, B. T.: The Anglo-Irish Agreement. Folly or Statecraft?, London 1987.

O'Leary, Brendan/McGarry, John: The Politics of Antagonism – Understanding Northern Ireland (Conflict and Change in Britain Series – A New Audit, Vol. 3), London 1993.

O'Leary, Olivia/Burke, Helen: Mary Robinson. The Authorised Biography, London 1998.

O'Mahony, Patrick/Delanty, Gerard: Rethinking Irish History. Nationalism, Identity and Ideology, New York 1998.

O'Mahony, Paul: Prison Policy in Ireland. Criminal Justice vs. Social Justice, Cork 2000.

O'Murchadha, Ciarán: Sable Wings Over The Land – Ennis, County Clare and its Wider Community during the Great Famine, Ennis 1998.

O'Shaughnessy, Peter (Hrsg.): Rebellion in Wicklow. General Joseph Holt's Personal Account of 1798, Dublin 1998.

Oehlke, Andreas: Irland und die Iren in deutschen Reisebeschreibungen des 18. und 19. Jahrhunderts, Frankfurt a. M. 1992.

Pakenham, Thomas: The Year of Liberty. The Story of the Great Irish Rebellion of 1798, London 2000.

Parkinson, Alan: Ulster Loyalism and the British Media, Dublin 2000.

Patterson, Henry: Class Conflict and Sectarianism. The Protestant Working Class and the Belfast Labour Movement, 1868–1920, Belfast 1980.

Patterson, Henry: The Politics of Illusion. The Political History of the IRA, London 1997.

Peillon, Michel/Slater, Eamonn (Hrsg.): Encounters with Modern Ireland, Dublin 1998.

Pittock, Murray G. H.: Celtic Identity and the British Image, Manchester 1999.

Póirtéir, Lathal (Hrsg.): The Great Irish Famine, Dublin 1995.

Porter, Norman: Rethinking Unionism. An Alternative Vision for Northern Ireland, Belfast 1996.

Pyle, Hilary: Red-Headed Rebel. Susan L. Mitchell – Poet and Mystic of the Irish Cultural Renaissance, Dublin 1998.

Raftery, Mary/O'Sullivan, Eoin: Suffer the Little Children. The Inside Story of Ireland's Industrial Schools, Dublin 1999.

Raymond, R. J.: David Gray, the Aiken Mission and Irish Neutrality. 1940–1941, Boston 1985.

Raymond, R. J.: Ireland 1949 NATO Decision. A Reassessment. Éire-Ireland 20., St. Paul/Minnesota 1985.

Regan, John M.: The Irish Counter Revolution 1921–1936, Dublin 2001.

Roche, Desmond: Local Government in Ireland, Dublin 1982.

Ross, Bianca: Britannia et Hibernia. Nationale und kulturelle Identitäten im Irland des 17. Jahrhunderts, Heidelberg 1998.

Routledge, Paul: John Hume. A Biography, London 1997.

Ryder, Chris: The RUC 1922–2000. A Force under Fire, London 2000.

Ryle, Martin: Journeys in Ireland. Literary Travellers, Rural Landscapes, Cultural Relations, Aldershot/Brookfield 1999.

Salmon, Trevor C.: Neutrality and the Irish Republic: Myth or Reality?, Oxford 1983.

Salmon, Trevor C.: Unneutral Ireland. An Ambivalent and Unique Security Policy, Oxford 1989.

Savage, Robert: Irish Television. The Political and Social Origins, Cork 1996.

Seaton, Craig: Northern Ireland. The Context for Conflict and for Reconciliation, Lanham 1998.

Sharrock, David/Devenport, Mark: Man of War, Man of Peace? The Unauthorised Biography of Gerry Adams, London 1997.

Sheely, Jeanne: The Rediscovery of Ireland's Past: The Celtic Revival 1830–1930, London 1980.

Shirlow, Peter/McGovern, Mark (Hrsg.): Who are „The People"? Unionism, Protestantism and Loyalism in Northern Ireland, London 1997.

Simms, J. G.: War and Politics in Ireland, 1649–1730, ed. by D. W. Hayton/Gerard O'Brien, London 1986.

Sinnott, Richard: Irish Voters Decide. Voting Behaviour in Elections and Referendums since 1918, Manchester 1955.

Smyth, William/Whelan, Kevin (Hrsg.): Common Ground. Essays on the Historical Geography of Ireland, Cork 1988.

Söcknick-Scholz, Rainer: Reisen in Irland im Spiegel älterer Reisebeschreibungen, Oldenburg 1996.

Spellissy, Sean: The Ennis Compendium – From Royal Dun to Information Age Town, Ennis 1998.

Spenser, Edmund: A View of the Present State of Ireland (1596 / first published Dublin 1633), ed. by W. L. Renwick, Oxford 1970.

Steiner, Zara: The Times Survey of Foreign Ministries of the World, London 1982.

Stephan, Enno: Geheimauftrag Irland. Deutsche Agenten im irischen Untergrundkampf 1939–1945, Oldenburg/Hamburg 1961.

Sweeny, Paul: The Celtic Tiger. Ireland's Economic Miracle Explained, Dublin 1998.

Swift, Roger/Gilley, Sheridan (Hrsg.): The Irish in Victorian Britain. The Local Dimension, Bodmin/Cornwall 1999.

Taylor, Peter: Loyalists, London 1999.

Thornley, David: Isaac Butt and Home Rule, London 1964.

Tieger, Manfred P.: Nord-Irland. Geschichte und Gegenwart, Basel 1985.

Tone, Theobald Wolf: An Argument on Behalf of the Catholics of Ireland (Dublin 1791), Belfast 1973.

Toolis, Kevin: Rebel Hearts. Journeys Within the IRA's Soul, London 1995.

Tracy, Robert: The Unappeasable Host. Studies in Irish Identities, Dublin 1998.

Trevor, Salmon: Irish Neutrality – A Policy in Course of Evolution, Brüssel 1984.

Urquhart, Diane: Women in Ulster Politics 1890–1940, Dublin/Portland 2000.

Valiulis, Maryann Gialanella: Almost a Rebellion: The Irish Army Mutiny of 1924, Cork 1985.

Walley, Paddy: Ireland in the 21st Century, ed. by Oliver Donohoe, Cork 1995.

Walsh, Dermot P. J.: The Irish Police. A Legal and Constitutional Perspective, Dublin 1998.

Walsh, John: The Falling Angels. An Irish Romance, London 1999.

Walsh, Michael Kerney: An Exile of Ireland. Hugh O'Neill, Prince of Ulster, Dublin 1996.

Waters, John: An Intelligent Person's Guide to Modern Ireland, London 1997.

Watson, George J.: Irish Identity and the Literary Revival. Synge, Yeats, Joyce and O'Casey, 2. Auflage, Washington D.C. 1994.

Whelan, Bernadette: The European Recovery Program (Marshall Plan) and Ireland. Summary and Assessment. Éire-Ireland 24., St. Paul/Minnesota 1989.

Whelan, Bernadette: Ireland and the Marshall Plan, 1947–1957, Dublin/Portland 2000.

Whelan, Kevin: The Tree of Liberty. Radicalism, Catholicism and the Construction of Irish Identity 1760–1830, Cork 1996.

Whelan, Kevin: Fellowship of Freedom. The United Irishmen and 1798, Dublin 1997.

Whitaker, Thomas K.: From Protection to Free Trade, Dublin 1976.

Whyte, John H.: Church and State in Modern Ireland, 1923–1979, Dublin 1980.

Whyte, Nicholas: Science, Colonialism and Ireland, Cork 1999.

Williams, Desmond (Hrsg.): The Irish Struggle 1916–1926, London 1966.

Williams, T. D.: Irish Foreign Policy, 1949–1969, Dublin 1978.

Wilson, Thomas: Ulster under Home Rule. A Study of the Political and Economic Problems of Northern Ireland, Oxford 1953.

Personenregister